westermann

Autoren: Hans-Joachim Dörr, Helmut Müller, Dirk Overbeck, Dirk Thomas

Herausgeber: Helmut Müller, Dirk Overbeck

Betriebswirtschaftslehre für Berufliche Gymnasien

Abiturvorbereitung NRW 2025

18. Auflage

Bestellnummer 02035

Die in diesem Produkt gemachten Angaben zu Unternehmen (Namen, Internet- und E-Mail-Adressen, Handelsregistereintragungen, Bankverbindungen, Steuer-, Telefon- und Faxnummern und alle weiteren Angaben) sind i. d. R. fiktiv, d. h., sie stehen in keinem Zusammenhang mit einem real existierenden Unternehmen in der dargestellten oder einer ähnlichen Form. Dies gilt auch für alle Kunden, Lieferanten und sonstigen Geschäftspartner der Unternehmen wie z. B. Kreditinstitute, Versicherungsunternehmen und andere Dienstleistungsunternehmen. Ausschließlich zum Zwecke der Authentizität werden die Namen real existierender Unternehmen und z. B. im Fall von Kreditinstituten auch deren IBANs und BICs verwendet.

westermann GRUPPE

© 2023 Westermann Berufliche Bildung GmbH, Ettore-Bugatti-Straße 6-14, 51149 Köln
www.westermann.de

Das Werk und seine Teile sind urheberrechtlich geschützt. Jede Nutzung in anderen als den gesetzlich zugelassenen bzw. vertraglich zugestandenen Fällen bedarf der vorherigen schriftlichen Einwilligung des Verlages. Nähere Informationen zur vertraglich gestatteten Anzahl von Kopien finden Sie auf www.schulbuchkopie.de.

Für Verweise (Links) auf Internet-Adressen gilt folgender Haftungshinweis: Trotz sorgfältiger inhaltlicher Kontrolle wird die Haftung für die Inhalte der externen Seiten ausgeschlossen. Für den Inhalt dieser externen Seiten sind ausschließlich deren Betreiber verantwortlich. Sollten Sie daher auf kostenpflichtige, illegale oder anstößige Inhalte treffen, so bedauern wir dies ausdrücklich und bitten Sie, uns umgehend per E-Mail davon in Kenntnis zu setzen, damit beim Nachdruck der Verweis gelöscht wird.

Druck und Bindung: Westermann Druck GmbH, Georg-Westermann-Allee 66, 38104 Braunschweig

ISBN 978-3-427-**02035**-6

Vorwort

Liebe Schülerinnen und Schüler,

mit diesem Aufgabenbuch möchten wir Sie bei Ihrer Abiturvorbereitung für das **Zentralabitur 2025** im Fach **Betriebswirtschaftslehre** unterstützen.

Dieses Buch beschränkt sich auf die vorgegebenen Schwerpunktthemen. Somit sind Sie nicht von der Pflicht entbunden, Inhalte auch unabhängig von diesem Buch zu lernen.

Wir haben daher **gemäß den thematischen Schwerpunkten für das Zentralabitur 2025** Aufgaben mit den entsprechenden Lösungen erstellt, welche die vorgegebenen Merkmale der Prozess-, Entscheidungs- und Handlungsorientierung sowie der Mehrperspektivität und Zukunftsorientierung erfüllen. Darüber hinaus werden von uns stets aktuelle fachwissenschaftliche Entwicklungen und Gesetzesänderungen berücksichtigt.

Abituraufgaben müssen so gestellt sein, dass sie alle drei Anforderungsbereiche – Wiedergabe von Wissen, Anwendung von Kenntnissen sowie Problemlösung und Bewertung – erfüllen. Von der Art der Fragestellung hängt somit Ihr Bearbeitungsaufwand bzw. die Ausführlichkeit Ihrer Antworten ab. **Daher haben wir unser erstes Kapitel der richtigen Klausurtechnik gewidmet.**

Der weitere Aufbau des Buches ergibt sich aus der Reihenfolge, in der die Schwerpunktthemen Ihres Abiturs in Ihrem Unterricht vermittelt werden. **Vor allen Aufgaben finden Sie Glossare und kurze thematische Zusammenfassungen, die Ihnen noch einmal eine Wiederholung der einzelnen Inhalte ermöglichen.** Die Aufgaben zu den jeweiligen Themenschwerpunkten beginnen mit einer Ausgangssituation. Diese Ausgangssituationen enthalten Informationen, die zur Beantwortung der Aufgaben wichtig sind. Ein Fallbezug bei der Beantwortung der Fragen ist somit erforderlich. Zu den einzelnen Ausgangssituationen haben wir Aufgaben im Hinblick auf das jeweilige Anforderungsniveau formuliert. Es ist somit möglich, dass sich Aufgabenstellungen ähneln, sich jedoch in Bezug auf Ausführlichkeit und Umfang ihrer Beantwortung unterscheiden. **Zum Abschluss der jeweiligen Aufgaben eines Kurshalbjahres haben wir eine themenübergreifende Klausur mit Musterlösungen erstellt. Unser Aufgabenbuch endet mit drei Musterklausuren.**

Damit Sie einen möglichst großen Lernerfolg durch die Bearbeitung der Aufgaben erzielen, sollten Sie die Aufgaben schriftlich lösen, ohne einen Blick in die Lösungen zu werfen.
Dazu können Sie auch Ihre Aufzeichnungen aus dem Unterricht und/oder Ihr Lehrbuch verwenden. Erst wenn Sie mit der Beantwortung eines Aufgabenbereiches fertig sind, sollten Sie in die Musterlösung schauen und Ihr Ergebnis überprüfen.

Wir wünschen Ihnen viel Erfolg bei der Bearbeitung der Aufgaben und für Ihre Abiturprüfung 2025.

Das Autorenteam

Inhaltsverzeichnis

Inhaltsverzeichnis

Die richtige Klausurtechnik – Fragestellung 7

Verbindliche Unterrichtsinhalte für das Zentralabitur 2025 11

Organisatorische Hinweise zum Zentralabitur 2025 14

Jahrgang 12.1

1	**Kosten- und Leistungsrechnung als Voll- und Teilkostenrechnung**	**15**
1.1	Themenübersicht	15
1.2	Ausgangssituation Vollkostenrechnung und Aufgaben	28
1.3	Ausgangssituation Teilkostenrechnung und Aufgaben	29
2	**Übungsklausuren 12.1**	**32**

Jahrgang 12.2

1	**Marktsituation**	**35**
1.1	Themenübersicht	35
2	**Preispolitik**	**43**
2.1	Themenübersicht	43
2.2	Ausgangssituation und Aufgaben	48
3	**Produktpolitik**	**51**
3.1	Themenübersicht	51
3.2	Ausgangssituation und Aufgaben	52
4	**Distributionspolitik**	**54**
4.1	Themenübersicht	54
4.2	Ausgangssituation und Aufgaben	56
5	**Kommunikationspolitik**	**57**
5.1	Themenübersicht	57
5.2	Ausgangssituation und Aufgaben	60
6	**After-Sales-Prozesse**	**62**
6.1	Themenübersicht	62
7	**Absatzcontrolling**	**63**
7.1	Themenübersicht	63
7.2	Ausgangssituation und Aufgaben	64
8	**Investition**	**65**
8.1	Themenübersicht	65
8.2	Ausgangssituation und Aufgaben	74
9	**Übungsklausuren 12.2**	**76**

Jahrgang 13.1

1	**Finanzierungsarten**	**81**
1.1	Themenübersicht	81

Inhaltsverzeichnis

2	**Finanzierung von Investitionen und Sicherheiten im Rahmen der Fremdfinanzierung**	**82**
2.1	Themenübersicht	82
2.2	Ausgangssituation und Aufgaben	93
3	**Beteiligungsfinanzierung bei einer Aktiengesellschaft**	**96**
3.1	Themenübersicht	96
3.2	Ausgangssituation und Aufgaben	100
4	**Gliederung und Bewertung von Aktiva und Passiva**	**102**
4.1	Themenübersicht	102
4.2	Ausgangssituation Gliederung und Bewertung von Aktiva und Passiva	115
5	**Analyse und Kritik des Jahresabschlusses**	**118**
5.1	Themenübersicht	118
5.2	Ausgangssituation und Aufgaben	131
6	**Übungsklausuren 13.1**	**136**

Jahrgang 13.2

1	**Ursachen und Phänomene des Wandels (Globalisierung, Konzentrationsprozesse, technologischer Fortschritt)**	**140**
1.1	Themenübersicht	140
1.2	Ausgangssituation und Aufgaben	147

Musterklausuren

1	Musterklausur I	149
2	Musterklausur II	154
3	Musterklausur III	157

Lösungen

Jahrgang 12.1

1	**Kosten- und Leistungsrechnung**	**161**
1.1	Vollkostenrechnung	161
1.2	Lösungen	161
1.3	Ausgangssituation Teilkostenrechnung und Lösungen	165
2	**Übungsklausuren 12.1**	**169**

Jahrgang 12.2

1	**Marktsituation**	**174**
2	**Preispolitik**	**174**
2.1	Ausgangssituation	174
2.2	Lösungen	174
3	**Produktpolitik**	**178**
3.1	Ausgangssituation	178
3.2	Lösungen	178

Inhaltsverzeichnis

4	**Distributionspolitik**	**181**
4.1	Ausgangssituation	181
4.2	Lösungen	181
5	**Kommunikationspolitik**	**183**
5.1	Ausgangssituation	183
5.2	Lösungen	183
6	**After-Sales-Prozesse**	**185**
7	**Absatzcontrolling**	**185**
7.1	Ausgangssituation	185
7.2	Lösungen	185
8	**Investition**	**188**
8.1	Ausgangssituation	188
8.2	Lösungen	188
9	**Übungsklausuren 12.2**	**193**

Jahrgang 13.1

1	**Finanzierungsarten**	198
2	**Finanzierung von Investitionen und Sicherheiten im Rahmen der Fremdfinanzierung**	198
2.1	Ausgangssituation	198
2.2	Lösungen	198
3	**Beteiligungsfinanzierung bei einer Aktiengesellschaft**	203
3.1	Ausgangssituation	203
3.2	Lösungen	203
4	**Gliederung und Bewertung von Aktiva und Passiva**	206
4.1	Ausgangssituation	206
4.2	Lösungen	206
5	**Analyse und Kritik des Jahresabschlusses**	211
5.1	Ausgangssituation	211
5.2	Lösungen	211
6	**Übungsklausuren 13.1**	222

Jahrgang 13.2

1	**Ursachen und Phänomene des Wandels (Globalisierung, Konzentrationsprozesse, technologischer Fortschritt)**	227
1.1	Ausgangssituation	227
1.2	Lösungen	227

Musterklausuren

1	**Musterklausur I**	229
2	**Musterklausur II**	236
3	**Musterklausur III**	238
	Sachwortverzeichnis	242
	Bildquellenverzeichnis	243

Die richtige Klausurtechnik — Fragestellung

Jeder Profisportler bereitet sich langfristig auf einen sportlichen Höhepunkt wie z.B. die Olympischen Spiele vor. Zu seiner optimalen Vorbereitung gehört eine langfristige Planung von intensiven oder weniger intensiven Trainingseinheiten, um im Wettkampf die entsprechende Ausdauer und Muskelkraft zu besitzen. Das alleine reicht jedoch nicht aus, um im entscheidenden Moment auf dem Siegertreppchen zu stehen.

Was wäre das jahrelange Training ohne die entsprechende Wettkampftechnik?

Oder, um es auf Ihre Situation zu übertragen: Was nutzt Ihnen Ihre monatelange Abi-Vorbereitung und der damit verbundene Lernaufwand, wenn Sie die in der Abiturklausur gestellten Fragen nicht in dem Umfang und der Ausführlichkeit beantworten, wie es von Ihnen verlangt wird?

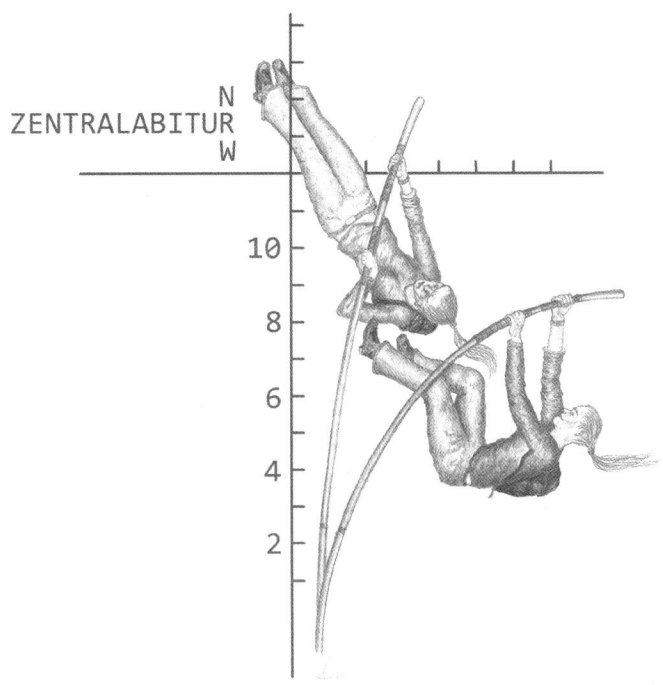

Damit Sie gezielt die gestellten Fragen beantworten und Aufgaben richtig bearbeiten können, möchten wir Sie mit den verschiedenen Arten der Fragestellung in einer Klausur vertraut machen.

Dazu muss man wissen, dass die Aufgaben, die im Rahmen einer Abiturklausur gestellt werden, drei Anforderungsbereiche (AFB) abdecken müssen (Anforderungsbereich I = Wiedergabe von Wissen; Anforderungsbereich II = Anwenden von Kenntnissen; Anforderungsbereich III = Problemlösung und Wertung).

Auf die Anforderungsbereiche weisen sogenannte Operatoren hin, die in der unten stehenden Übersicht und in den späteren Aufgaben fett gedruckt sind.

Operator	AFB	Definition	Beispiel
beschreiben, darstellen, skizzieren	I	wesentliche Aspekte eines Sachverhaltes werden im logischen Zusammenhang unter Verwendung der Fachsprache wiedergegeben; die Antwort kann in Textform (beschreiben) oder in Form eines Schaubildes (darstellen, skizzieren) wiedergegeben werden	**Beschreiben Sie** den Abschreibungskreislauf. **Stellen Sie** den Abschreibungskreislauf **dar**. **Skizzieren Sie** den Abschreibungskreislauf in Form eines Schaubildes.
definieren	I	einen (Fach-)Begriff umschreiben	**Definieren Sie** den Begriff „Selbstfinanzierung".
nennen	I	Kenntnisse (Fachbegriffe, Daten, Fakten, Modelle) und Aussagen in komprimierter Form (z.B. aufzählend) unkommentiert wiedergeben	**Nennen Sie** die Stufen der Kosten- und Leistungsrechnung.
zusammenfassen	I	Kenntnisse (Fachbegriffe, Daten, Fakten, Modelle) und Aussagen in komprimierter Form unkommentiert darstellen	*Grundlage dieser Aufgabe ist ein Zeitungsartikel über die Entwicklung des Immobilienmarktes in Nordrhein-Westfalen.* **Fassen Sie** die zentralen Aussagen des Zeitungsartikels **zusammen**.

Die richtige Klausurtechnik – Fragestellung

Operator	AFB	Definition	Beispiel
ermitteln, berechnen	I, II	Aufgaben anhand vorgegebener Daten und Sachverhalte mit bekannten Operationen lösen	**Ermitteln Sie** unter Angabe des Lösungsweges den Gewinn.
anwenden, überprüfen	II	grundlegende Arbeitsweisen und Modelle auf unbekannte Sachverhalte bzw. Zusammenhänge übertragen	**Überprüfen Sie** den gegebenen Verkaufspreis unter Anwendung eines Ihnen bekannten Kalkulationsverfahrens.
auswerten	II	Daten oder Einzelergebnisse zu einer abschließenden Gesamtaussage zusammenführen	**Werten Sie** die errechneten Kennziffern der Jahresabschlussanalyse **aus** und **fassen Sie** Ihre Ergebnisse in einem Bericht über die augenblickliche Situation der XY AG **zusammen.**
buchen	II	Geschäftsfälle korrekt im Grund- oder Hauptbuch erfassen	**Buchen Sie** die Auflösung der Rückstellungen.
erläutern, erklären	II	Sachverhalte durch Wissen und Einsichten in einen Zusammenhang (Theorie, Modell, Regel, Gesetz, Funktionszusammenhang) einordnen und deuten; ggf. durch zusätzliche Informationen und Beispiele verdeutlichen	**Erläutern Sie** das Produktionsprogramm der XY AG. **Erklären Sie** in diesem Zusammenhang den Begriff Fertigungstiefe.
erstellen	II	Sachverhalte inhaltlich und methodisch angemessen grafisch oder tabellarisch darstellen und mit fachsprachlichen Begriffen beschriften	**Erstellen Sie** einen Finanzplan.
herausarbeiten	II	aus Materialien bestimmte Sachverhalte herausfinden, die nicht explizit genannt werden, und Zusammenhänge zwischen ihnen herstellen	*Grundlage dieser Aufgabe ist der Lagebericht der XY AG (nach § 289 HGB).* **Arbeiten Sie** aus dem Lagebericht der XY AG die Aspekte **heraus,** die auf einen positiven Geschäftsverlauf schließen lassen.
nachweisen	II	eine Aussage oder einen Sachverhalt mit Berechnungen oder logischen Begründungen bestätigen	**Weisen Sie** rechnerisch **nach,** dass die Investitionsalternative I der Investitionsalternative II vorzuziehen ist.
vergleichen	II	Sachverhalte gegenüberstellen, um Gemeinsamkeiten, Ähnlichkeiten und Unterschiede herauszuarbeiten	**Vergleichen Sie** die errechneten Kennzahlen zur Jahresabschlussanalyse mit den Vorjahreszahlen und den entsprechenden Durchschnittswerten der Branche.
analysieren	II, III	wirtschaftliche Sachverhalte aus Materialien kriterien- bzw. aspektorientiert beschreiben und erklären bzw. deuten und werten	*Grundlage dieser Aufgabe ist ein Textauszug zum Shareholder Value Konzept.* **Analysieren Sie** den Textauszug aus der Homepage der XY AG im Hinblick auf die wirtschaftliche Stellung der einheimischen Tochtergesellschaften des Konzerns.
begründen	II, III	Die Begründung steht in einem engen Zusammenhang mit einer zuvor aufgestellten These, Vermutung oder Meinungsäußerung. Sie wird auf sachlicher Grundlage entwickelt und erfordert einen sicheren Umgang mit Fachbegriffen sowie die Fähigkeit, die Sachverhalte in ihrer Sachlogik zu erfassen und einzuordnen. Begründen setzt das Nennen und Erklären (Erläutern) von Ursachen voraus.	**Begründen Sie** die Aussage des Vorstandsvorsitzenden, dass die anstehende Investition der XY AG vorteilhaft ist.

Die richtige Klausurtechnik – Fragestellung

Operator	AFB	Definition	Beispiel
beurteilen, bewerten	II, III	den Stellenwert von Sachverhalten und Prozessen in einem Zusammenhang bestimmen, um theorie- und kriterienorientiert zu einem begründeten Sachurteil zu gelangen	**Beurteilen Sie** das dargestellte Arbeitszeitmodell der XY AG aus der Sicht der betroffenen Arbeitnehmer und der Unternehmensleitung.
entscheiden	II, III	auf Grundlage vorhandener Informationen eine sich daraus ergebene unternehmerisch sinnvolle Entscheidung treffen	**Treffen Sie** für die XY AG **eine begründete Investitionsentscheidung**.
Stellung nehmen	II, III	ausgehend vom Sachurteil unter Einbeziehung individueller Wertmaßstäbe zu einem begründeten eigenen Werturteil kommen	**Nehmen Sie** zum Investitionsvorschlag der Unternehmensleitung kritisch **Stellung**.
Vorschlag entwickeln, Vorschlag unterbreiten, Bericht erstellen	II, III	zu einem Sachverhalt oder einer Problemstellung ein konkretes Lösungsmodell, eine Gegenposition, einen Verbesserungsvorschlag oder einen Regelungsentwurf begründet entfalten	**Unterbreiten Sie** der XY AG auf der Basis des Ihnen vorliegenden Datenmaterials **einen Vorschlag** zur Verbesserung der Liquidität des Unternehmens.
diskutieren	III	auf Grundlage einer kurzen Sachdarstellung zu einer ökonomischen Problemstellung eine Pro- und Contra-Argumentation entwickeln, die zu einer begründeten Bewertung führt	**Diskutieren Sie** das Ihnen vorliegende Personalabbaukonzept des Vorstandes der XY AG vor dem Hintergrund der wirtschaftlichen Situation des Unternehmens.
prüfen, überprüfen	III	Inhalte, Sachverhalte, Vermutungen oder Hypothesen auf der Grundlage eigener Kenntnisse oder mithilfe zusätzlicher Materialien auf ihre sachliche Richtigkeit bzw. auf ihre innere Logik hin untersuchen	**Überprüfen Sie** den Vorschlag der Geschäftsleitung.

Eine Klausuraufgabe besteht in der Regel aus mehreren Teilaufgaben. Diese wiederum können über den Ansatz verschiedener Operatoren weitere Unteraufgaben beinhalten. Und genau hier liegt der Teufel im Detail. Was im Prinzip als Hilfestellung für Sie gedacht ist, um eine Teilaufgabe möglichst umfassend zu beantworten – und dabei die unterschiedlichen Anforderungsbereiche abzudecken –, führt häufig dazu, dass nur der erste Operator beachtet wird oder dass Lösungen unstrukturiert dargestellt werden.

Unser Tipp: Markieren Sie die Operatoren in der Aufgabenstellung, gliedern Sie Ihren Lösungsvorschlag entsprechend. Erst wenn Sie alle Operatoren beachtet haben, sind Sie vollständig auf die Aufgabenstellung eingegangen. Ein kleines Beispiel soll dies verdeutlichen:

Aufgabe 1.1
Ermitteln Sie mithilfe des anliegenden Formulars das Betriebs- und Umsatzergebnis sowie die Kostenabweichungen pro Kostenstelle. **Beschreiben Sie** das Zustandekommen des Betriebs- und Umsatzergebnisses und **erklären Sie**, wie es zu den Kostenabweichungen kommen kann. **Erläutern** Sie grundsätzlich den Unterschied zwischen einer Ist- und Normalkostenrechnung.

Die richtige Klausurtechnik – Fragestellung

Lösungsvorgehen

> Über das Markieren mit anschließender Gliederung stellen Sie sicher, dass die Aufgabe vollständig bearbeitet wird, z. B. folgendermaßen:
>
> 1.1.1 **Ermittlung** (Berechnung) des Betriebs- und Umsatzergebnisses inklusive Kostenabweichungen (situationsbezogen)
> 1.1.2 **Beschreibung** des Zustandekommens der Ergebnisse (situationsbezogen)
> 1.1.3 **Erklärung,** wie es zu den hier vorliegenden Kostenabweichungen gekommen sein kann (situationsbezogen, auf Basis grundsätzlicher Überlegungen)
> 1.1.4 Grundsätzliche **Erläuterung** des Unterschieds zwischen Ist- und Normalkostenrechnung (grundsätzliche, d. h. von der Situation losgelöste Überlegungen)

Sie sehen, das Strukturieren der Aufgabenstellung verschafft Ihnen Klarheit und Vollständigkeit.

Denken Sie auch daran, dass **10 % der Punkte für Ihre Darstellungsleistung** vergeben werden. Dabei geht es darum, ob Sie schlüssig und klar argumentieren, fundiert begründen, Ihre Antworten klar strukturieren, die Fachsprache korrekt verwenden und Ihre Ausführungen formal ansprechend gestalten.

Aufgabenübergreifend werden im Rahmen der Darstellungsleistung folgende Aspekte bewertet (vgl. Seite 14):

1. Strukturierte Darstellung
2. Einhaltung formaler Regeln
3. Stilistische Qualität und Wortwahl
4. Verwendung von Fachsprache

Ein letzter **Hinweis:** Bei gravierenden sprachlichen Mängeln (Rechtschreibung, Grammatik) kann die Gesamtnote um bis zu zwei Notenpunkte herabgesetzt werden.

Verbindliche Unterrichtsinhalte für das Zentralabitur 2025[1]

> Die Abiturklausuren der vergangenen Jahre können Sie mithilfe eines Passwortes, welches Sie bei Ihrer Schule erfragen können, unter folgender Internetadresse abrufen:
>
> www.standardsicherung.schulministerium.nrw.de/cms/zentralabitur-berufliches-gymnasium/faecher/faecher.php?fach=2
>
> Bedenken Sie aber, dass sich diese wegen abweichender thematischer Vorgaben nur bedingt zur Vorbereitung auf das Zentralabitur 2024 eignen.

Kurshalbjahr 12.1

Kosten- und Leistungsrechnung

1. Industrielle Kosten- und Leistungsrechnung als Vollkostenrechnung
   - Aufgaben und Gliederung

2. Kostenartenrechnung
   - Definition und Abgrenzung wesentlicher Grundbegriffe: Auszahlung und Einzahlung, Ausgabe und Einnahme, Aufwand und Ertrag, Kosten und Leistung, Grundkosten und neutraler Aufwand, Leistungen und neutrale Erträge, interne und externe Kosten
   - Ergebnistabelle als Instrument zur Ermittlung des Betriebsergebnisses
   - kostenrechnerische Korrekturen (kalkulatorische Abschreibungen, kalkulatorische Zinsen)
   - Gliederung der Kosten nach ihrer Zurechenbarkeit zu Kostenträgern (Einzelkosten und Gemeinkosten)

3. Kostenstellenrechnung
   - einstufiger BAB
   - Material-, Fertigungs-, Verwaltungs- und Vertriebsgemeinkosten
   - Herstellkosten der Erzeugung versus Herstellkosten des Umsatzes

4. Kostenträgerrechnung
   - Kostenträgerzeitrechnung (Kostenträgerblatt auf Ist-Kosten- und Normalkostenbasis, Kostenüber- und -unterdeckung)
   - Kostenträgerstückrechnung (Zuschlagskalkulation als Angebotskalkulation, Vor- und Nachkalkulation)

5. Kosten- und Leistungsrechnung als Teilkostenrechnung
   - Vollkostenrechnung und Teilkostenrechnung als sich ergänzende Rechnungssysteme
   - Teilkostenrechnung als betriebswirtschaftliche Entscheidungshilfe
   - Bestimmung von Preisuntergrenzen; Entscheidung über Zusatzaufträge; Sortimentsbereinigungen; Engpassplanung; Eigenfertigung oder Fremdbezug

Kurshalbjahr 12.2

Prozess der Leistungsverwertung (Absatzwirtschaft)

1. Marktsituation
   - Marketing als Unternehmenskonzeption auf Käufermärkten
   - Kundenerwartungen (Phasen und Typen von Kaufentscheidungen; Marktsegmentierung)
   - Wettbewerbssituation (Marktform; Marktpositionierung)
   - Marktforschung und Marktentwicklung

---

[1] vgl. Vorgaben für das Zentralabitur 2025: https://www.standardsicherung.schulministerium.nrw.de/abitur-bk/fach.php?fach=2 (abgerufen am 04.09.2022) sowie Fachlehrplan Betriebswirtschaftslehre: http://www.berufsbildung.nrw.de/cms/upload/_lehrplaene/d/wirtschaft_und_verwaltung/teil3/lp_betriebswirtschaftslehre.pdf (abgerufen am 04.09.2022)

Verbindliche Unterrichtsinhalte für das Zentralabitur 2025

2. Produktpolitik
- Produktlebenszyklus und Portfolioanalyse
- Markenpolitik
- Produktinnovation
- Produktdifferenzierung
- Produktdiversifikation
- Produktelimination

3. Preispolitik
- kostenorientierte Preisbildung auf der Basis der Teilkostenrechnung (kurz- und langfristige Preisuntergrenze, liquiditätsorientierte Preisuntergrenze)
- nachfrageorientierte Preisbildung (Preisdifferenzierung)
- konkurrenzorientierte Preisbildung (Preispolitik auf oligopolistischen Märkten, Nutzung des monopolistischen Preisspielraumes auf polypolistischen Märkten)
- preispolitische Strategien (Hochpreispolitik, Niedrigpreispolitik)

4. Distributionspolitik
- direkte und indirekte Absatzwege (Gegenüberstellung des Absatzes durch den Hersteller und des Absatzes unter Einschaltung des Handels)
- Franchising
- neue Vertriebswege (Darstellung am Beispiel des E-Commerce)

5. Kommunikationspolitik
- Produktwerbung
- gesetzliche Beschränkungen der Produktwerbung (Gesetz gegen unlauteren Wettbewerb)

6. After-Sales-Prozesse
- Kundenbindungskonzepte (Kundenkarte, Direktmarketing)
- Customer-Relationship-Konzepte

7. Absatzcontrolling
- operatives Absatzcontrolling am Beispiel der Werbeerfolgskontrolle (Kundenbindung, Kundenzufriedenheit, Umsatzentwicklung)

Investition

1. Ziele und Arten von Investitionen

2. Anregung und Vorbereitung der Investitionsentscheidung
- qualitative und quantitative Bewertungskriterien
- nachhaltiges Investment

3. Investitionsrechnung als Entscheidungsinstrument
- statische Methoden (Kosten-, Gewinn-, Amortisations-, Rentabilitätsvergleichsrechnung)
- dynamische Methoden (exemplarisch: Kapitalwertmethode, interne Zinssatzmethode)
- Beurteilung der Entscheidungsinstrumente

Kurshalbjahr 13.1

Finanzierung!

1. Langfristige Fremdfinanzierung von Investitionen
- Darlehensarten
- Gegenüberstellung und Berechnung von Fälligkeitsdarlehen, Abzahlungsdarlehen, Annuitätendarlehen

2. Sicherheiten im Rahmen der Fremdfinanzierung
- Bürgschaft
- Sicherungsübereignung
- Grundschuld

3. Beteiligungsfinanzierung bei der AG
- Aktienarten
- ordentliche und genehmigte Kapitalerhöhung
- Bezugsrecht

Gliederung und Bewertung von Aktiva und Passiva

- Gliederung und Bewertungsvorschriften am Beispiel der Aktiengesellschaft (Überblick über Bewertungsprinzipien; Maßgeblichkeitsprinzip)
- Bewertung des Anlagevermögens (Anschaffungskosten, planmäßige und außerplanmäßige Abschreibung, Wertaufholung), Bewertungsvereinfachungsverfahren (Fifo, gewogene Durchschnittwertermittlung)
- Bewertung des Umlaufvermögens (Wertober- und Wertuntergrenzen am Beispiel von fertigen und unfertigen Erzeugnissen)
- Struktur des Eigenkapitals
- Bewertung der Schulden
- Höchstwertprinzip am Beispiel von Fremdwährungsverbindlichkeiten; Rückstellungen
- Entstehung und Auflösung stiller Reserven (am Beispiel eines Vermögensgutes und eines Schuldenpostens)
- Bewertung nach IAS/IFRS im Überblick (Grundzüge und Ziele internationaler Rechnungslegung; Unterschiede von HGB und IAS/IFRS: exemplarische Gegenüberstellung am Vorsichtsprinzip; Abwertungsbedarf bei Vermögensgegenständen)

Jahresabschluss, Bilanzanalyse und Bilanzkritik

Analyse und Kritik des Jahresschlusses
- Aufbereitung der Bilanz
- Bilanzanalyse und -kritik (Kapitalstruktur: Eigenkapitalquote, Verschuldungsgrad; Vermögensstruktur: Anlagenintensität; Anlagendeckung: Deckungsgrad I und II; Liquidität: Liquiditätsgrad I bis III)
- Analyse und Kritik der Erfolgsrechnung (Ertrags- und Aufwandsstruktur: Anteil des Betriebsergebnisses am Unternehmensergebnis, Personalintensität, Materialintensität; Rentabilitäten; Cashflow; Return on Investment; EBIT/EBITDA)
- Shareholder Value und Stakeholder Value als Unternehmensphilosophie
- Wesensmerkmale einer Ökobilanz

Kurshalbjahr 13.2

Veränderungsprozesse im Unternehmen

Ursachen und Phänomene des Wandels
- Globalisierung/Märkte im Wandel
- Konzentrationsprozesse
- Innovationsprozesse (technologischer Fortschritt)

Organisatorische Hinweise zum Zentralabitur 2025

Aufbau der Abiturklausur

1. Die Klausur besteht aus drei etwa gleich gewichteten Aufgaben, die in mehrere Teilaufgaben untergliedert sind.
2. Die Aufgaben bauen sachlogisch aufeinander auf, sind aber unabhängig voneinander zu lösen.
3. In jeder einzelnen dieser drei Aufgaben sind alle drei Anforderungsbereiche (vgl. Operatorenliste, S. 7 bis 9) zu berücksichtigen, wobei das Schwergewicht der zu erbringenden Prüfungsleistungen im Anforderungsbereich II liegt und der Anforderungsbereich I stärker zu gewichten ist als der Anforderungsbereich III (AFB II > AFB I > AFB III).

Rahmenbedingungen der Abiturklausur

1. Die Bearbeitungszeit beträgt 270 Minuten.
2. Als Hilfsmittel erlaubt sind ein grafikfähiger Taschenrechner (GTR) oder ein Computeralgebrasystem (CAS) sowie ein Wörterbuch der deutschen Rechtschreibung und ein Fremdwörterbuch.
3. Die Gesamtpunktzahl beträgt häufig 200 Punkte. Davon entfallen 90 %, also 180 Punkte auf die inhaltliche Leistung und 10 %, also 20 Punkte auf die Darstellungsleistung.

Bewertung der aufgabenübergreifenden Darstellungsleistung

- Strukturierte Darstellung (4 Punkte):
  - Der/die Schüler/-in gliedert die Lösung sachlogisch („roter Faden").
  - Der/die Schüler/-in stellt den Lösungsweg nachvollziehbar dar.
- Einhaltung formaler Regeln (8 Punkte):
  - Der/die Schüler/-in stellt die Inhalte bzw. Ergebnisse übersichtlich und gut lesbar dar.
  - Der/die Schüler/-in berücksichtigt formale Darstellungsregeln in angemessener Weise.
- Stilistische Qualität und Wortwahl (4 Punkte):
  - Der/die Schüler/-in ist in der Wortwahl präzise und differenziert („Ausdruck").
  - Der/die Schüler/-in konstruiert Sachgefüge angemessen und argumentiert logisch.
- Verwendung von Fachsprache (4 Punkte):
  - Der/die Schüler/-in verwendet Fachbegriffe problemgerecht.
  - Der/die Schüler/-in setzt fachliche Symbole, Formeln und Maßeinheiten sachgerecht ein.

Notenfindung der Abiturklausur

Punkte	Note	Prozentzahl	Punktebereich
15 Punkte	sehr gut +	ab 95 % der Punkte	von 190 bis 200 Punkten
14 Punkte	sehr gut	ab 90 % der Punkte	von 180 bis 189 Punkten
13 Punkte	sehr gut –	ab 85 % der Punkte	von 170 bis 179 Punkten
12 Punkte	gut +	ab 80 % der Punkte	von 160 bis 169 Punkten
11 Punkte	gut	ab 75 % der Punkte	von 150 bis 159 Punkten
10 Punkte	gut –	ab 70 % der Punkte	von 140 bis 149 Punkten
9 Punkte	befriedigend +	ab 65 % der Punkte	von 130 bis 139 Punkten
8 Punkte	befriedigend	ab 60 % der Punkte	von 120 bis 129 Punkten
7 Punkte	befriedigend –	ab 55 % der Punkte	von 110 bis 119 Punkten
6 Punkte	ausreichend +	ab 50 % der Punkte	von 100 bis 109 Punkten
5 Punkte	ausreichend	ab 45 % der Punkte	von 90 bis 99 Punkten
4 Punkte	ausreichend –	ab 40 % der Punkte	von 80 bis 89 Punkten
3 Punkte	mangelhaft +	ab 33 % der Punkte	von 66 bis 79 Punkten
2 Punkte	mangelhaft	ab 27 % der Punkte	von 54 bis 65 Punkten
1 Punkt	mangelhaft –	ab 20 % der Punkte	von 40 bis 53 Punkten
0 Punkte	ungenügend	weniger als 20 % der Punkte	weniger als 39 Punkte

Jahrgang 12.1

1 Kosten- und Leistungsrechnung als Voll- und Teilkostenrechnung

1.1 Themenübersicht

Finanzbuchführung und Kosten- und Leistungsrechnung

Externes und internes Rechnungswesen

Externes Rechnungswesen = Rechnungskreis I	Internes Rechnungswesen = Rechnungskreis II
Finanzbuchführung	**Betriebsbuchführung** = Kosten- und Leistungsrechnung

Aufgaben
- Erfassung aller Ströme finanzieller Art zwischen Industrieunternehmung und Außenwelt
  ⇨ aller Vermögens- und Kapitalveränderungen
  ⇨ aller Aufwendungen und Erträge
- Verdichtung der im Rechnungsjahr erfassten Informationen im Jahresabschluss zur Dokumentation der Vermögens-, Finanz- und Ertragslage
  ⇨ Bilanz
  ⇨ Gewinn- und Verlustrechnung (Gesamtergebnis der Unternehmung)
  ⇨ Anhang
- Grundlage der Steuerermittlung
- Information für alle am Jahresabschluss Interessierten:
  ⇨ Eigentümer/Geschäftsführung
  ⇨ Gläubiger/Geldgeber/Investoren
  ⇨ Arbeitnehmerinnen und Arbeitnehmer/Öffentlichkeit
	Aufgaben
	- Abbildung der innerbetrieblichen Prozesse
	  ⇨ der in Geldwerten ausgedrückte Verzehr an Produktionsfaktoren eines Geschäftsjahres im Industriebetrieb (Werkstoff-, Arbeits- und Betriebsmitteleinsatz) = Kosten
	  ⇨ die in Geldwerten ausgedrückten Leistungen des Industriebetriebes im Geschäftsjahr (Umsatzerlöse für Erzeugnisse und Dienstleistungen)
	- Gegenüberstellung der Kosten und Leistungen zur Ermittlung des Betriebsergebnisses
	- Kontrolle der Wirtschaftlichkeit
	- Grundlage für betriebliche Planungen und Entscheidungen
	- Grundlage für die Bewertung der unfertigen und fertigen Erzeugnisse
	- Kalkulation der Produkte und Leistungen
	  ⇨ Herstellungskosten
	  ⇨ Selbstkosten
	  ⇨ Verkaufspreise/Listenpreise

Unterliegt zahlreichen handels- und steuerrechtlichen Vorschriften	Unterliegt keinen handels- und steuerrechtlichen Vorschriften

Informationsmängel der Gewinn- und Verlustrechnung

Die Gewinn- und Verlustrechnung liefert keine Informationen über
- die Wirtschaftlichkeit des Gesamtbetriebes, weil ein Teil der Aufwendungen der Finanzbuchhaltung **nicht durch das Sachziel** der Unternehmung (z.B. Verkauf von Erzeugnissen des Bürobedarfs) verursacht worden ist. Das Ergebnis enthält z.B. „Mieterträge", die nichts mit dem Sachziel der Unternehmung zu tun haben.
- die Produktivität einzelner Teilbereiche (Abteilungen, Arbeitsplätze), weil die Aufwendungen der gesamten Unternehmung in einer Summe ausgewiesen werden.
- die Wirtschaftlichkeit einzelner Produktgruppen oder einzelner Produkte, weil die Zurechnung der entsprechenden Aufwendungen zu den Produktgruppen oder Produkten in der Finanzbuchhaltung fehlt.

Kosten- und Leistungsrechnung als Voll- und Teilkostenrechnung

Um Schlüsse dieser Art ziehen zu können, ist es notwendig, zusätzlich zur Finanzbuchhaltung in der Unternehmung eine Kosten- und Leistungsrechnung (Betriebsbuchhaltung) einzurichten.

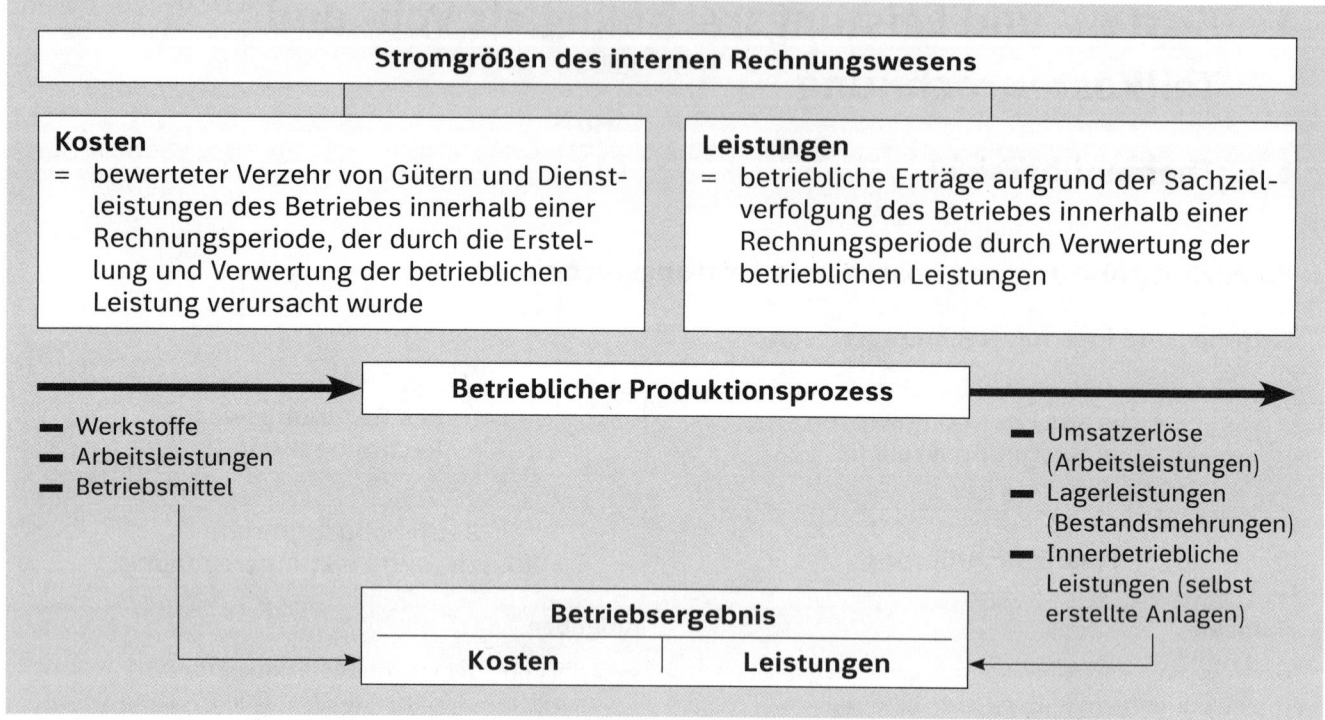

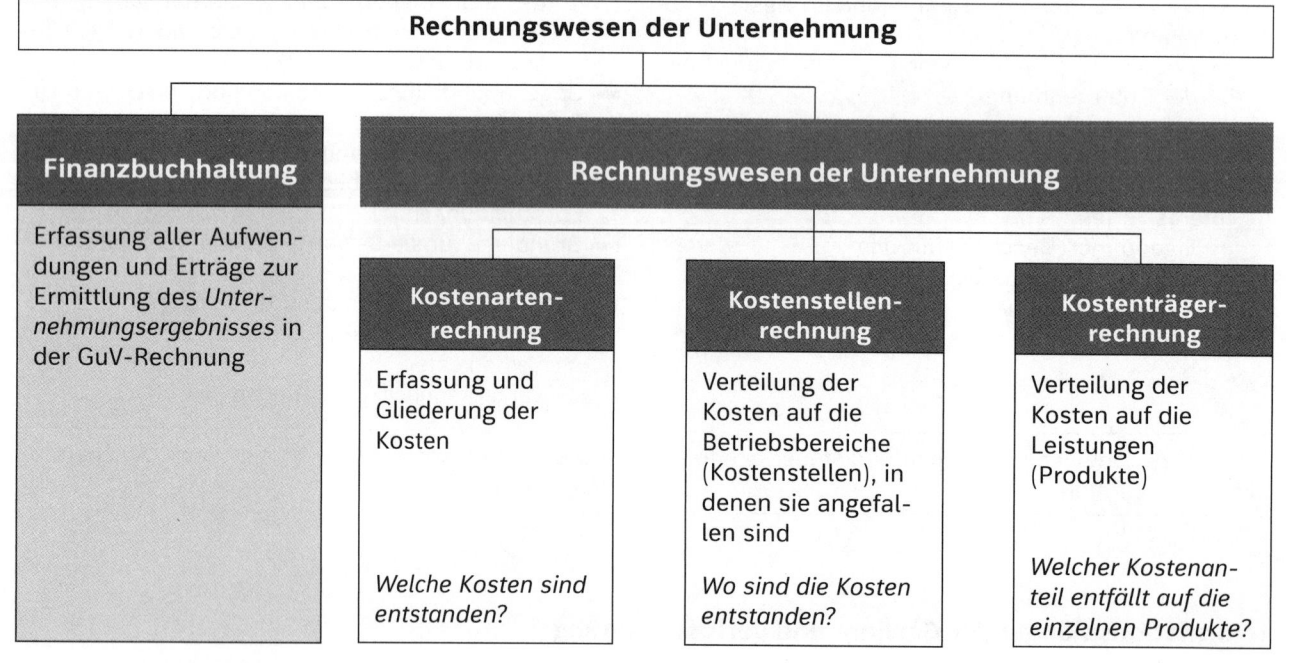

Kosten- und Leistungsrechnung als Voll- und Teilkostenrechnung

Kostenartenrechnung

Grundkosten und neutraler Aufwand, Leistungen und neutrale Erträge

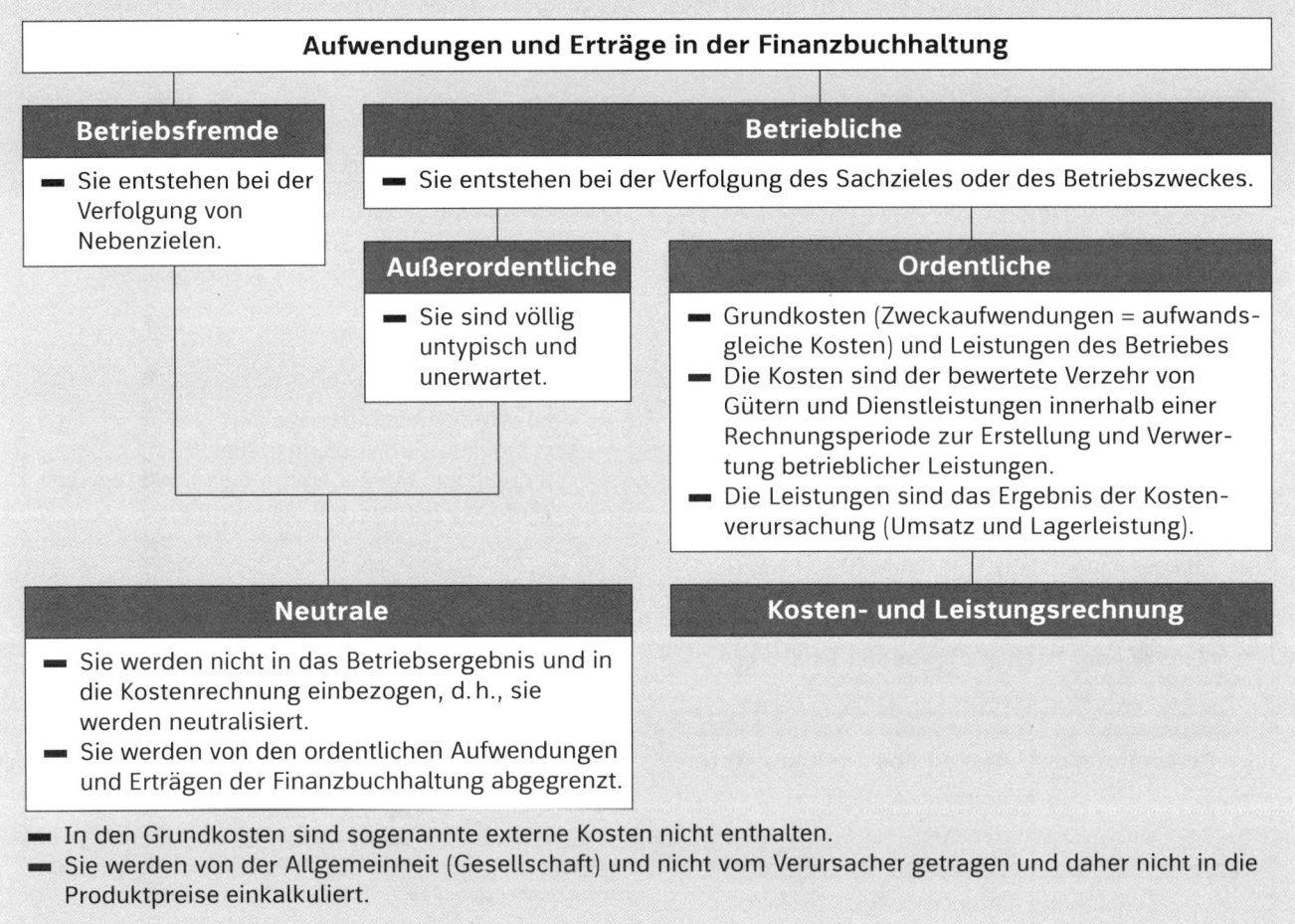

Aufwendungen und Erträge in der Finanzbuchhaltung

Betriebsfremde
- Sie entstehen bei der Verfolgung von Nebenzielen.

Betriebliche
- Sie entstehen bei der Verfolgung des Sachzieles oder des Betriebszweckes.

Außerordentliche
- Sie sind völlig untypisch und unerwartet.

Ordentliche
- Grundkosten (Zweckaufwendungen = aufwandsgleiche Kosten) und Leistungen des Betriebes
- Die Kosten sind der bewertete Verzehr von Gütern und Dienstleistungen innerhalb einer Rechnungsperiode zur Erstellung und Verwertung betrieblicher Leistungen.
- Die Leistungen sind das Ergebnis der Kostenverursachung (Umsatz und Lagerleistung).

Neutrale
- Sie werden nicht in das Betriebsergebnis und in die Kostenrechnung einbezogen, d.h., sie werden neutralisiert.
- Sie werden von den ordentlichen Aufwendungen und Erträgen der Finanzbuchhaltung abgegrenzt.

Kosten- und Leistungsrechnung

- In den Grundkosten sind sogenannte externe Kosten nicht enthalten.
- Sie werden von der Allgemeinheit (Gesellschaft) und nicht vom Verursacher getragen und daher nicht in die Produktpreise einkalkuliert.

Kalkulatorische Kosten (Zusatzkosten)

Anderskosten

Für bestimmte betrieblich außerordentliche Aufwendungen, die unregelmäßig und in unterschiedlicher Höhe anfallen, werden in der KLR Kosten in anderer Höhe verrechnet, damit Wirtschaftlichkeits- und Preisvergleiche nicht gestört werden.

- Kalkulatorische Abschreibungen
- Kalkulatorische Zinsen
- Kalkulatorische Wagnisse[1]
- Kalkulatorische Miete[1]

Echte Zusatzkosten

Für ihre Arbeitsleistung erhalten Einzelunternehmer und Gesellschafter von Personengesellschaften kein Entgelt in Form eines Gehaltes wie die gesetzlichen Vertreter – Vorstandsmitglieder der AG und Geschäftsführer der GmbH – der Kapitalgesellschaften. In der Finanzbuchführung der Einzelunternehmen und Personengesellschaften wird somit auch kein Aufwand für die Arbeitsleistung der Einzelunternehmer und Gesellschafter von Personengesellschaften gebucht.

Damit im Gewinn die Arbeitsleistung entgolten wird, muss sie als Kostenbestandteil einkalkuliert werden:

- Kalkulatorischer Unternehmerlohn[1]
  Es handelt sich um echte Zusatzkosten in der KLR, denen **keine** Aufwendungen in der Finanzbuchführung gegenüberstehen.

→ Erfassung des tatsächlichen Werteverzehrs
→ Glätten von zufälligen außerordentlichen Aufwendungen mit großen Schwankungen

---

[1] Nicht abiturrelevant.

Kosten- und Leistungsrechnung als Voll- und Teilkostenrechnung

Bilanzmäßige und kalkulatorische Abschreibungen

Abschreibungen: Erfassen und Verteilen des Werteverzehrs während der Nutzungsdauer oder Leistungsdauer

Bilanzmäßige Abschreibung auf Anlagen der Unternehmung

Ziele
- Steuerersparnis
- Verhinderung von Ausschüttungen
- Erhaltung der Liquidität

- Vom **Anschaffungswert**
- Durchschnittliche (betriebsgewöhnliche) Nutzungsdauer
- Abhängig von handels- und steuerrechtlichen Vorschriften
- Abhängig von bilanzpolitischen Überlegungen

Linear oder nach Maßgabe der Leistung

Berechnung der linearen Abschreibungsrate:
$$\frac{\text{Anschaffungswert} \cdot \text{AfA-Satz}}{100}$$

Berechnung der geom. degr. Abschr.[1]:
$$\frac{\text{Buchwert} \cdot \text{AfA-Satz}}{100}$$

Berechnung der Abschreibungsrate nach Leistungseinheiten:
$$\frac{\text{Anschaffungswert} \cdot \text{jährliche Ist-Leistung}}{\text{geschätzte Gesamtleistung}}$$

Kalkulatorische Abschreibung auf Betriebsmittel

Ziele
- Erfassen des tatsächlichen Werteverzehrs
- Substanzerhaltung
- Wettbewerbsfähigkeit

- Vom **Wiederbeschaffungswert**
- Von individueller Nutzungsdauer
- Abhängig von Marketingstrategien, Wettbewerb und Marktsituation (z. B. Einführung)

Meist linear
bei gleichbleibender Auslastung
oder
Leistungsabschreibung
bei schwankender Auslastung
- Gleichmäßig
- Vergleichbar

Berechnung der linearen Abschreibungsrate:
$$\frac{\text{Wiederbeschaffungswert} \cdot \text{AfA-Satz}}{100}$$

Berechnung der Abschreibungsrate nach Leistungseinheiten:
$$\frac{\text{Wiederbeschaffungswert} \cdot \text{jährliche Ist-Leistung}}{\text{geschätzte Gesamtleistung}}$$

Finanzierung durch Abschreibung

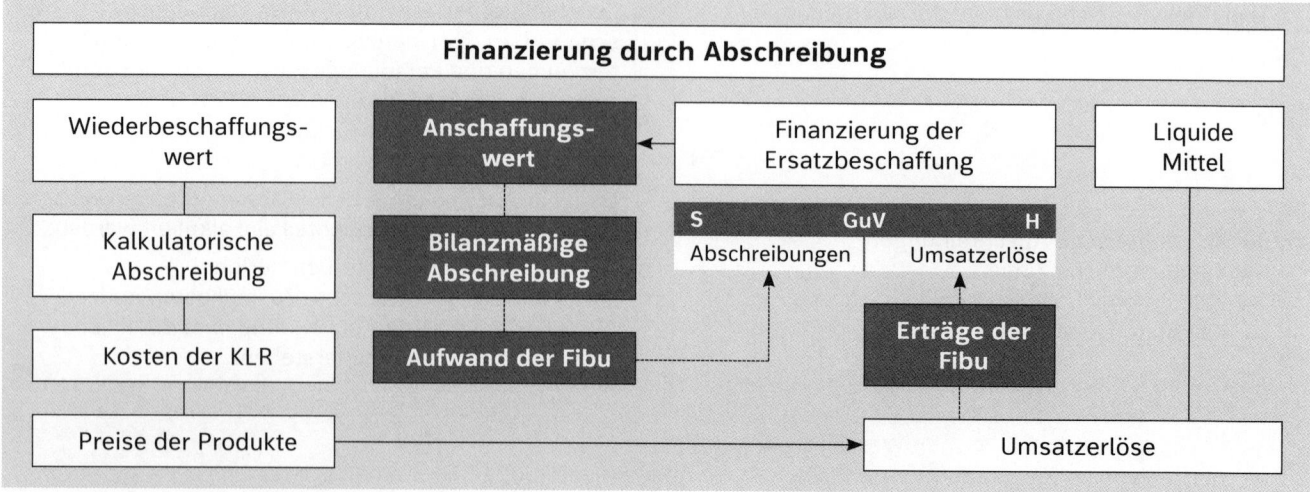

---

[1] Erlaubt nur für bewegliche Wirtschaftsgüter des Anlagevermögens, die zwischen dem 31.12.2008 und dem 01.01.2011 angeschafft wurden.

Kosten- und Leistungsrechnung als Voll- und Teilkostenrechnung

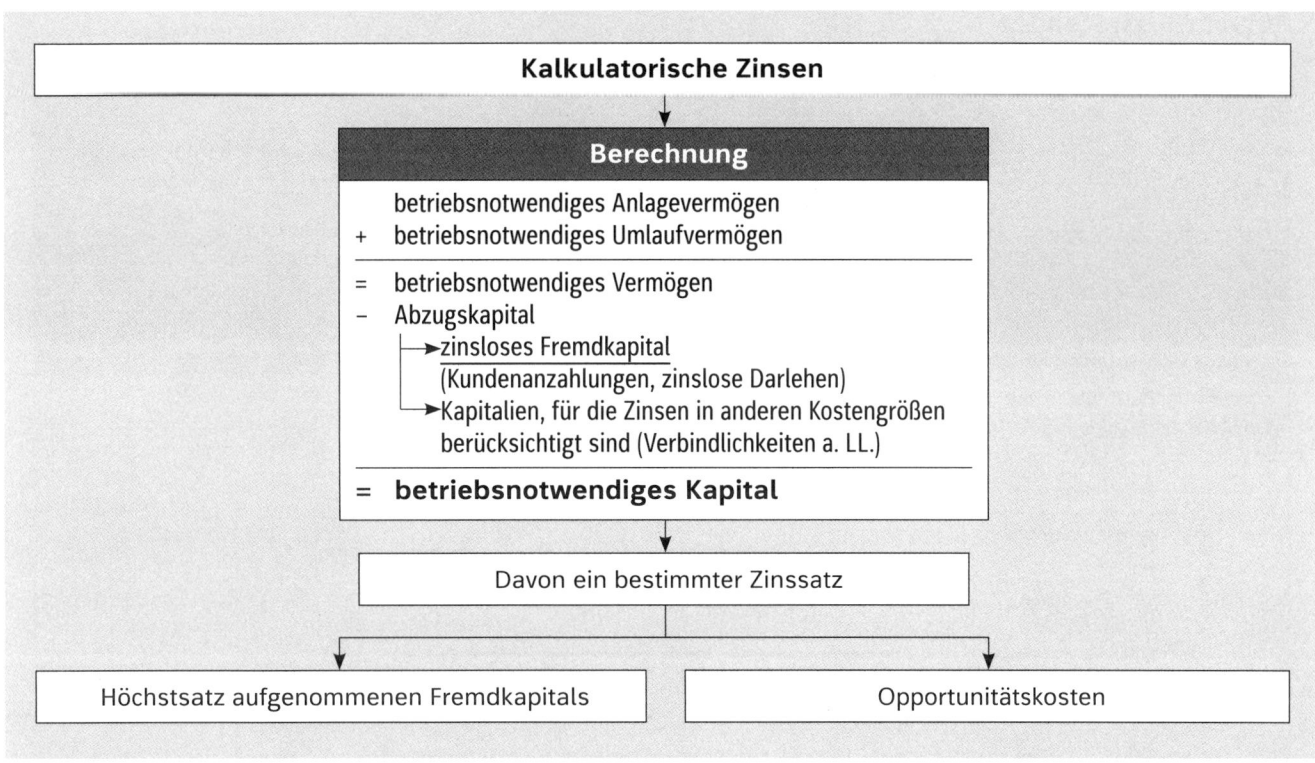

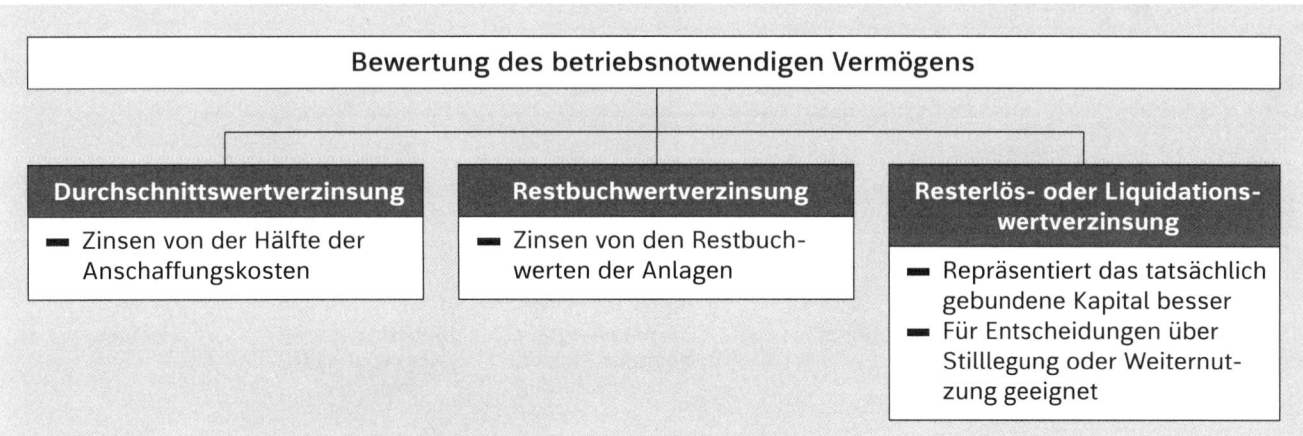

Übergang von der Finanzbuchhaltung zur Kosten- und Leistungsrechnung

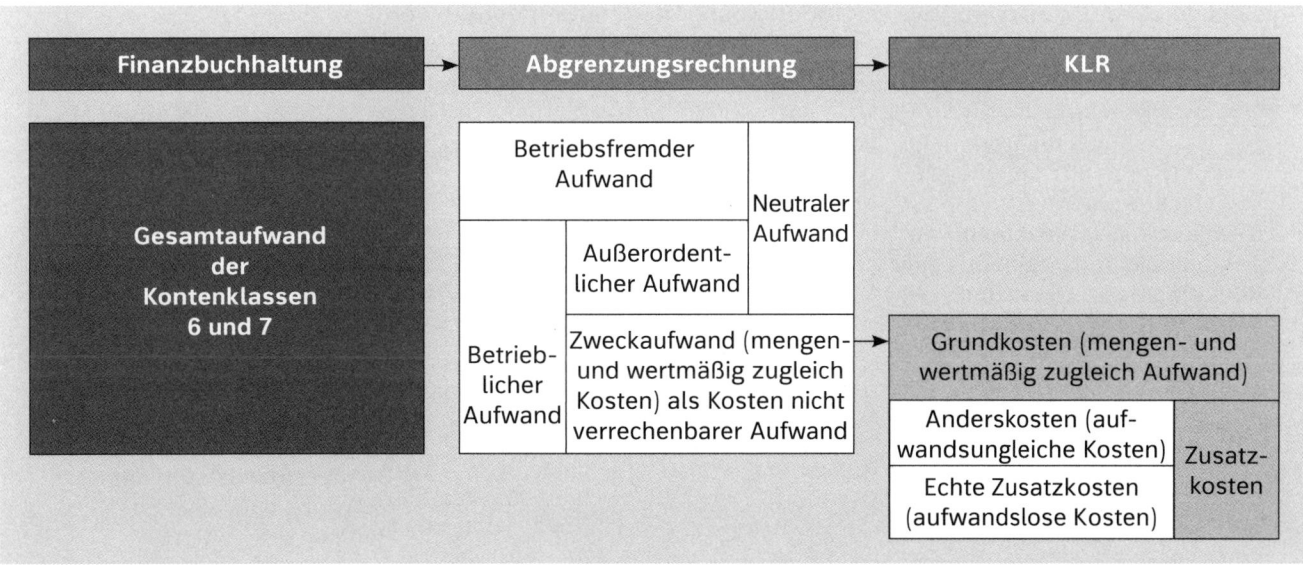

Kosten- und Leistungsrechnung als Voll- und Teilkostenrechnung

Abgrenzungsrechnung

Abgrenzungsrechnung	I – Werte der Finanzbuchhaltung (Klassen 2, 3, 4, 8)		II – Unternehmungsbezogene Abgrenzungsrechnung		III – Betriebsbezogene Abgrenzungsrechnung, Kostenrechnerische Korrekturen		IV – Kosten- und Leistungsarten	
	1	2	3	4	5	6	7	8
Aufwands- und Ertragspositionen	Aufwendungen	Erträge	Aufwendungen	Erträge	Aufwendungen	Erträge	Kosten	Leistungen
Kontenklassen 5, 6, 7 — Betriebsfremde Erträge		•———————→						
Betriebsfremde Aufwendungen	•———————→							
Betriebliche o. a. Erträge			•——————————————————→					
Betriebliche o. a. Aufwendungen, für die kalkulatorische Kosten verrechnet werden	•——————————————————→							
Betriebliche Erträge = Leistungen				•———————————————————————————→				
Betriebliche Aufwendungen, die mengen- und wertmäßig zugleich Kosten sind (Zweckaufwand)	•———————————————————————————→							
Kalkulatorische Kosten							•———→	

Gesamtergebnis	Ergebnis der unternehmungsbezogenen Abgrenzungsrechnung	Ergebnis der betriebsbezogenen Abgrenzungsrechnung	Betriebsergebnis

Einzel- und Gemeinkosten

Soll die Wirtschaftlichkeit einzelner Produkte betrachtet werden, müssen den Umsatzerlösen des jeweiligen Produktes die entsprechenden Kosten gegenübergestellt werden.

Gemeinkosten	Einzelkosten	Sondereinzelkosten
Kosten, die durch **mehrere Produkte** oder **alle Leistungen** verursacht werden. **Sie können den einzelnen Produkten oder Aufträgen nur auf dem Weg besonderer Umlageverfahren zugerechnet werden.**	Kostenarten, die **einzelnen Produkten direkt** zugeordnet werden können	**Einzelkosten**, die aufgrund besonderer Produktions- und Lieferbedingungen **nur für einen bestimmten Auftrag** anfallen. Diese werden in Sondereinzelkosten der **Fertigung** und des **Vertriebs** gegliedert. — **Sondereinzelkosten der Fertigung** entstehen im Rahmen der Fertigung, insbesondere bei Sonderanfertigungen. — **Sondereinzelkosten des Vertriebs** entstehen im Rahmen des Vertriebs.

Kosten- und Leistungsrechnung als Voll- und Teilkostenrechnung

Gemeinkosten	Einzelkosten	Sondereinzelkosten
Beispiele	*Beispiele*	*Beispiele*
— *Verbrauch von Hilfsstoffen wie Nägel, Schrauben, Unterlegscheiben, Leime, Lacke, Farben* — *Verbrauch von Verbrauchswerkzeugen und Betriebsstoffen wie Schmierstoffe, Schleifmaterial, Poliermittel* — *Kosten der Entsorgung (Verpackung, Lösungsmittel, Farbreste, Verschnitt)* — *Brennstoffe und Energie* — *Hilfslöhne, Gehälter und entsprechende soziale Abgaben* — *Aufwendungen für Fremdleistungen (z. B. Fremdinstandsetzungen, Frachten)* — *Lagermiete, Lagerreinigung* — *Aufwendungen für Kommunikation* — *Aufwendungen für Versicherungen* — *Kalkulatorische Kosten* — *Steuern, Gebühren*	— *Verbrauch von Rohstoffen und bezogenen Fertigteilen (Holz- und Metallsockel, Scharniere, Schlösser lt. Stücklisten oder Materialentnahmescheinen für den Schreibtisch „Chef 2000")* — *Fertigungslöhne lt. Akkordzettel, Lohnlisten, Arbeitspläne (356 Elemente à 4,45 € Stückgeld = 1 628,70 €)* — *Soweit die Ermittlung des Hilfsstoffverbrauchs für das einzelne Produkt oder den einzelnen Kundenauftrag keine Schwierigkeiten bereitet und wirtschaftlich vertretbar ist, kann auch dieser zu den Einzelkosten gezählt werden (z. B. Nägel- und Schraubenverbrauch).*	**Sondereinzelkosten der Fertigung** — *Besondere Konstruktionspläne, Baupläne, Modelle, Vorrichtungen (z. B. für eine Empfangstheke für einen Zahnarzt)* — *Spezialwerkzeuge oder Sonderteile für einen bestimmten Auftrag lt. Eingangsrechnungen (z. B. Einbau-Thermoplatte)* — *Besondere Modelle und Formen für einen bestimmten Auftrag* — *Stückabhängige Lizenzgebühr (besonderes Design)* **Sondereinzelkosten des Vertriebs:** — *Vertreterprovision* — *Ausgangsfracht (der Kunde wünscht den Direkttransport zu einem Abnehmer nach Buxtehude)* — *Spezialverpackung für einen bestimmten Auftrag* — *Kundenskonto*

Zusammenhänge zwischen Kostenarten-, Kostenstellen-, Kostenträgerrechnung und deren Auswertung

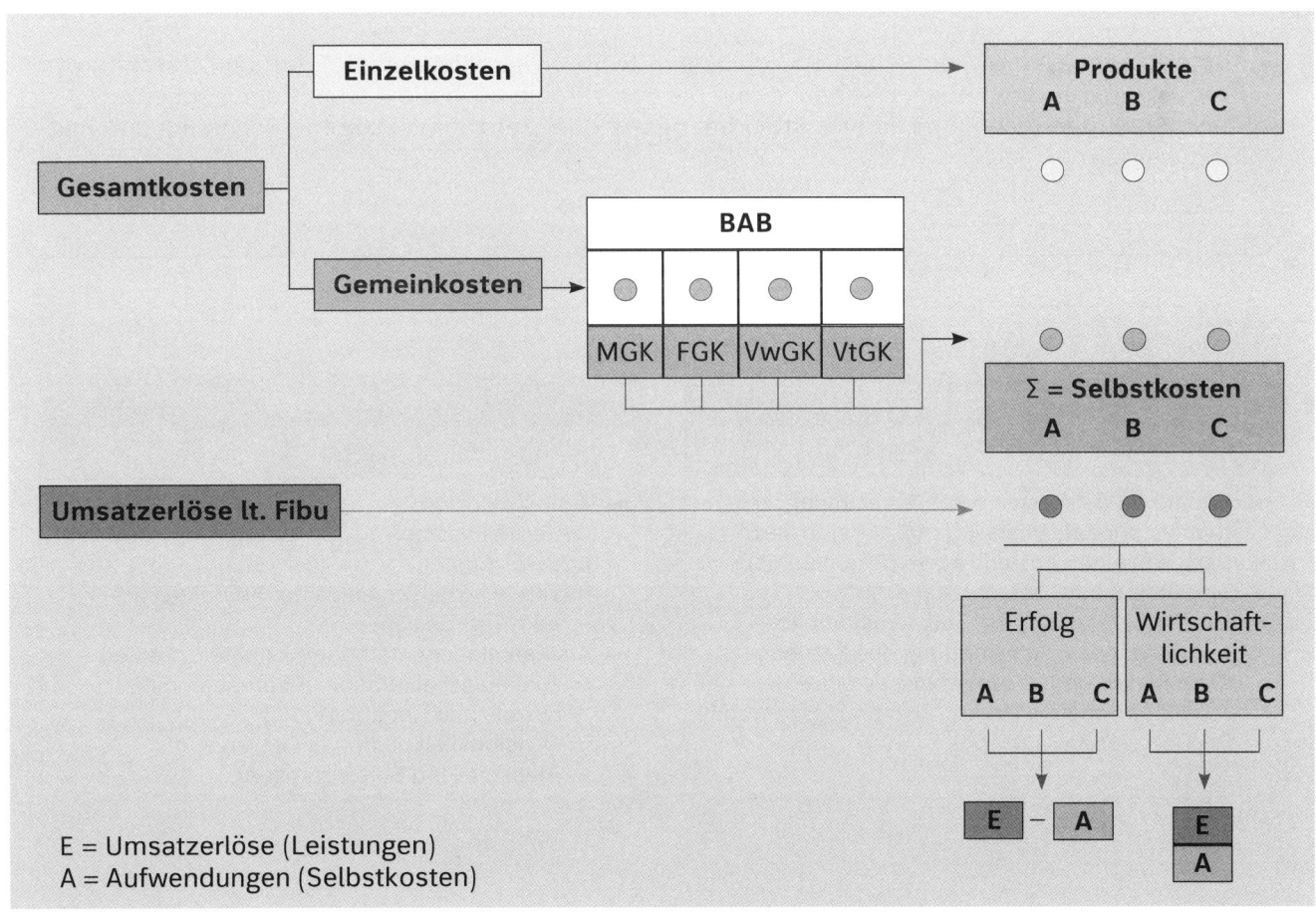

E = Umsatzerlöse (Leistungen)
A = Aufwendungen (Selbstkosten)

Kosten- und Leistungsrechnung als Voll- und Teilkostenrechnung

Kostenträgerrechnung

Kostenträger und ihre Gliederung

Kostenträger sind die **Leistungen** des Betriebes, deren Erstellung die Kosten verursacht hat.

Sie sind zu unterteilen in **Absatzleistungen** und **innerbetriebliche Leistungen**. Bei **Absatzleistungen** sind die Kosten entstanden, um einen **Kundenauftrag** zu erledigen oder um die Verkaufsbereitschaft zu erhalten (**Lagerauftrag**). **Innerbetriebliche Leistungen** sind selbst erstellte Anlagen und Maschinen.

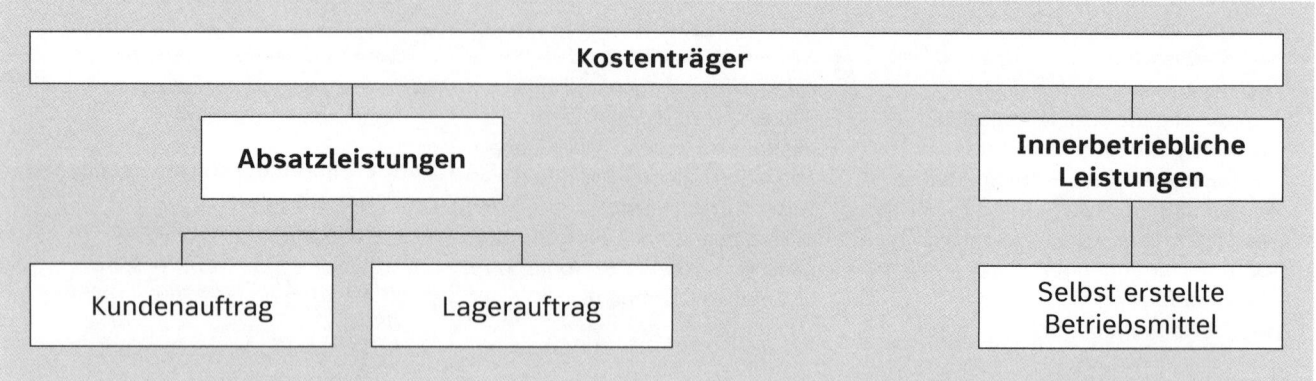

Es ist Aufgabe der Kostenträgerrechnung, die entstandenen Kosten auf die Kostenträger umzulegen. Nach der Zielsetzung sind **Kostenträgerstückrechnung** und **Kostenträgerzeitrechnung** zu unterscheiden.

Kostenträgerrechnung – Kostenträgerzeitrechnung und Kostenträgerstückrechnung

- **Kostenträger** sind die betrieblichen Leistungen (Güter, Dienstleistungen), die den **Verzehr von Produktionsfaktoren** ausgelöst haben und die demzufolge auch die Kosten tragen sollen.
- Die Kostenträgerrechnung kann als **stückbezogene** oder **zeitraumbezogene** Rechnung durchgeführt werden.

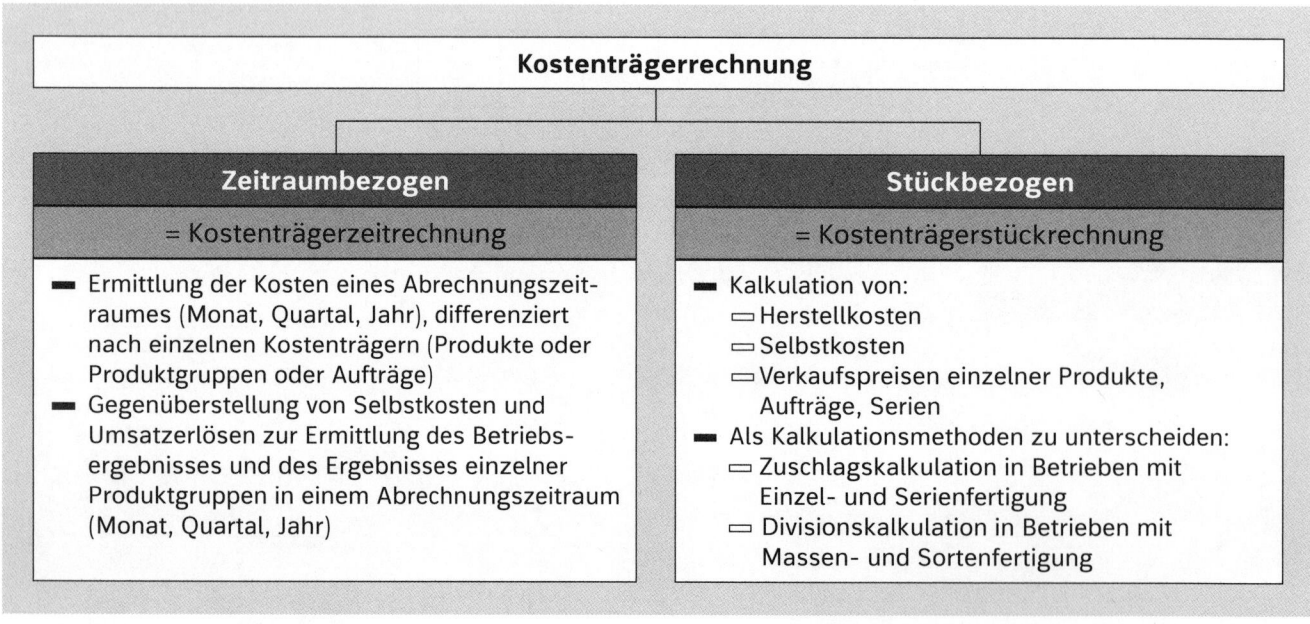

Kosten- und Leistungsrechnung als Voll- und Teilkostenrechnung

Kostenträgerzeitrechnung mit Ist- und Normalkosten

Kostenträgerzeitrechnung

Mit Ist-Kosten

- Die tatsächlich angefallenen Kosten (Ist-Kosten) einer abgelaufenen Rechnungsperiode werden in die Kostenstellen- und Kostenträgerrechnung einbezogen.
- Sie ermöglicht Rückschlüsse auf die Entwicklung in der Vergangenheit, wie z. B. auf
  - das Betriebsergebnis und die Wirtschaftlichkeit des Gesamtbetriebes,
  - den Anteil einzelner Kostenträgergruppen am Betriebsergebnis.
- Sie bildet die Grundlage
  - für die Bewertung nicht abgesetzter Erzeugnisse zu Herstellungskosten im Inventar,
  - für den Vergleich mit den Ergebnissen der Vorkalkulation (Soll-Ist-Vergleich),
  - für künftige Vorkalkulationen,
  - für produktionsprogrammbezogene Entscheidungen.

Die vergangenheitsbezogenen Ergebnisse sind nicht als Vorgabewerte für die Zukunft geeignet.

Mit Normalkosten

- Für zahlreiche Entscheidungen in der Zukunft, z. B. die Festlegung von Angebotspreisen, benötigt der Betrieb Vorgaben der Kosten.
- Da die Ist-Kosten erst am Ende eines Abrechnungszeitraumes bekannt sind, bezieht man Normalkosten ein.
- Normalkosten sind
  - Durchschnittskosten mehrerer abgelaufener Rechnungsperioden bei durchschnittlicher Beschäftigung,
  - Soll-Kosten, in die Kostenerhöhungen aufgrund von Lohn- und Preissteigerungen oder Kostensenkungen aufgrund von Änderungen in der Beschaffung und in der Fertigung einkalkuliert werden.
- In der Kostenträgerzeitrechnung werden den Umsatzerlösen die Normal-Selbstkosten gegenübergestellt. Die Differenz wird als „Umsatzergebnis" bezeichnet.

Die Normalkostenrechnung arbeitet mit zukunftsbezogenen Schätzwerten. Ihre Ergebnisse bedürfen daher einer regelmäßigen Kontrolle durch Vergleich mit den Ergebnissen der Ist-Kostenrechnung.

Gegenüberstellung im BAB und im Kostenträgerblatt

Ist-Kostenrechnung

Gegenüberstellung der Ist-Selbstkosten und der Umsatzerlöse auf dem Wege der Zuschlagskalkulation zur Ermittlung des **Betriebsergebnisses**

Normalkostenrechnung

Gegenüberstellung der Normal- und Soll-Selbstkosten und der Umsatzerlöse auf dem Wege der Zuschlagskalkulation zur Ermittlung des **Umsatzergebnisses**

Der Vergleich der Ergebnisse zeigt die Bereiche und Höhe der **Kostenabweichungen** an.

Kostenunterdeckung

- Es wurden weniger Kosten verrechnet, als tatsächlich angefallen sind.
- Ist-Kosten > Normalkosten

Kostenüberdeckung

- Es wurden mehr Kosten verrechnet, als tatsächlich angefallen sind.
- Ist-Kosten < Normalkosten

Kosten- und Leistungsrechnung als Voll- und Teilkostenrechnung

Kostenträgerzeit- und Kostenträgerstückrechnung als Zuschlagskalkulation

- In Betrieben mit **Einzel- und Serienfertigung** wird wegen der Verschiedenheit der Leistungen ein Kalkulationsverfahren benötigt, das der Kostenerfassung für die einzelnen Kostenträger mit unterschiedlichem Fertigungsablauf Rechnung trägt. Dies leistet die **Zuschlagskalkulation**.

- **Voraussetzungen der Zuschlagskalkulation:**
  - Erfassung der Einzelkosten aufgrund von Belegen: Fertigungsmaterial, Fertigungslöhne, Sondereinzelkosten der Fertigung und des Vertriebs
  - Kostenstellen- und eine Kostenträgerzeitrechnung zur **verursachungsgerechten Umlage der Gemeinkosten** mithilfe der Gemeinkostenzuschlagssätze

- Ihr Aufbau entspricht der Kostenträgerzeitrechnung. Jedoch können Bestandsveränderungen nicht auftreten, weil diese Rechnung sich auf eine Einheit (Auftrag, Stück, kg, Serie, Marge, Partie) bezieht und nicht auf eine Rechnungsperiode.

- Wie dort die Gemeinkosten des Gesamtbetriebes über Zuschlagssätze allen Erzeugnissen einer Erzeugnisart zugerechnet werden konnten, so können in der Kostenträgerstückrechnung die anteiligen Gemeinkosten einer Erzeugnisart der einzelnen Einheit dieser Erzeugnisart mit denselben Zuschlagssätzen zugerechnet werden.

Beispiel: Auswertung der Kostenträgerzeitrechnung für die Kostenträgerstückrechnung der Bürodesign GmbH

Einzelkosten je Stück einer Erzeugniseinheit	Regalsystem Wikinger	Bürotisch Xama 2000
Fertigungsmaterial	60,00 €	104,00 €
Fertigungslöhne	50,00 €	160,00 €

Kostenträgerzeitrechnung zur Ermittlung der Gemeinkostenzuschlagssätze			Kostenträgerstückrechnung zur Ermittlung der Selbstkosten je Einheit der Erzeugnisarten		
	EUR	%		Regalsystem Wikinger	Bürotisch Xama 2000
Fertigungsmaterial	11 859 656,00		FM lt. Stückliste	60,00	104,00
MGK lt. BAB	1 482 457,00	12,5	→ MGK	7,50	13,00
Materialkosten	13 342 113,00		Materialkosten	67,50	117,00
Fertigungslöhne	12 143 000,00		FL lt. Lohnbelegen	50,00	160,00
FGK lt. BAB	9 714 400,00	80,0	→ FGK	40,00	128,00
Sondereinzelkosten der Fertigung	–			–	–
Fertigungskosten	21 857 400,00		Fertigungskosten	90,00	288,00
Herstellkosten der RP	35 199 513,00		Herstellkosten	157,50	405,00
– BVÄ der unfertigen Erzeugnisse	20 000,00				
Herstellkosten der Fertigung	35 179 513,00		Herstellkosten	157,50	405,00
+ BVÄ an fertigen Erzeugnissen	139 600,00			–	–
Herstellkosten des Umsatzes	35 319 113,00			157,50	405,00
VwGK lt. BAB	5 297 867,00	15,0	→ VwGK	23,63	60,75
VtGK lt. BAB	2 469 535,00	7,0	→ VtGK	11,03	28,35
Sondereinzelkosten des Vertriebs	–			–	–
Selbstkosten des Umsatzes	43 086 515,00		Selbstkosten	192,16	494,10

Kosten- und Leistungsrechnung als Voll- und Teilkostenrechnung

Deckungsbeitragsrechnung

Gegenüberstellung von Vollkostenkalkulation und Deckungsbeitragsrechnung

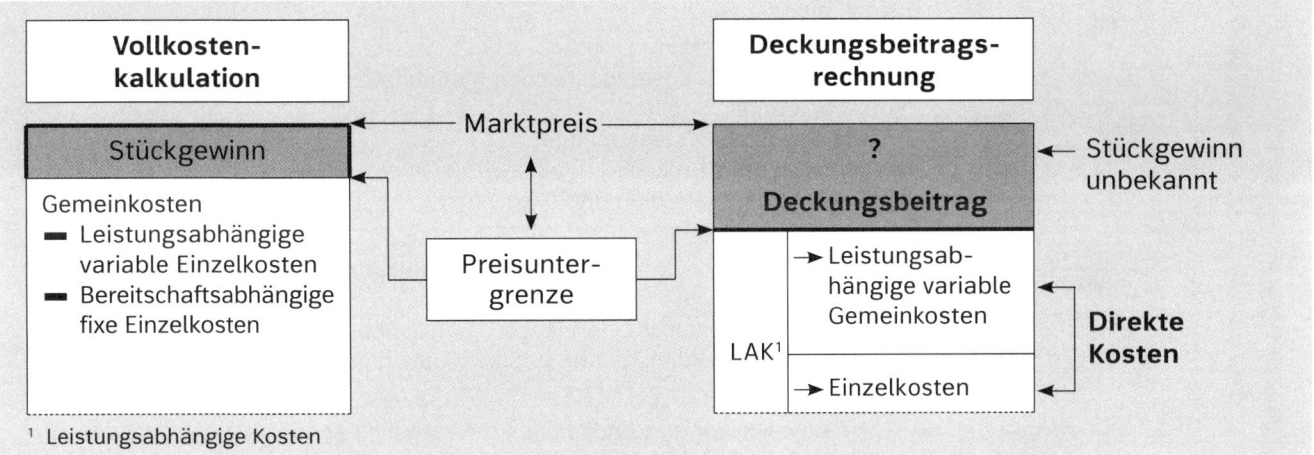

Vollkosten- und Teilkostenrechnung als sich ergänzende Kostenrechnungssysteme

System der Teilkostenrechnung (TKR)

- Dem einzelnen Kostenträger werden nur die variablen Kosten zugerechnet. Die Zurechnung der fixen Kosten auf die Kostenträger entfällt.

- Vom Umsatzerlös je Einheit werden die variablen Kosten abgezogen. Differenz ist der **Deckungsbeitrag**.

- **Kostenträgerstückrechnung**

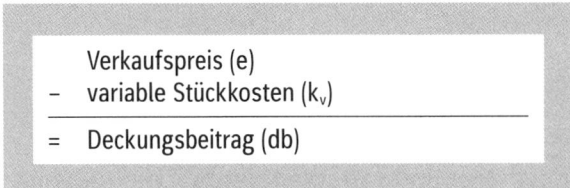

- Von den Deckungsbeiträgen aller Erzeugnisse zusammen werden die Fixkosten des Abrechnungszeitraumes zur Ermittlung des Betriebserfolges abgezogen.

- **Kostenträgerzeitrechnung**

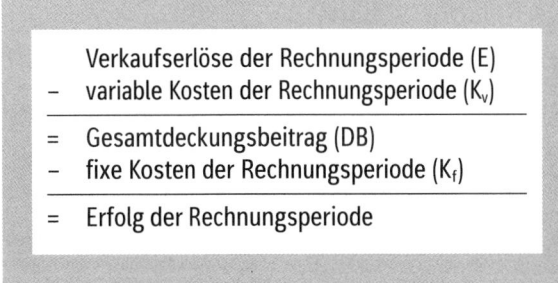

- Für **absatzpolitische Entscheidungen** kann dadurch auf einfachem Wege ermittelt werden, welchen Kostenanteil ein Produkt bei gegebenen Konkurrenzpreisen tragen kann.

Kosten- und Leistungsrechnung als Voll- und Teilkostenrechnung

Teilkostenrechnung als Entscheidungsinstrument bei der Produktions- und Absatzplanung

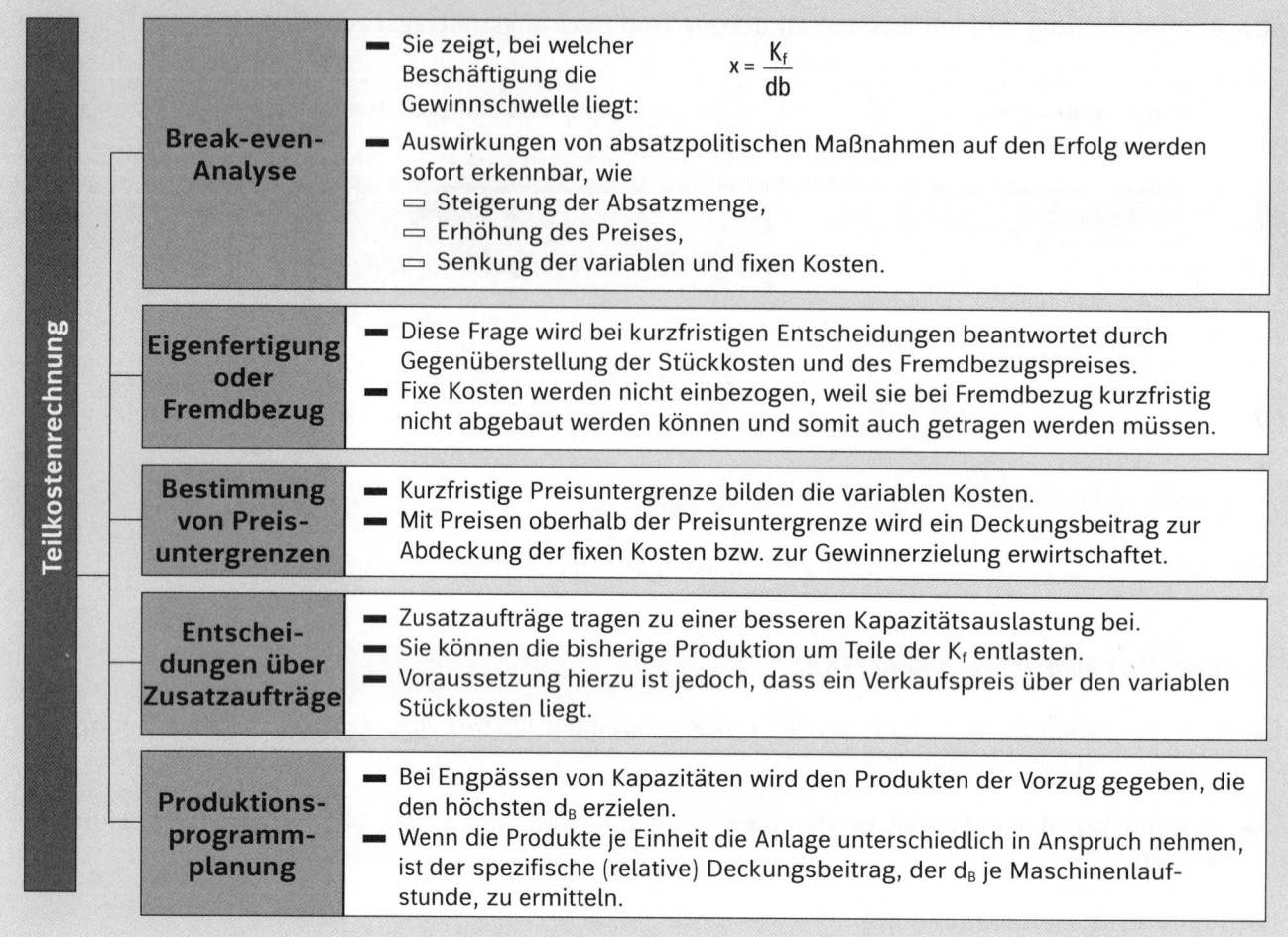

Vollkosten- und Teilkostenrechnung im Vergleich

Vollkostenrechnung (VKR)

Im Rahmen der VKR werden alle Kosten – ohne Aufteilung in fixe und variable Kosten – auf die Kostenträger eines Betriebes verteilt.
Die Kosten werden in **Einzel**- und **Gemeinkosten** aufgeteilt.
Um den Kostenträgern die Gemeinkosten zurechnen zu können, werden Zuschlagssätze ermittelt, mit deren Hilfe
- die anteiligen Materialgemeinkosten dem Fertigungsmaterial,
- die anteiligen Fertigungsgemeinkosten dem Fertigungslohn,
- die anteiligen Verwaltungs- und Vertriebsgemeinkosten den Herstellkosten

jedes Erzeugnisses zugerechnet werden.

Damit unterstellt die VKR ein proportionales Verhältnis zwischen den Zuschlagsgrundlagen und den Gemeinkosten.

Kritik:
- Die in den Gemeinkosten enthaltenen zeitabhängigen Fixkosten werden wie leistungs- oder produktabhängige Kosten behandelt.
- Damit wird eine Kostenverursachung unterstellt, die überhaupt nicht besteht.

Beispiel:
Würden sich die Fertigungslöhne um 5% erhöhen, so würden auch die Fertigungsgemeinkosten um 5% steigen. Das ist unrealistisch, da die fixen Kosten innerhalb der Fertigungsgemeinkosten – bis zu einem bestimmten Grad – konstant sind und die Erhöhung der Fertigungsgemeinkosten damit geringer ausfällt.

Kosten- und Leistungsrechnung als Voll- und Teilkostenrechnung

- Dies führt bei schwankender Beschäftigung und Beibehaltung der Zuschlagssätze zu Fehleinschätzungen. Das heißt,
  - bei rückläufiger Beschäftigung steigen die Fixkosten pro Stück. Es tritt eine Unterdeckung ein. Der kalkulierte Gewinn wird nicht erreicht. Unter Umständen führt dies zur verfrühten Produktionseinstellung einzelner Produkte. (Würde der Betrieb die Zuschlagssätze anpassen und das Gewinnziel beibehalten, müsste er höhere Preise verlangen.)
  - bei zunehmender Beschäftigung sinken die Fixkosten pro Stück. Es tritt eine Überdeckung ein. Der kalkulierte Gewinn wird überschritten. (Möglichkeiten zur Preissenkung werden nicht genutzt.)

Teilkostenrechnung (TKR)

Im Rahmen der TKR werden **nur die variablen Kosten** den Kostenträgern zugerechnet.
Die Kosten werden in beschäftigungsabhängige **variable Kosten** und zeitabhängige **fixe Kosten** gegliedert.
Bei der Kalkulation ist darauf zu achten, dass grundsätzlich ein positiver Deckungsbeitrag erzielt wird und die Summe der Deckungsbeiträge in einer Rechnungsperiode die fixen Kosten eines Betriebes deckt und einen Gewinn garantiert.

Vorteile:
- Verrechnungsprobleme der Gemeinkosten auf Kostenstellen entfallen.
- Es werden nur die durch das Produkt verursachten Kosten zugerechnet.
- Es können sehr schnell Aussagen zur Bedeutung des Produktes für die Gewinnerzielung abgeleitet werden.
- Die TKR ist eine geeignete Grundlage für kurzfristige produktions- und absatzpolitische Entscheidungen.

Nachteile:
- Die Kosten müssen in fixe und variable aufgeteilt werden.
- Der Fixkostenanteil eines Produktes ist nicht erkennbar (ein hoher Deckungsbeitrag eines Produktes mit hohem Fixkostenanteil kann schlechter sein als ein niedrigerer Deckungsbeitrag bei einem Produkt, das nur geringe Fixkosten verursacht).
- Für Entscheidungen im Rahmen des Produktionsprogramms ist eine Aufteilung der fixen Kosten auf Erzeugnisse oder Kostenstellen notwendig.
- Bei der Bewertung der Lagerbestände (fertige und unfertige Erzeugnisse) sind laut Steuerrecht die Einzelkosten und die notwendigen Teile der Gemeinkosten zu berücksichtigen.
- Langfristig muss das Produktionsprogramm einen Gewinn erzielen, sodass langfristig immer die VKR beachtet werden muss.

Fazit

VKR und TKR sind zwei sich ergänzende Kostenrechnungssysteme.

Auf die VKR kann nicht verzichtet werden für
- Zwecke der Bewertung,
- langfristige Produktionsentscheidungen.

Die TKR ist geeignet für
- kurzfristige marktorientierte Entscheidungen,
- kurzfristige produktionsorientierte Entscheidungen.

Kosten- und Leistungsrechnung als Voll- und Teilkostenrechnung

1.2 Ausgangssituation Vollkostenrechnung und Aufgaben

Die R. Droste GmbH stellt Fahrräder her und hat sich in den letzten Jahren auf den Bau exklusiver Kinder-Mountainbikes spezialisiert. Zurzeit werden die Modelle „Safari", „Peak" und „Trail" produziert. Ein weiteres Modell ist in der Planung. Die Finanzbuchhaltung weist für den vergangenen Monat das folgende Ergebnis aus:

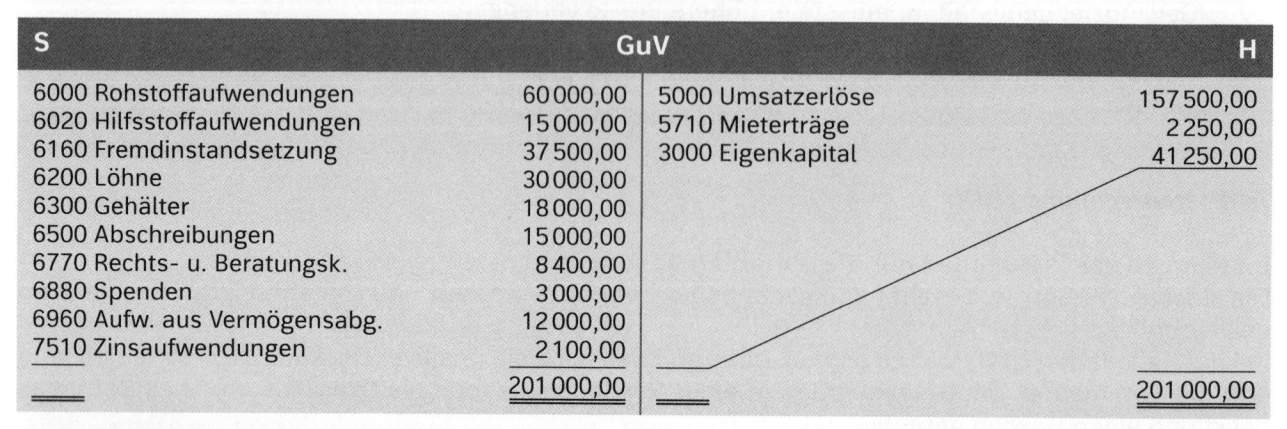

S	GuV		H
6000 Rohstoffaufwendungen	60 000,00	5000 Umsatzerlöse	157 500,00
6020 Hilfsstoffaufwendungen	15 000,00	5710 Mieterträge	2 250,00
6160 Fremdinstandsetzung	37 500,00	3000 Eigenkapital	41 250,00
6200 Löhne	30 000,00		
6300 Gehälter	18 000,00		
6500 Abschreibungen	15 000,00		
6770 Rechts- u. Beratungsk.	8 400,00		
6880 Spenden	3 000,00		
6960 Aufw. aus Vermögensabg.	12 000,00		
7510 Zinsaufwendungen	2 100,00		
	201 000,00		201 000,00

Konto	Anmerkungen	EUR
5710	Mietertrag für die vermietete Lagerhalle	2 250,00
6000	Durch eine Überschwemmung verrostete Stahlrohre (kein Versicherungsschutz)	22 500,00
6160	Dachreparatur an einer vermieteten Lagerhalle	37 500,00
6770	Kosten für Rechtsanwalt im Zusammenhang mit o. a. Überschwemmung	8 400,00
6880	Spende an „Brot für die Welt"	3 000,00
6960	Verlust aus dem Verkauf eines gebrauchten Pkw unter Buchwert	12 000,00
7510	Darlehenszinsen für die Finanzierung der zurzeit vermieteten Lagerhalle	300,00
	Zinsaufwendungen für betriebl. notwendiges Fremdkapital	1 800,00

Es werden kalkulatorische Abschreibungen angesetzt in Höhe von 17 250,00 € und kalkulatorische Zinsen in Höhe von 4 800,00 €.

Angaben zur Verteilung der Gemeinkosten auf die Kostenstellen im BAB					
		Material	Fertigung	Verwaltung	Vertrieb
6020	laut MES in €	1 500,00	12 000,00	300,00	1 200,00
6300	laut Gehaltslisten in €	300,00	1 800,00	15 300,00	600,00
	Kalk. Abschreibung lt. Anlagenkartei in €	1 350,00	7 500,00	1 950,00	6 450,00
	Kalk. Zinsen 5 : 3 : 2 : 2 in €				

1.2.1 Aufgaben Anforderungsbereich I

1. **Beschreiben Sie** den Unterschied zwischen Finanzbuchhaltung und KLR.
2. **Beschreiben Sie** die Aufgabe der Kostenartenrechnung.
3. **Unterscheiden Sie** Aufwendungen, betriebsfremde Aufwendungen, betriebliche außerordentliche Aufwendungen, Zweckaufwendungen, Grundkosten und Zusatzkosten.
4. **Beschreiben Sie** Anderskosten an einem Beispiel.
5. **Unterscheiden Sie** bilanzmäßige und kalkulatorische Abschreibungen.
6. **Beschreiben Sie** kalkulatorische Zinsen und die Berechnung des betriebsnotwendigen Kapitals.
7. **Beschreiben Sie** die Begriffe Einzelkosten und Gemeinkosten.
8. **Nennen Sie** Gesichtspunkte für die Kostenstellenbildung.
9. **Beschreiben Sie** die Aufgabe des BAB.
10. **Definieren Sie,** was man unter Gemeinkostenzuschlagssätzen versteht.
11. **Beschreiben Sie,** wie
    a) der Materialgemeinkostenzuschlagssatz,
    b) der Verwaltungsgemeinkostenzuschlagssatz berechnet wird.
12. **Beschreiben Sie** die Aufgabe der Kostenträgerstückrechnung.
13. **Unterscheiden Sie** Kostenträgerzeitrechnung und Kostenträgerstückrechnung.
14. **Beschreiben Sie** den Aufbau der Zuschlagskalkulation.

Kosten- und Leistungsrechnung als Voll- und Teilkostenrechnung

1.2.2 Aufgaben Anforderungsbereich II

1. **Führen Sie** die Abgrenzungsrechnung für die R. Droste GmbH durch und stimmen Sie die Ergebnisse miteinander ab.
2. **Stellen Sie** den BAB **auf** und **berechnen Sie** die Gemeinkostenzuschlagssätze.
3. **Stellen Sie** die Kostenträgerzeitrechnung der R. Droste GmbH für den vergangenen Monat **auf**. Es liegen die folgenden Angaben vor:

	Produktions- und Absatzmenge	Verkaufspreis in EUR	Rohstoffaufwand pro Mountainbike in EUR	Lohnkosten pro Mountainbike in EUR
Mountainbike „Safari"	150	400,00	100,00	47,00
Mountainbike „Peak"	90	700,00	158,00	140,00
Mountainbike „Trail"	69	500,00	120,00	150,00

4. Die R. Droste GmbH möchte ein weiteres Mountainbike auf den Markt bringen. Sie rechnet dabei pro Fahrrad mit einem Fertigungsmaterial von 110,00 € und Fertigungslöhnen von 85,00 € bei einem Gewinnzuschlag von 18 %. **Kalkulieren Sie** den Verkaufspreis.

1.2.3 Aufgaben Anforderungsbereich III

1. **Interpretieren Sie** die Ergebnisse der Abgrenzungsrechnung der R. Droste GmbH.
2. **Beurteilen Sie** die Ergebnisse der Kostenträgerzeitrechnung und **stellen Sie** mögliche Konsequenzen für die R. Droste GmbH **dar**.

1.3 Ausgangssituation Teilkostenrechnung und Aufgaben

Der Sportartikelhersteller BRAUSE GmbH hat sich in den letzten Jahren vor dem Hintergrund der Fitnesswelle neben Skischuhen vor allem auf hochwertige Laufschuhe sowie Trainingsanzüge und Jogginghosen spezialisiert. Einerseits sind die Marktprognosen in diesem Bereich recht günstig aufgrund der zunehmenden Bereitschaft der Bevölkerung zu sportlicher Betätigung. Jüngstes Beispiel dafür ist die steigende Zahl der „Walker". Andererseits ist der Wettbewerb immer härter geworden, da seit Jahren viele ausländische Anbieter auf den deutschen Markt drängen und sich Sportgeschäfte zunehmend zusammenschließen (z. B. Intersport), um mehr Marktmacht ausüben zu können. Daher ist es für BRAUSE heutzutage besonders wichtig, sich bei der Produkt- und Preisgestaltung am Markt zu orientieren. Eine hohe Flexibilität ermöglicht es BRAUSE dabei, auf Marktentwicklungen kurzfristig zu reagieren.

Joggingschuh „Atlas"
Die BRAUSE GmbH hat im Sommer den neuen Joggingschuh „Atlas" eingeführt, von dem monatlich maximal 2 600 Paar hergestellt werden können. Bisher liegen die folgenden Angaben vor:

	Juli	August
Absatz- und Produktionsmenge in Paar	2 215	2 120
Gesamtkosten in €	241 400,00	235 700,00
Gesamterlöse in €	270 230,00	258 640,00

Die variablen Gesamtkosten verlaufen proportional.

Herren-Trainingsanzug „Jörn"
Im Bereich Bekleidung ist der Trainingsanzug „Jörn" das neuste Modell. Für seine Herstellung gelten folgende Daten:

monatliche Kapazität:	120 000 Stück	variable Kosten/Stück:	29,00 €
derzeitige Kapazitätsauslastung:	68 %	Fixkosten pro Monat:	3 000 000,00 €
Verkaufspreis/Stück:	76,00 €		

Kosten- und Leistungsrechnung als Voll- und Teilkostenrechnung

Jogginghose „Sprint"
Derzeit werden monatlich 1 600 Hosen des Modells „Sprint" hergestellt. Das entspricht einer Auslastung der Produktionskapazität von 80 %. Die dabei monatlich anfallenden Fixkosten belaufen sich auf 40 000,00 €. Außerdem entstehen variable Kosten in Höhe von 25,00 € je Stück. Die Hose wird zu einem Stückpreis von 60,00 € an den Facheinzelhandel verkauft.

Skischuhe
Vor zwei Jahren begann BRAUSE mit der Produktion von Skischuhen. Zurzeit werden vier verschiedene Modelle von Skischuhen hergestellt. Für das nächste Quartal liegen folgende Daten vor:

Produkt	Auftragsmenge	Verkaufspreis	variable Stückkosten
Modell 1	800	150,00 €	125,00 €
Modell 2	500	270,00 €	225,00 €
Modell 3	1 000	175,00 €	155,00 €
Modell 4	600	200,00 €	150,00 €

Die Fixkosten betragen 40 000,00 €.

Durch den Ausfall einer Maschine kommt es zu unvorhergesehenen Fertigungsengpässen.

Für die Herstellung der Skischuhe stehen auf einem der Fertigungsautomaten im kommenden Quartal lediglich 45 000 Fertigungsminuten zur Verfügung.

Die einzelnen Skischuhe benötigen folgende Maschinenfertigungszeiten auf diesem Automaten:

Produkt	Maschinenfertigungszeiten je Stück in Minuten
Modell 1	20
Modell 2	30
Modell 3	10
Modell 4	35

Jogginganzug „AIR"
Im kommenden Frühjahr soll der Anzug „AIR" auf dem Markt eingeführt werden. Er ist aus einem sehr leichten, atmungsaktiven Material und vor allem für warme Tage im Frühjahr, Sommer und Herbst gedacht. Aufgrund einer Vorkalkulation pro Stück liegen die folgenden Angaben vor:

Fertigungsmaterial	12,00 €
Fertigungslöhne	18,00 €
Normalkostenzuschlagssätze	MGK 15 %, FGK 120 %, VwGK 5 %, VtGK 25 %
variable Gemeinkosten	8,50 €

Nach eingehenden Marktanalysen darf der Einführungspreis 49,90 € nicht überschreiten.

1.3.1 Aufgaben Anforderungsbereich I

1. **Unterscheiden Sie** fixe und variable Kosten.
2. **Definieren Sie** den Begriff Deckungsbeitrag.
3. **Unterscheiden Sie** kurzfristige und langfristige Preisuntergrenze.
4. **Definieren Sie** den Begriff Break-even-Point.
5. **Definieren Sie** den relativen Deckungsbeitrag.
6. **Nennen Sie** die Vorteile der TKR gegenüber der VKR.
7. **Berechnen Sie** mithilfe der Deckungsbeitragsrechnung für den Trainingsanzug „Jörn"
    a) das derzeitige monatliche Betriebsergebnis,
    b) die Preisuntergrenzen.

8. **Ermitteln Sie** für die Jogginghose „Sprint"
   a) die Selbstkosten pro Hose,
   b) den Gewinn
   bei der derzeitigen Kapazitätsauslastung.
9. **Berechnen Sie** für die Skischuhe den geplanten Gewinn für das kommende Quartal.

1.3.2 Aufgaben Anforderungsbereich II

1. **Führen Sie** eine Break-even-Analyse für den Joggingschuh „Atlas" durch.
2. Ein Versandhaus bietet an, monatlich 400 Hosen des Modells „Sprint" abzunehmen, wenn der Preis nicht mehr als 42,50 € beträgt. **Treffen Sie** eine begründete Entscheidung, ob der Zusatzauftrag angenommen werden soll.
3. **Stellen Sie** für die Skischuhe das optimale Produktionsprogramm angesichts des Fertigungsengpasses **auf** und **ermitteln Sie** den Gewinn, der im Engpass erzielt werden kann.

1.3.3 Aufgaben Anforderungsbereich III

1. **Beurteilen Sie** die Realisierbarkeit der ermittelten Preisuntergrenzen für den Trainingsanzug „Jörn".
2. **Nehmen Sie** am Beispiel des Jogginganzugs „AIR" kritisch Stellung zu den Verfahren der VKR und TKR.

2 Übungsklausuren 12.1

Übungsklausur I
Ausgangssituation

Die Magnus KG, 77649 Offenburg, stellt Rasenmäher her. Die von hoch qualifizierten Mitarbeitern in Werkstattfertigung hergestellten Produkte zeichnen sich durch eine besondere Leistungsfähigkeit und Langlebigkeit aus. Im Produktionsprogramm der Magnus KG finden sich sowohl elektrisch betriebene Mäher als auch solche mit Benzinmotor wieder. Die benzinbetriebenen Rasenmäher werden darüber hinaus auch in einer Variante als Sitzmäher angeboten.

Im Bereich der Mittelklasse-Mäher bietet die Magnus KG zwei Modelle mit Benzinmotor an, den MB 2000 und den MB 2001. Im vergangenen Quartal wurden vom MB 2000 12 500 Stück und vom MB 2001 27 500 Stück produziert. Für diesen Zeitraum liegt folgende Kostenträgerzeitrechnung vor:

Kostenträgerzeitrechnung	Ist-Kosten			
	Insgesamt	GKZS	MB 2000	MB 2001
	EUR	%	EUR	EUR
Fertigungsmaterial	2 400 000,00		500 000,00	1 900 000,00
Materialgemeinkosten	1 620 000,00	67,5	337 500,00	1 282 500,00
Materialkosten	4 020 000,00		837 500,00	3 182 500,00
Fertigungslöhne	1 375 000,00		925 000,00	450 000,00
Fertigungsgemeinkosten	1 677 500,00	122,0	1 128 500,00	549 000,00
Sondereinzelkosten der Fertigung	0,00		0,00	0,00
Fertigungskosten	3 052 500,00		2 055 300,00	999 000,00
Herstellkosten der Rechnungsperiode	7 072 500,00		2 891 000,00	4 181 500,00
AB Unfertige Erzeugnisse	225 000,00		65 000,00	160 000,00
EB Unfertige Erzeugnisse	215 000,00		81 000,00	134 000,00
Herstellkosten der Produktion	7 082 500,00		2 875 000,00	4 207 500,00
AB Fertige Erzeugnisse	1 100 030,00		460 000,00	640 030,00
EB Fertige Erzeugnisse	1 250 000,00		649 750,00	600 250,00
Herstellkosten des Umsatzes	6 932 530,00		2 685 250,00	4 247 280,00
Verwaltungsgemeinkosten	554 602,40	8,0	214 820,00	339 782,40
Vertriebsgemeinkosten	831 903,60	12,0	322 230,00	509 673,60
Sondereinzelkosten des Vertriebs	0,00		0,00	0,00
Selbstkosten des Umsatzes	8 319 036,00		3 222 300,00	5 096 736,00
Umsatzerlöse	10 287 500,00		2 450 000,00	7 837 500,00
Betriebsergebnis	1 968 464,00		– 772 300,00	2 740 764,00

Die Kostenauflösung in fixe und variable Kosten hat für das vergangene Quartal folgendes Bild ergeben:

		MB 2000	MB 2001
Gemeinkosten (ohne Bestandsveränderungen fertige und unfertige Erz.) in €	Variabel	600 915,00	804 286,80
	Fix	3 278 804,20	
Kosten Bestandsveränderungen (für fertige und unfertige Erzeugnisse zusammen) in €	Variabel	72 012,50	23 023,00
	Fix	133 737,50	42 757,00

Aufgaben

1. **Beurteilen Sie die** Situation der beiden MB-Modelle anhand der Kostenträgerzeitrechnung.
2. Stellen Sie dar, durch welche Maßnahmen das Betriebsergebnis für den MB 2000 verbessert werden könnte.
3. **Führen Sie** eine einfache Deckungsbeitragsrechnung für die beiden Modelle **durch** und **nehmen Sie** am Beispiel der beiden MB-Modelle kritisch **Stellung** zu den Verfahren der Vollkosten- und Teilkostenrechnung.

Übungsklausur II
Ausgangssituation

Die Regener Rennrad GmbH ist ein mittelständischer Fahrradhersteller aus Bremen, der sich auf die Herstellung hochwertiger Renn- und Touring-Räder spezialisiert hat.

Für den Monat November 2022 werden aus der Controlling-Abteilung folgende Zahlen (Ist-Kosten) gemeldet:

Kosten und Leistungen	Insgesamt	Anteile der Produktgruppen	
		Produktgruppe A (Rennrad)	Produktgruppe B (Touring-Rad)
	EUR	EUR	EUR
Fertigungsmaterial	85 000,00	52 000,00	33 000,00
Fertigungslöhne	46 000,00	34 000,00	12 000,00
Materialgemeinkosten	9 640,00		
Fertigungsgemeinkosten	88 450,00		
Verwaltungsgemeinkosten	21 340,00		
Vertriebsgemeinkosten	8 480,00		
Unfertige Erzeugnisse:			
Anfangsbestand	10 000,00	6 000,00	4 000,00
Endbestand	14 000,00	9 000,00	5 000,00
Fertige Erzeugnisse:			
Anfangsbestand	16 000,00	10 000,00	6 000,00
Endbestand	22 000,00	15 000,00	7 000,00
Netto-Umsatzerlöse	289 600,00	188 400,00	101 200,00

Darüber hinaus erfahren Sie aus dem Controlling, dass im Monat November im Rahmen der Vorkalkulation (bei identischen Einzelkosten) mit folgenden Normalgemeinkostenzuschlagssätzen kalkuliert wurde:

Materialgemeinkosten	11 %	Verwaltungsgemeinkosten	10 %
Fertigungsgemeinkosten	200 %	Vertriebsgemeinkosten	6 %

Übungsklausuren 12.1

Aufgaben

1. **Erstellen Sie** das Kostenträgerzeitblatt, indem Sie die Ist-Gemeinkostenzuschlagssätze berechnen und dann sowohl im Rahmen der Ist-Kostenrechnung als auch im Rahmen der Normalkostenrechnung die Selbstkosten des Umsatzes ermitteln.
2. **Ermitteln Sie** die entstandenen Kostenüber- bzw. Kostenunterdeckungen in den Kostenstellen Material, Fertigung, Verwaltung und Vertrieb sowohl für die Produktgruppen „Rennrad" und „Touring-Rad" als auch insgesamt.
3. **Ermitteln Sie** das Betriebsergebnis und das Umsatzergebnis der beiden Produktgruppen.
4. **Diskutieren Sie** mögliche Ursachen für die in den einzelnen Kostenstellen entstandenen Kostenabweichungen (vgl. Aufgabe 2).
5. **Vergleichen Sie** Betriebs- und Umsatzergebnis (vgl. Aufgabe 3) und erläutern Sie, aus welchem Grund diese unterschiedlich hoch ausfallen.

Jahrgang 12.2

1 Marktsituation

1.1 Themenübersicht

Unternehmen stehen im Spannungsfeld zwischen Kunden und ihren Erwartungen bzw. Bedürfnissen sowie den Aktivitäten und Maßnahmen weiterer Wettbewerber.

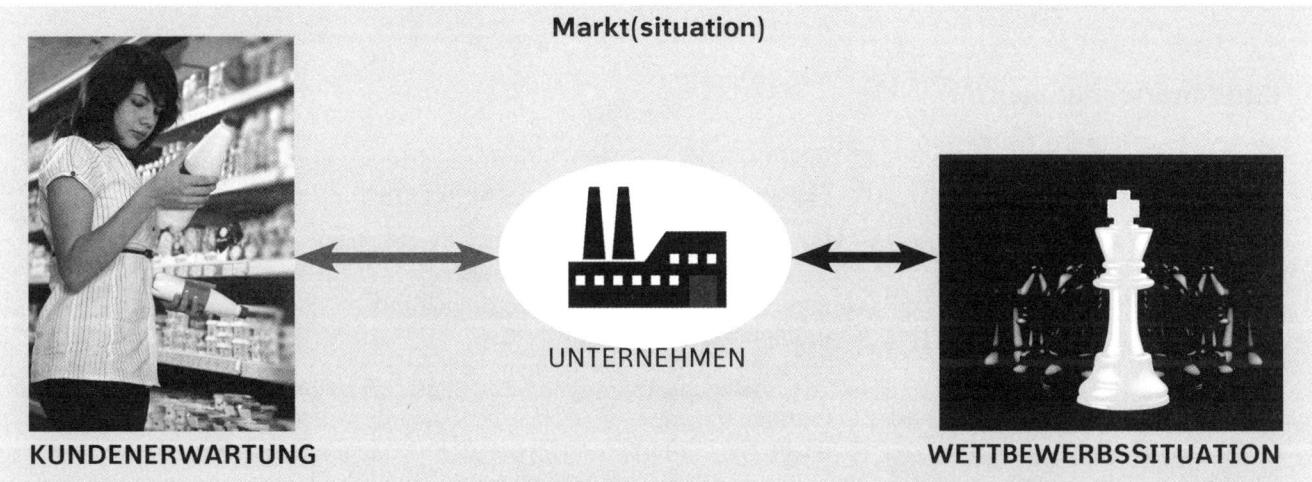

Marketing

„Der Grundgedanke des Marketings ist die konsequente Ausrichtung des gesamten Unternehmens an den Bedürfnissen des Marktes. Heutzutage ist es unumstritten, dass auf wettbewerbsintensiven Märkten die Bedürfnisse der Nachfrager im Zentrum der Unternehmensführung stehen müssen. Marketing stellt somit eine unternehmerische Denkhaltung dar. Darüber hinaus ist Marketing eine unternehmerische Aufgabe, zu deren wichtigsten Herausforderungen das Erkennen von Marktveränderungen und Bedürfnisverschiebungen gehört, um rechtzeitig Wettbewerbsvorteile aufzubauen."

Quelle: Kirchgeorg, Manfred: Marketing. In: Gabler Wirtschaftslexikon, veröff. am 28.07.2010 unter www.wirtschaftslexikon.gabler.de/definition/marketing-39435/version-147572 [01.03.2018]

Um in diesem Spannungsfeld erfolgreich bestehen zu können, müssen Unternehmen folgende Determinanten der Marktsituation analysieren:

- Markt und Marktformen
- Kundenerwartungen
- Wettbewerbssituation
- Marktanteil

Markt

Markt ist der Ort, an dem Angebot und Nachfrage aufeinandertreffen.	
Käufermarkt	Verkäufermarkt
Angebot > Nachfrage	Nachfrage > Angebot
Angebotsüberschuss	Nachfrageüberschuss
Käufer sind in der besseren Position. (Marktmacht der Käufer)	Verkäufer in der besseren Position (Marktmacht der Verkäufer)
Tendenziell niedrigere Preise für Produkte	Tendenziell höhere Preise für Produkte
Niedrigere Gewinnmargen für Unternehmen	Höhere Gewinnmargen für Unternehmen
Hoher Konkurrenzdruck für Unternehmen	Niedrigerer Konkurrenzdruck für Unternehmen
Marketing hat hohe Bedeutung.	Marketing hat tendenziell geringere Bedeutung.

Marktsituation

Marktformen

Anbieter / Nachfrager	Viele	Wenige	Einer
Viele	**Polypolitische** Konkurrenz	Angebots**oligopol**	Angebots**monopol**
Wenige	Nachfrage-oligopol	Bilaterales **Oligopol**	Beschränktes **Angebotsmonopol**
Einer	Nachfrage-monopol	Beschränktes **Nachfrageoligopol**	Bilaterales **Monopol**

Kundenerwartungen

Als **Kaufentscheidungsprozess** bezeichnet man den Weg von der Entdeckung eines Bedürfnisses bis hin zur Kaufentscheidung bzw. zum Akt des Kaufens selbst. Er ist in verschiedene Phasen aufgeteilt:

Phase	Kennzeichen
1. Bedürfniserkennung (Bedürfnis)	– Bedürfnisse werden geweckt und erkannt. – Probleme werden festgestellt.
2. Information und Suche (Recherche)	– Wie und womit könnte man das Bedürfnis befriedigen bzw. das Problem lösen? – Suche nach Informationen – Suche nach entsprechenden Gegenständen
3. Bewertung	– Bestimmung von Alternativen zur Bedürfnisbefriedigung bzw. Problemlösung – Bewertung der gefundenen Alternativen
4. Auswahl- und Entscheidung (Bedarf)	– Auswahl zwischen verschiedenen gefundenen Alternativen, die das Bedürfnis befriedigen bzw. das Anfangsproblem lösen – Entscheidung
5. Kauf (Nachfrage)	– Kauf des Gegenstands
6. Nach dem Kauf	– Nutzung oder Verbrauch des Gegenstands – Bewertung der Kaufentscheidung (Zufriedenheit)

Vgl. Weis, Hans Christian: Marketing, 17. Aufl., Herne, Kiehl, 2015, S. 86–93

Die beschriebenen Phasen des Kaufentscheidungsprozesses sind je nach Art der Kaufentscheidung unterschiedlich ausgeprägt. Folgende Arten der Kaufentscheidungen unterscheidet man:

Typen von Kaufentscheidungen	
Limitierte Kaufentscheidung	Es kommen nur wenige Produktalternativen infrage, zwischen denen sich ein Kunde/eine Kundin entscheiden kann. Die Auswahl ist eingeschränkt, sodass die Phasen 2 bis 4 relativ kurz und wenig aufwendig sind.
Gewohnheitsmäßige (habituelle) Kaufentscheidung	Kunden treffen ihre Kaufentscheidung gewohnheitsmäßig und immer wieder gleich. Das betrifft insbesondere markenbewusste Käufer und Käufer von Verbrauchsgütern des alltäglichen Bedarfs (z. B. nur Jeans von Levis oder nur Shampoo von Wella etc.). Die Phasen 2 und 3 sind standardisiert und kurz.
Impulsive (spontane) Kaufentscheidung	Kunden treffen ihre Kaufentscheidung spontan und impulsiv. Dabei reagieren sie verstärkt auf Reize, z. B. in Form von Gerüchen, Farben, Verpackungen etc. Beispiel: Süßigkeiten an der Kasse. Die Phasen 2 und 3 entfallen.
Extensive Kaufentscheidung	Bei teuren Anschaffungen, die man nicht so häufig tätigt (Beispiel: Auto- oder Hauskauf), wenden Kunden viel Zeit und Mühe für ihre Kaufentscheidung auf. Die Phasen 1 bis 4 nehmen verhältnismäßig viel Zeit in Anspruch.

Marktsituation

Customer Relationship Management (CRM) ist die konsequente Ausrichtung der Marketingstrategie eines Unternehmens auf die Bedürfnisse der Kunden. Diese Ausrichtung auf die Kundenbedürfnisse ist der Garant für das Bestehen im Markt.

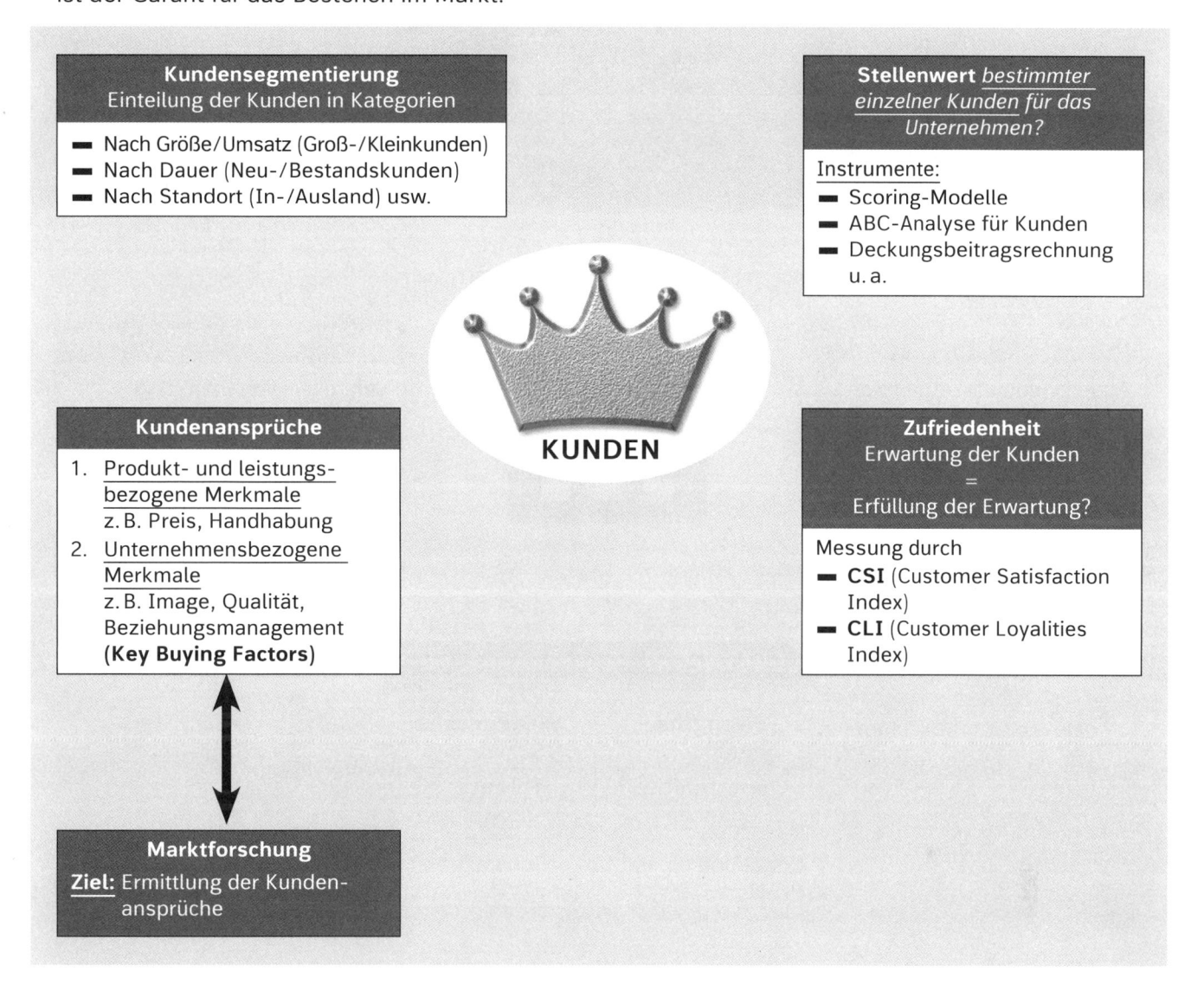

Kundensegmentierung
Einteilung der Kunden in Kategorien

- Nach Größe/Umsatz (Groß-/Kleinkunden)
- Nach Dauer (Neu-/Bestandskunden)
- Nach Standort (In-/Ausland) usw.

Stellenwert *bestimmter einzelner Kunden für das Unternehmen?*

Instrumente:
- Scoring-Modelle
- ABC-Analyse für Kunden
- Deckungsbeitragsrechnung u. a.

KUNDEN

Kundenansprüche

1. Produkt- und leistungsbezogene Merkmale
   z. B. Preis, Handhabung
2. Unternehmensbezogene Merkmale
   z. B. Image, Qualität, Beziehungsmanagement
   (Key Buying Factors)

Zufriedenheit
Erwartung der Kunden
=
Erfüllung der Erwartung?

Messung durch
- **CSI** (Customer Satisfaction Index)
- **CLI** (Customer Loyalities Index)

Marktforschung
Ziel: Ermittlung der Kundenansprüche

Marktsegmentierung

Die Masse der Kunden ist heterogen. Einzelne Kunden unterscheiden sich stark in ihren Wünschen, Bedürfnissen, Gewohnheiten, ihrer Lebensumgebung usw. Darum ist es für ein Unternehmen von Vorteil, alle potenziellen Kunden (Markt) in homogene Segmente zusammenzufassen, um die einzelnen Marketinginstrumente (den Marketing Mix) passgenau auf die einzelnen Segmente auszurichten.

Diese Segmentierung kann nach unterschiedlichen Kriterien erfolgen:

Segmentierungskriterien	
Geografische Kriterien (Wo oder in welcher Umgebung leben die Kunden, die das jeweilige Produkt kaufen sollen?)	Kunden leben in einer Groß- oder Kleinstadt; auf dem Land, in einer ländlichen Region; im Gebirge, am Meer; in einem bestimmten Bundesland, in einem bestimmten Land usw.
Soziökonomische Kriterien (demografische Segmentierung)	Alter, Geschlecht, Religion, Familienstand, Beruf, Nationalität, Einkommen, Vermögensituation, Bildungsniveau usw.
Psychologische und verhaltensorientierte Kriterien	Lebensstil, Überzeugungen, Lebenseinstellungen, persönliche Prinzipien, Lebenserfahrungen, politische Einstellungen usw. (Beispiel: ökologische, nachhaltige Lebensweise)

Marktsituation

Analyse der Wettbewerbssituation

**Instrumente der Unternehmensanalyse
auch: Betriebsanalyse**

Portfolioanalyse
(im Rahmen der Produktpolitik)

Kennzahlenanalyse
(im Rahmen einer Bilanzanalyse)

Potenzial-/Bereichsanalyse
Analyse von einzelnen Bereichen eines Unternehmens, z. B. Fertigungsabteilung, Entwicklungsabteilung u. a.

Lückenanalyse/Gap-Analyse
Vergleiche von Plan- und Ist-Daten und Analyse der Abweichungen. Warum konnten die vorgegebenen Planzahlen nicht erreicht werden?
(siehe Kap. Kosten- und Leistungsrechnung)

Stärken-Schwächen-Analyse (SWOT)

Strengths Stärken	**Weaknesses** Schwächen
Opportunities Chancen	**Threats** Bedrohungen

Erstellung eines Stärke-Schwächen-Profils

Der Marktanteil

Daten sind produktbezogen.	**Marktpotenzial** Theoretisch maximale Aufnahmemenge eines bestimmten Produktes X auf einem bestimmten Markt
	Marktvolumen Geplante oder bereits abgesetzte Mengen des Produktes X auf dem bestimmten Markt
Daten sind unternehmensbezogen.	**Absatzpotenzial** Theoretisch maximale Verkaufsmenge des Produktes X, die ein *bestimmtes Unternehmen* zu erreichen glaubt
	Absatzvolumen Summe aller realisierten Verkäufe des Produktes X durch das *bestimmte Unternehmen*

$$\text{Marktanteil in \%} = \frac{\text{Absatzvolumen} \cdot 100}{\text{Marktvolumen}}$$

Marktsituation

Marktforschung und Marktentwicklung

Die Analyse der jeweiligen Marktsituation kann mithilfe der folgenden Methoden erfolgen. Sie dienen dazu, unternehmerische Entscheidungen vorzubereiten.

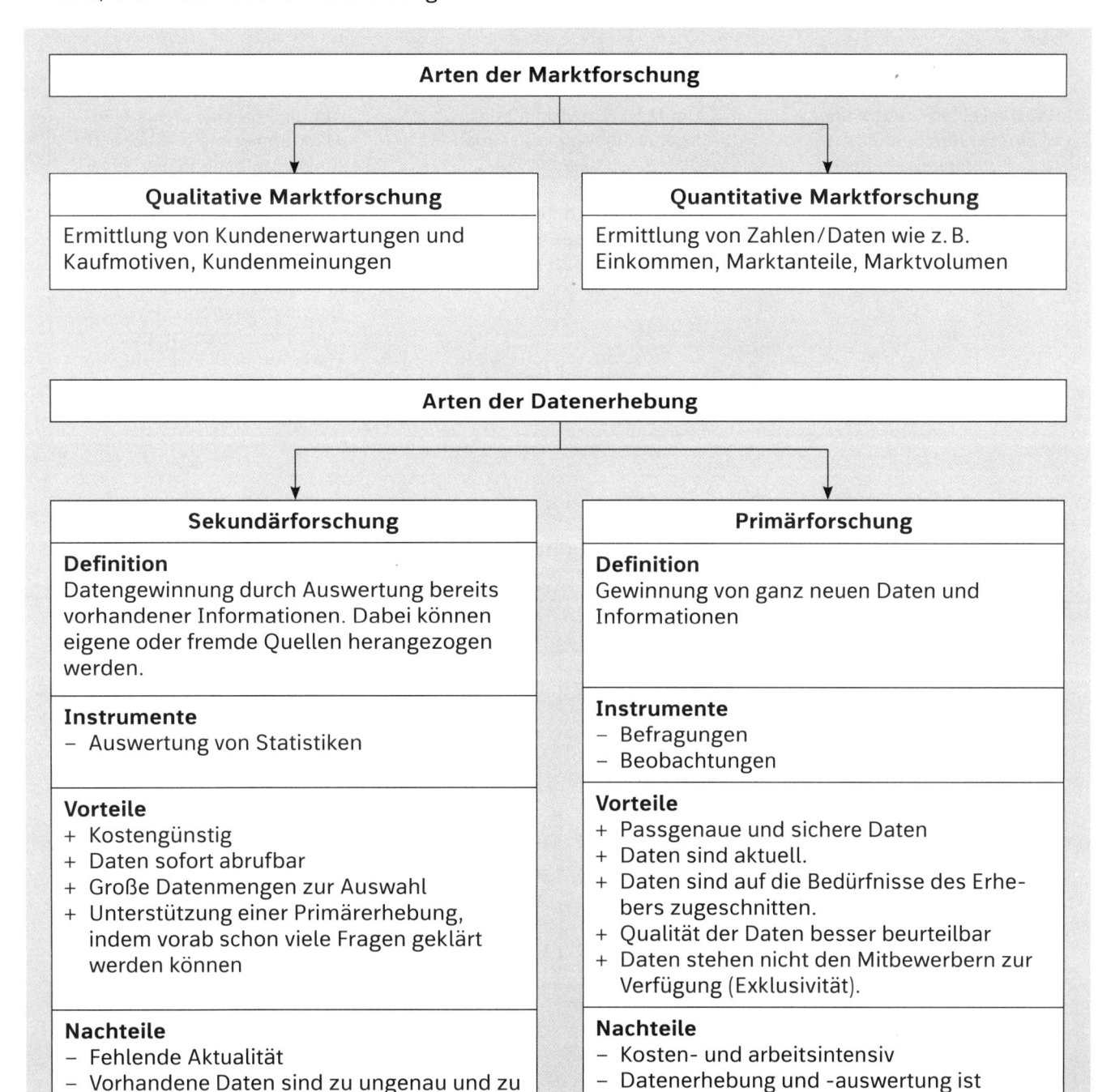

Arten der Marktforschung

Qualitative Marktforschung
Ermittlung von Kundenerwartungen und Kaufmotiven, Kundenmeinungen

Quantitative Marktforschung
Ermittlung von Zahlen/Daten wie z. B. Einkommen, Marktanteile, Marktvolumen

Arten der Datenerhebung

Sekundärforschung

Definition
Datengewinnung durch Auswertung bereits vorhandener Informationen. Dabei können eigene oder fremde Quellen herangezogen werden.

Instrumente
- Auswertung von Statistiken

Vorteile
+ Kostengünstig
+ Daten sofort abrufbar
+ Große Datenmengen zur Auswahl
+ Unterstützung einer Primärerhebung, indem vorab schon viele Fragen geklärt werden können

Nachteile
- Fehlende Aktualität
- Vorhandene Daten sind zu ungenau und zu allgemein.
- Keine Exklusivität, da die Konkurrenz auch Zugriff darauf hat

Primärforschung

Definition
Gewinnung von ganz neuen Daten und Informationen

Instrumente
- Befragungen
- Beobachtungen

Vorteile
+ Passgenaue und sichere Daten
+ Daten sind aktuell.
+ Daten sind auf die Bedürfnisse des Erhebers zugeschnitten.
+ Qualität der Daten besser beurteilbar
+ Daten stehen nicht den Mitbewerbern zur Verfügung (Exklusivität).

Nachteile
- Kosten- und arbeitsintensiv
- Datenerhebung und -auswertung ist langwieriger Prozess.

Marktsituation

Formen der Marktforschung

Marktanalyse
Wird zu einem *bestimmten Zeitpunkt* durchgeführt z. B. Kundengewohnheiten, Konkurrenzsituation

Marktbeobachtung
Um Marktentwicklungen herauszufinden, muss man *über einen bestimmten Zeitraum* einen bestimmten Markt beobachten z. B. Entwicklung des Marktes für Unterhaltungselektronik.

Marktprognose
Auf die Ergebnisse aus der Marktanalyse und -beobachtungen aufbauend, versucht man systematisch, künftige Entwicklungen vorherzusagen. *Qualitative Prognoseverfahren* leiten Prognosen aus z. B. Befragungen ab. *Quantitative Prognoseverfahren* versuchen, mittels statistischer Modelle Prognosen zu entwickeln.

Marketinginstrumente

Produktpolitik	Preispolitik	Konditionenpolitik	Servicepolitik	Distributionspolitik	Kommunikationspolitik
Welche Produkte werden produziert?	Zu welchen Preisen wird angeboten?	Zu welchen Konditionen wird angeboten?	Welche Serviceleistungen werden erbracht?	Welche Vertriebswege werden genutzt?	Welche Kommunikationsmöglichkeiten zum Kunden werden eingesetzt?

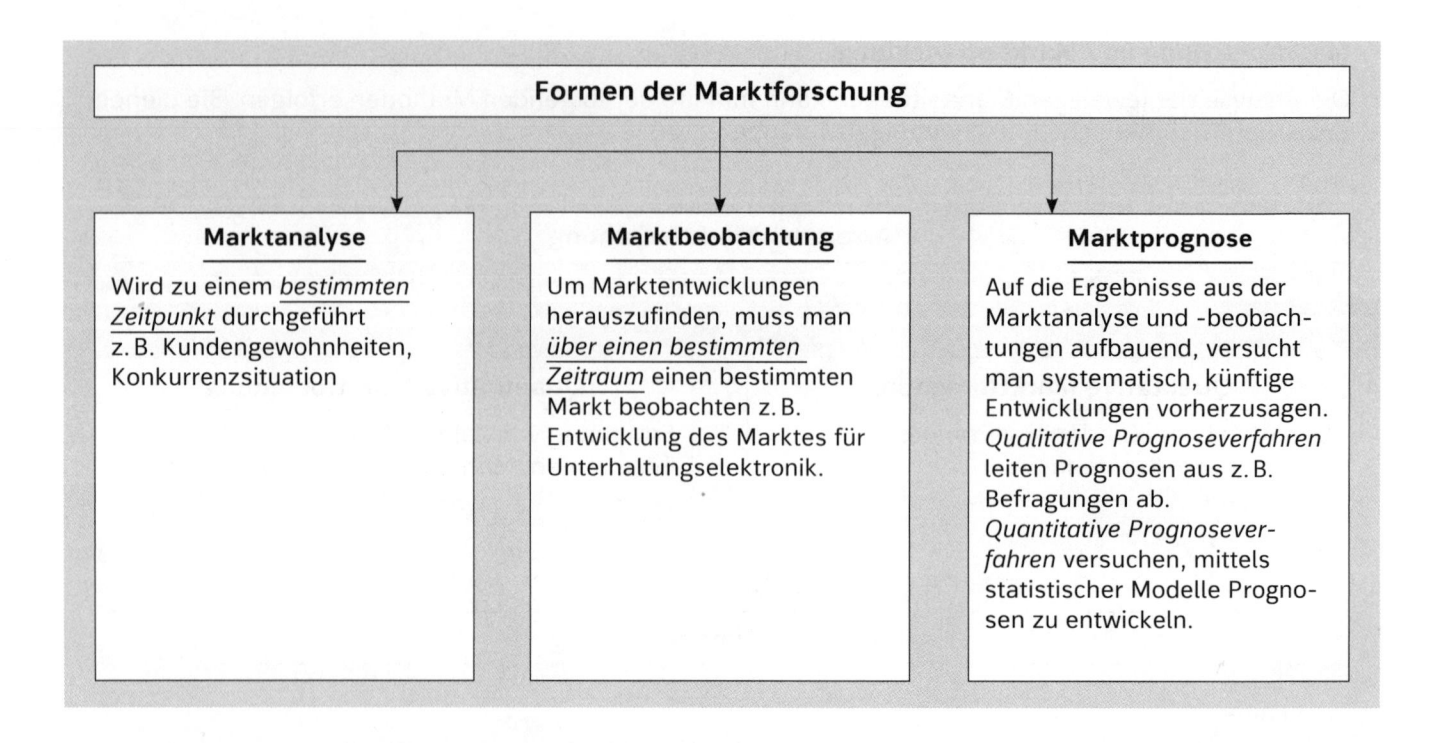

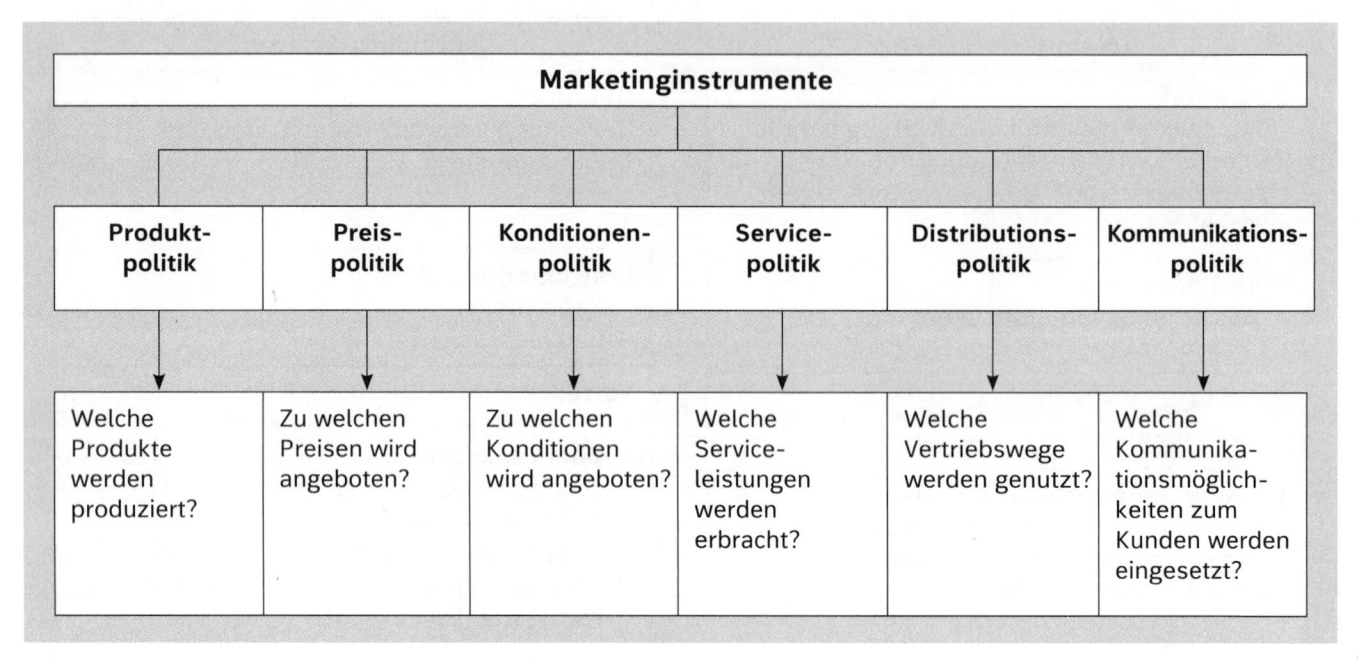

Markenpolitik

Sämtliche strategischen Planungen und Maßnahmen, die ein Unternehmen vornimmt, um seine Marke zu entwickeln und in den Markt einzuführen oder zu stärken, bezeichnet man als Markenpolitik.

Mögliche Ziele können sein: Identifikation mit dem Unternehmen über die Marke und/oder Wiedererkennungseffekte, damit dann verbunden Umsatzsteigerung (auch über Preisfestsetzungsspielräume).

Marke	Erläuterung
Herstellermarke	Produktbezeichnung seitens des Herstellers, z. B. Audi
Handelsmarke	Eigenmarke eines Handelsunternehmens, z. B. REWE, Eigenmarke „Ja!"
Dienstleistermarke	Marke eines Dienstleisters, z. B. Sparkasse und Sparkassenbuch

Marktsituation

Marke	Erläuterung
Premiummarke	Marke für ein Produkt speziell für einen gehobenen Kundenkreis, z. B. Rolex
Standardmarke	Marke für alltägliche Standardprodukte, z. B. DuschDas
Gattungsmarke	No-Names
Einzelmarke	Marke für ein einzelnes Produkt, z. B. Bayer (Unternehmen) Produktmarke Aspirin
Gruppenmarke	Name für eine Produktgruppe, z. B. Nivea für Körperpflegeprodukte
Dachmarke	Alle Produkte unter einer einheitlichen Marke, z. B. Nike

Eine Markenstrategie beginnt mit Überlegungen zu oben genannten Markendifferenzierungsmöglichkeiten. Auch Kombinationen sind möglich. Beispiel: Produktion und Absatz einer Herstellermarke für den globalen Markt oder Weiterentwicklung einer Gattungsmarke zu einer Premiummarke durch marketingpolitische Maßnahmen.

Der Umfang des Absatzprogramms ist gekennzeichnet durch die Programmbreite und die Programmtiefe.

Die **Programmbreite** wird bestimmt durch **die Zahl der unterschiedlichen Produktarten,** die angeboten werden.

Bietet ein Unternehmen **viele** verschiedene **Produktarten** an, so spricht man von einem **breiten** Absatzprogramm.

Beispiel: Ein Möbelhersteller verkauft Sessel, Stühle, Tische, Schränke, Betten und Regale.

Bietet ein Unternehmen nur **wenige** verschiedene **Produktarten** an, so spricht man von einem **engen** Absatzprogramm.

Beispiel: Ein Möbelhersteller verkauft ausschließlich Betten.

Verfügt ein Unternehmen über **viele** unterschiedliche **Produktvarianten,** so spricht man von einem **tiefen** Absatzprogramm.

Beispiel: Ein Möbelhersteller verkauft Sessel in unterschiedlichen Formen und Qualitäten unter Verwendung verschiedener Stoffarten und -muster.

Verfügt ein Unternehmen nur über **wenige** unterschiedliche **Produktvarianten,** so spricht man von einem **flachen** Absatzprogramm.

Beispiel: Ein Möbelhersteller verkauft Sessel nur in einer Standardausführung.

Die **Programmtiefe** wird bestimmt durch die **Zahl der unterschiedlichen Varianten innerhalb einer Produktgruppe.**

Marktsituation

Marktstrategien aufgrund unterschiedlicher Erscheinungsformen von Marken:

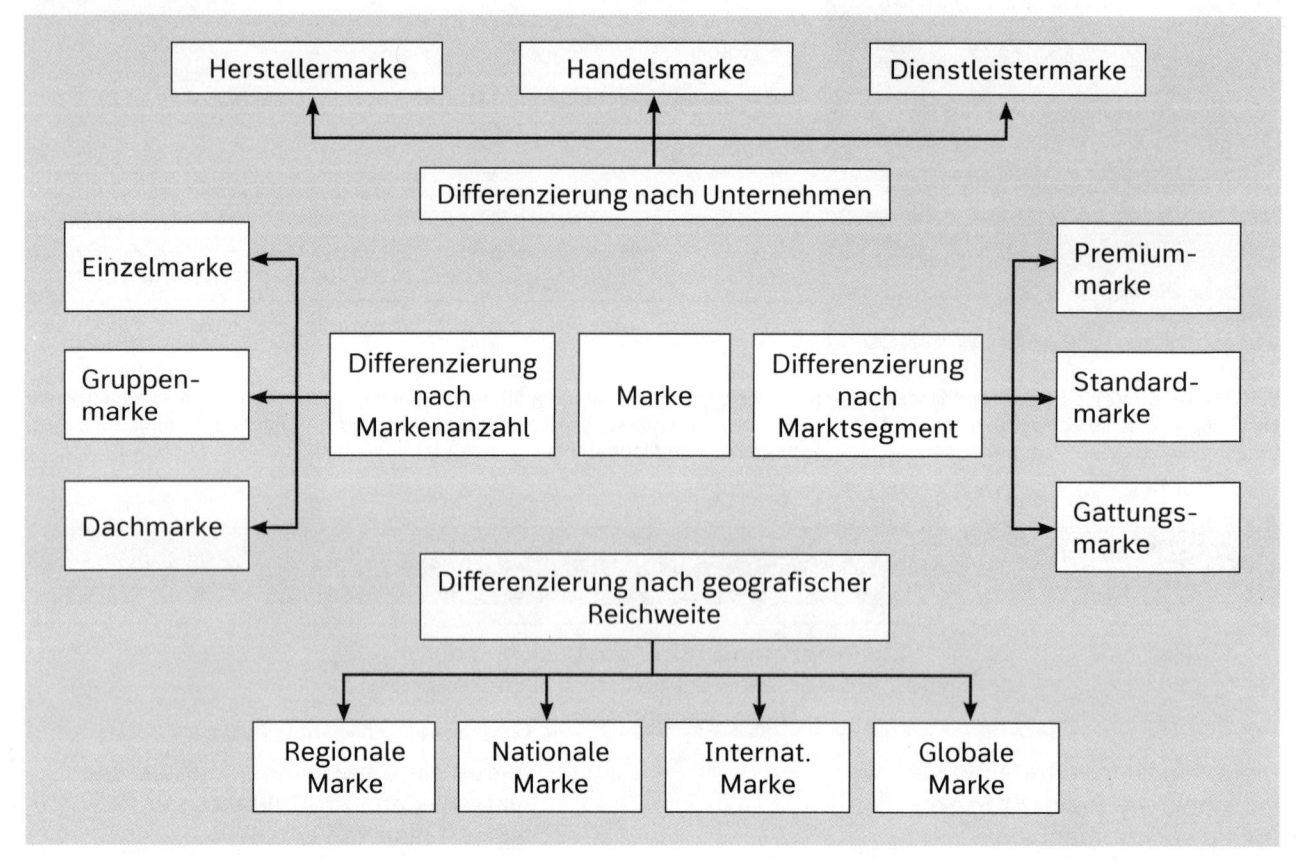

```
                    Herstellermarke      Handelsmarke      Dienstleistermarke
                           ↑                  ↑                    ↑
                           └──────────────────┼────────────────────┘
                            Differenzierung nach Unternehmen

   Einzelmarke ←┐                                          ┌→ Premiummarke
                │    Differenzierung                       │
   Gruppenmarke ←┼──   nach           Marke   Differenzierung ─┼→ Standardmarke
                │    Markenanzahl             nach            │
   Dachmarke   ←┘                             Marktsegment    └→ Gattungsmarke

                         Differenzierung nach geografischer
                                    Reichweite
                    ┌──────────┬──────────┬──────────┐
                    ↓          ↓          ↓          ↓
                Regionale   Nationale   Internat.   Globale
                 Marke       Marke       Marke      Marke
```

Quelle: Hans Christian Weis: Marketing, 15., verb. und aktualisierte Aufl., Kiehl, 2009, S. 293

2 Preispolitik

2.1 Themenübersicht

Bei der aktiven unternehmerischen Preispolitik sind folgende Faktoren wichtig: Zahl der Marktteilnehmer, Kosten, Nachfragesituation, Konkurrenz, gesetzliche Bedingungen, betriebliche Ziele.

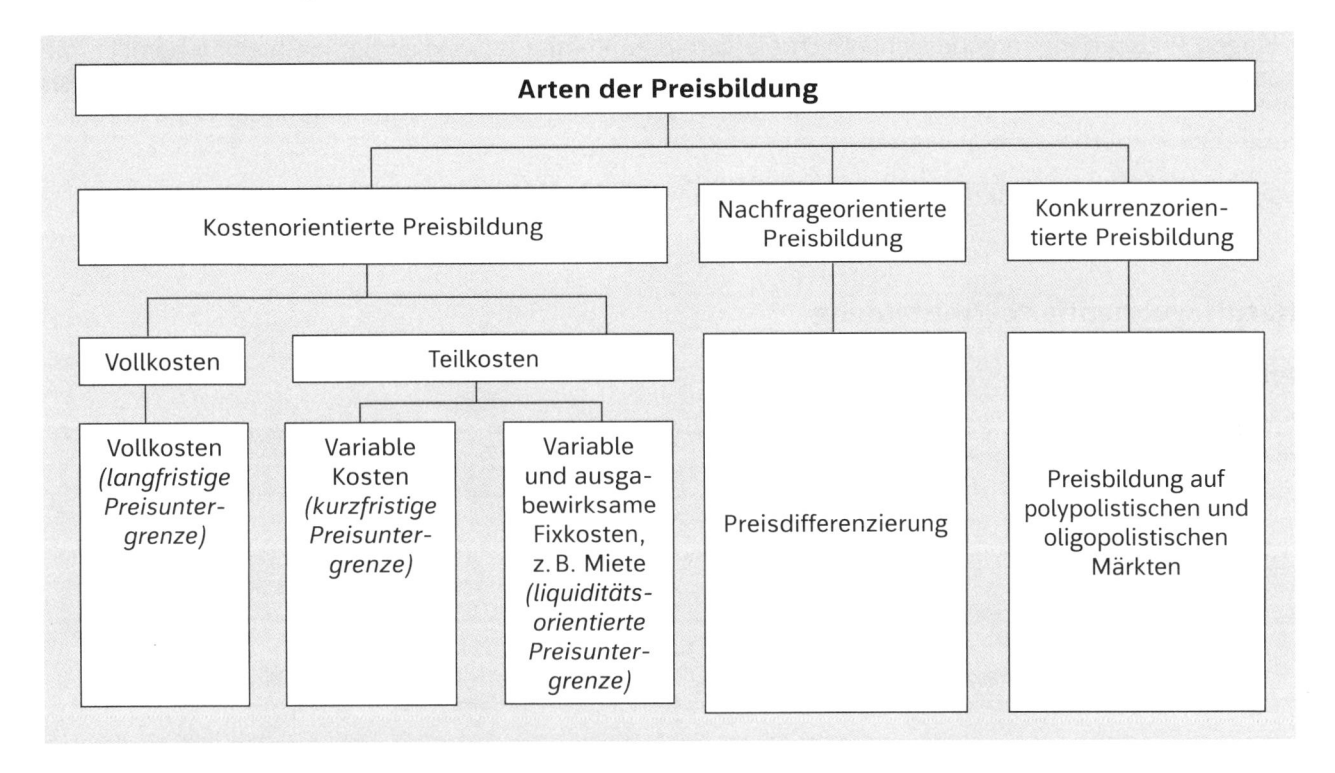

```
                          Arten der Preisbildung
                                  │
        ┌─────────────────────────┼─────────────────────────┐
Kostenorientierte Preisbildung   Nachfrageorientierte    Konkurrenzorien-
                                  Preisbildung            tierte Preisbildung
        │
    ┌───┴────┐
Vollkosten  Teilkosten
    │        │
    │    ┌───┴────┐
Vollkosten  Variable    Variable          Preisdifferenzierung   Preisbildung auf
(langfristige Kosten    und ausga-                                polypolistischen und
Preisunter-  (kurzfristige bewirksame                             oligopolistischen
grenze)      Preisunter- Fixkosten,                               Märkten
             grenze)     z. B. Miete
                         (liquiditäts-
                         orientierte
                         Preisunter-
                         grenze)
```

Kostenorientierte Preisbildung mit Vollkosten (langfristige Preisuntergrenze)

Die Preisberechnung kann mithilfe der Daten der Vollkostenrechnung erfolgen. Dabei kann das folgende **Kalkulationsschema** (Zuschlagskalkulation) angewendet werden (ohne Berücksichtigung von Bestandsveränderungen):

	Fertigungsmaterial
+	Materialgemeinkosten
=	**Materialkosten**
	Fertigungslöhne
+	Fertigungsgemeinkosten
+	Sondereinzelkosten der Fertigung
=	**Fertigungskosten**
=	Herstellkosten (Materialkosten + Fertigungskosten)
+	**Verwaltungsgemeinkosten**

+	Vertriebsgemeinkosten
=	**Selbstkosten**
+	Gewinn
=	**Barverkaufspreis**
+	Kundenskonto*
=	**Zielverkaufspreis**
+	Kundenrabatt**
=	**Listenverkaufspreis (netto)**
+	Umsatzsteuer
=	**Listenverkaufspreis (brutto)**

Preiskalkulation, ausgehend von den Selbstkosten

* Zur Ermittlung der Höhe des Kundenskontos in Euro, ausgehend von den Selbstkosten, gilt: **Zielverkaufspreis = 100 %**.
** Zur Ermittlung der Höhe des Kundenrabatts in Euro, ausgehend von den Selbstkosten, gilt: **Listenverkaufspreis netto = 100 %**.

Preispolitik

Kostenorientierte Preisbildung mit Teilkosten/liquiditätsorientierte Preisbildung

Die Summe der variablen Kosten für ein Erzeugnis wird zur Ermittlung der kurzfristigen Preisuntergrenze herangezogen.

Liquiditätsorientierte Preisuntergrenze

Ein Unternehmen kann in Liquiditätsschwierigkeiten kommen, wenn es bei der Berechnung der kurzfristigen Preisuntergrenze ausschließlich die variablen Kosten berücksichtigt. Es bleiben nämlich die ausgabewirksamen, wenn auch fixen Kosten wie z. B. betriebliche Steuern, Mieten oder Gehälter unberücksichtigt. Daher sollen auch diese Kosten bei der sogenannten liquiditätsorientierten Preisuntergrenze mitberücksichtigt werden.

Variable Kosten [k_v] + kurzfristig ausgabenwirksame fixe Kosten [$kfix_{ausgabewirksam}$]

Nachfrageorientierte Preisbildung

Preisdifferenzierung

Wenn man für ein und dasselbe Produkt von den Nachfragern unterschiedliche Preise verlangen möchte, spricht man von Preisdifferenzierung.

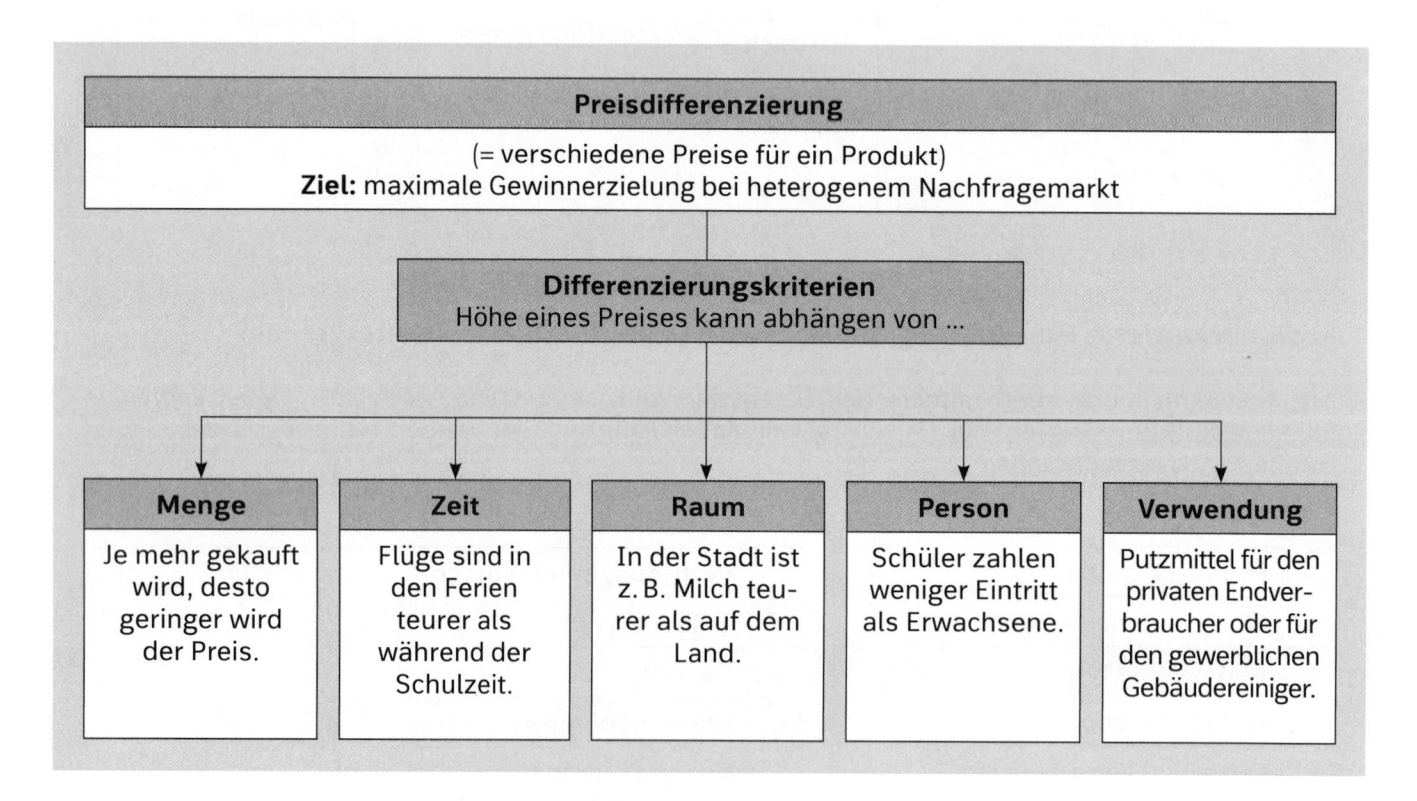

Preisdifferenzierung
(= verschiedene Preise für ein Produkt)
Ziel: maximale Gewinnerzielung bei heterogenem Nachfragemarkt

Differenzierungskriterien
Höhe eines Preises kann abhängen von ...

Menge	Zeit	Raum	Person	Verwendung
Je mehr gekauft wird, desto geringer wird der Preis.	Flüge sind in den Ferien teurer als während der Schulzeit.	In der Stadt ist z. B. Milch teurer als auf dem Land.	Schüler zahlen weniger Eintritt als Erwachsene.	Putzmittel für den privaten Endverbraucher oder für den gewerblichen Gebäudereiniger.

Konkurrenzorientierte Preisbildung

Preisbildung auf polypolistischen Märkten

Polypolistische Märkte sind geprägt durch eine große Anzahl von Nachfragern und Anbietern. Sie entsprechen der typischen Marktsituation in unserem Alltag. Auf einem solchen Markt besitzen Anbieter die Möglichkeit der Preisgestaltung, ohne mit nennenswerter Kundenabwanderung zu rechnen, die das Ziel der Gewinnmaximierung gefährden würde.

Preispolitik

Beispiel: Der Bäcker von nebenan bietet sein Brötchen für 35 Cent an. Bei diesem Preis setzt er die Menge x1 ab. Erhöht er den Preis für ein Brötchen auf 39 Cent, würde er nur wenige Kunden an seinen Konkurrenten ein paar Straßen weiter verlieren (Menge x2).

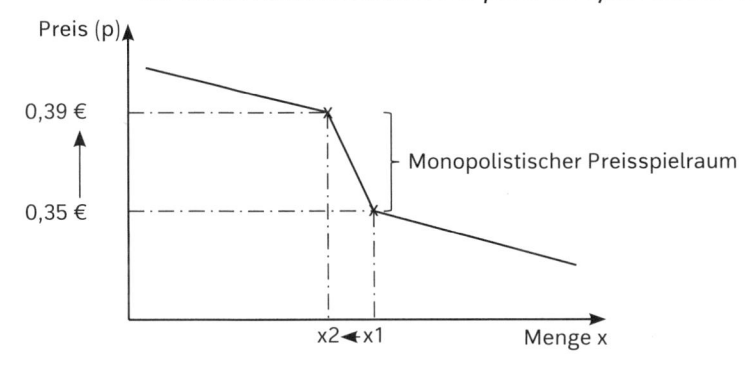

Die meisten Kunden zahlen lieber ein wenig mehr für ihre Brötchen, statt einen längeren Weg für ein preisgünstigeres Brötchen in Kauf zu nehmen. Somit hat der Anbieter einen Spielraum der Preisfestsetzung, ohne Auswirkungen auf seine Gewinnsituation befürchten zu müssen. Er kann also in bestimmten Grenzen wie ein Monopolist die Preise für seine Brötchen diktieren.

Steigt jedoch der Preis über 40 Cent je Brötchen, sind auf einmal viel mehr Kunden bereit, den längeren Weg zum Konkurrenten in Kauf zu nehmen. Die Absatzmenge fällt übermäßig stark.

Im anderen Fall könnte der Bäcker mit einem großen Ansturm an Neukunden rechnen, wenn er seine Brötchen für weniger als 35 Cent anbieten würde.

Als **monopolistischer Preisspielraum** wird der Preisbereich bezeichnet, innerhalb dessen ein Anbieter beliebig den Preis für sein Produkt diktieren kann, ohne mit gewinnbeeinflussender Kundenzu- oder -abwanderung rechnen zu müssen. Der monopolistische Preisspielraum eines Anbieters kann durch eine gute Kommunikationsstrategie (z. B. Werbung) vergrößert werden, wenn es ihm dadurch gelingt, die Kunden davon zu überzeugen, dass sein Produkt den höheren Preis wert ist.

Preisbildung auf oligopolistischen Märkten

Oligopolistische Märkte sind geprägt durch wenige Anbieter, denen eine hohe Anzahl von Nachfragern gegenübersteht.

Beispiel: Für die Flugstrecke von Köln/Bonn nach London stehen einer hohen Anzahl von Nachfragern nur wenige Anbieter (z. B. Lufthansa, Eurowings und Ryanair) gegenüber. Alle drei Fluglinien wollen ihren Gewinn maximieren. Unterstellt sei, dass der einzige Weg zu einer Gewinnmaximierung eine Preisänderung ist. Welche Folgen ergeben sich daraus für die Preisgestaltung der jeweiligen Fluglinie?

Preisänderung auf oligopolistischen Märkten

Unterstellt sind die folgenden Marktbedingungen:

- Homogenes Gut (nur Flug, kein Service, nur ein Handgepäck, alle Flüge gehen zur gleichen Zeit von Köln/Bonn ab und kommen in London-Heathrow an, gleiche Gebühren etc.)
- Keine Präferenzen der Kunden für eine spezielle Fluglinie
- Vollkommene Markttransparenz
- Unendlich schnelle Reaktionsgeschwindigkeit
- Marktteilnehmer handeln rational

Preispolitik

Mögliche Verhaltensweisen der Anbieter:

1. Der Anbieter, der als Preisführer akzeptiert wird, senkt den Preis, die anderen akzeptieren die Preisänderung und passen sich an. Beispiel: Ryanair senkt den Flugpreis um 10%, Eurowings und Lufthansa nehmen ebenfalls Preisreduzierungen vor. Diese müssen nicht im gleichen prozentualen Umfang stattfinden (Strategie der Preisführerschaft).

2. Ein Anbieter senkt den Preis um 10%, die anderen Anbieter senken ebenfalls ihre Preise in gleichem Maß um 10%. Beispiel: Ryanair senkt den Flugpreis um 10%, Eurowings und Lufthansa ziehen nach und senken ebenfalls ihre Ticketpreise um 10%. Folge: Keine Änderung in der Kundenstruktur (Kooperationsstrategie).

3. Ein Anbieter senkt den Preis um 10%, ein anderer Anbieter unterbietet. Beispiel: Ryanair senkt den Flugpreis um 10%, Eurowings um 25%. Folge: Eurowings versucht im Rahmen einer ruinösen Konkurrenz die Mitbewerber auszuschalten. Dies kann nur dann gelingen, wenn die Kostenstruktur von Eurowings dieses Verhalten zulässt (Strategie der ruinösen Konkurrenz).

4. Die anderen Anbieter sprechen sich untereinander ab (unzulässiges Preiskartell!). Beispiel: Eurowings und Lufthansa vereinbaren mit Ryanair, dass die Preise nicht unter ein bestimmtes Niveau fallen sollen oder dass die Preissenkung ganz oder zum Teil wieder zurückgenommen wird (Strategie der Preisabsprache).

Fazit:

Preisänderungen mit dem Ziel der Gewinnmaximierung sind durch die Anpassungsfähigkeit der Konkurrenz aussichtslos.

Folge:

Preisänderungen mit dem Ziel der Gewinnmaximierung lassen sich auf oligopolistischen Märkten lediglich unter unvollkommenen Marktbedingungen verwirklichen, etwa durch Schaffung eines Angebotes, das die **persönlichen Präferenzen** der Kunden berücksichtigt, wie z.B. unterschiedliche Abflugzeiten, Bordservice, Gepäckbedingungen usw.

Preispolitische Strategien

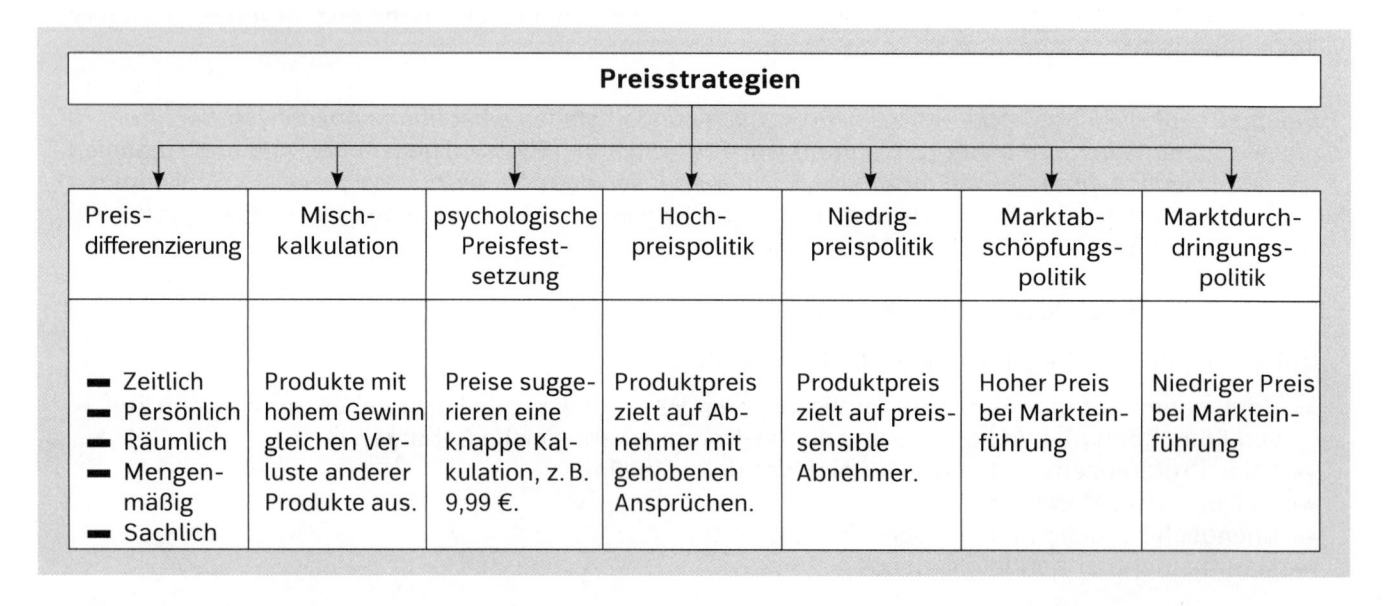

Preisstrategien						
Preisdifferenzierung	Mischkalkulation	psychologische Preisfestsetzung	Hochpreispolitik	Niedrigpreispolitik	Marktabschöpfungspolitik	Marktdurchdringungspolitik
— Zeitlich — Persönlich — Räumlich — Mengenmäßig — Sachlich	Produkte mit hohem Gewinn gleichen Verluste anderer Produkte aus.	Preise suggerieren eine knappe Kalkulation, z.B. 9,99 €.	Produktpreis zielt auf Abnehmer mit gehobenen Ansprüchen.	Produktpreis zielt auf preissensible Abnehmer.	Hoher Preis bei Markteinführung	Niedriger Preis bei Markteinführung

Preispolitik

```
                    Weitere Preisstrategien
         ┌──────────────────┼──────────────────────┐
         ▼                  ▼                      ▼
```

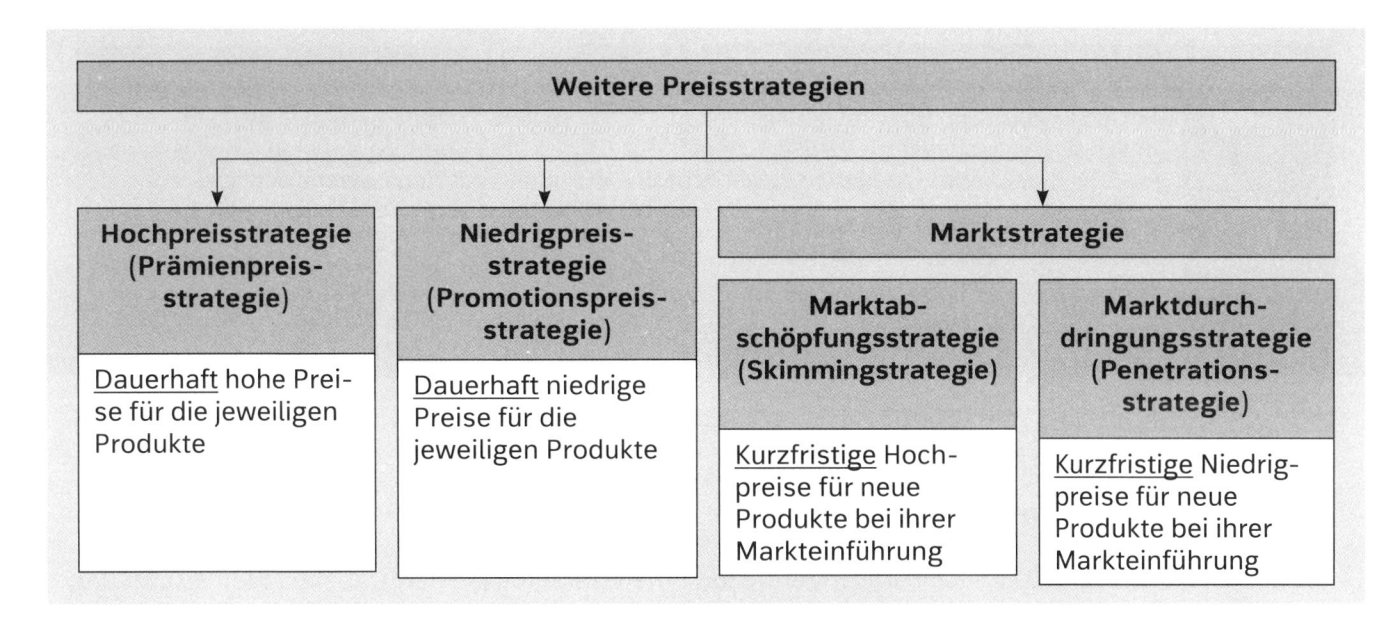

Hochpreisstrategie (Prämienpreisstrategie)	Niedrigpreisstrategie (Promotionspreisstrategie)	Marktstrategie		
Dauerhaft hohe Preise für die jeweiligen Produkte	Dauerhaft niedrige Preise für die jeweiligen Produkte	**Marktabschöpfungsstrategie (Skimmingstrategie)** — Kurzfristige Hochpreise für neue Produkte bei ihrer Markteinführung	**Marktdurchdringungsstrategie (Penetrationsstrategie)** — Kurzfristige Niedrigpreise für neue Produkte bei ihrer Markteinführung

Gegenüberstellung von Hochpreis- und Niedrigpreisstrategie

	Hochpreisstrategie	Niedrigpreisstrategie
Ziel	Dauerhafte Positionierung von Produkten im Hochpreissegment und dadurch Schaffung eines Preisimages	Dauerhafte Positionierung von Produkten im Niedrigpreissegment; Gewinne sollen über die verkaufte Menge erzielt werden.
Beispiele	Porsche (Auto), Lufthansa (Luftfahrt), Apple (Computer)	Dacia (Auto), Ryanair (Luftfahrt), Medion (Computer)
Vorteile	— Gutes Produktimage (hoher Preis = hohe Qualität) — Hohe Stückdeckungsbeiträge — Treue Kundschaft	— Gewinne durch hohes Umsatzvolumen — Verringerung der Konkurrenz, da das niedrige Preisniveau nicht von allen gehalten werden kann
Nachteile	— Geringe Verkaufszahlen — Viele Nachahmer und erhöhte Konkurrenz — Hohe Stückkosten	— Gefahr eines Negativimages (geringer Preis = schlechte Qualität) — Geringer Spielraum für Preiserhöhungen aufgrund des Images — Geringe Stückdeckungsbeiträge

Gegenüberstellung von Marktabschöpfungs- und Marktdurchdringungsstrategie

	Marktabschöpfungsstrategie	Marktdurchdringungsstrategie
Ziel	Durch hohe Preise bei Markteinführung eines neuen Produktes sollen schnell die entstandenen Kosten hereingeholt und kurzfristig *hohe Gewinne* generiert werden. Im weiteren Verlauf des Produktlebenszyklus werden die Preise gesenkt.	Durch niedrige Preise bei Markteinführung eines neuen Produktes soll schnell eine *hohe Absatzmenge* erzielt werden. Im weiteren Verlauf des Produktlebenszyklus werden die Preise angehoben.
Chance	— Produktentwicklungskosten können in kurzer Zeit verdient werden. — Gewinnabschöpfung eines neuen Marktes, bevor die Konkurrenz den Markt für sich entdeckt — Unterstützung des Produktimages (hoher Preis = hohe Qualität)	— Schnelle Gewinnung von Marktanteilen — Hohe Absatzmengen führen dazu, dass Produktentwicklungskosten in kurzer Zeit verdient werden. — Geringe Kosten für Werbung, da der geringe Preis für den Kauf spricht — Aufbau eines Images

Preispolitik

	Marktabschöpfungsstrategie	Marktdurchdringungsstrategie
Risiken	– Gefahr, dass die Produkte mit den hohen Preisen nicht abgesetzt werden können – Gefahr, dass Konkurrenz schnell ähnliche Produkte anbietet	– Spätere Preissteigerungen nicht im geplanten Umfang am Markt durchsetzbar – Gefahr, dass Konkurrenz ähnliche Produkte zu ähnlichen Preisen anbietet
Produkte	Besonders geeignet für Produkte, die patentrechtlich geschützt werden (z. B. Medikamente)	Besonders geeignet für unbekannte Produkte (No-Name-Produkte) oder Produkte des alltäglichen Bedarfs, z. B. neue Lebensmittel, Kleidung etc.

2.2 Ausgangssituation und Aufgaben

Die Leon AG stellt seit 2011 auch Fernsehgeräte mit Smart-Technologie her. Dabei handelt es sich um eine Weiterentwicklung des Fernsehempfangs per Internet. Hierzu soll für den im nächsten Quartal geplanten Verkaufsstart dieser Fernsehgeneration ein Einstiegspreis gefunden werden. Es wird mit einer Produktionsmenge von 15 000 Stück gerechnet.

Es liegen Ihnen aus den verschiedenen Abteilungen der Leon AG nachstehende Informationen vor:

Abteilung Rechnungswesen/Controlling:
Selbstkosten pro Stück: 958,60 €
Fixe Kosten pro Stück: 410,00 €
Gewinnzuschlagssatz: 40 %
Skonto: 2 %
Sofortrabatt (Einführungsrabatt): 10 %

Abteilung Marktforschung:
Derzeitige Marktanteile Fernseher 2022 in Prozent in Deutschland (fiktiv)

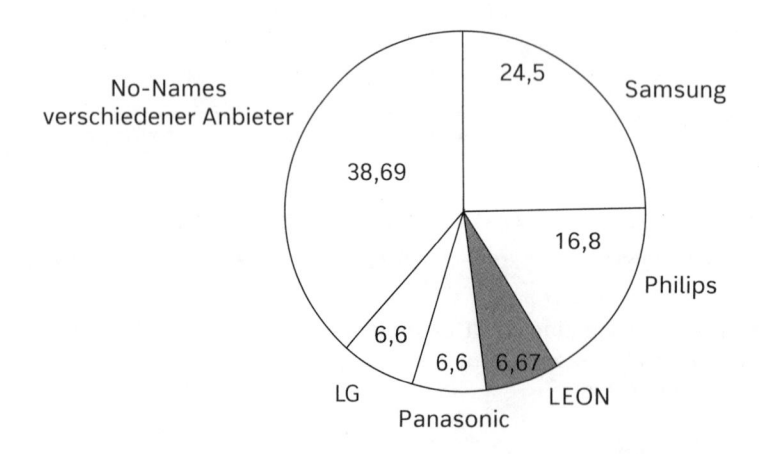

- Samsung: 24,5
- Philips: 16,8
- LEON: 6,67
- Panasonic: 6,6
- LG: 6,6
- No-Names verschiedener Anbieter: 38,69

Preispolitik

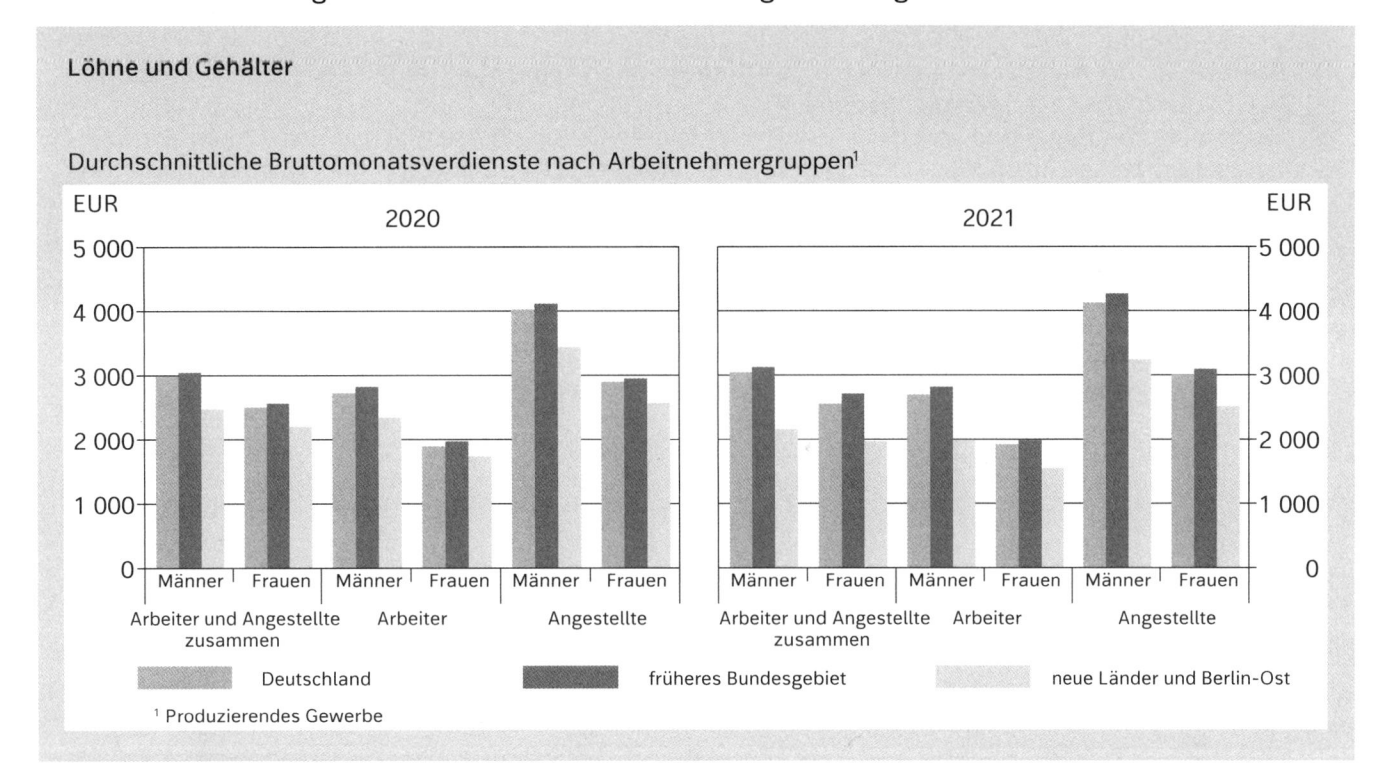

Eine Primärerhebung über Monatsverdienste kam zu folgendem Ergebnis:

Löhne und Gehälter

Durchschnittliche Bruttomonatsverdienste nach Arbeitnehmergruppen[1]

[Balkendiagramm: Vergleich 2020 und 2021, Bruttomonatsverdienste in EUR für Männer und Frauen, aufgeteilt nach "Arbeiter und Angestellte zusammen", "Arbeiter" und "Angestellte", jeweils für Deutschland, früheres Bundesgebiet sowie neue Länder und Berlin-Ost]

[1] Produzierendes Gewerbe

Eine weitere Analyse der grundsätzlichen Kaufgewohnheiten ergab, dass Arbeiter auch Güter des Luxusbedarfs bei sogenannten Discountern erwerben, während Angestellte einen besonderen Wert auf Beratung legen.
Zusätzlich ergab eine Analyse der Konkurrenzprodukte, dass diese zu einem durchschnittlichen Preis von 1 410,00 € angeboten werden.

2.2.1 Aufgaben Anforderungsbereich I

1. **Grenzen Sie** die Begriffe Marktpotenzial, Marktvolumen und Marktanteil voneinander **ab**.
2. **Nennen Sie** unterschiedliche Formen der Preisbildung.
3. **Nennen Sie** fünf Strategien der Preispolitik.
4. **Berechnen Sie** unter Berücksichtigung der Daten des Rechnungswesens den Listenverkaufspreis.
5. **Beschreiben Sie**, von welchen Faktoren die Preisbildung eines Produktes grundsätzlich abhängig ist.
6. **Nennen Sie** zwei Formen einer Markenstrategie.

2.2.2 Aufgaben Anforderungsbereich II

1. **Stellen Sie dar**, was unter dem Begriff der Kontrahierungspolitik verstanden wird.
2. **Erläutern Sie** den Aussagegehalt der Break-even-Analyse und ermitteln Sie den Break-even-Point unter Angabe des Rechenweges. Falls Sie in Aufgabe 1 zu keinem Ergebnis gekommen sind, rechnen Sie mit einem Listenverkaufspreis in Höhe von 1 520,00 €.
3. **Prüfen Sie**, inwieweit eine konkurrenzorientierte Preisbildung für die Leon AG sinnvoll ist.
4. **Erläutern Sie** grundsätzlich mögliche Preisdifferenzierungsstrategien der Leon AG.
5. **Erklären Sie** den Unterschied zwischen einer konkurrenzorientierten Preisbildung und dem Target Costing.

2.2.3 Aufgaben Anforderungsbereich III

1. **Prüfen Sie**, mit welcher Preisstrategie das Unternehmen seine Marktanteile ausbauen kann. Belegen Sie Ihre Überlegungen rechnerisch.
2. **Beurteilen Sie** folgenden Vorschlag der Unternehmensleitung hinsichtlich eines Konkurrenzangebotes: kurzzeitige Promotionsaktion für die Fernsehgeräte mit Smart-Technologie zu einem Preis von 1 350,00 €.
3. **Begründen Sie**, ob das Fernsehgerät gleichzeitig im Hoch- und Niedrigpreissektor platziert werden kann. Welche Voraussetzungen müssen bei einer bestehenden Möglichkeit beachtet werden?
4. Es stellt sich heraus, dass der Durchschnitt der Kundenzielgruppe lediglich einen Listenverkaufspreis in Höhe von 1 200,00 € akzeptiert. **Stellen Sie** rechnerisch **dar**, wie hoch bei den gegebenen Rabattsätzen der Gewinn ausfällt, und entwickeln Sie einen Vorschlag, wie der anfangs kalkulierte Gewinn auch bei diesem Listenverkaufspreis zu erzielen ist.

3 Produktpolitik

3.1 Themenübersicht

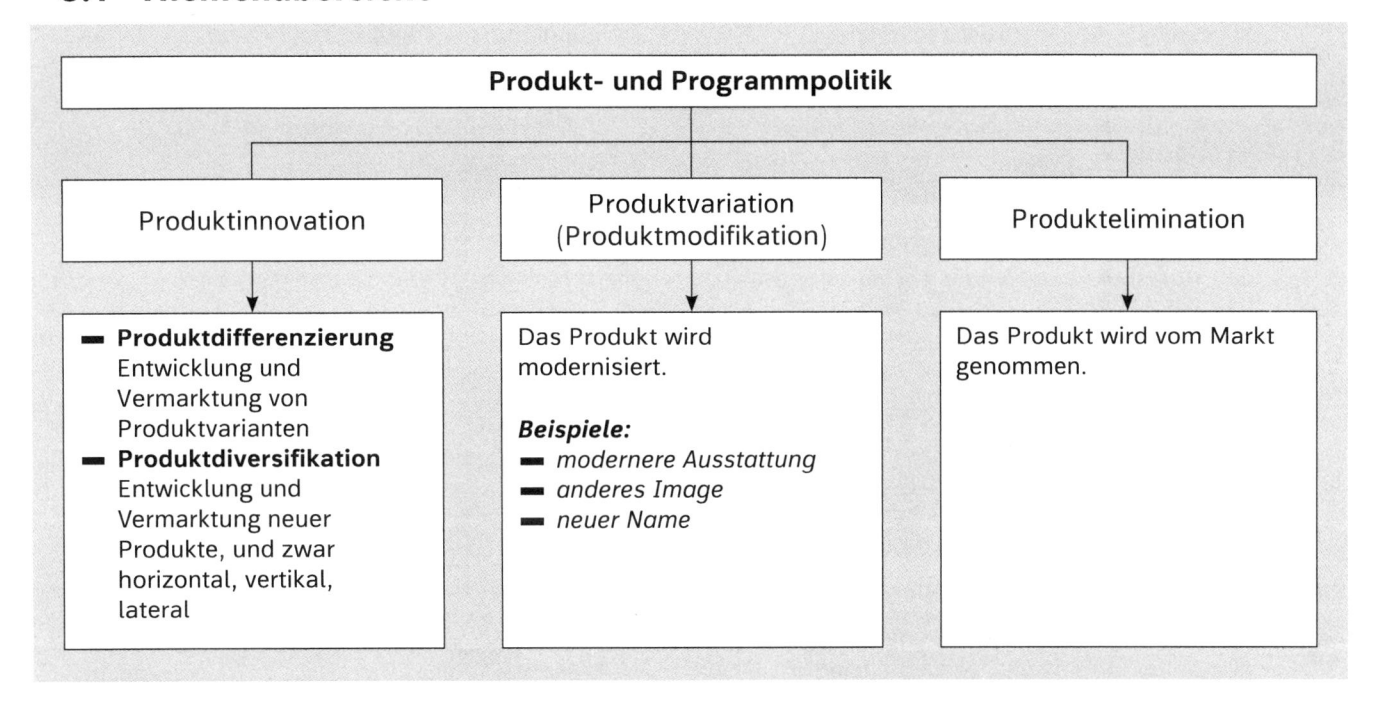

Produkt- und Programmpolitik

Produktinnovation	Produktvariation (Produktmodifikation)	Produktelimination
— **Produktdifferenzierung** Entwicklung und Vermarktung von Produktvarianten — **Produktdiversifikation** Entwicklung und Vermarktung neuer Produkte, und zwar horizontal, vertikal, lateral	Das Produkt wird modernisiert. *Beispiele:* — *modernere Ausstattung* — *anderes Image* — *neuer Name*	Das Produkt wird vom Markt genommen.

Instrumente zur Analyse des Produktes und seiner Marktposition

Produktlebenszyklus: Dieser umfasst die Dauer zwischen der Produkteinführung und der Produktelimination. Zumeist dient das Kriterium Umsatz der näheren Analyse. In den verschiedenen Lebensphasen **sind unterschiedliche preis- und produktpolitische Maßnahmen denkbar.**

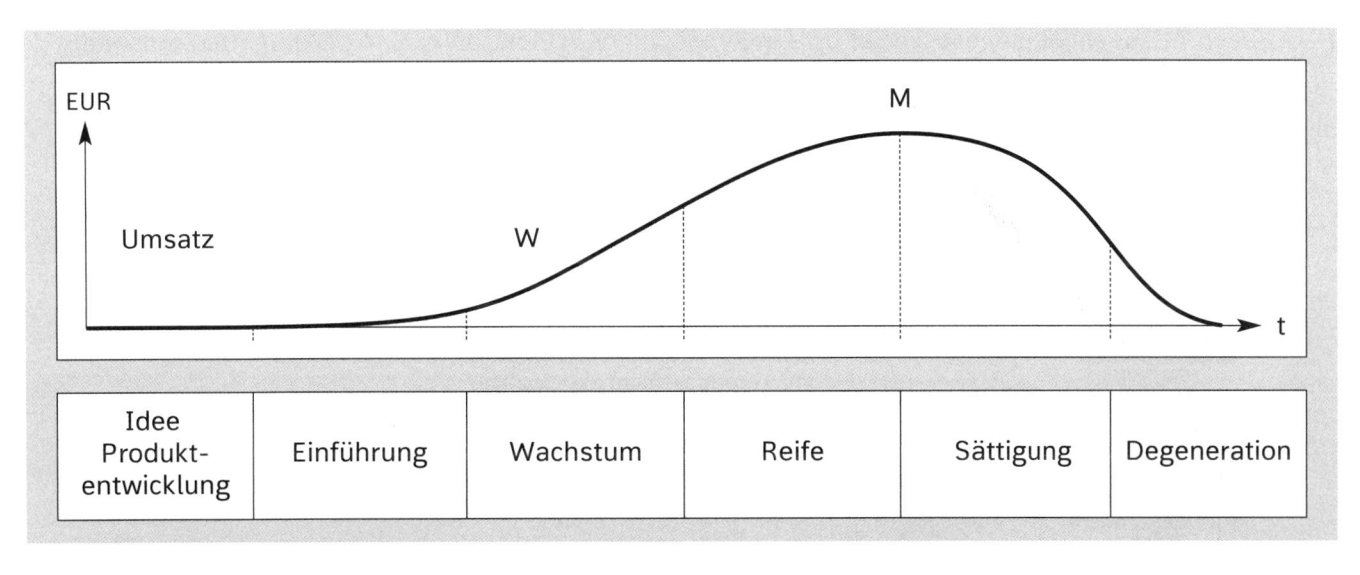

Idee Produkt-entwicklung	Einführung	Wachstum	Reife	Sättigung	Degeneration

Portfolioanalyse: Die Position eines Produktes im Markt kann ermittelt werden. Das Marktwachstum wird dem relativen Marktanteil gegenübergestellt:

Produktpolitik

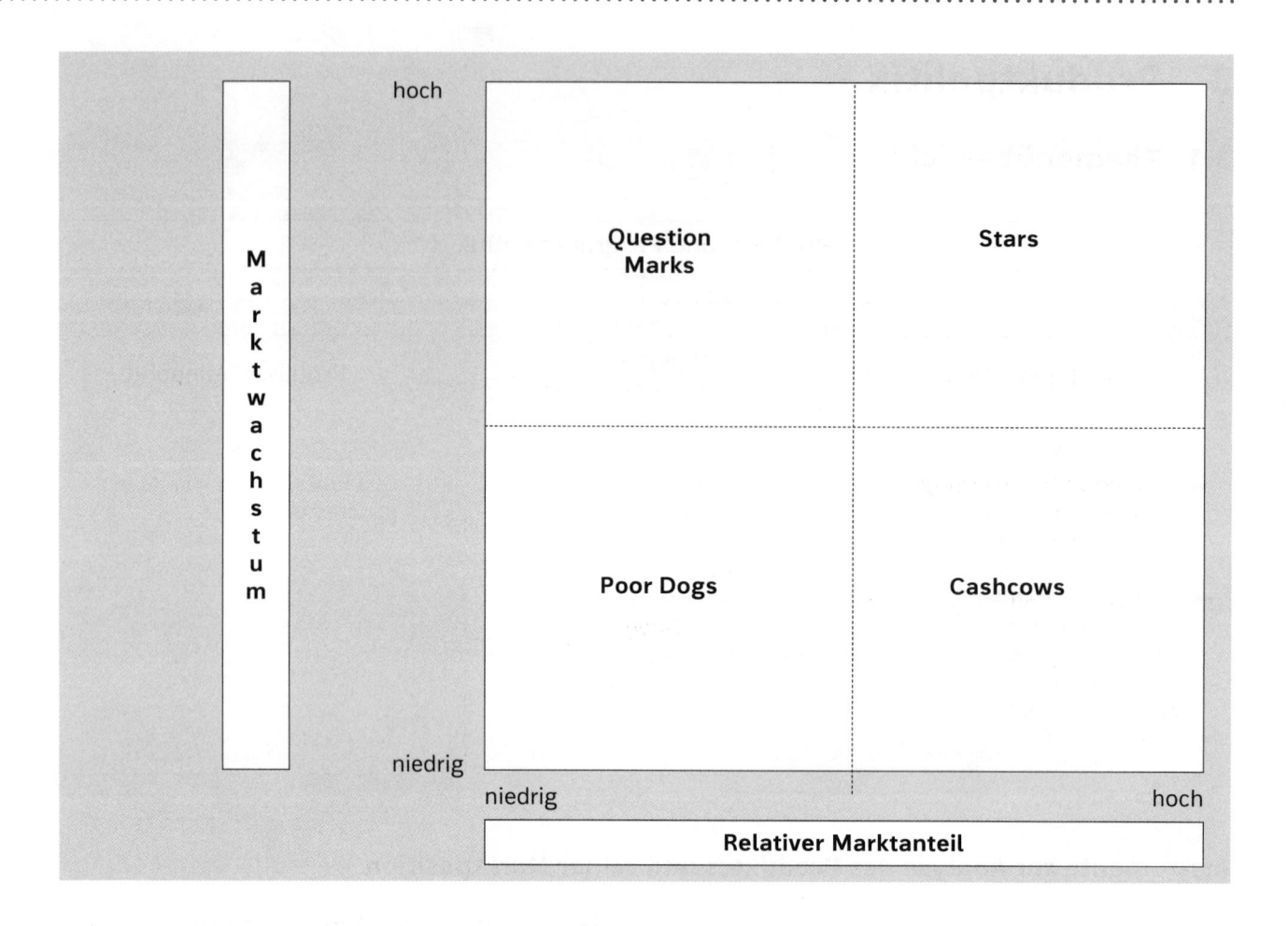

Marktwachstum hoch → niedrig	Question Marks	Stars
	Poor Dogs	Cashcows
	niedrig — Relativer Marktanteil — hoch	

3.2 Ausgangssituation und Aufgaben

Die Leon AG ist ein alteingesessenes Unternehmen auf dem Elektroniksektor. Die Sparte Fernsehapparate stellt insgesamt den umsatzstärksten Bereich dar und unterliegt daher dem besonderen Augenmerk des Unternehmensvorstandes. Zusätzlich überlegt der Vorstand, ob DVD-Rekorder das Sortiment abrunden könnten. Nachfolgend das Produktionsprogramm der Fernsehapparate.

Name	Eigenschaften	Preis
Excelsior	OLED, 139 cm Bildschirmdiagonale, Curved, eingebaute Lautsprecher, Internet-TV, Bluetooth, automatische Abschaltung, Energieeffizienzklasse A++	2 500,00 €
Xenia	Premium UHD, Curved LED, Triple-Tuner, 130 cm Bilddiagonale, Stereo	1 700,00 €
Primos	4k Ultra HD, Smart TV, 138 cm Bilkdschirmdiagonale, Energieeffizienzklasse A	1 150,00 €
Amado	Full HD, Smart TV, 80 cm Bildschirmdiagonale, Energieklasse B	750,00 €

Produktpolitik

Die vier Fernsehgeräte der Leon AG haben sich im vergangenen Geschäftsjahr wie folgt entwickelt:

Excelsior	Der Gewinn aus dem Verkauf des Fernsehers Excelsior aus dem vergangenen Jahr tendierte gegen 0 bei deutlich abnehmenden Verkaufszahlen. Verglichen mit der Konkurrenz, hat dieses Gerät einen Marktanteil von nur 0,5 %.
Xenia	Der Umsatz des letzten Jahres stagnierte auf hohem Niveau. Trotz dieser Entwicklung ist die Gewinnsituation als befriedigend zu bezeichnen.
Primos	Die Verkaufszahlen des Gerätes steigen im dritten Jahr in Folge um 12 %. Die Gewinnsituation ist konstant gut. Der Marktanteil des Gerätes in seiner Klasse betrug ca. 15 %.
Amado	Das Gerät wurde erst zu Beginn dieses Jahres eingeführt. Durch das gute Abschneiden im Testbericht der Stiftung Warentest war die Nachfrage in diesem Jahr sehr hoch.

3.2.1 Aufgaben Anforderungsbereich I

1. **Definieren Sie** den Begriff Absatzmarketing.
2. **Stellen Sie** den Marketing-Mix in seinen Grundzügen **dar**.
3. **Ordnen Sie** den Bereich der Produktpolitik in den Marketing-Mix ein.
4. **Nennen Sie** zwei Formen einer Marketingstrategie.
5. **Beschreiben Sie** das Modell des Produktlebenszyklus.
6. **Unterscheiden Sie** die Begriffe Produktinnovation und Produktvariation.
7. **Stellen Sie** die Aussagekraft der Portfolioanalyse **dar**.
8. **Skizzieren Sie** zwei Produktpositionen der Portfolioanalyse.
9. **Beschreiben Sie** die Bedeutung der Produktdifferenzierung für ein Unternehmen.

3.2.2 Aufgaben Anforderungsbereich II

1. **Erstellen Sie** für das Produktprogramm der Fernsehsparte eine Portfolioanalyse.
2. **Werten Sie** die gewonnenen Erkenntnisse hinsichtlich des Ziels „Umsatzmaximierung" aus.
3. **Vergleichen Sie** die beiden Produkte „Excelsior" und „Primos", indem Sie beide Produkte in den Produktlebenszyklus einordnen.
4. **Erklären Sie**, wie das Unternehmen die relevanten Daten hinsichtlich des Produktlebenszyklus gewinnt.
5. **Prüfen Sie**, mit welchen produktpolitischen Maßnahmen der Marktanteil des Produkts „Excelsior" wieder vergrößert werden kann.

3.2.3 Aufgaben Anforderungsbereich III

1. **Entwickeln Sie** eine Stellungnahme hinsichtlich einer kurzfristigen Marketingstrategie (Preis- und Produktpolitik) vor dem Hintergrund der durchgeführten Portfolioanalyse.
2. **Diskutieren Sie** die Folgen einer möglichen Produktelimination des „Poor Dogs" aus unternehmens- und gesellschaftspolitischer Sicht.
3. **Entwickeln Sie** – auch in Anlehnung an Ihre Ergebnisse zu den Aufgaben 1 und 2 – eine Pro- und Kontra-Diskussion zur möglichen Produktelimination des „Poor Dogs" und **erstellen Sie** anschließend einen begründeten Entscheidungsvorschlag.

4 Distributionspolitik

4.1 Themenübersicht

Im Rahmen der Distributionspolitik wird ein Absatzsystem generiert, welches auf Entscheidungen hinsichtlich der Absatzwege und Absatzorgane basiert.

Absatzwege = Wege, über die die Ware bzw. das Erzeugnis ohne oder mit Einschaltung des Handels zum Kunden gelangt

Direkter Absatz

- **Reisende**
  unternehmenseigene Angestellte mit Grundgehalt und Verkaufsprovision

- **Verkaufsniederlassungen**
  Die Hauptverwaltung ist weisungsbefugt (z. B. Preis). Kunde kommt so zum Unternehmen.

- **Factory-Outlets**
  Verkauf direkt aus der Fertigung. Bei einem Factory-Outlet-Center schließen sich mehrere Hersteller zusammen.

- **Vertragshändler**[1]
  Rechtlich selbstständiger Unternehmer vertreibt in eigenem Namen Produkte des Herstellers. Hersteller hat Einfluss auf das Marketingkonzept. Zusammenarbeit zwischen Hersteller und Händler ist durch einen Vertrag geregelt.

- **Franchising**[1]
  Franchisegeber räumt dem Franchisenehmer gegen Entgelt das Recht ein, Produkte des Franchisegebers unter vorgegebenen Marketingkonzepten zu vertreiben. Dabei nutzt der Franchisenehmer die Firma, die Marke sowie technische und wirtschaftliche Erfahrungen des Franchisegebers. Der Franchisenehmer tritt nicht in eigenem Namen auf.

- **Online-Shop**
  Produktangebot über das Internet. Dabei sind B2B- und B2C-Konzepte denkbar.

Indirekter Absatz

- **Handelsvertreter**
  selbstständiger Kaufmann, der für andere Unternehmen Geschäfte vermittelt oder abschließt. Hierfür erhält er eine Provision.

- **Einzelhandel**
  Bezug bei Hersteller oder Großhändler, Verkauf an Endverbraucher

- **Großhandel**
  Verkauf der Produkte an Großhändler, die wiederum an gewerbliche Kunden oder Einzelhändler verkaufen

- **Makler**
  vermittelt von Fall zu Fall den Abschluss von Verträgen. Hierfür erhält er eine Courtage.

- **Kommissionär**
  selbstständiger Kaufmann, verkauft Produkte auf Rechnung eines anderen im eigenen Namen. Der Kommissionär ist Besitzer des zu verkaufenden Produkts. Die verkauften Produkte werden zwischen dem Kommissionär und seinem Lieferer abgerechnet. Für die Verkäufe erhält der Kommissionär eine Provision. Nicht verkaufte Produkte werden zurückgegeben.

Das Absatzsystem beruht in der Regel auf Kombinationen.

---

[1] Da es sich sowohl bei einem Vertragshändler als auch bei einem Franchisenehmer um selbstständige Kaufleute handelt, die aber sehr eng an den Hersteller der von ihnen vertriebenen Produkten gebunden sind, spricht man hier häufig von einem werksgebundenen Absatz. Wenn man so will, liegt hier eine Sonderform zwischen direktem und indirektem Absatz vor, welche wegen der nach außen im Regelfall nicht sichtbaren rechtlichen Selbstständigkeit dem direkten Absatz zugeordnet wurde.

Distributionspolitik

	Franchising	
	Franchisenehmer	**Franchisegeber**
Wesen	— Recht auf Vertrieb von Produkten oder Dienstleistungen des Franchisegebers — Recht auf Nutzung einer fremden Marke und fremder Produktions- und Vertriebsstrukturen — rechtlich selbstständig — eigenverantwortlich tätig — zahlt dem Franchisegeber Eintrittsgelder und Gebühren	— stellt Unternehmenskonzept, Produkte, Marke etc. zur Verfügung — unterstützt den Franchisenehmer beim Aufbau des Geschäfts — erhält Eintrittsgelder und Gebühren (z. B. Prozentsatz vom Umsatz)
Vorteile	— profitiert von einem bereits bestehenden Vertriebssystem — Produkte sind bereits eingeführt und haben sich bewährt — Risiken der Geschäftsgründung sind überschaubar	— schnellere Expansion der eigenen Marke und Produkte — geringes Investitionsrisiko — zusätzliche Einnahmequelle
Nachteile	— ist abhängig vom Franchisegeber — kann eigene Vorstellungen, z. B. Produktsortiment, Gestaltung der Verkaufsräume etc. nicht selbstständig verwirklichen — trägt das unternehmerische Risiko	— abhängig vom Franchisenehmer und seines Geschäftserfolges (z. B. was die Einnahmen angeht) — Gefahr der Imageschädigung des eigenen Produktes durch Fehlverhalten eines Franchisenehmers — hoher Aufwand bei der Kontrolle der Franchisenehmer

E-Commerce

auch: E-Business

Mittels einer elektronischen Plattform (Internet, Onlinedienste) werden Informationen über Produkte und Dienstleistungen veröffentlicht, Geschäfte akquiriert, abgeschlossen und abgewickelt.
Dabei unterscheidet man im Wesentlichen drei Formen, in Abhängigkeit der jeweiligen Transaktionspartner:

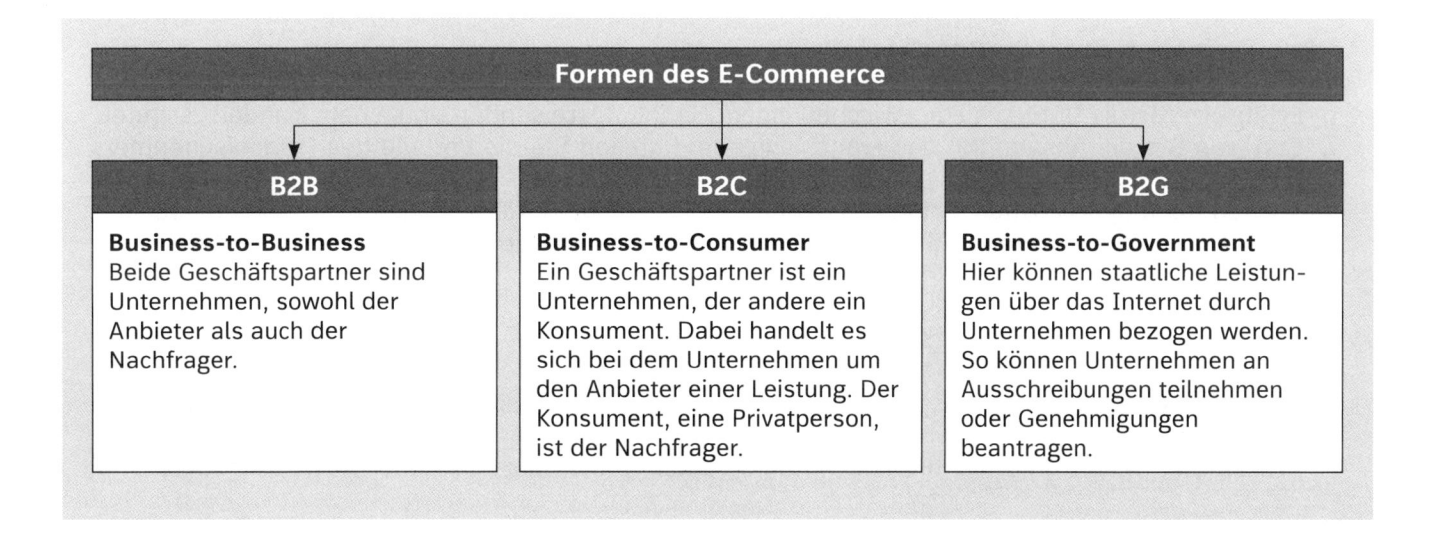

Formen des E-Commerce

B2B	B2C	B2G
Business-to-Business Beide Geschäftspartner sind Unternehmen, sowohl der Anbieter als auch der Nachfrager.	**Business-to-Consumer** Ein Geschäftspartner ist ein Unternehmen, der andere ein Konsument. Dabei handelt es sich bei dem Unternehmen um den Anbieter einer Leistung. Der Konsument, eine Privatperson, ist der Nachfrager.	**Business-to-Government** Hier können staatliche Leistungen über das Internet durch Unternehmen bezogen werden. So können Unternehmen an Ausschreibungen teilnehmen oder Genehmigungen beantragen.

Distributionspolitik

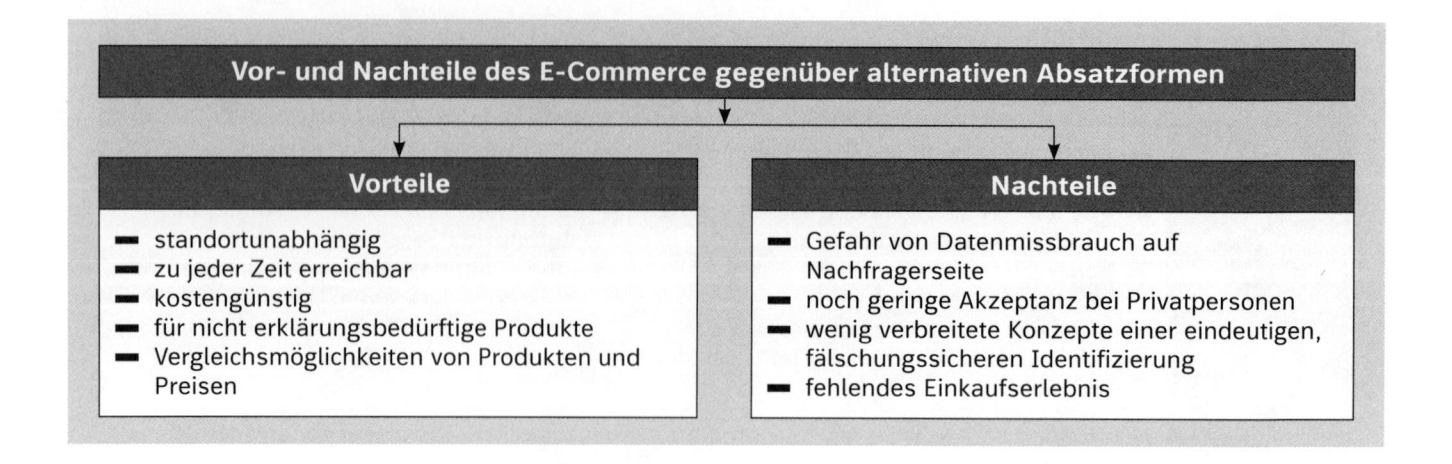

Vor- und Nachteile des E-Commerce gegenüber alternativen Absatzformen	
Vorteile	**Nachteile**
— standortunabhängig — zu jeder Zeit erreichbar — kostengünstig — für nicht erklärungsbedürftige Produkte — Vergleichsmöglichkeiten von Produkten und Preisen	— Gefahr von Datenmissbrauch auf Nachfragerseite — noch geringe Akzeptanz bei Privatpersonen — wenig verbreitete Konzepte einer eindeutigen, fälschungssicheren Identifizierung — fehlendes Einkaufserlebnis

4.2 Ausgangssituation und Aufgaben

Die Leon AG beabsichtigt, ihre bestehenden Vertriebsstrukturen neu auszurichten. Hierzu sollen zunächst grundsätzliche Fragestellungen im Rahmen einer Ist-Analyse geklärt werden. Als neuer Mitarbeiter werden Sie in die entsprechende Arbeitsgruppe berufen.

4.2.1 Aufgaben Anforderungsbereich I

1. **Beschreiben** Sie die Aufgaben der Distributionspolitik.
2. Zurzeit sind sowohl Handlungsreisende als auch Handelsvertreter für einige ausgewählte Produkte der Leon AG tätig. **Berechnen Sie**, ab welcher Umsatzhöhe der Einsatz eines Handlungsreisenden gegenüber einem Handelsvertreter lohnenswert ist. Es gelten folgende Annahmen:
   - Fixum Handlungsreisender pro Monat: 1 500,00 €
   - Umsatzprovision Handlungsreisender: 5 %
   - Umsatzprovision Handelsvertreter: 9 %
3. **Nennen Sie** Gründe – unabhängig von Kostenüberlegungen –, die für den Einsatz eines Handelsvertreters sprechen.
4. **Fassen Sie** kurz die positiven Effekte des Einsatzes des Großhandels für den Hersteller **zusammen**.
5. **Beschreiben Sie** die Vorteile einer Verkaufsniederlassung.

4.2.2 Aufgaben Anforderungsbereich II

1. **Erläutern Sie** die Unterschiede zwischen einem Handlungsreisenden und einem Handelsvertreter.
2. **Erklären Sie** die Absatzform des Franchisings und stellen Sie die Vorteile des Franchisenehmers heraus.
3. **Stellen Sie** mögliche Unterschiede zwischen einem Verkauf im Außendienst (als Handlungsreisender oder Handelsvertreter) und einem Verkauf im Einzelhandel **gegenüber**.

4.2.3 Aufgaben Anforderungsbereich III

1. **Diskutieren Sie** folgende These: „Die Zukunft der Distributionspolitik für die Leon AG liegt im Bereich des E-Commerce!"
2. **Prüfen Sie**, welche Kriterien (drei) beim Aufbau einer Vertriebslogistik beachtet werden sollten.

5 Kommunikationspolitik

5.1 Themenübersicht

Grundsatz: Die Kommunikationspolitik umfasst jede bewusste und geplante Gestaltung der auf den Markt gerichteten Informationen eines Unternehmens. Damit sollen Meinungen, Einstellungen, Erwartungen und Verhaltensweisen der (potenziellen) Kunden hinsichtlich des Unternehmens und seiner Produkte beeinflusst werden.

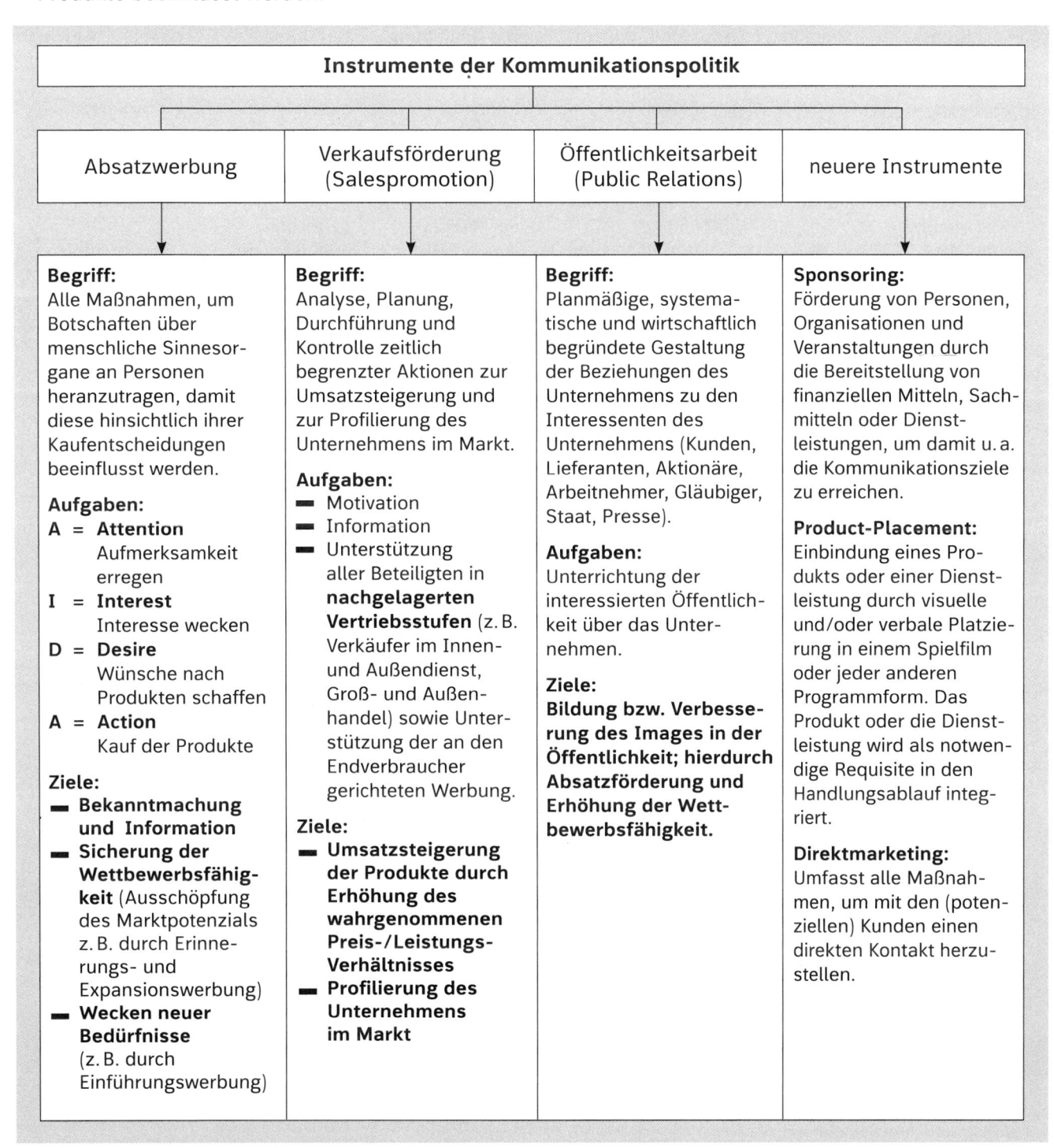

Instrumente der Kommunikationspolitik

Absatzwerbung	Verkaufsförderung (Salespromotion)	Öffentlichkeitsarbeit (Public Relations)	neuere Instrumente
Begriff: Alle Maßnahmen, um Botschaften über menschliche Sinnesorgane an Personen heranzutragen, damit diese hinsichtlich ihrer Kaufentscheidungen beeinflusst werden. **Aufgaben:** A = **Attention** Aufmerksamkeit erregen I = **Interest** Interesse wecken D = **Desire** Wünsche nach Produkten schaffen A = **Action** Kauf der Produkte **Ziele:** — **Bekanntmachung und Information** — **Sicherung der Wettbewerbsfähigkeit** (Ausschöpfung des Marktpotenzials z. B. durch Erinnerungs- und Expansionswerbung) — **Wecken neuer Bedürfnisse** (z. B. durch Einführungswerbung)	**Begriff:** Analyse, Planung, Durchführung und Kontrolle zeitlich begrenzter Aktionen zur Umsatzsteigerung und zur Profilierung des Unternehmens im Markt. **Aufgaben:** — Motivation — Information — Unterstützung aller Beteiligten in **nachgelagerten Vertriebsstufen** (z. B. Verkäufer im Innen- und Außendienst, Groß- und Außenhandel) sowie Unterstützung der an den Endverbraucher gerichteten Werbung. **Ziele:** — **Umsatzsteigerung der Produkte durch Erhöhung des wahrgenommenen Preis-/Leistungs-Verhältnisses** — **Profilierung des Unternehmens im Markt**	**Begriff:** Planmäßige, systematische und wirtschaftlich begründete Gestaltung der Beziehungen des Unternehmens zu den Interessenten des Unternehmens (Kunden, Lieferanten, Aktionäre, Arbeitnehmer, Gläubiger, Staat, Presse). **Aufgaben:** Unterrichtung der interessierten Öffentlichkeit über das Unternehmen. **Ziele: Bildung bzw. Verbesserung des Images in der Öffentlichkeit; hierdurch Absatzförderung und Erhöhung der Wettbewerbsfähigkeit.**	**Sponsoring:** Förderung von Personen, Organisationen und Veranstaltungen durch die Bereitstellung von finanziellen Mitteln, Sachmitteln oder Dienstleistungen, um damit u. a. die Kommunikationsziele zu erreichen. **Product-Placement:** Einbindung eines Produkts oder einer Dienstleistung durch visuelle und/oder verbale Platzierung in einem Spielfilm oder jeder anderen Programmform. Das Produkt oder die Dienstleistung wird als notwendige Requisite in den Handlungsablauf integriert. **Direktmarketing:** Umfasst alle Maßnahmen, um mit den (potenziellen) Kunden einen direkten Kontakt herzustellen.

Kommunikationspolitik

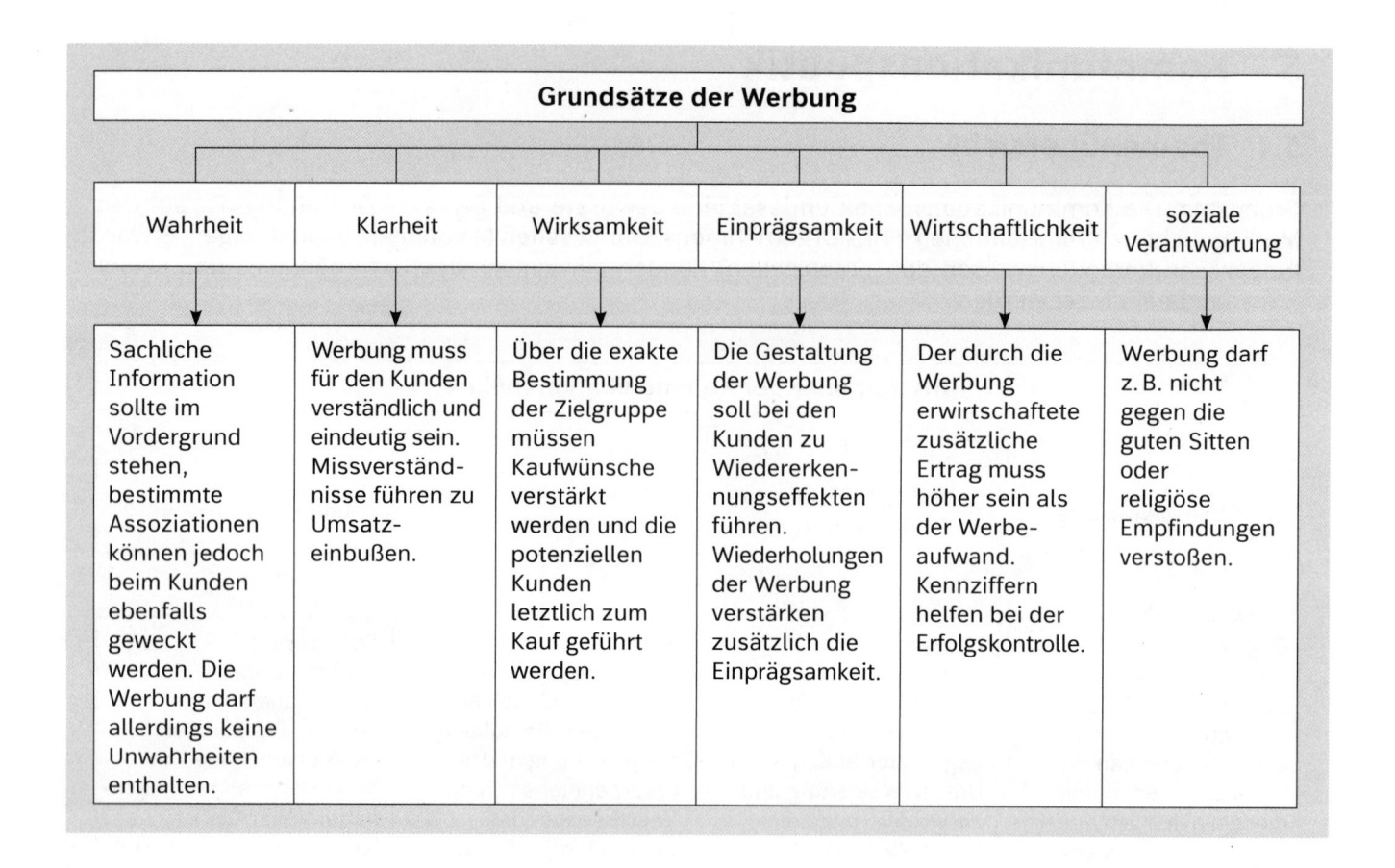

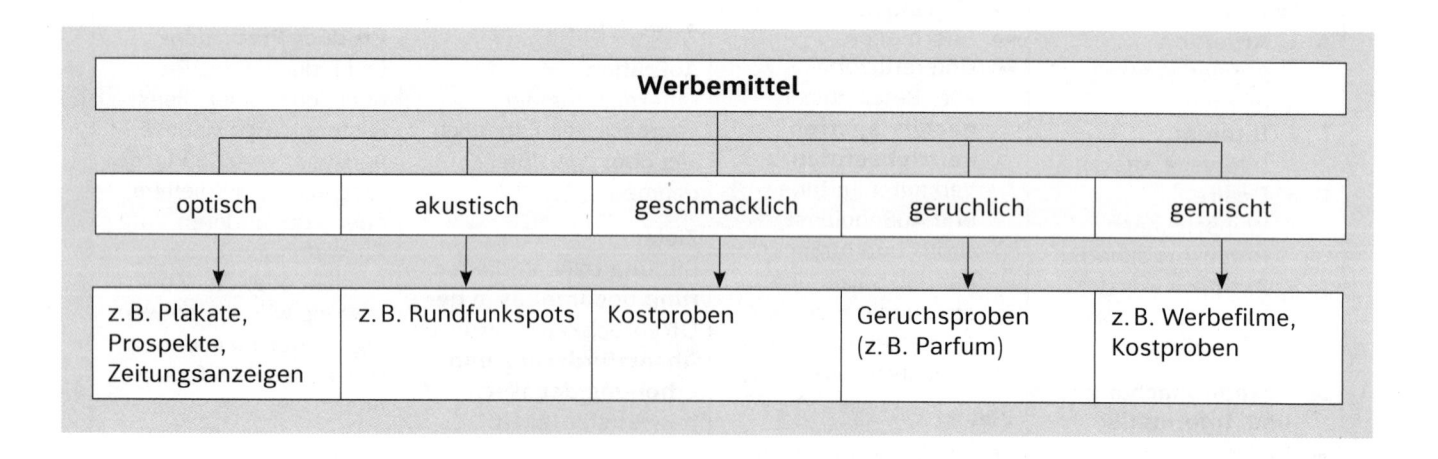

Grundsätze der Werbung

Wahrheit	Klarheit	Wirksamkeit	Einprägsamkeit	Wirtschaftlichkeit	soziale Verantwortung
Sachliche Information sollte im Vordergrund stehen, bestimmte Assoziationen können jedoch beim Kunden ebenfalls geweckt werden. Die Werbung darf allerdings keine Unwahrheiten enthalten.	Werbung muss für den Kunden verständlich und eindeutig sein. Missverständnisse führen zu Umsatzeinbußen.	Über die exakte Bestimmung der Zielgruppe müssen Kaufwünsche verstärkt werden und die potenziellen Kunden letztlich zum Kauf geführt werden.	Die Gestaltung der Werbung soll bei den Kunden zu Wiedererkennungseffekten führen. Wiederholungen der Werbung verstärken zusätzlich die Einprägsamkeit.	Der durch die Werbung erwirtschaftete zusätzliche Ertrag muss höher sein als der Werbeaufwand. Kennziffern helfen bei der Erfolgskontrolle.	Werbung darf z. B. nicht gegen die guten Sitten oder religiöse Empfindungen verstoßen.

Werbemittel

optisch	akustisch	geschmacklich	geruchlich	gemischt
z. B. Plakate, Prospekte, Zeitungsanzeigen	z. B. Rundfunkspots	Kostproben	Geruchsproben (z. B. Parfum)	z. B. Werbefilme, Kostproben

Kommunikationspolitik

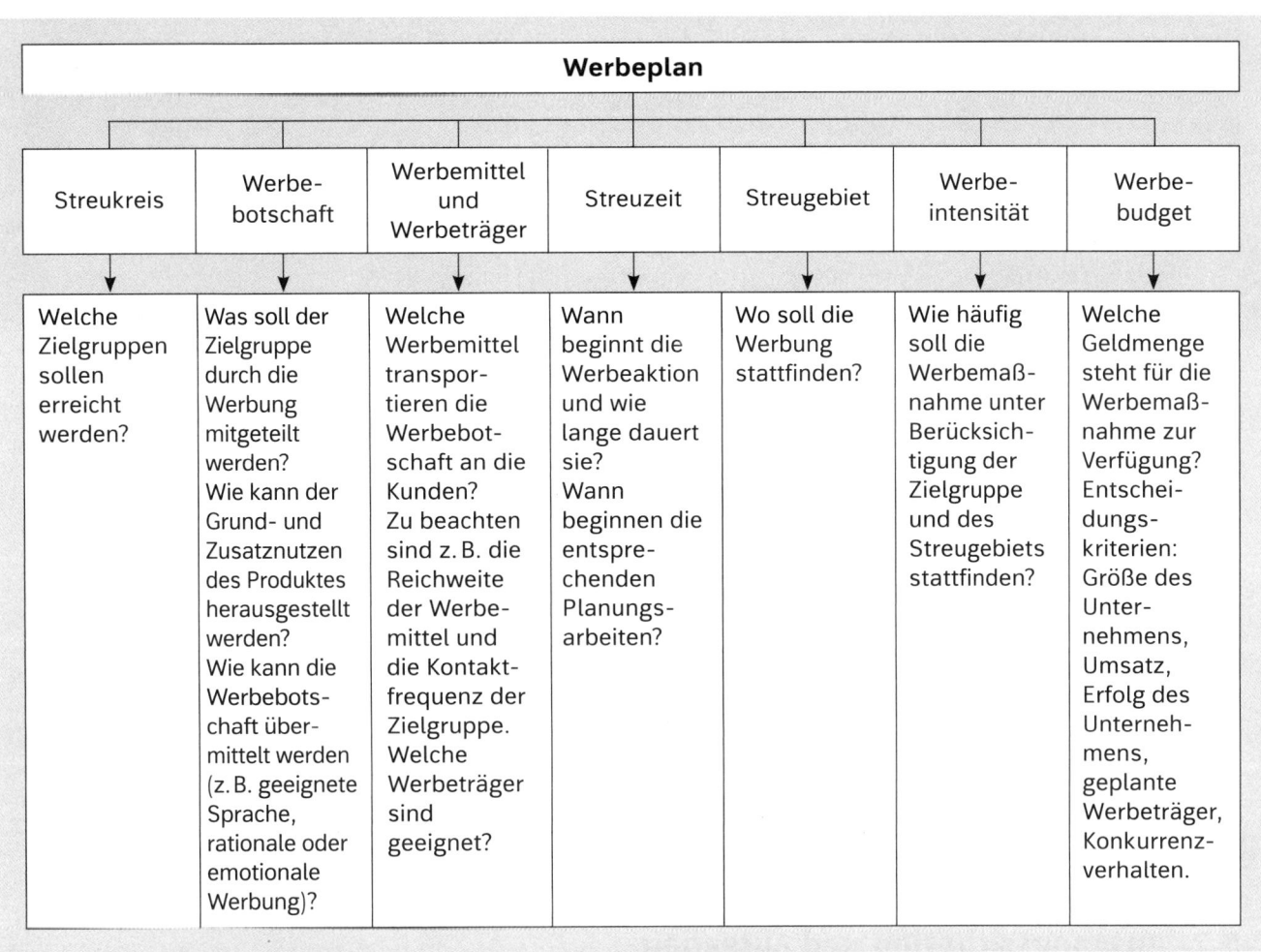

Werbeplan						
Streukreis	Werbebotschaft	Werbemittel und Werbeträger	Streuzeit	Streugebiet	Werbeintensität	Werbebudget
Welche Zielgruppen sollen erreicht werden?	Was soll der Zielgruppe durch die Werbung mitgeteilt werden? Wie kann der Grund- und Zusatznutzen des Produktes herausgestellt werden? Wie kann die Werbebotschaft übermittelt werden (z. B. geeignete Sprache, rationale oder emotionale Werbung)?	Welche Werbemittel transportieren die Werbebotschaft an die Kunden? Zu beachten sind z. B. die Reichweite der Werbemittel und die Kontaktfrequenz der Zielgruppe. Welche Werbeträger sind geeignet?	Wann beginnt die Werbeaktion und wie lange dauert sie? Wann beginnen die entsprechenden Planungsarbeiten?	Wo soll die Werbung stattfinden?	Wie häufig soll die Werbemaßnahme unter Berücksichtigung der Zielgruppe und des Streugebiets stattfinden?	Welche Geldmenge steht für die Werbemaßnahme zur Verfügung? Entscheidungskriterien: Größe des Unternehmens, Umsatz, Erfolg des Unternehmens, geplante Werbeträger, Konkurrenzverhalten.

Arten von Werbung

nach der Zahl der Umworbenen		nach der Zahl der Werbenden	
Einzelumwerbung Ein Unternehmen richtet sich an einen Umworbenen; z. B. persönliche Werbebriefe, die jeden Kunden direkt ansprechen.	**Massenwerbung** Ein Unternehmen richtet sich an viele Umworbene; z. B. Rundfunkspots.	**Einzel- oder Alleinwerbung** Ein Unternehmen wirbt für sich allein.	**Sammel-, Verbundwerbung** Mehrere Unternehmen unterschiedlicher Branchen werben mit Angabe ihrer Firmen; z. B. Anzeige in Tageszeitung zur Eröffnung eines Einkaufzentrums. **Gemeinschaftswerbung** Mehrere Unternehmen derselben Branche werben ohne Angabe der Firmen; z. B. Werbeplakat mit dem Slogan: „Ihre deutschen Lebensversicherer".

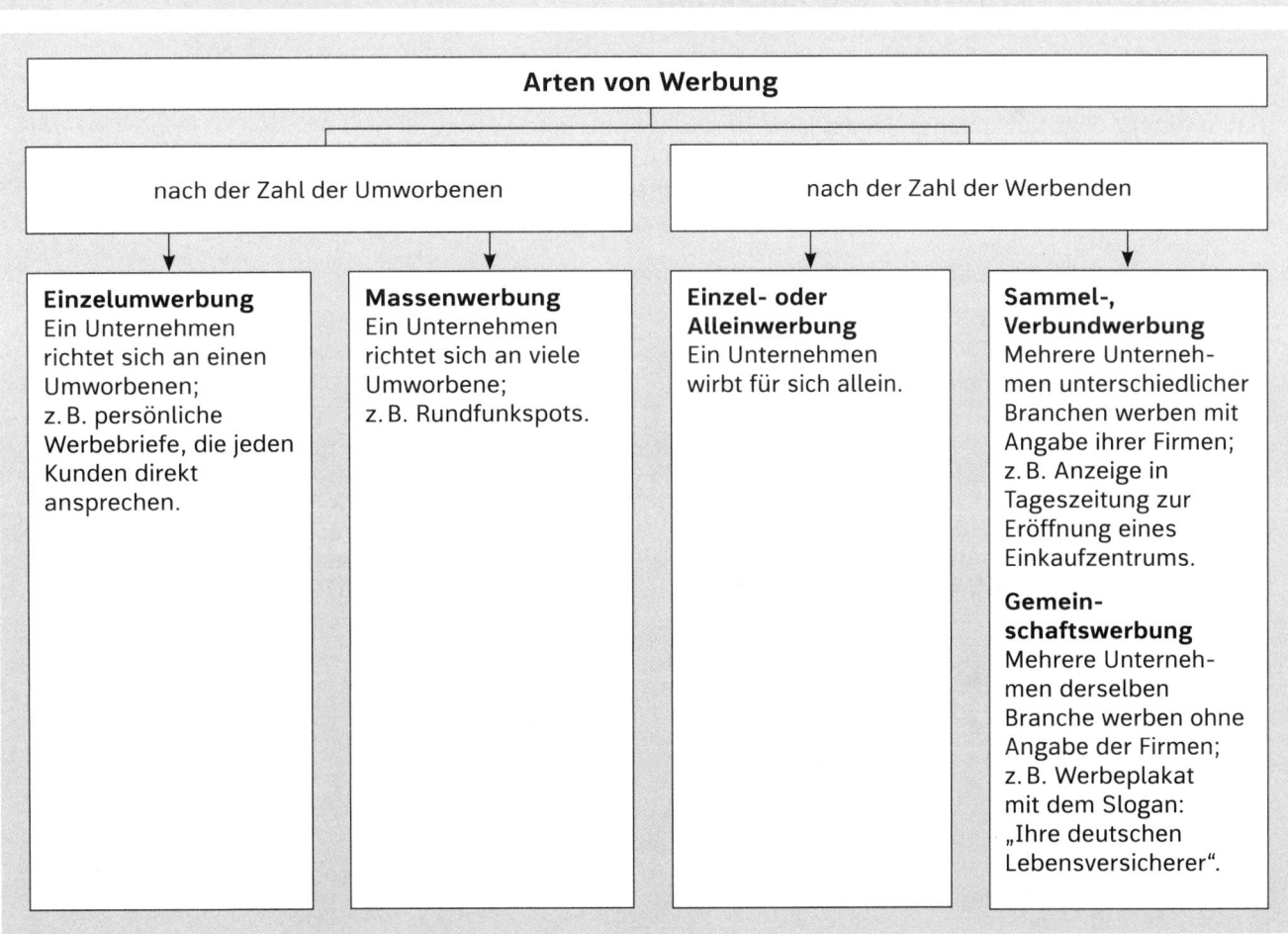

Kommunikationspolitik

Rechtliche Grenzen der Werbung (Unlauteres Wettbewerbsgesetz UWG)	
Ziel ist der Schutz der Verbraucher und Mitwettbewerber vor unlauteren geschäftlichen Handlungen. Das Gesetz soll einen fairen Wettbewerb unter allen Marktteilnehmern sicherstellen. Vom Gesetz werden dabei unterschieden:	
unlautere Handlungen (in Bezug auf Werbung)	Unlautere geschäftliche Handlungen sind unzulässig, wenn sie geeignet sind, die Interessen von Mitbewerbern, Verbrauchern oder sonstigen Marktteilnehmern spürbar zu beeinträchtigen (§ 3, Abs. 1 UWG). Eine Beeinträchtigung stellen Handlungen dar, die die Fähigkeit des Verbrauchers, sich aufgrund von Informationen zu entscheiden, spürbar beeinträchtigen und ihn damit zu einer geschäftlichen Entscheidung zu veranlassen, die er andernfalls nicht getroffen hätte. Beispiel: – Irreführung durch unwahre Angaben oder sonstige zur Täuschung geeignete Angaben zu den wesentlichen Merkmalen (Beschaffenheit, Herkunft etc.) eines Produktes (§ 3 UWG) – Irreführung durch Unterlassen, wenn zum Beispiel wesentliche Informationen weggelassen werden (§ 5 UWG) – vergleichende Werbung, wenn sich zum Beispiel ein Vergleich nicht objektiv auf eine relevante, nachprüfbare Eigenschaft einer Ware bezieht (§ 6 UWG)
unzumutbare Belästigungen	Um unzumutbare Belästigung handelt es sich, wenn ein Verbraucher Werbung per Telefonanruf erhält, ohne dass vorher die ausdrückliche Einwilligung eingeholt wurde (§ 7 UWG).
Rechtsfolgen	Bei Verstoß gegen die gesetzlichen Bestimmungen stehen dem Geschädigten folgende Rechte zu: – Recht auf Beseitigung und Unterlassen (§ 8 UWG) – Schadensersatz (§ 9 UWG)

5.2 Ausgangssituation und Aufgaben

Die Leon AG ist ein alteingesessenes Unternehmen auf dem Elektroniksektor. Neben der Sparte Fernsehapparate ist sie auch ein Hersteller und Anbieter von Bluetooth-Kopfhörern. Die Hauptkonkurrenten in einem oligopolistischen Markt (Angebotsoligopol) sind Samsung und Apple. Der Kopfhörer der Leon AG lässt sich grundsätzlich als an der Schwelle zwischen Wachstums- und Reifephase befindlich charakterisieren. Als Zielgruppe werden zurzeit Jugendliche und junge Erwachsene angesprochen, die bereit sind, bis zu 80,00 € für einen Kopfhörer auszugeben.

Eine Marktforschungsanalyse ergibt u. a. nachstehende Ergebnisse:

	Leon	Samsung	Apple
Bekanntheitsgrad des Anbieters	35 %	55 %	90 %
Sympathie für Anbieter	19 %	28 %	51 %
Produkt im Besitz	16 %	21 %	45 %

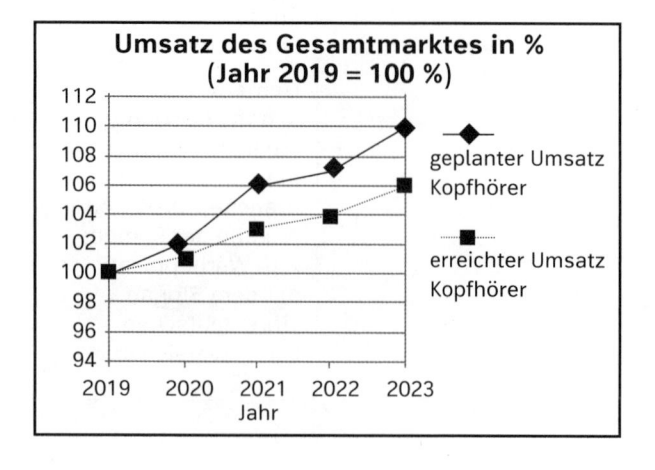

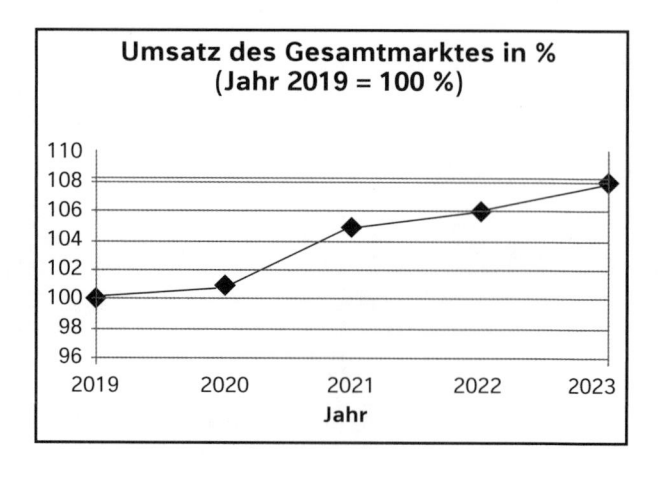

Umsatz des Gesamtmarktes in % (Jahr 2019 = 100 %)
- geplanter Umsatz Kopfhörer: 2019: 100; 2020: 102; 2021: 106; 2022: 107; 2023: 110
- erreichter Umsatz Kopfhörer: 2019: 100; 2020: 101; 2021: 103; 2022: 104; 2023: 106

Umsatz des Gesamtmarktes in % (Jahr 2019 = 100 %)
- 2019: 100; 2020: 101; 2021: 105; 2022: 106; 2023: 108

Kommunikationspolitik

5.2.1 Aufgaben Anforderungsbereich I

1. **Beschreiben Sie** die Umsatzentwicklung des Kopfhörers der Leon AG mithilfe der beiden Schaubilder.
2. **Nennen und beschreiben Sie** die Instrumente der Kommunikationspolitik.
3. **Stellen Sie** drei Grundsätze der Werbung **dar**.
4. **Beschreiben Sie** zwei unterschiedliche Werbemittel mithilfe geeigneter Beispiele.
5. **Zählen Sie** die Bestandteile eines Werbeplans **auf**.
6. **Nennen Sie** mögliche Ziele der Kommunikationspolitik.

5.2.2 Aufgaben Anforderungsbereich II

1. **Erläutern Sie** vor dem Hintergrund der Marktforschungsanalyse mögliche Zielsetzungen kommunikationspolitischer Maßnahmen.
2. **Erklären Sie** vor dem Hintergrund Ihrer in Aufgabe 1 gemachten Aussagen zwei geeignete kommunikationspolitische Maßnahmen.
3. Die Leon AG hatte bislang die Produktwerbung in den Vordergrund gestellt.
   a) **Überprüfen Sie**, welche Werbestrategie in der geschilderten Produktlebenszyklusphase sinnvoll ist.
   b) **Stellen Sie** den Unterschied zwischen einer Produkt- und Imagewerbung **heraus** und **unterbreiten Sie für** beide Arten je einen Vorschlag einer Werbebotschaft.

5.2.3 Aufgaben Anforderungsbereich III

1. **Entwickeln Sie** fallbezogen einen Werbeplan, der dazu geeignet ist, die angestrebten Ziele zu erreichen. **Gehen Sie** dabei auf die einzelnen Bestandteile eines Werbeplans ausführlich **ein**.
2. **Beurteilen Sie**, inwieweit der Grundsatz der Wirksamkeit mit einer Massenwerbung vereinbar ist. Gehen Sie bei Ihren Ausführungen kurz auf die Begrifflichkeiten ein.

6 After-Sales-Prozesse

6.1 Themenübersicht

Um langfristig erfolgreich zu sein, ist es für ein Unternehmen unverzichtbar, auch nach einem erfolgreichen Verkauf den Kontakt zum Kunden aufrechtzuerhalten. Sämtliche Maßnahmen, die getroffen werden, um den Kunden langfristig an das Unternehmen oder zumindest an einzelne Produkte zu binden, werden zusammenfassend als **After-Sales-Management** bezeichnet. Hierbei muss unterschieden werden, ob ein direkter Kontakt zum Endverbraucher (Business-to-Customer, kurz: „B2C") besteht oder die Kunden im Geschäftskundenbereich (Business-to-Business, kurz: „B2B") zu finden sind.

Klassische Kundenbindungsmaßnahmen sind:

- technische oder kaufmännische Service-Leistungen (z. B. Wartungs-, Ersatzteil- und Reparaturservice, Finanzierungshilfen)
- Installation eines professionellen Beschwerde- und Reklamationsmanagements, um die negativen Auswirkungen von Kundenunzufriedenheiten zu minimieren, die Kundenzufriedenheit wiederherzustellen und mithilfe der Kundenbeschwerden innerbetriebliche Fehler aufzudecken und abzustellen
- regelmäßige Kontaktpflege (z. B. Einholung eines Kundenfeedbacks, Herausgabe einer Kundenzeitschrift, Versenden eines Newsletters)
- Kundenkarten zum Sammeln von sog. Bonuspunkten (B2C) bzw. Treuerabatte oder nachträglich gewährte Boni bei Erreichen vorher festgelegter Umsatzgrenzen (B2B)
- über die gesetzlichen Gewährleistungspflichten hinausgehende verlängerte Garantieleistungen
- Einladung zu besonderen Events (z. B. Hausmesse, Betriebsbesichtigung, Tag der offenen Tür)

Erfolgreich sind solche Kundenbindungsmaßnahmen vor allem dann, wenn sie in ein funktionierendes **Customer-Relationship-Management** (CRM) eingebettet sind. CRM bezeichnet eine ganzheitliche IT-gestützte Unternehmensstrategie, welche auf den Aufbau und die Pflege dauerhafter, partnerschaftlicher und profitabler Kundenbeziehungen zielt.

7 Absatzcontrolling

7.1 Themenübersicht

Operatives Absatzcontrolling am Beispiel der Werbeerfolgskontrolle – Kundenbindung, Kundenzufriedenheit, Umsatzentwicklung

Es ist die **Aufgabe des Controllings**, die Planung, die Kontrolle, die Organisation sowie die Personalführung unter Berücksichtigung der notwendigen Informationen zu koordinieren und das Unternehmen so zu steuern, dass die Unternehmensziele optimal erreicht werden.

Wenn es speziell um die Steuerung von Marketingprozessen geht, spricht man von **Absatzcontrolling**. Dabei unterscheidet man:

- **strategisches Absatzcontrolling,** bei dem es darum geht, langfristig erfolgreiche Geschäftsfelder neu zu entwickeln und bestehende Geschäftsfelder auszubauen.
- **operatives Absatzcontrolling,** bei dem es darum geht, kurzfristige Entscheidungsprozesse im Absatzbereich zu steuern. Eine zentrale Aufgabe ist dabei die Budgetierung, d.h. die Planung von finanziellen Mitteln z.B. für bestimmte Projekte, Prozesse oder Werbemaßnahmen. Um im Rahmen des operativen Absatzcontrolling solche Projekte, Prozesse oder Werbemaßnahmen steuern zu können, müssen entsprechende Zahlen und Daten erfasst und zu Kennzahlen aufbereitet werden.

Beispiel:

Kontrolle des Werbeerfolgs

ökonomisch	außerökonomisch
z.B. durch Vergleich eines Testmarktes (mit Werbung) und eines Kontrollmarktes (ohne Werbung) sowie Daten des betrieblichen Rechnungswesens	z.B. durch Tests, Befragungen und Ermittlung von Einschaltquoten, Online-Kontakten, Seitenaufrufen usw. sowie Daten des betrieblichen Rechnungswesens

Wichtige Entscheidungshilfen liefern zum Beispiel die folgenden Kennzahlen und Indizes:

- Umsatzentwicklung
- Gewinnentwicklung
- Entwicklung des Marktanteils

- zur Ermittlung der Kundenzufriedenheit
  - Reklamationsquote
  - Stornoquote
  - CSI (Customer Satisfaction Index)

- zur Emittlung der Kundenbindung
  - CLI (Customer Loyalities Index)

Die Umsatzentwicklung (Gewinnentwicklung) wird ermittelt, indem die Höhe des Umsatzes (Gewinns) in einer Periode im Verhältnis z.B. zu den Werbekosten oder Online-Kontakten dieser Periode berechnet wird und mit anderen Perioden verglichen wird.

Beispiel:

Ein Umsatz von 1,26 Mio. € bei einem Werbebudget von 200 000,00 € ergibt einen Wert von 6,30 € Umsatz pro einem EUR Werbekosten.

Eine Reklamationsquote (Stornoquote) wid ermittelt, indem die Zahl der Reklamationen (Stornierungen) im Verhältnis zur Zahl der Aufträge berechnet wird.

Beispiel:

63 Reklamationen bei insgesamt 5 000 Aufträgen ergeben eine Reklamationsquote von 0,0126 Reklamationen pro Auftrag.

Der CSI (Customer-Satisfaction-Index) ist eine Kennzahl, mit der die Kundenzufriedenheit gemessen werden kann. Eine solche Kennzahl wird ermittelt, indem die Kunden aufgefordert werden, Kriterien wie z.B. Preis-Leistungs-Verhältnis, Freundlichkeit, Schnelligkeit, Kulanz mit Noten von 1 bis 6 zu

Absatzcontrolling

bewerten. Daraus wird ein CSI (eine Durchschnittsnote) berechnet, der die Kundenzufriedenheit widerspiegelt.

Der CLI (Customer-Loyalities-Index) gibt den Grad der Kundenbindung wieder. Dabei geht es um Kriterien wie z. B. persönliche Beziehung des Kunden zum Unternehmen oder Aufwand für Kunden bei Wechsel zu einem neuen Lieferanten.

7.2 Ausgangssituation und Aufgaben

„DER NEUE NIMBUS XL IST DA"

Die Leon AG hat ihr neuestes LCD-Fernsehgerät Nimbus XL vor fünf Monaten auf den Markt gebracht. Beim Vorgängermodell verlief die Umsatzentwicklung in der Einführungsphase nur sehr schleppend mit durchschnittlich 5,00 € Umsatz pro 1,00 € Werbekosten. Diesmal wurde die Markteinführung in den ersten drei Monaten durch eine Werbeagentur mit einer Werbekampagne unterstützt und das Gerät im ersten Monat mit einem Einführungsrabatt verkauft, um es auf dem Markt zu etablieren.

Aus dem betrieblichen Rechnungswesen liegen folgende Daten vor:

	Monat 1	Monat 1	Monat 3	Monat 4	Monat 5
Umsatz (in EUR)	1 300 000,00	2 100 000,00	2 300 000,00	2 400 000,00	2 500 000,00
Gewinn (in EUR)	110 000,00	530 000,00	580 000,00	900 000,00	945 000,00
Werbekosten (in EUR)	320 000,00	320 000,00	320 000,00	100 000,00	100 000,00

7.2.1 Aufgaben Anforderungsbereich I

1. **Beschreiben Sie** die Aufgabe des strategischen Absatzcontrollings im Gegensatz zum operativen Absatzcontrolling.
2. **Nennen Sie** verschiedene Verfahren zur Messung des außerökonomischen Werbeerfolgs.
3. **Nennen Sie** Kennzahlen zur Ermittlung des ökonomischen Werbeerfolgs.
4. **Beschreiben Sie** die Ermittlung einer Stornoquote.

7.2.2 Aufgaben Anforderungsbereich II

1. **Erläutern Sie** den sogenannten CLI (Customer Loyalities Index).
2. **Werten Sie** die Daten zur Umsatz- und Gewinnentwicklung bei der Markteinführung des Nimbus XL aus.

7.2.3 Aufgaben Anforderungsbereich III

1. **Beurteilen Sie** den Werbeerfolg bei der Markteinführung des Nimbus XL.
2. **Entwickeln Sie** einen Fragebogen, mit dessen Hilfe sich ein CSI (Customer Satisfaction Index) ermitteln lässt.

8 Investition

8.1 Themenübersicht

Arten von Investitionen

Aus unternehmerischer Sicht ist der Kauf von Investitionsobjekten im Voraus so zu planen, dass die Objekte in Zukunft für das Unternehmen den höchstmöglichen Nutzen und die besten Gewinnchancen ermöglichen. Dabei unterscheidet man verschiedene Investitionsarten.

	Investition
Definition	Kauf von (Vermögens-)Gegenständen mittels Geld (= Auszahlung) mit dem Ziel, durch die so gekauften Gegenstände zusätzliche Gewinne (= Einzahlungen, Desinvestition) zu erwirtschaften. *Beispiel: Ein Unternehmen besitzt drei Maschinen. Es kauft eine vierte Maschine mit dem Ziel, durch diese neue Maschine zusätzliche Gewinne zu erwirtschaften.*
Arten	Investitionsarten *in Abhängigkeit der Investitionsobjekte:* — **Sachanlageinvestition:** Erwerb von Sachanlagevermögen (z. B. Maschinen, Gebäude) — **Finanzanlageinvestition:** Erwerb von Finanzanlagevermögen (z. B. Aktien, verzinsliche Wertpapiere oder auch die Gewährung von Krediten) — **Investition in immaterielle Güter:** Erwerb von Rechten, Patenten oder die Bezahlung von Aus- und Weiterbildungen für die Mitarbeiter mit dem Ziel, die Wettbewerbsfähigkeit des Unternehmens zu sichern
	Investitionsarten *in Abhängigkeit ihrer Zielsetzung:* — **Erweiterungsinvestition:** Erwerb von zusätzlichem Sachanlagevermögen zum Ausbau der Produktionskapazitäten — **Ersatzinvestition:** Erhalt und Sicherung der vorhandenen Produktionskapazitäten — **Rationalisierungsinvestitionen:** Erwerb von neuen Produktionsgütern mit dem Ziel, bei gleichem Aufwand mehr bzw. mit weniger Aufwand genauso viel zu produzieren

Investitionsziele

Durch eine Investition sollen zusätzliche Einnahmen (Desinvestitionen, Gewinne) erzielt werden. Neben dieser Zielsetzung können weitere Unterziele verfolgt werden:

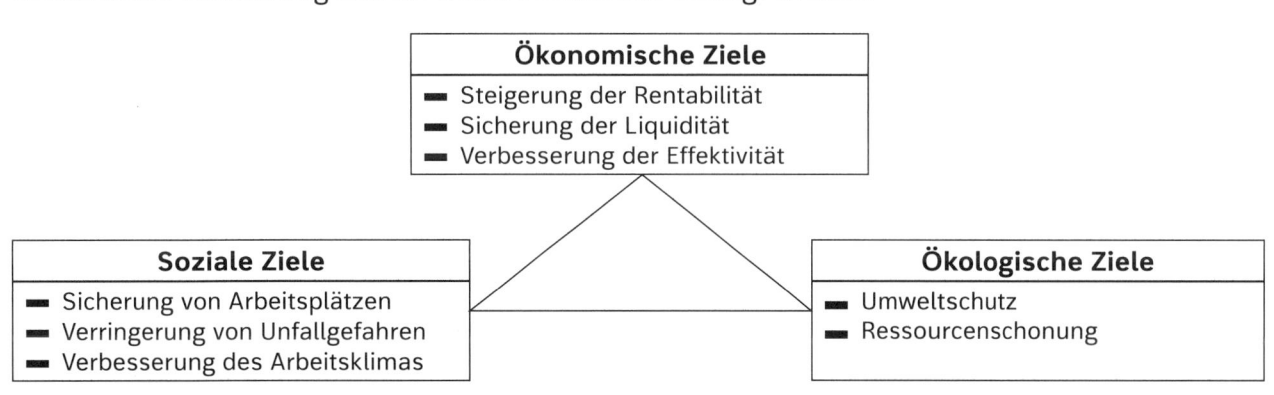

Ökonomische Ziele
- Steigerung der Rentabilität
- Sicherung der Liquidität
- Verbesserung der Effektivität

Soziale Ziele
- Sicherung von Arbeitsplätzen
- Verringerung von Unfallgefahren
- Verbesserung des Arbeitsklimas

Ökologische Ziele
- Umweltschutz
- Ressourcenschonung

Die Investitionsentscheidung – In welchen Gegenstand soll investiert werden?

In welche Maschine soll ein Unternehmen investieren – Maschine A, Maschine B oder doch besser Maschine C?
Investitionsentscheidungen bedeuten immer, aus mehreren Alternativen die geeignetste auszuwählen. Aber woher kann ein Unternehmen wissen, welche Investitionsalternative die bessere ist?

Anhand von Vergleichsmerkmalen in Form von qualitativen und quantitativen Kriterien kann man eine gesicherte Auswahlentscheidung treffen.

Investition

Vergleichsmerkmale für eine Investitionsentscheidung	
Qualitative Merkmale (nicht messbare Daten)	**Quantitative Merkmale** (in Zahlen ausdrückbar)
— Einfache Bedienbarkeit — Mitarbeiterfreundlichkeit — Ressourcenschonend usw.	— Anschaffungspreis — Kapazität — Nutzungsdauer — Wirtschaftlichkeit (Kosten, Gewinn, Rentabilität, Amortisation)

Verfahren
— Nutzwertanalyse
— Scoring-Modelle

Investitionsrechenverfahren zum Vergleich von Investitionsalternativen hinsichtlich ihrer **Wirtschaftlichkeit**

Statische Verfahren
— Kostenvergleichsrechnung
— Gewinnvergleichsrechnung
— Rentabilitätsvergleichsrechnung
— Amortisationsvergleichsrechnung

Dynamische Verfahren
— Kapitalwertmethode
— interne Zinsfußmethode

Investitionsrechnung als Entscheidungsinstrument
Man unterscheidet zwischen statischen und dynamischen Verfahren der Investitionsrechnung.

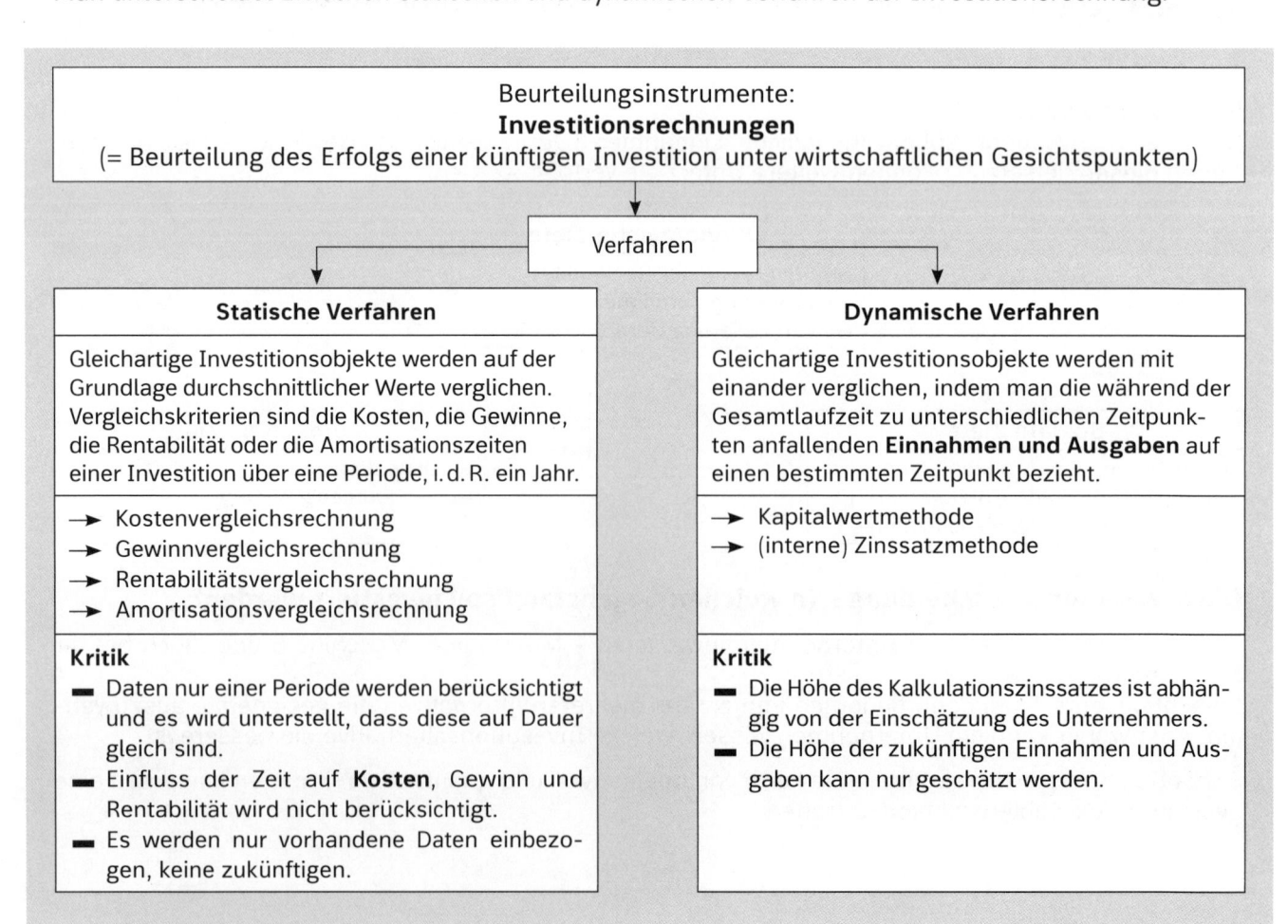

Beurteilungsinstrumente:
Investitionsrechnungen
(= Beurteilung des Erfolgs einer künftigen Investition unter wirtschaftlichen Gesichtspunkten)

Verfahren

Statische Verfahren	Dynamische Verfahren
Gleichartige Investitionsobjekte werden auf der Grundlage durchschnittlicher Werte verglichen. Vergleichskriterien sind die Kosten, die Gewinne, die Rentabilität oder die Amortisationszeiten einer Investition über eine Periode, i.d.R. ein Jahr.	Gleichartige Investitionsobjekte werden miteinander verglichen, indem man die während der Gesamtlaufzeit zu unterschiedlichen Zeitpunkten anfallenden **Einnahmen und Ausgaben** auf einen bestimmten Zeitpunkt bezieht.
→ Kostenvergleichsrechnung → Gewinnvergleichsrechnung → Rentabilitätsvergleichsrechnung → Amortisationsvergleichsrechnung	→ Kapitalwertmethode → (interne) Zinssatzmethode
Kritik — Daten nur einer Periode werden berücksichtigt und es wird unterstellt, dass diese auf Dauer gleich sind. — Einfluss der Zeit auf **Kosten**, Gewinn und Rentabilität wird nicht berücksichtigt. — Es werden nur vorhandene Daten einbezogen, keine zukünftigen.	**Kritik** — Die Höhe des Kalkulationszinssatzes ist abhängig von der Einschätzung des Unternehmers. — Die Höhe der zukünftigen Einnahmen und Ausgaben kann nur geschätzt werden.

Investition

Die Kostenbegriffe

Die Kostenvergleichsrechnung

= Vergleich zweier Investitionsalternativen mittels durchschnittlicher, jährlicher Kosten, die jeweils für die Investitionsobjekte anfallen.

Folgende Kosten werden miteinander verglichen:

Kapitalkosten

Kalkulatorische Abschreibung

– ohne Restwert:

$$\frac{Anschaffungskosten}{n\ (Jahre)}$$

– mit Restwert:

$$\frac{Anschaffungskosten - Restwert}{n\ (Jahre)}$$

Kalkulatorische Zinsen auf die **durchschnittliche Kapitalbindung:**

durchschnittliche Kapitalbindung **ohne** Restwert:

$$\frac{Anschaffungskosten}{2}$$

Kalkulatorische Zinsen

$$\frac{Anschaffungskosten}{2} \times i$$

durchschnittliche Kapitalbindung **mit** Restwert:[1]

$$\frac{Anschaffungskosten + Restwert}{2}$$

Kalkulatorische Zinsen:

$$\frac{Anschaffungskosten + Restwert}{2} \times i$$

Achten Sie auf die unterschiedlichen Vorzeichen bei den beiden Formeln mit Restwerten!

Betriebskosten

- Personalkosten
- Materialkosten
- Instandhaltungskosten
- Energiekosten

---

[1] Die durchschnittliche Kapitalbindung mit Restwerten bei den kalkulatorischen Zinsen kommt durch Umformung wie folgt zustande: $\left(\frac{Anschaffungskosten - Restwert}{2} + Restwert\right) = \frac{Anschaffungskosten - Restwert}{2} - \frac{Restwert}{2} +$

$Restwert = \frac{Anschaffungskosten + Restwert}{2}$

Investition

Statische Verfahren der Investitionsrechnung im Überblick

1. Kostenvergleichsrechnung

Die Kostenvergleichsrechnung (hier ohne Restwerte)	
Vergleich zweier Investitionsalternativen mittels durchschnittlicher jährlicher **Kosten**, die jeweils für die Investitionsobjekte anfallen	
Kosten	**fixe Kosten** = Kosten, deren Höhe unabhängig von der Ausbringungs- bzw. Produktionsmenge gleichbleibt, z. B. Miete, Versicherungsbeiträge, Kfz-Steuern, Gehälter sowie kalkulatorische Abschreibungen ($= \frac{\text{Anschaffungskosten}}{n \text{ Jahre}}$) und kalkulatorische Zinsen ($= \frac{\text{Anschaffungskosten}}{2} \cdot i$) *(Anm.: i = Zinssatz pro Jahr)*
	variable Kosten = Kosten, deren Höhe unmittelbar von der Ausbringungs- bzw. Produktionsmenge abhängt, z. B. Materialkosten, Akkordlöhne, Fertigungskosten, Energiekosten
Arten der Kostenvergleichsrechnung	
Vergleich der **Gesamtkosten** je Periode	– Periode, z. B. ein Jahr – Voraussetzung: Die Nutzung bzw. Leistung der alternativen Investitionsobjekte ist identisch. *Beispiel: Maschine 1 verursacht bei einer max. Ausbringungsmenge von 10 000 Stück pro Jahr fixe Kosten in Höhe von 100 000,00 € und variable Kosten in Höhe von 50 000,00 €.* *Maschine 2 verursacht bei gleicher Ausbringungsmenge fixe Kosten in Höhe von 110 000,00 € und variable Kosten in Höhe von 55 000,00 €.* | | Maschine 1 | Maschine 2 | |---|---|---| | Fixe Kosten | 100 000,00 € | 110 000,00 € | | Variable Kosten | 50 000,00 € | 55 000,00 € | | Gesamtkosten | 150 000,00 € | 165 000,00 € | *Maschine 1 verursacht pro Periode die geringsten Gesamtkosten (150 000,00 €) und ist daher vorzuziehen.*
Vergleich der **Stückkosten** je Periode	Häufig kommt es vor, dass alternative Investitionsobjekte unterschiedliche Kapazitäten haben. In solchen Fällen werden die Stückkosten miteinander verglichen. *Beispiel: Maschine 1 verursacht Gesamtkosten von 150 000,00 € bei einer Ausbringungsmenge von 10 000 Stück. Maschine 2 verursacht Gesamtkosten von 170 000,00 € bei einer Ausbringungsmenge von 12 500 Stück.* | | Maschine 1 | Maschine 2 | |---|---|---| | Stückkosten | $\frac{150\,000{,}00\,€}{10\,000\,\text{St.}} = 15{,}00\,€/\text{St.}$ | $\frac{170\,000{,}00\,€}{12\,500\,\text{St.}} = 13{,}60\,€/\text{St.}$ | *Maschine 2 verursacht die geringsten Stückkosten und ist somit vorzuziehen (Kostenvorteil in Höhe von 1,40 €/Stück).*
Ermittlung der **kritischen Menge**	Wenn vor der Investition noch ungewiss ist, wie viel produziert werden soll bzw. abgesetzt werden kann, sollte die kritische Menge bestimmt werden. Sie gibt an, ab welcher Menge Maschine 1 günstiger/teurer produziert als Maschine 2. *Beispiel: Maschine 1 (Kapazität = 12 000 Stück) hat variable Stückkosten in Höhe von 12,50 € und verursacht Fixkosten in Höhe von 80 000,00 €. Maschine 2 (Kapazität = 13 000 Stück) hat variable Stückkosten in Höhe von 10,50 € und verursacht Fixkosten in Höhe von 100 000,00 €.*

Investition

	Arten der Kostenvergleichsrechnung
Ermittlung der **kritischen Menge**	Kosten Maschine 1 = Kosten Maschine 2 80 000,00 € + 12,50x = 100 000,00 € + 10,50x (12,50x − 10,50x) = 100 000,00 € − 80 000,00 € 2x = 20 000,00 € x = 10 000 Stück ***Bei 10 000 Stück sind die Gesamtkosten der beiden Maschinen gleich.*** *Werden mehr als 10 000 Stück produziert, ist Maschine 2 aufgrund der geringeren variablen Kosten günstiger als Maschine 1. Werden weniger als 10 000 Stück produziert, ist Maschine 1 günstiger.*

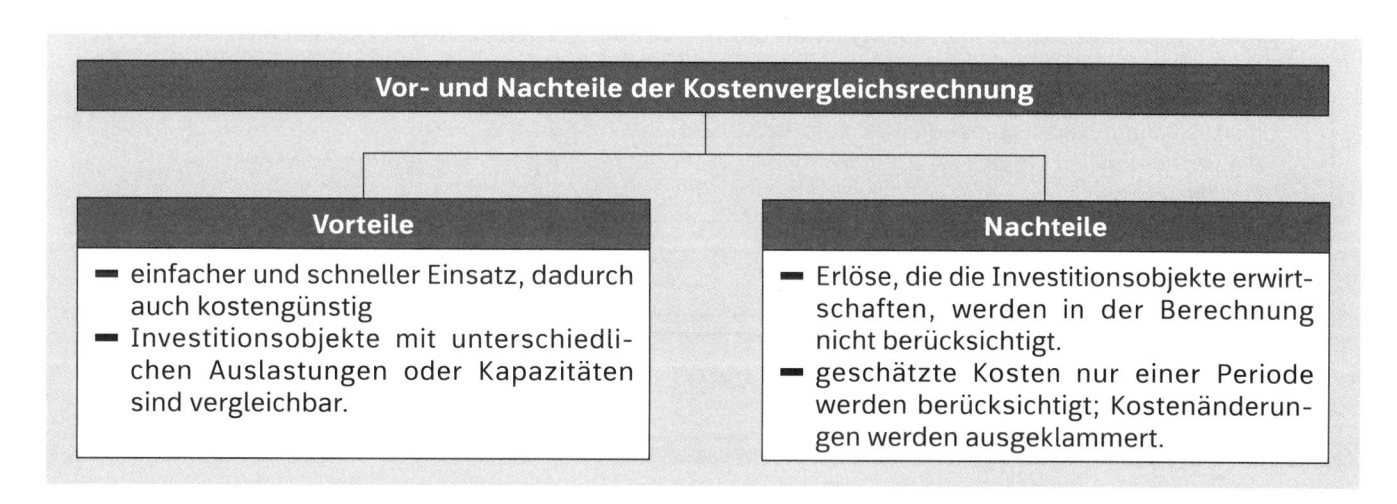

Vor- und Nachteile der Kostenvergleichsrechnung

Vorteile
- einfacher und schneller Einsatz, dadurch auch kostengünstig
- Investitionsobjekte mit unterschiedlichen Auslastungen oder Kapazitäten sind vergleichbar.

Nachteile
- Erlöse, die die Investitionsobjekte erwirtschaften, werden in der Berechnung nicht berücksichtigt.
- geschätzte Kosten nur einer Periode werden berücksichtigt; Kostenänderungen werden ausgeklammert.

2. Gewinnvergleichsrechnung

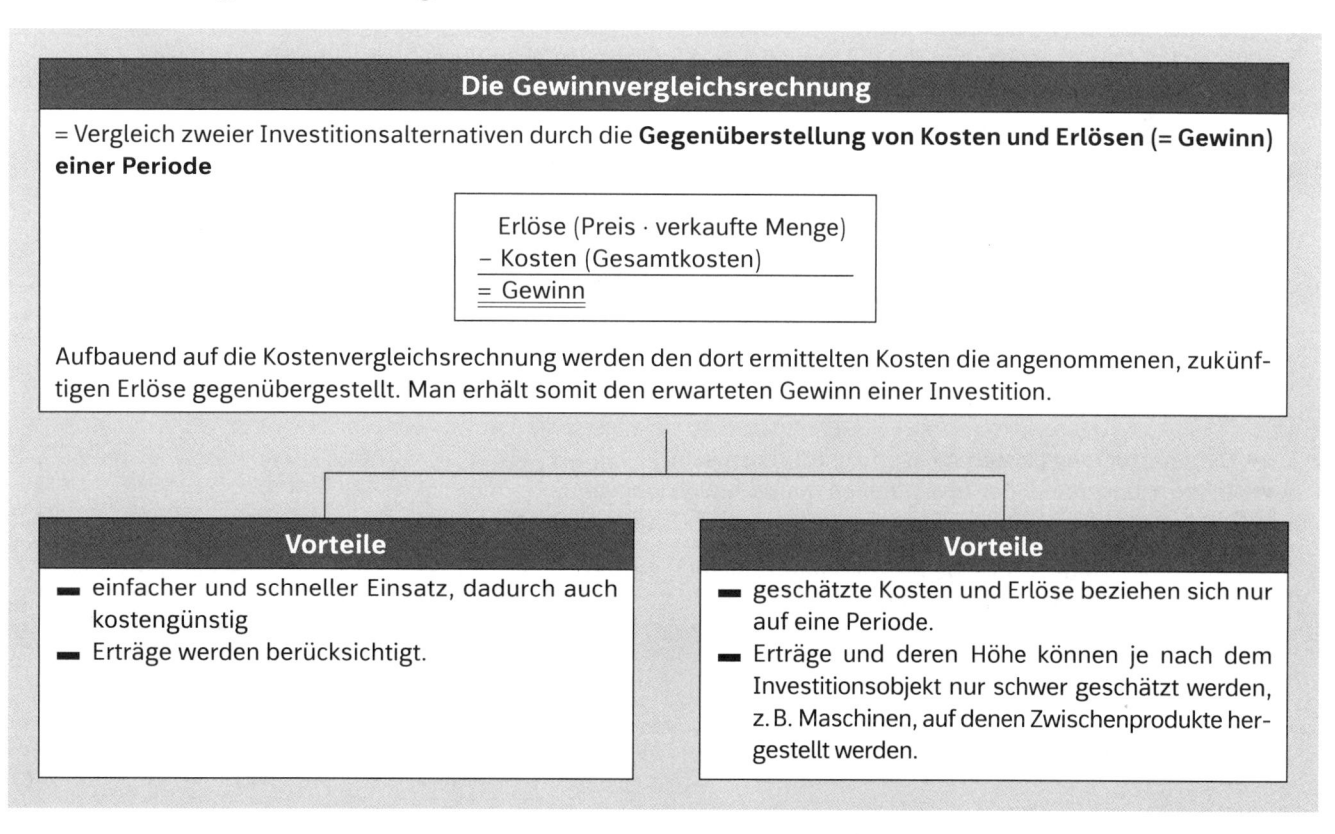

Die Gewinnvergleichsrechnung

= Vergleich zweier Investitionsalternativen durch die **Gegenüberstellung von Kosten und Erlösen (= Gewinn) einer Periode**

Erlöse (Preis · verkaufte Menge)
− Kosten (Gesamtkosten)
= Gewinn

Aufbauend auf die Kostenvergleichsrechnung werden den dort ermittelten Kosten die angenommenen, zukünftigen Erlöse gegenübergestellt. Man erhält somit den erwarteten Gewinn einer Investition.

Vorteile
- einfacher und schneller Einsatz, dadurch auch kostengünstig
- Erträge werden berücksichtigt.

Vorteile
- geschätzte Kosten und Erlöse beziehen sich nur auf eine Periode.
- Erträge und deren Höhe können je nach dem Investitionsobjekt nur schwer geschätzt werden, z. B. Maschinen, auf denen Zwischenprodukte hergestellt werden.

Investition

3. Rentabilitätsvergleichsrechnung

Rentabilitätsvergleichsrechnung

Baut auf der **Kritik** an der Kosten- und Gewinnvergleichsrechnung auf, indem hierbei der benötigte Kapitaleinsatz mit in den Vergleich einbezogen wird.

Ziel: Ermittlung der durchschnittlichen Verzinsung des eingesetzten Kapitals einer

ERWEITERUNGSINVESTITION

Gewinn:
Dabei handelt es sich um den **zusätzlichen** Gewinn, der durch die Investition erwirtschaftet wird (Erlöse – Kosten).
Achtung: *Anders als in der Gewinnvergleichsrechnung enthält der Gewinn in der Rentabilitätsvergleichsrechnung auch immer die kalkulatorischen Zinsen.*
Bei der Rentabilität handelt es sich nach mehrheitlicher Auffassung um eine Bruttorendite des Kapitaleinsatzes.

Formel:

$$Rentabilität = \frac{Gewinn \cdot 100}{durchschnittlicher\ Kapitaleinsatz}$$

Durchschnittlicher Kapitaleinsatz:
Eine Maschine erwirtschaftet im Zeitablauf ihre Anschaffungskosten (Kapitaleinsatz) durch die Erlöse, die mit ihr erzielt werden.
Der Kapitaleinsatz ist über die Nutzungsdauer der Maschine nicht gleichbleibend hoch, sondern nimmt stetig ab. Um dies zu berücksichtigen, wird vom durchschnittlichen Kapitaleinsatz ausgegangen.

$$Durchschnittlicher\ Kapitaleinsatz = \frac{Kapitaleinsatz}{2}$$

Voraussetzungen für den Einsatz der Rentabilitätsvergleichsrechnung zum Vergleich zweier Investitionsalternativen:

- Die Anschaffungskosten müssen ähnlich hoch sein.
- Die Nutzungsdauer der Investitionen muss ähnlich lang sein.

Ansonsten ist eine **Differenzinvestition** notwendig.
(Differenzinvestition: Dabei werden die Unterschiede entweder in der Laufzeit bzw. in der Anschaffungshöhe mit in die Renditeberechnung einbezogen.)

Investition

4. Amortisationsvergleichsrechnung

Amortisationsvergleichsrechnung
auch: Pay-off-Methode, Kapitalrückflussmethode, Pay-back-Methode

Es handelt sich dabei um den Zeitraum, in dem der Investitionsbetrag in Form von Gewinnen und Abschreibungen dem Unternehmen wieder zufließt. Somit wird die Wiedergewinnungs- oder auch Kapitalrückflusszeit berechnet.
Je geringer die Tilgungsdauer ist, umso günstiger ist die Investitionsalternative.

Hier: für eine Erweiterungsinvestition
Zielgröße = Amortisationszeit einer Investition in Jahren

→ Formel **ohne** Berücksichtigung eines **Restwertes** des Investitionsobjektes:

$$\frac{Anschaffungskosten}{\varnothing\text{-}Kapitalrückfluss}$$

→ Formel **mit** Berücksichtigung eines **Restwertes** des Investitionsobjektes:

$$\frac{Anschaffungskosten - Restwert\ (z.\,B.\ Verkaufserlös)}{\varnothing\text{-}Kapitalrückfluss}$$

Hinweise/Anmerkungen:
Ø-Kapitalrückfluss = jährliche Abschreibung (AfA) + Ø-jährlicher Gewinn
- Bei der Abschreibung handelt es sich um die kalkulatorische Abschreibung.
- Wird bei der Berechnung der Amortisationszeit ein Restwert berücksichtigt, so wirkt sich dieser auch auf die Höhe der Abschreibung aus:
  Abschreibung (ohne Restwert) = Anschaffungskosten : Nutzungsdauer
  Abschreibung (mit Restwert) = (Anschaffungskosten − Restwert) : Nutzungsdauer
- Sollen kalkulatorische Zinsen für die Tilgung der Anschaffungskosten berücksichtigt werden, so sind sie zu den Abschreibungen und dem durchschnittlichen jährlichen Gewinn hinzuzurechnen.

Vorteile	Nachteile
– einfacher und schneller Einsatz, dadurch auch kostengünstig – Dauer der Kreditaufnahme kann berechnet werden. – Durch Amortisationszeit lässt sich auch das Risiko der Investition insgesamt besser einschätzen.	– Rentabilität der Investition wird nicht mitberücksichtigt; daher ist zur um fassenden Beurteilung einer Investitionsentscheidung neben der Amortisations vergleichsrechnung auch die Rentabilitätsvergleichsrechnung zu berücksichtigen. – Nur Daten einer Periode werden berücksichtigt; Veränderungen im Zeitablauf werden ausgeklammert.

(Anm.: Auf die **Differenzinvestition** wird in diesen Beispielen und Aufgaben nicht eingegangen.)

Die Amortisationsrechnung kann auch für den Fall einer **Ersatzinvestition** ermittelt werden. Statt des durchschnittlichen jährlichen Gewinns wird die durchschnittliche jährlich erzielbare Kostenersparnis verwendet.

Die Formel lautet: Amortisationszeit = $\dfrac{\text{Anschaffungskosten des neuen Investitionsobjektes}}{\text{Abschreibungen + ersparte Kosten}}$

Investition

Zusammenfassung zu den statischen Investitionsrechenverfahren

Die Kostenvergleichs-, die Gewinnvergleichs- und die Rentabilitätsvergleichsrechnung können aufeinander aufbauen.

Vergleichsverfahren	Gemeinsamkeiten (und die kalkulatorischen Zinsen)
Kostenvergleichsrechnung	**Kosten (inkl. kalkulatorische Zinsen)**
Gewinnvergleichsrechnung	↓ Erlöse − Kosten = Gewinn
Rentabilitätsvergleichsrechnung	↓ $=\dfrac{\text{Gewinn (zzgl. kalkulatorische Zinsen!)}}{\varnothing \text{ Kapitalbindung}}$

Dynamische Verfahren der Investitionsrechnung im Überblick

1. Kapitalwertmethode

Kapitalwertmethode

Hierbei werden zukünftige Einnahmen und Ausgaben auf den Tag der Investition (Zeitpunkt = t_0) abgezinst. Man erhält die Barwerte aus den Einnahmen und Ausgaben.
Der Kapitalwert wird ermittelt, indem man vom Barwert der Einnahmen den Barwert der Ausgaben abzieht. Vergleicht man die Kapitalwerte alternativer Investitionsobjekte, so ist die Investition mit dem größeren Kapitalwert die lohnendere.

↓

Formel zur Berechnung des Barwertes von Einnahmen und Ausgaben

p = Zinssatz in %, z. B. 8 %
i = Zinssatz in Dezimalschreibweise $\dfrac{p}{100}$, z. B. p = 8 %; i = 0,08
n = Anzahl der Jahre
K_n = Kapital nach n Jahren = $K_0 \cdot (1 + i)^n$
K_0 = Barwert/Kapitalwert/Gegenwartswert = $K_n \cdot \dfrac{1}{(1 + i)^n}$

Abzinsungsfaktor = $\dfrac{1}{(1 + i)^n}$, kann in Tabellen nachgeschlagen werden.

Kapitalwert einer Investition:

        Barwert der Einnahmen
−   Barwert der Ausgaben
=   Kapitalwert der Investition

Kapitalwert > 0 → Investition ist lohnend.

2. Interne Zinsfußmethode

Die **interne Zinsfußmethode** wird auch interne Zinssatzmethode genannt. Sie hat folgende Merkmale:
- Verfahren der dynamischen Investitionsrechnung (es werden Ein- und Auszahlungsströme aus der Zukunft berücksichtigt)
- Der interne Zinsfuß einer Investition ist derjenige, bei dem der Kapitalwert der abgezinsten Ein- und Auszahlungen = 0 beträgt.
- Entscheidungskriterium kann die Höhe der vom Unternehmen selbst festgelegten und vorgegebenen Mindestverzinsung einer Investition sein.
- Ist der interne Zinsfuß einer Investition höher als die vorgegebene Verzinsung, dann ist die Investition vorteilhaft.

Investition

Ermittlung des internen Zinsfußes

Beispiel: Die Müller AG möchte eine kleine Solaranlage erwerben – der Anschaffungspreis beträgt 25 000,00 €. Der Vorstand möchte allerdings nur dann investieren, wenn die Anlage über die Dauer von drei Jahren insgesamt eine Mindestverzinsung von 8 % erwirtschaftet. Es wird damit gerechnet, dass die Anlage in den Jahren 1–3 folgende Einnahmen erwirtschaftet bzw. Ausgaben verursacht:

Jahr	Einnahmen	Ausgaben
1	23 000,00 €	21 000,00 €
2	26 000,00 €	12 000,00 €
3	27 000,00 €	13 000,00 €

Vorarbeit: Ermittlung des Kapitalwertes der Ein- und Ausgaben. Als Kalkulationszinsen können zwei beliebige Werte bestimmt werden (hier: 6 % und 12 %).

Jahr	Überschuss	Kalkulationszins = 6 %		Kalkulationszins = 12 %	
		Faktor	Barwert	Faktor	Barwert
1	2 000,00 €	0,943396	1 886,79 €	0,892857	1 785,71 €
2	14 000,00 €	0,889996	12 459,94 €	0,797193	11 160,70 €
3	14 000,00 €	0,839619	11 754,67 €	0,711780	9 964,92 €
	Summe der Barwerte		26 101,40 €		22 911,33 €
	– Anschaffungswert		–25 000,00 €		–25 000,00 €
	= Kapitalwert		**1 101,40 €**		**–2 088,67 €**

Rechnerische Ermittlung des internen Zinsfußes unter Einsatz der Formel:

$$r = i_1 - C_{01} \cdot \frac{i_2 - i_1}{C_{02} - C_{01}}$$

r = interner Zinsfuß
i = Versuchszinssatz 1 und 2
C_0 = Kapitalwerte bei i_1 bzw. i_2

$i_1 = 6\,\%$, $C_{01} = 1\,101{,}40\,€$ und $i_2 = 12\,\%$, $C_{02} = -2\,088{,}67\,€$

$r = 6 - 1\,101{,}40\,€ \cdot \dfrac{12 - 6}{-2\,088{,}67\,€ - 1\,101{,}40\,€}$
$= 8{,}07\,\%$

Grafische Ermittlung des internen Zinsfußes:
- Die ausgerechneten Kapitalwerte C_{01} und C_{02} sind auf der X-Achse und die willkürlich gewählten Zinssätze i_1 und i_2 auf der Y-Achse abzutragen.
- Beide eingezeichneten Punkte werden mittels einer Geraden verbunden.
- Der interne Zinsfuß kann jetzt abgelesen werden.

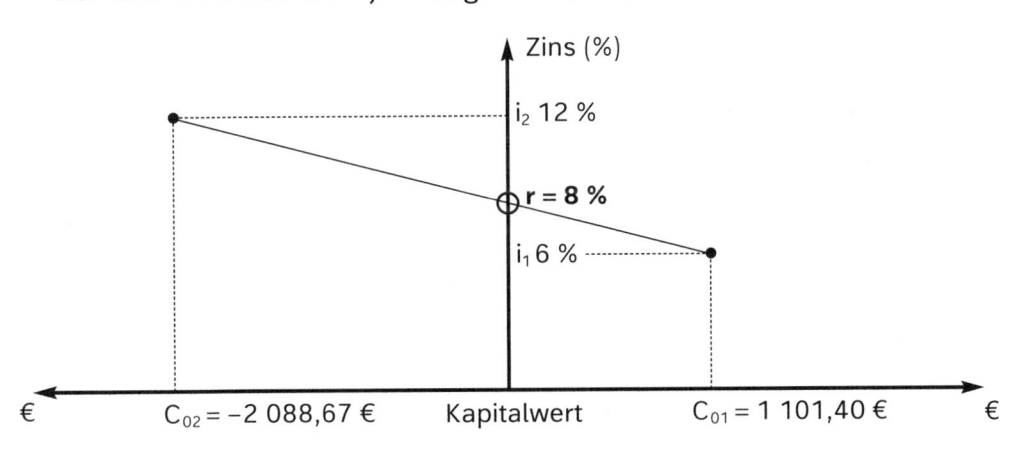

Investition

3. Vor- und Nachteile dynamischer Verfahren

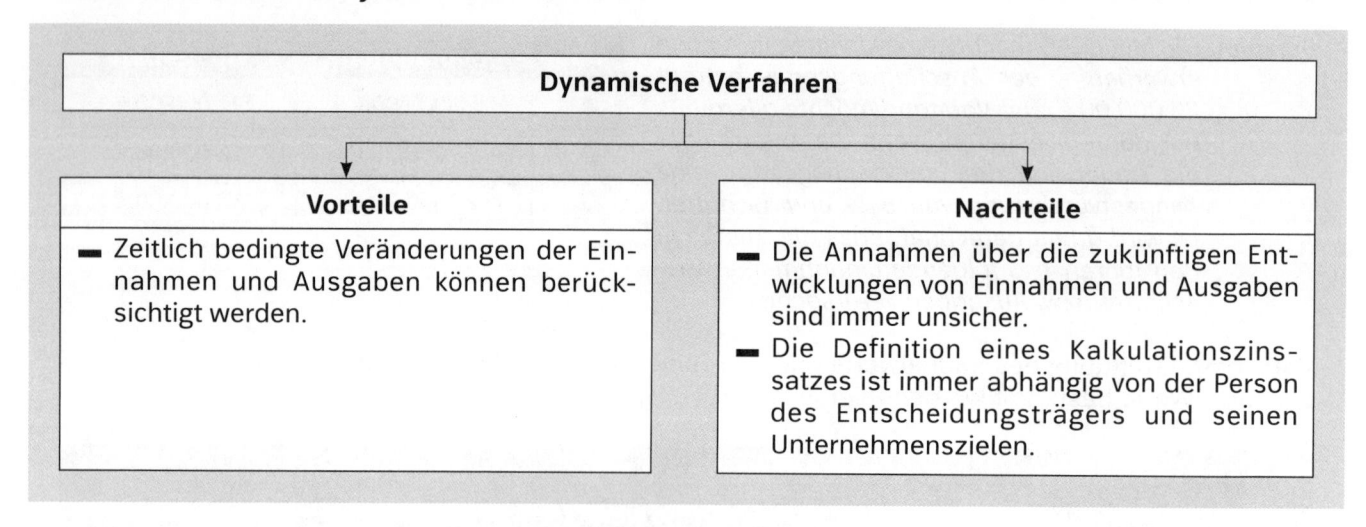

Dynamische Verfahren

Vorteile
- Zeitlich bedingte Veränderungen der Einnahmen und Ausgaben können berücksichtigt werden.

Nachteile
- Die Annahmen über die zukünftigen Entwicklungen von Einnahmen und Ausgaben sind immer unsicher.
- Die Definition eines Kalkulationszinssatzes ist immer abhängig von der Person des Entscheidungsträgers und seinen Unternehmenszielen.

8.2 Ausgangssituation und Aufgaben

Der Paketdienst Spurt plant eine Investition in neue Lieferwagen. Zur Auswahl stehen folgende Modelle:

Mercedes Sprinter
Kaufpreis:	52 600,00 €
Nutzungsdauer:	4 Jahre
Kilometerleistung pro Jahr:	100 000 km
Restwert nach 4 Jahren:	9 000,00 €
Kalkulationszinssatz:	7,5 %
Sonstige fixe Kosten (inkl. Gehälter)	6 100,00 €

Variable Kosten:
Wartung	7,6 Cent/km
Ersatzteile	8,4 Cent/km
Sonstige variable Kosten	2 Cent/km

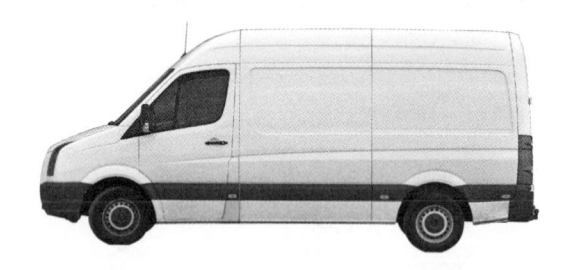

Volkswagen Crafter
Kaufpreis:	48 800,00 €
Nutzungsdauer:	4 Jahre
Kilometerleistung pro Jahr:	100 000 km
Restwert nach 4 Jahren:	3 000,00 €
Kalkulationszinssatz:	7,5 %
Sonstige fixe Kosten (inkl. Gehälter)	5 850,00 €

Variable Kosten:
Wartung	6,8 Cent/km
Ersatzteile	7,7 Cent/km
Sonstige variable Kosten	3,65 Cent/km

8.2.1 Aufgaben Anforderungsbereich I

1. **Nennen und unterscheiden Sie** die Kostenarten im Rahmen der Kostenvergleichsrechnung.
2. **Nennen Sie** die Voraussetzungen für die Anwendbarkeit der Kostenvergleichsrechnung.
3. **Ermitteln Sie** die Gesamtkosten pro Kilometer für den VW Crafter.
4. **Stellen Sie** den Unterschied zwischen der Kosten- und der Gewinnvergleichsrechnung dar.
5. **Beschreiben Sie** die Vor- und Nachteile der statischen Investitionsrechnung.
6. **Nennen Sie** zwei Methoden der dynamischen Investitionsrechnung.

8.2.2 Aufgaben Anforderungsbereich II

1. **Erläutern Sie** die Risiken einer Investitionsentscheidung.
2. **Erläutern Sie** den Unterschied zwischen der Gewinnvergleichs- und der Rentabilitätsvergleichsrechnung.
3. **Erklären Sie** die Aussagekraft der Amortisationsvergleichsrechnung und stellen Sie dar, warum ähnliche Investitionsobjekte unterschiedliche Amortisationszeiten haben können.
4. **Erläutern Sie** den Zusammenhang zwischen Kalkulationszinssatz und Kapitalwert bei der Kapitalwertmethode.
5. Der Vorstand der Spurt hat von der internen Zinssatzmethode gehört und bittet Sie um eine **Erklärung**.
6. In der Vorstandsetage überlegt man sich, ob man nicht auf eine Investitionsrechnung verzichten kann. **Erläutern Sie** die Funktionen der Investitionsrechnung.

8.2.3 Aufgaben Anforderungsbereich III

1. **Entscheiden Sie** mithilfe der Kostenvergleichsrechnung, welches der beiden Fahrzeuge der Paketdienst Spurt anschaffen soll, und stellen Sie fest, welche Auswirkung eine Berücksichtigung der Restwerte im Rahmen der Kostenvergleichsrechnung auf Ihre Entscheidung hat.
2. **Diskutieren Sie** die Vor- und Nachteile der Kostenvergleichsrechnung zur Beurteilung von alternativen Investitionsvorhaben.
3. **Spurt kalkuliert die** Erlöse aufgrund der unterschiedlichen Laderaumgrößen der beiden Fahrzeuge mit folgenden Pauschalen: Mercedes Sprinter 47 Cent pro Kilometer und VW Crafter 45,5 Cent pro Kilometer. Die Kosten sind gemäß Aufgabe 1 (ohne Berücksichtigung des Restwertes) anzusetzen. Be urteilen Sie unter Gewinn- bzw. Rentabilitätsgesichtspunkten die jeweiligen Fahrzeuge und treffen Sie eine begründete Entscheidung.
4. **Beurteilen Sie** die jeweiligen Investitionsobjekte nach ihrer Kapitalrückflusszeit und unterbreiten Sie dem Vorstand der Spurt einen entsprechenden Vorschlag. Dabei ist mit folgenden durchschnittlichen Jahresgewinnen zu rechnen:

	Mercedes Sprinter	VW Crafter
Durchschnittlicher Gewinn	7 777,50 €	7 470,00 €
Kalkulatorische Zinsen	1 972,50 €	1 830,00 €
Abschreibung linear über 9 Jahre gemäß AfA-Tabelle	5 844,44 €	5 422,22 €

5. Der Vorstand der Spurt möchte von Ihnen abschließend eine Entscheidung, für welchen der Transporter er sich nun entscheiden soll. Treffen Sie eine Kaufentscheidung und begründen Sie diese gegenüber dem Vorstand. Beziehen Sie in Ihre Überlegungen alle ermittelten Ergebnisse der statischen Investitionsrechenverfahren ein.
6. Der Vorstand ist der Meinung, dass sich Investitionen nur dann lohnen, wenn die Einnahmen einer Investition mindestens genauso hoch sind wie die Ausgaben. Daher sollten für eine Investitionsentscheidung Verfahren gewählt werden, die die unterschiedlichen Zeitpunkte von Einnahmen und Aus gaben berücksichtigen. Der Vorstand bittet Sie, mithilfe eines entsprechenden Verfahrens eine neue Finanzierungsentscheidung zu treffen. Es soll mit einem Kalkulationszinssatz von 12 % gerechnet werden. Folgende Ausgangsdaten sind gegeben:

	Mercedes Sprinter	VW Crafter
Anschaffungspreis	52 600,00 €	48 800,00 €
Kilometerleistung	100 000 km	100 000 km
Nutzungsdauer	4 Jahre	4 Jahre
Auslastung	100 %	100 %
Einnahmen	47 Cent/km im ersten Jahr, dann konstante Steigerung um 15 % in den folgenden Jahren	45,5 Cent/km im ersten Jahr, dann konstante Steigerung um 15 % in den folgenden Jahren
Ausgaben	39 Cent/km im ersten Jahr, danach 2,5 % jährliche Steigerung	38 Cent/km im ersten Jahr, danach 2,5 % jährliche Steigerung

9 Übungsklausuren 12.2

Übungsklausur I
Ausgangssituation

Die Communication AG ist ein fiktiver Hersteller für Handys. Das Unternehmen existiert erst seit dem Jahr 2008 und erzielte in der Vergangenheit mit seinem Handy „Connection Plus" – einem Modell der exklusiven Preisklasse – einen großen Erfolg.

Sie erhalten einen Entwurf für einen Teil des Geschäftsberichts zum Thema „Ausblick auf künftige Entwicklungen". Als Mitarbeiter/-in der Stabsstelle „Absatzmarketing" werden Sie gebeten, diesen Auszug auf seine Richtigkeit hin zu prüfen. Hierzu wurden Ihnen von Ihrem Vorgesetzten unterschiedliche Informationsmaterialien zur Verfügung gestellt. Mit deren Hilfe sollen die Arbeitsaufträge des Abteilungsleiters bearbeitet werden.

Entwurf für den Abschnitt „Ausblick auf künftige Entwicklungen" (Geschäftsbericht für das Wirtschaftsjahr 2020):

Ausblick auf künftige Entwicklungen

Für das Kalenderjahr 2020 wird nach den Folgen der Finanzmarktkrise ein Wachstum des Bruttoinlandprodukts von 1,6 % erwartet. Die konjunkturelle Erholung wird ihren Beitrag zur privaten und gewerblichen Konsumgüternachfrage leisten. Allerdings werden die steigenden Energiepreise den privaten Konsum nicht ungebremst wachsen lassen.
Die Beschäftigung wird in leichtem Maße zunehmen. Insgesamt wird für 2020 ein weltweiter Gesamtabsatz an Handys von knapp einer Milliarde erwartet.

Trotz dieser insgesamt etwas unsicheren Marktprognose rechnet die Communication AG für ihr Erfolgsmodell „Connection Plus" im Geschäftsjahr 2020 mit einem weiteren Absatzzuwachs. Das Händlernetz kann und wird weiter ausgebaut werden, um so den Absatz und auch Umsatz steigern zu können.

Die oben skizzierten Konsumrisiken durch steigende Energiepreise können unseres Erachtens insbesondere durch das positive Image unseres stärksten Umsatzträgers überkompensiert werden. Eine ausgezeichnete Kundenzufriedenheit, gepaart mit höchster Produktqualität, versetzt uns in die Lage, auf umfangreiche Marketingaktivitäten im folgenden Geschäftsjahr noch zu verzichten.

Im ersten Quartal des kommenden Geschäftsjahres wird ein weiteres Produkt aus unserem Handyprogramm im Markt eingeführt. An dieser Stelle können hierzu noch keine weiteren Details genannt werden. Nur so viel sei verraten: Es wird mindestens genauso erfolgreich wie unser Erstprodukt sein.

Insgesamt ist es unser Ziel, unseren Kunden eine echte Alternative zu anderen deutschen Herstellern zu bieten.

Communication AG
– Vorstand –

Informationsmaterialien

Aus einer Fachzeitschrift:

Weltweiter Handy-Absatz nähert sich der Milliardengrenze

Marktforscher haben nach einem starken Anstieg des weltweiten Handyabsatzes ihre Jahresprognose aufgestockt. Sie erwarten für 2020 nunmehr einen Absatz von 960 Millionen Handys, nachdem die Branche im vergangenen Jahr 816,6 Millionen Handys verkauft hatte. Im ersten Quartal 2020 wird der Absatz nach Berechnungen des US-Instituts um 23,8 Prozent gegenüber dem Vorjahr auf weltweit 224 Millionen Handys steigen.

Umsatzentwicklung des Handys „Connection Plus" (in Mio. EUR) in ausgewählten Ländern

Umsatzentwicklung Connection Plus

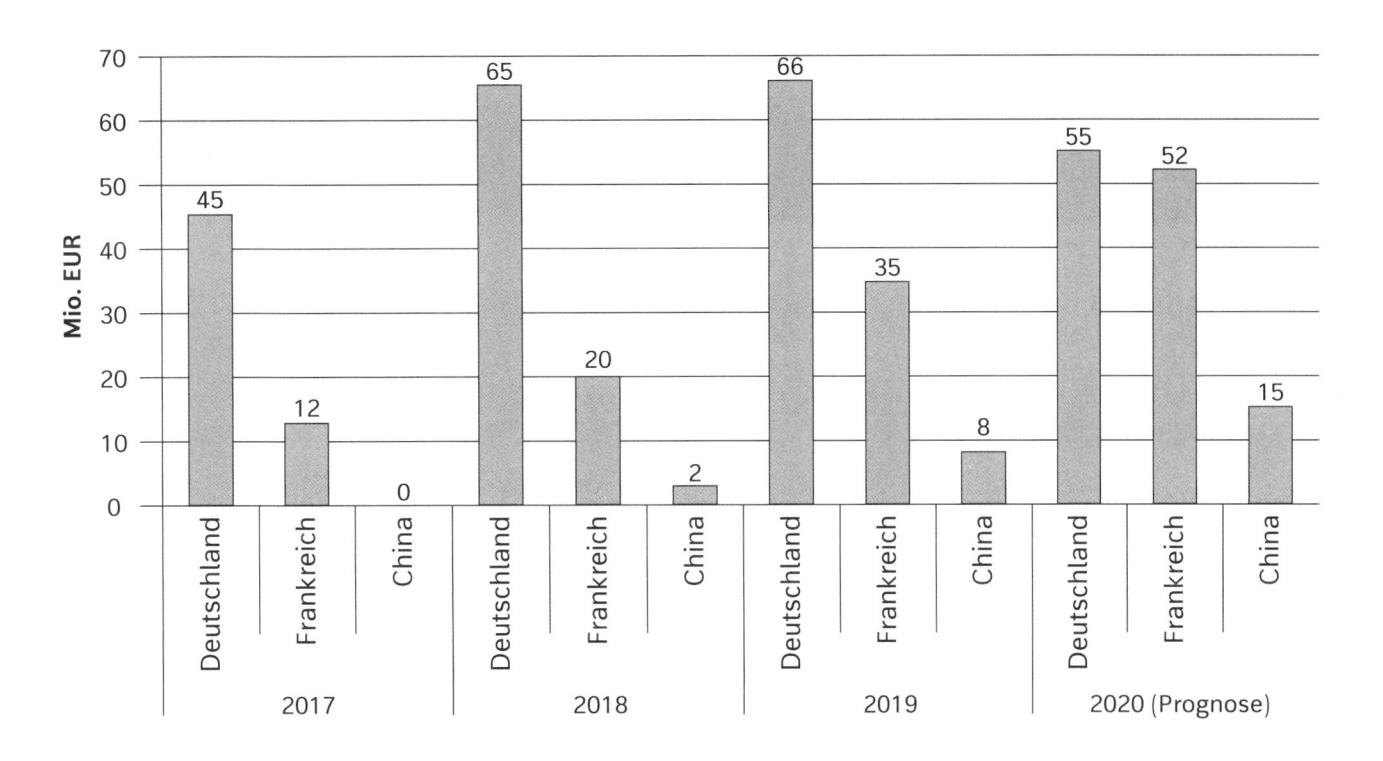

Jahr	Deutschland	Frankreich	China
2017	45	12	0
2018	65	20	2
2019	66	35	8
2020 (Prognose)	55	52	15

(Angaben in Mio. EUR)

Aus der Abteilung Forschung/Entwicklung

Das geplante Handy ist ein technisch völlig neu entwickeltes Produkt. Die Forschungs- und Entwicklungskosten für dieses Produkt betragen 12,5 Mio. €. Mit seinen vielfältigen technischen Möglichkeiten (z. B. Sprachaufzeichnungen, Videoaufzeichnungsfunktion, Organizerbestandteil, Bluetoothschnittstelle und Internetfähigkeit) wird es unser Connection Plus zukünftig auf dem Markt der Businesshandys ergänzen. Die reinen Produktionskosten pro Stück werden nach ersten Kalkulationen ca. 80,00 € betragen.

Aus der Abteilung Absatzmarketing

Anlässlich der letzten Vorstandsbesprechung wurde beschlossen, zukünftig auch preisgünstigere Handys anzubieten. Ein Einstieg ins Geschäft mit Billighandys wird jedoch abgelehnt. Ein Vorschlag durch die Abteilungsleitung Absatzmarketing wird bis 31.03.2020 erwartet.

Für das neue Produkt wird eine Produktions- und Absatzmenge im Jahr 2020 in Höhe von 80 000 Stück erwartet. Eine Marktpreisanalyse vergleichbarer Konkurrenzprodukte hinsichtlich unseres neu zu positionierenden Produkts ergab folgende Ergebnisse:

Hersteller	LG	Huawei	Samsung	Sony
Produkt	Business 1200	Comfort TI	Profi 400	First XL
Marktpreis	268,00 €	256,00 €	210,00 €	260,00 €

Die Marktanteile der Konkurrenz in diesem Segment verteilen sich wie folgt:

Marktanteile (Absatz) Business-Handys in Prozent (fiktiv)

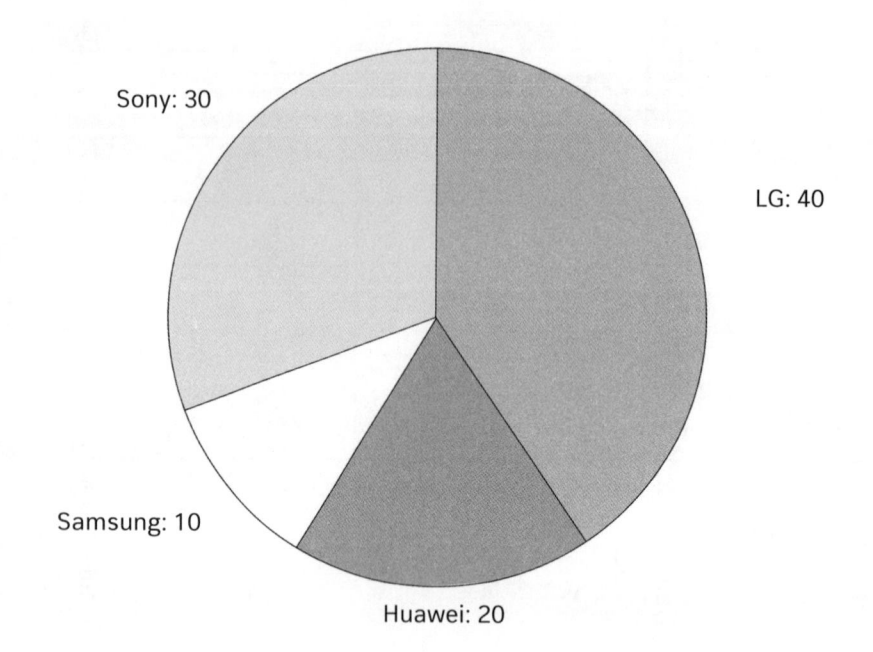

- Sony: 30
- LG: 40
- Samsung: 10
- Huawei: 20

Aufgaben

1. **Beschreiben Sie** die Umsatzentwicklung des Handys Connection Plus pro Absatzland.
2. **Ordnen Sie** Ihre beschriebenen Umsatzentwicklungen in das Konzept des Produktlebenszyklus ein. Gehen Sie dabei neben der Beschreibungsgröße Umsatz auch auf den Indikator Gewinn ein.
3. **Erläutern Sie**, welche absatzpolitischen Standardmaßnahmen der Preis- und Produktpolitik grundsätzlich in den unterschiedlichen Phasen des Produktlebenszyklus denkbar sind.
4. **Erörtern Sie**, wie der Absatz in Frankreich und China angekurbelt werden könnte. Gehen Sie dabei insbesondere auf das Instrument der (räumlichen) Preisdifferenzierung ein.
5. **Nennen und erläutern Sie** für das neu entwickelte Produkt die grundsätzlichen Formen der Preisbildung.
6. **Ermitteln Sie** die Stückkosten des neuen Handys.
7. **Machen Sie** vor dem Hintergrund der Kosten- und Konkurrenzsituation **einen Vorschlag**, mit welchem Verkaufspreis das neue Produkt auf den Markt gebracht werden sollte.
8. **Ermitteln Sie** auf der Basis Ihres Verkaufspreisvorschlages die Absatzmenge, ab der sich eine Kostendeckung ergeben würde.
9. **Erstellen Sie** abschließend eine Stellungnahme für den Vorstand (Abteilungsleiter), die Ihre Arbeitsergebnisse situationsbezogen zusammenfasst. Hinweis: Ihren Ausführungen ist eine Gliederung voranzustellen.

Übungsklausur II
Ausgangssituation

Aufgrund der verbesserten Auftragslage und der guten Absatzchancen will die Communications AG ihre Produktionskapazitäten erweitern. Dazu soll eine neue Maschine für die Fertigung des Erfolgsmodells „Connection Plus" angeschafft werden. Es liegen folgende Angebote vor:

	Maschine 1	Maschine 2
Anschaffungskosten	260 000,00 €	224 000,00 €
Kapazität	50 000 Stück	70 000 Stück
Nutzungsdauer	5 Jahre	5 Jahre
Restwert	8 000,00 €	7 000,00 €
Kalkulatorische Zinsen (auf das durchschnittlich gebundene Kapital)	6 %	
Gehälter	80 000,00 €	78 000,00 €
Sonstige fixe Kosten	9 000,00 €	7 000,00 €
Material	25 000,00 €	23 000,00 €
Sonstige variable Kosten	15 000,00 €	14 000,00 €
Erlöse pro Stück	5,05 €	

Das Unternehmen geht davon aus, dass in den ersten Jahren ca. 47 000 Stück abgesetzt werden können. Daher möchte man die Berechnung auch auf diese Stückzahl ausrichten. Der Vorstand erwartet von Ihnen einen Vorschlag, welche der beiden Maschinen angeschafft werden soll.

Aufgaben

1. **Beschreiben Sie** mögliche Investitionsziele und zeigen Sie dabei mögliche Zielkonflikte/-harmonien auf.

2. **Ermitteln Sie** das vorteilhaftere Investitionsobjekt mithilfe der Rentabilitäts- und Amortisationsvergleichsrechnung und **fällen Sie** eine begründete **Entscheidung**.

3. **Berechnen Sie** für die Investitionsobjekte den jeweiligen Kapitalwert. Dabei steigen die Kosten nach dem ersten Jahr um konstant 2 % pro Jahr an, die Erlöse um 2,5 %. Es wird mit einem Zinssatz von 6 % gerechnet.

4. **Erläutern Sie** die Vor- und Nachteile statischer bzw. dynamischer Investitionsvergleichsverfahren und überlegen Sie, welche der Ihnen bekannten Methoden Sie für eine Investitionsentscheidung heranziehen würden. **Begründen Sie** Ihre Entscheidung.

5. Die Communications AG befürchtet, dass in naher Zukunft das allgemeine Zinsniveau erhöht wird. **Beurteilen Sie**, welche Auswirkungen eine Zinserhöhung auf die Ergebnisse der Kapitalwertmethode sowie auf den Rentabilitätsvergleich hätte.

6. Neben der quantitativen Bewertung von Investitionsentscheidungen kann auch eine Berücksichtigung qualitativer Merkmale bei einer Investitionsentscheidung eine Rolle spielen. **Erläutern Sie** kurz den Unterschied zwischen einer quantitativen und einer qualitativen Bewertung und **werten Sie** das vorliegende Stufenwertzahlverfahren für die Maschinen 1 und 2 **aus**.

Übungsklausuren 12.2

Bewertungskriterien	Bedeutung in %	Maschine 1	Maschine 2
Wirtschaftliche Daten:			
Zuverlässigkeit	30	10	20
Wartung und Kundendienst	20	5	15
Garantie	15	1	4
Technische Daten:			
Störanfälligkeit	5	2	3
Betriebssicherheit	10	5	5
Erweiterungsmöglichkeit	10	5	5
Schnelligkeit	10	5	5
Bedienungsfreundlichkeit	10	4	6
Gesamte Punktzahl	**100**	**37**	**63**

Hilfsmittel zu Aufgabe 5:

n = Jahre	Abzinsungsfaktor 6 %
1	0,943396
2	0,889996
3	0,839619
4	0,792094
5	0,747258
6	0,704961
7	0,665057

Jahrgang 13.1

1 Finanzierungsarten

1.1 Themenübersicht

Ist eine Investitionsentscheidung getroffen worden, muss geklärt werden, woher das benötigte Kapital beschafft werden kann. Wird das Kapital aus Quellen beschafft, die nicht in einem unmittelbaren Zusammenhang mit dem zu finanzierenden Unternehmen stehen, also von außerhalb (z.B. Banken, Aktionären usw.), spricht man von einer **Außenfinanzierung**. Kann sich das zu finanzierende Unternehmen das benötigte Kapital durch Umschichtung von eigenem Vermögen beschaffen, spricht man von einer **Innenfinanzierung.**

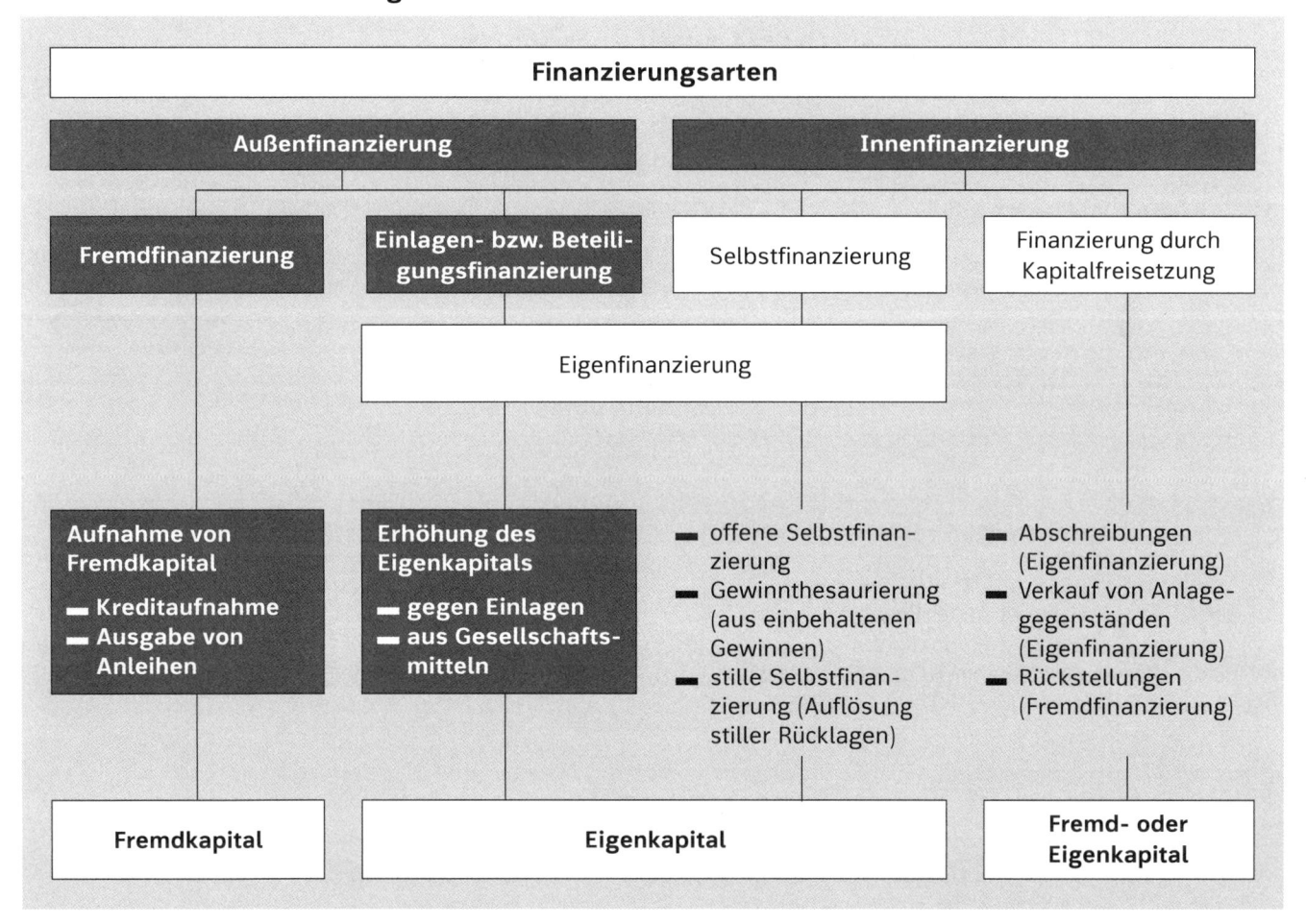

```
                            Finanzierungsarten
                 ┌─────────────────┴─────────────────┐
            Außenfinanzierung                  Innenfinanzierung
          ┌──────┴──────┐                    ┌──────┴──────┐
   Fremd-      Einlagen- bzw.         Selbst-          Finanzierung durch
finanzierung  Beteiligungs-         finanzierung        Kapitalfreisetzung
              finanzierung
                    │
              Eigenfinanzierung

Aufnahme von        Erhöhung des         — offene Selbst-      — Abschreibungen
Fremdkapital        Eigenkapitals          finanzierung          (Eigenfinanzierung)
— Kreditaufnahme    — gegen Einlagen     — Gewinnthesaurierung — Verkauf von Anlage-
— Ausgabe von       — aus Gesellschafts-   (aus einbehaltenen    gegenständen
  Anleihen            mitteln              Gewinnen)             (Eigenfinanzierung)
                                         — stille Selbstfinan-  — Rückstellungen
                                           zierung (Auflösung     (Fremdfinanzierung)
                                           stiller Rücklagen)

Fremdkapital            Eigenkapital                      Fremd- oder
                                                          Eigenkapital
```

Nach Art der Bilanzierung des erhaltenen Kapitals unterscheidet man zwischen **Eigen- und Fremdkapital**.

2 Finanzierung von Investitionen und Sicherheiten im Rahmen der Fremdfinanzierung

2.1 Themenübersicht

Kreditarten

Im Rahmen einer Fremdfinanzierung erhält ein Unternehmen Finanzmittel in Form von Krediten (auch: Darlehen). Man unterscheidet die Kredite u. a. nach den Kriterien Laufzeit, Verwendung, Sicherheiten und Tilgungsmodalitäten.

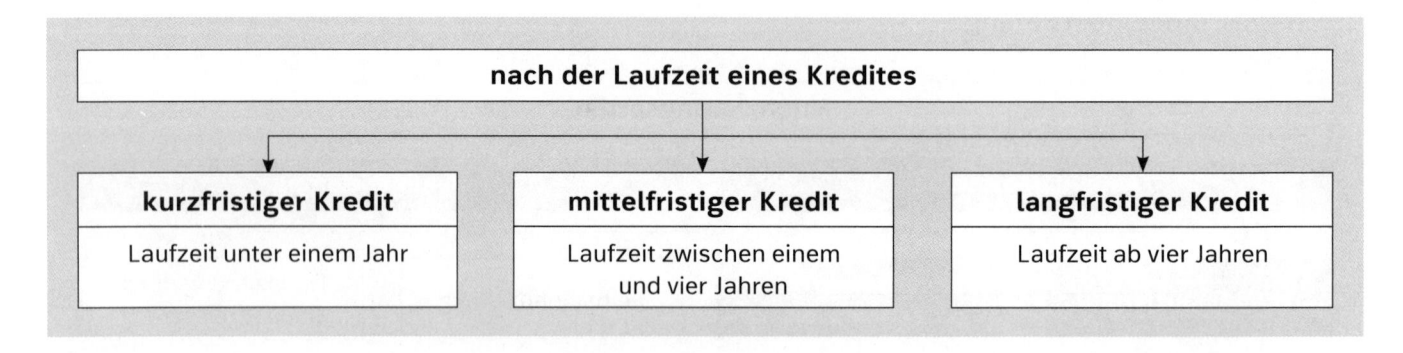

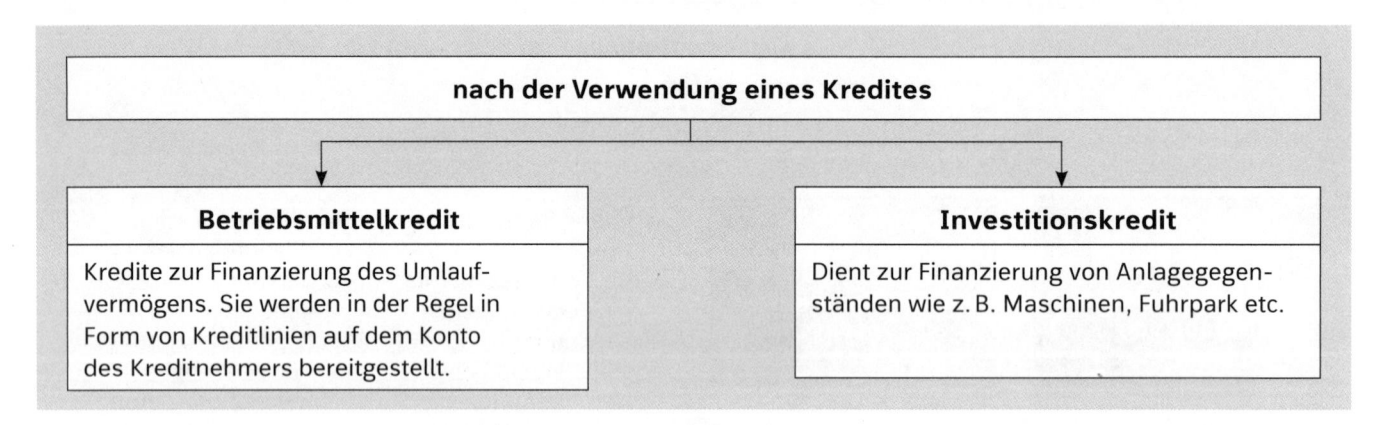

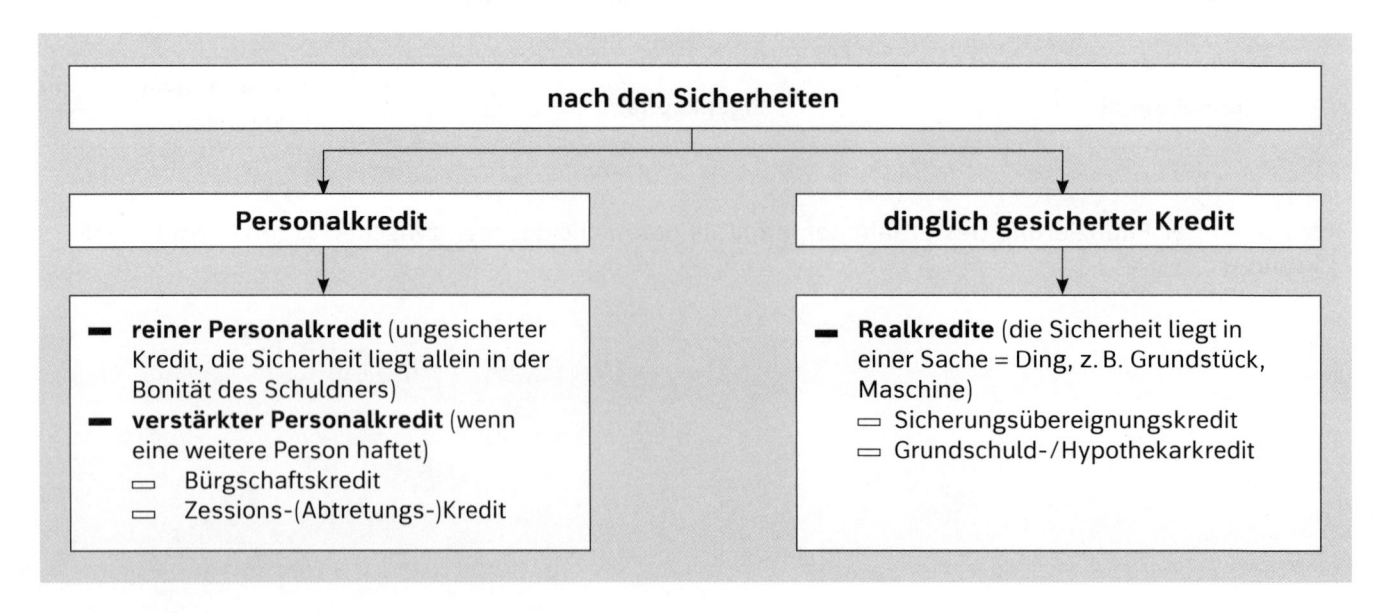

nach der Laufzeit eines Kredites

kurzfristiger Kredit	mittelfristiger Kredit	langfristiger Kredit
Laufzeit unter einem Jahr	Laufzeit zwischen einem und vier Jahren	Laufzeit ab vier Jahren

nach der Verwendung eines Kredites

Betriebsmittelkredit	Investitionskredit
Kredite zur Finanzierung des Umlaufvermögens. Sie werden in der Regel in Form von Kreditlinien auf dem Konto des Kreditnehmers bereitgestellt.	Dient zur Finanzierung von Anlagegegenständen wie z. B. Maschinen, Fuhrpark etc.

nach den Sicherheiten

Personalkredit	dinglich gesicherter Kredit

— **reiner Personalkredit** (ungesicherter Kredit, die Sicherheit liegt allein in der Bonität des Schuldners)
— **verstärkter Personalkredit** (wenn eine weitere Person haftet)
   ▫ Bürgschaftskredit
   ▫ Zessions-(Abtretungs-)Kredit
	— **Realkredite** (die Sicherheit liegt in einer Sache = Ding, z. B. Grundstück, Maschine)
	   ▫ Sicherungsübereignungskredit
	   ▫ Grundschuld-/Hypothekarkredit

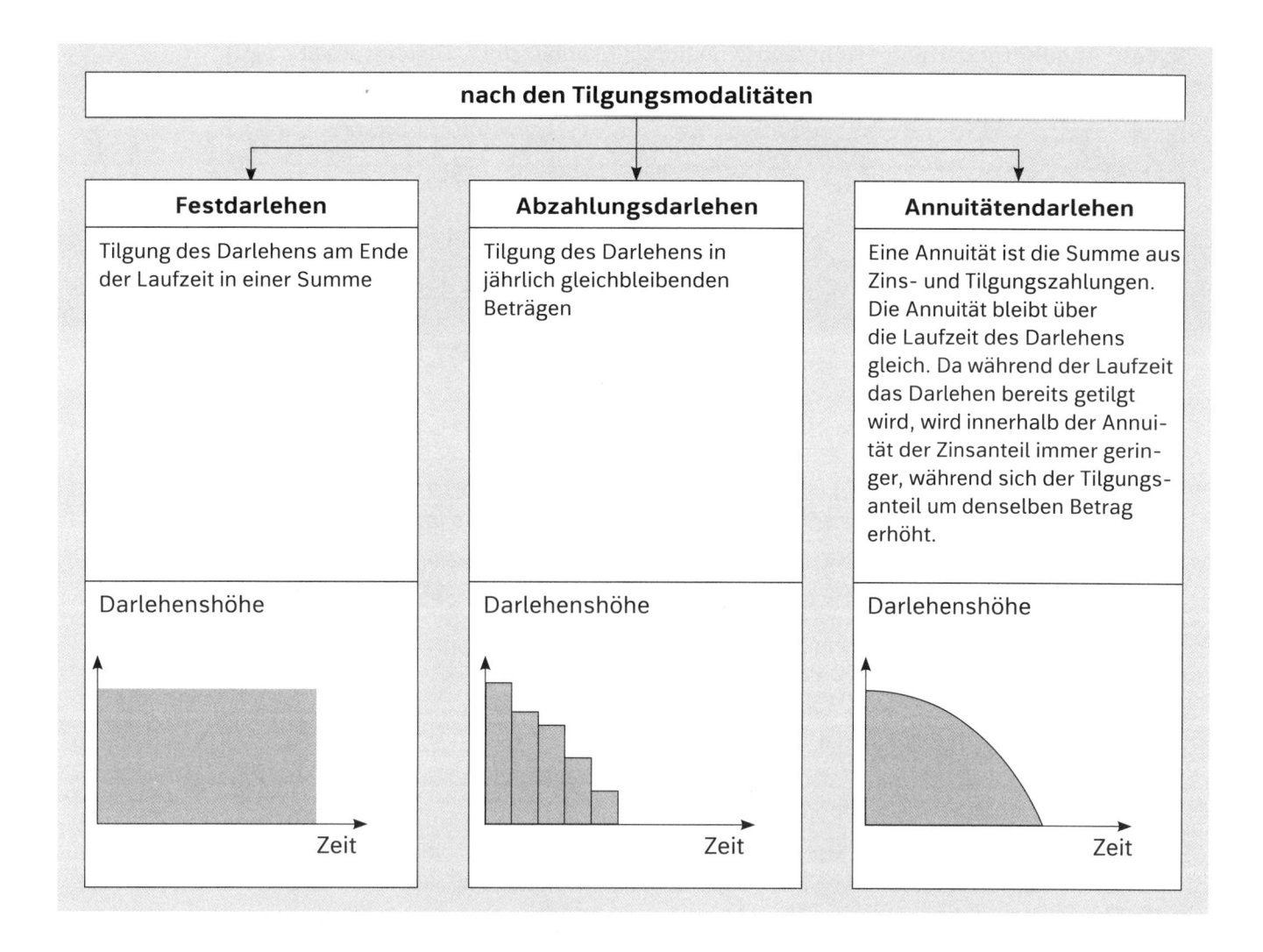

Finanzierung von Investitionen...

nach den Tilgungsmodalitäten

Festdarlehen
Tilgung des Darlehens am Ende der Laufzeit in einer Summe

Abzahlungsdarlehen
Tilgung des Darlehens in jährlich gleichbleibenden Beträgen

Annuitätendarlehen
Eine Annuität ist die Summe aus Zins- und Tilgungszahlungen. Die Annuität bleibt über die Laufzeit des Darlehens gleich. Da während der Laufzeit das Darlehen bereits getilgt wird, wird innerhalb der Annuität der Zinsanteil immer geringer, während sich der Tilgungsanteil um denselben Betrag erhöht.

Berechnungsbeispiel: Kreditsumme 50 000,00 €, 6 % Sollzinssatz, Laufzeit 5 Jahre

1. Fall: Festdarlehen (vollständige Tilgung erst am Ende der Laufzeit)

Jahr	Darlehen bzw. Restdarlehen in EUR	Sollzinsen in EUR	Tilgung in EUR	Annuität
1	50 000,00	3 000,00	0,00	3 000,00
2	50 000,00	3 000,00	0,00	3 000,00
3	50 000,00	3 000,00	0,00	3 000,00
4	50 000,00	3 000,00	0,00	3 000,00
5	50 000,00	3 000,00	50 000,00	53 000,00
	Zinsen insgesamt	15 000,00		

2. Fall: Abzahlungsdarlehen (Tilgung in gleichbleibenden Beträgen über die Laufzeit, die Sollzinsen werden immer auf das Restdarlehen, nach Tilgung, berechnet)

Jahr	Darlehen bzw. Restdarlehen in EUR	Sollzinsen in EUR	Tilgung in EUR	Annuität
1	50 000,00	3 000,00	10 000,00	13 000,00
2	40 000,00	2 400,00	10 000,00	12 400,00
3	30 000,00	1 800,00	10 000,00	11 800,00
4	20 000,00	1 200,00	10 000,00	11 200,00
5	10 000,00	600,00	10 000,00	10 600,00
	Zinsen insgesamt	9 000,00		

Finanzierung von Investitionen...

3. Fall: Annuitätendarlehen (konstante Annuität, Zinsanteil sinkt, Tilgungsanteil steigt)

Beispiel: Kreditsumme 50 000,00 €, Sollzinssatz 6 %, anfängliche Tilgung im 1. Jahr = 17,74 %)

Jahr	Darlehen bzw. Restdarlehen in EUR	Sollzinsen in EUR	Tilgung in EUR	Annuität in EUR
1	50 000,00	3 000,00	8 870,00	11 870,00
2	41 130,00	2 467,80	9 402,20	11 870,00
3	31 727,80	1 903,67	9 966,33	11 870,00
4	21 761,47	1 305,69	10 564,31	11 870,00
5	11 197,16	671,83	11 197,16*	11 870,00
	Zinsen insgesamt	9 348,99		

* Rundungsdifferenzen möglich

Die Annuität aus dem 1. Laufzeitjahr des Kredites (3 000,00 € Zinsen + 8 870,00 € Tilgung = 11 870,00 € Annuität) bleibt über die Gesamtlaufzeit des Darlehens immer gleich hoch.

Die Tilgung im 1. Jahr (8 870,00 €) führt zur Verringerung des Darlehensbetrages (auf 41 130,00 €) im 2. Jahr. Auf das Restdarlehen im 2. Jahr werden die Zinsen berechnet (41 130,00 € · 6 % = 2 467,80 €). Die Tilgung für das 2. Jahr ergibt sich aus der Differenz der Annuität (11 870,00 €) und den Zinsen (2 467,80 €) für das 2. Jahr, wodurch man eine Tilgung im 2. Jahr in Höhe von 9 402,20 € erhält (11 870,00 € − 2 467,80 € = 9 402,20 €).

Grundsätzlich kann festgestellt werden: Durch den sinkenden Zinsanteil, bei gleichbleibender Annuität, erhöht sich der Tilgungsanteil.

Typische Formen kurz- bzw. langfristiger Kredite

Typische Formen kurzfristiger Kredite sind der Kontokorrent- und der Lieferantenkredit. Es handelt dabei um eine unbesicherte Fremdfinanzierung, die jederzeit getilgt werden kann.

Langfristige Fremdfinanzierungsmöglichkeiten sind Kredite, die aufgrund der Betragshöhe häufig besichert sind und sich hinsichtlich der Laufzeit und Tilgungsmodalität unterscheiden.

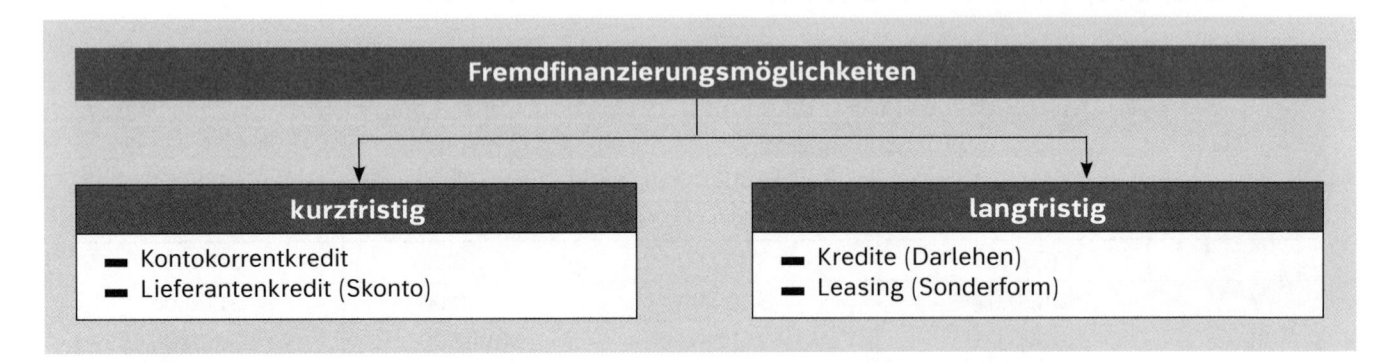

Fremdfinanzierungsmöglichkeiten

- **kurzfristig**
  - Kontokorrentkredit
  - Lieferantenkredit (Skonto)
- **langfristig**
  - Kredite (Darlehen)
  - Leasing (Sonderform)

Der Kontokorrentkredit:

Dabei handelt es sich um eine festgesetzte Kreditlinie auf dem laufenden Konto eines Kontoinhabers (z. B. eines Unternehmens), die bei kurzfristigem Bedarf ausgenutzt oder zurückgezahlt werden kann. Verfügungen über die Kreditlinie hinaus werden als „geduldete Überziehung" oder Überziehungskredit bezeichnet.

Finanzierung von Investitionen...

Häufig wird einem Kontoinhaber diese Kreditlinie ohne Stellung von Sicherheiten eingeräumt.

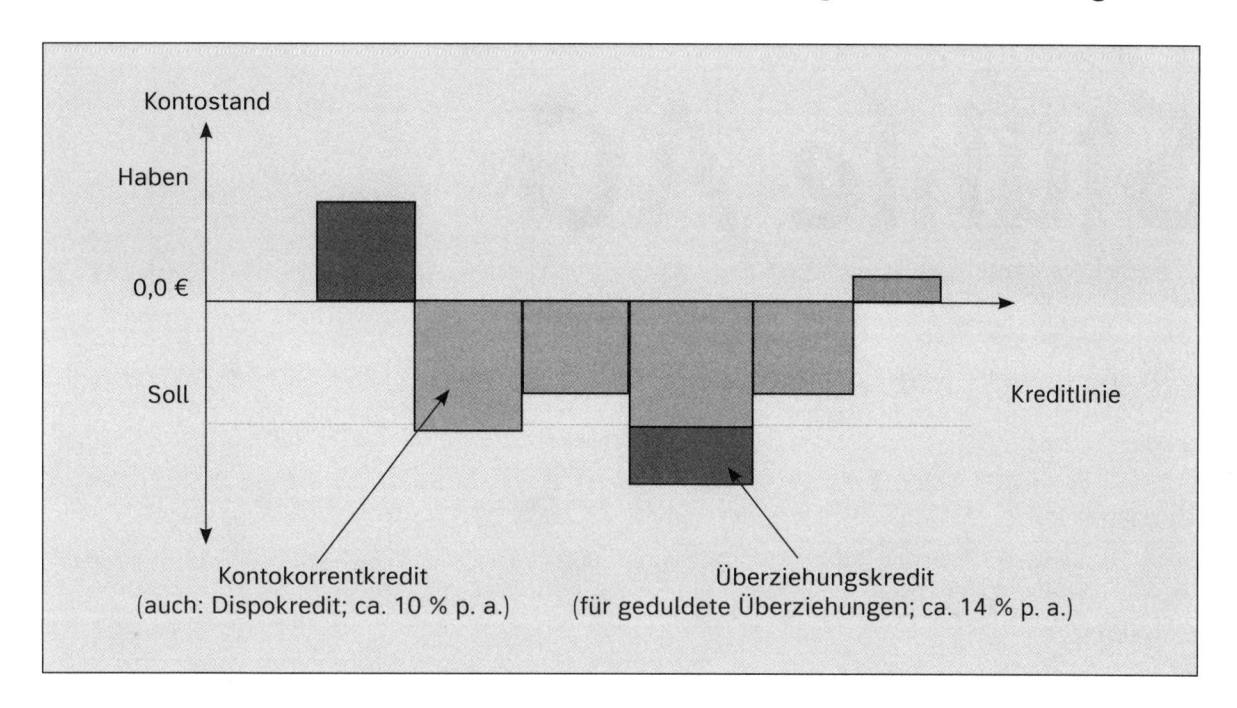

```
Kontostand
  Haben
  0,0 €
  Soll                                                    Kreditlinie

         Kontokorrentkredit              Überziehungskredit
      (auch: Dispokredit; ca. 10 % p. a.)   (für geduldete Überziehungen; ca. 14 % p. a.)
```

Vorteile	Nachteile
- Der Kreditbetrag kann jederzeit flexibel und ohne gesonderte vertragliche Vereinbarungen in Anspruch genommen werden. - Die Verwendung des Kreditbetrages ist nicht an einen bestimmten Zweck gebunden. Das Geld kann z. B. sowohl zur Finanzierung von Materialeinkäufen als auch zur Überbrückung von Liquiditätsengpässen eingesetzt werden. - Es wird nur der in Anspruch genommene Kreditbetrag verzinst.	- Bei einem Kontokorrentkredit handelt es sich meistens um die teuerste Form der Bankkredite. - Die Höhe der Kreditlinie hängt von der Bonität des Kreditnehmers ab und kann jederzeit (auch bei Bonitätsverschlechterung) angepasst (reduziert) werden.

Finanzierung von Investitionen...

Der Lieferantenkredit:

Der Käufer erhält vom Verkäufer einen kurzfristigen Zahlungsaufschub.

Stühle AG

Stühle AG, Industriestr. 15, 49082 Osnabrück

Büromöbel AG
Bonner Str. 30-32

50968 Köln

Ihr Zeichen:
Ihre Nachricht vom:

Unser Zeichen:
Unsere Nachricht vom:

Telefon: (0541) 39 46 11-0
Telefax: (0541) 39 46 10

Bank: Deutsche Bank AG Osnabrück
(BLZ 265 700 24) 33 117 799

Rechnung

Kunden-Nr.: 1234	Rechnungs-Nr.: 325	Rechnungsdatum: 30.10.20xx
Ihre Bestell-Nr.:	Bestelldatum: 21.10.20xx	Lieferdatum: 30.10.20xx
Lieferanschrift: s.o.		

Pos.	Artikel-Nr.	Artikelbezeichnung	Menge	Einzelpreis EUR	Rabatt	Gesamtpreis EUR
1	85632	Bürostühle „Business"	10 St.	128,00	6 %	1 203,20

Warenwert netto	Verpackung	Fracht	Summe netto	USt-%	USt-EUR	Summe brutto
1 203,20 €	50,00 €	150,00 €	1 403,20 €	19 %	266,61 €	1 669,81 €

**Zahlbar innerhalb von 10 Tagen abzüglich 2 % Skonto oder innerhalb von 30 Tagen netto Kasse.
Die Lieferung erfolgt auf der Grundlage unserer Allgemeinen Geschäftsbedingungen.**

Geschäftsräume
Industriestr. 15
49082 Osnabrück

Amtsgericht Osnabrück
HRB 467-0301

Geschäftsführer
Dipl.-Kffr. Simone Schmitz
Dipl.-Ing. Marcus Malies

„Zahlbar innerhalb von 10 Tagen abzüglich 2 % Skonto oder innerhalb von 30 Tagen netto Kasse."

Wahlmöglichkeiten des Zahlungspflichtigen:

1. **Zahlung innerhalb der ersten 10 Tage** in Höhe von **1 636,41 €** (Summe brutto − 2 % Skonto) → Berechnung 1 669,81 € − 33,40 € (2 % auf 1 669,81 €) = 1 636,41 €
oder
2. **Zahlung nach 10 bis max. 30 Tagen nach Wareneingang** in Höhe von **1 669,81 €.** In diesem Fall erhält der Zahlungspflichtige einen Kredit für **20 Tage**, der **33,40 €** Skonto kostet *(Verzicht auf Skonto = Preis für den Lieferantenkredit).*

Finanzierung von Investitionen...

Was ist günstiger: Lieferantenkredit oder Kontokorrentkredit?

Der Kontostand der Büromöbel AG beträgt 0,00 €, als sie die Rechnung der Stühle AG erhält. Sie hat folgende Wahlmöglichkeiten:

a) Abwarten, bis das nötige Guthaben in 30 Tagen auf dem Konto ist, und dann den vollen Rechnungsbetrag in Höhe von 1 669,81 € bezahlen (**Lieferantenkredit**) oder

b) sofort die Rechnung in Höhe von 1 636,41 € nach Abzug des Skontos und Ausnutzung des Kontokorrentkredites (Zinssatz 10 %) bezahlen (**Kontokorrentkredit**).

Zu a): Abwarten führt dazu, dass der Zahlungspflichtige den vollen Rechnungsbetrag bezahlen muss (inkl. Skonto) in Höhe von 1 669,81 €. Die Kosten dieser Finanzierung betragen **33,40 €**.

$$\text{Zinssatz} = \frac{\text{Zinsen} \cdot 100 \cdot 360}{\text{Kapital} \cdot \text{Tage}} = \frac{33{,}40\ € \cdot 100 \cdot 360}{1\ 636{,}41\ € \cdot 20\ \text{Tage}} = \underline{\underline{36{,}74\ \%}}$$

Zu b): Bei Zahlung am 10. Tag unter Ausnutzung des Skontos wird das Konto mit 1 636,41 € (= Kreditbetrag) belastet. Die Kreditlaufzeit beträgt 20 Tage, der Zinssatz 10 %.

$$\text{Die Kosten betragen:}\ \frac{\text{Kapital} \cdot \text{Zinssatz} \cdot \text{Tage}}{360 \cdot 100} = \frac{1\ 636{,}41\ € \cdot 10 \cdot 20\ \text{Tage}}{360 \cdot 100} = \mathbf{9{,}09\ €}$$

Fazit: Der Lieferantenkredit ist mehr als dreimal so teuer wie ein Kontokorrentkredit.

Kreditsicherheiten

Kreditsicherheiten	
Sachsicherheit	**Personensicherheit**
Die Sicherheit für den Kreditgeber besteht in dem (dinglichen) Recht der Verwertung von beweglichen Sachen, Grundstücken oder Forderungen und anderen Rechten. — Sicherungsübereignung (bewegliche Sachen) — Grundschuld (Grundstücke)	Die Sicherheit für den Kreditgeber besteht in der Haftung durch eine weitere Person. Der zusätzliche Sicherungsgeber haftet dann wie der Schuldner selber. Bürgschaft
abstrakte Sicherheit (treuhänderische Sicherheit)	**akzessorische Sicherheit**
Auch ohne Bestehen einer Forderung/Schuld kann diese Sicherheit vom Kreditgeber verwertet werden. — Sicherungsübereignung (bewegliche Sachen) — Grundschuld (Grundstücke)	Besteht eine bestimmte Forderung, so besteht auch die Sicherheit. Die Sicherheit erlischt, wenn die Schuld/Forderung nicht mehr besteht. Die Höhe der Sicherheit richtet sich nach der Höhe der Schuld/Forderung. Bürgschaft

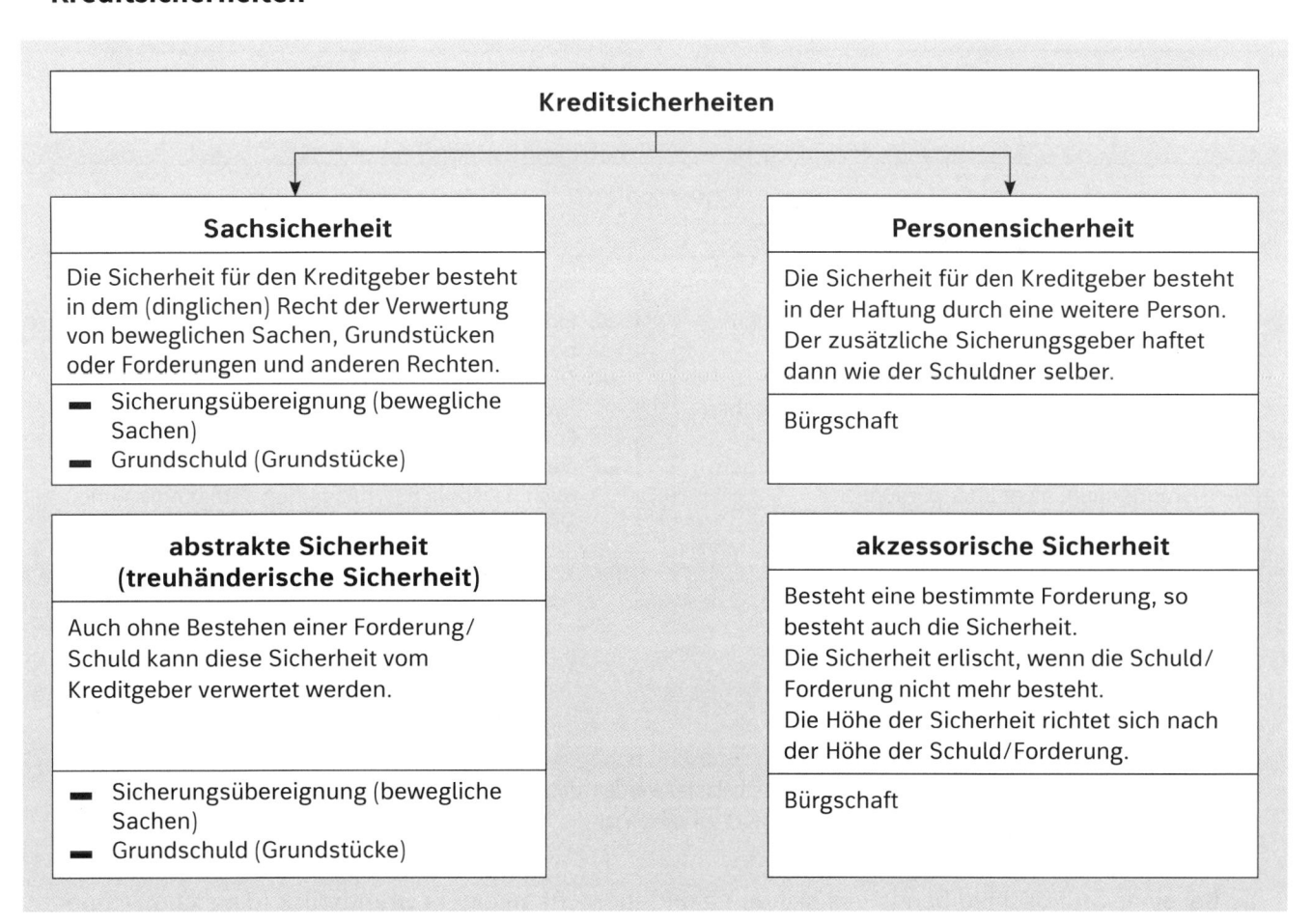

Finanzierung von Investitionen...

Grundpfandrechte

Pfandrecht an unbeweglichen Sachen, wie z. B. an bebauten oder unbebauten Grundstücken. Zahlt ein Schuldner seinen Kredit nicht zurück, ist der Inhaber des Pfandrechts berechtigt, seine Forderungen aus dem Verkauf des Grundstückes zu befriedigen.

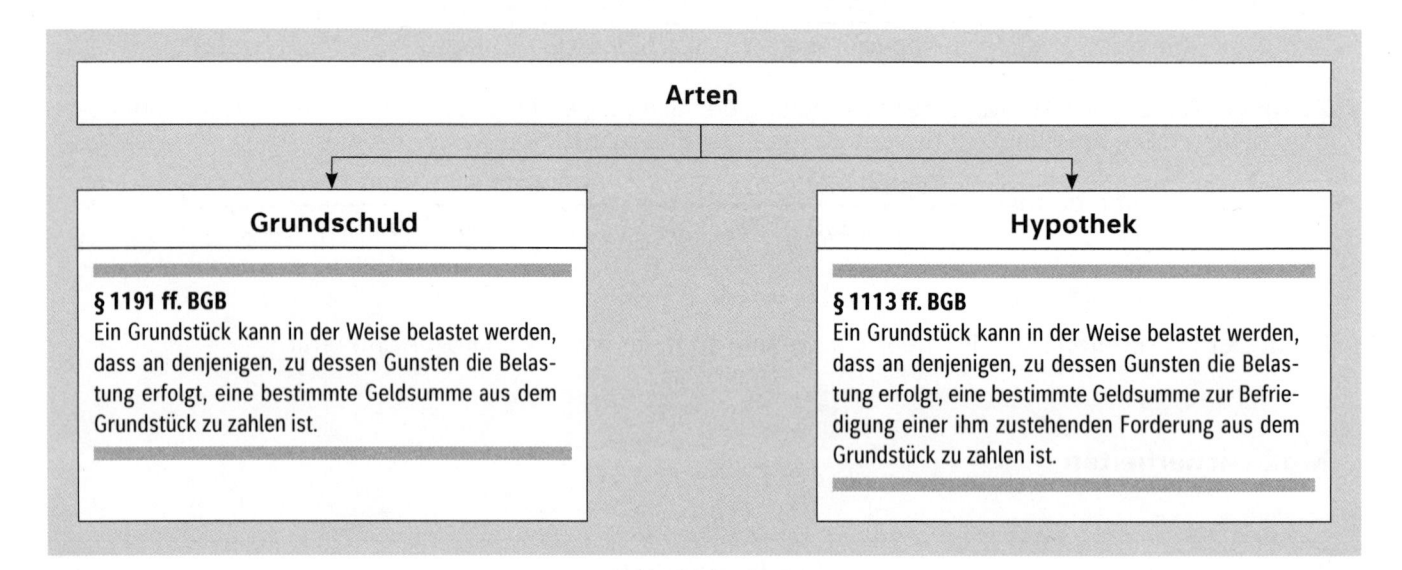

Arten

Grundschuld

§ 1191 ff. BGB
Ein Grundstück kann in der Weise belastet werden, dass an denjenigen, zu dessen Gunsten die Belastung erfolgt, eine bestimmte Geldsumme aus dem Grundstück zu zahlen ist.

Hypothek

§ 1113 ff. BGB
Ein Grundstück kann in der Weise belastet werden, dass an denjenigen, zu dessen Gunsten die Belastung erfolgt, eine bestimmte Geldsumme zur Befriedigung einer ihm zustehenden Forderung aus dem Grundstück zu zahlen ist.

Unterschiede

- Die Grundschuld ist ein Pfandrecht an einem Grundstück.
- Ein Zusammenhang zwischen diesem Pfandrecht und einer Forderung muss nicht gegeben sein (Abstraktheit der Grundschuld).
- Der Kreditnehmer haftet nur dinglich (mit dem Grundstück), nicht aber persönlich.

- Eine Hypothek dient zur Absicherung einer **bestimmten** Forderung.
- Der Bestand einer Hypothek hängt ab vom Bestand einer zugrunde liegenden persönlichen Forderung.
- Der Kreditnehmer haftet sowohl dinglich als auch persönlich (= mit seinem Einkommen und sonstigem Vermögen).

Grundschuld

Definition:

§ 1191 Abs. 1 BGB: Ein Grundstück kann in der Weise belastet werden, dass an denjenigen, zu dessen Gunsten die Belastung erfolgt, eine bestimmte Geldsumme aus dem Grundstück zu zahlen ist.

- Bei einer Grundschuld handelt es sich um ein Pfandrecht an einem Grundstück (dingliche Sicherheit = die Sicherheit liegt im Wert des Grundstücks).
- Zu einem Grundstück gehört nicht nur der Grund und Boden, sondern außerdem die darauf stehenden Gebäude und Pflanzen (wesentliche Bestandteile eines Grundstücks). Hinzu kommen die mit einem Grundstück verbundenen Rechte (z. B. Miet- oder Pachtzahlungen) und Zubehörteile (z. B. Maschinen).

Finanzierung von Investitionen...

Beispiel: *Auszug aus einem Grundbuch der Abteilung III*

lfd. Nr. der Eintragungen	lfd. Nr. der belasteten Grundstücke im Bestandsverzeichnis	Betrag	Hypotheken, Grundschulden, Rentenschulden
1	1	200 000,00 €	200 000,00 € **Grundschuld** für die Deutsche Bank AG Bonn mit einem Jahreszins von 18 %, vollstreckbar nach § 800 **ZPO**. Eingetragen mit Bezug auf die Bewilligung vom 20. September 2006 – **ohne Brief** – am 4. Oktober 2006.

briefose Grundschuld

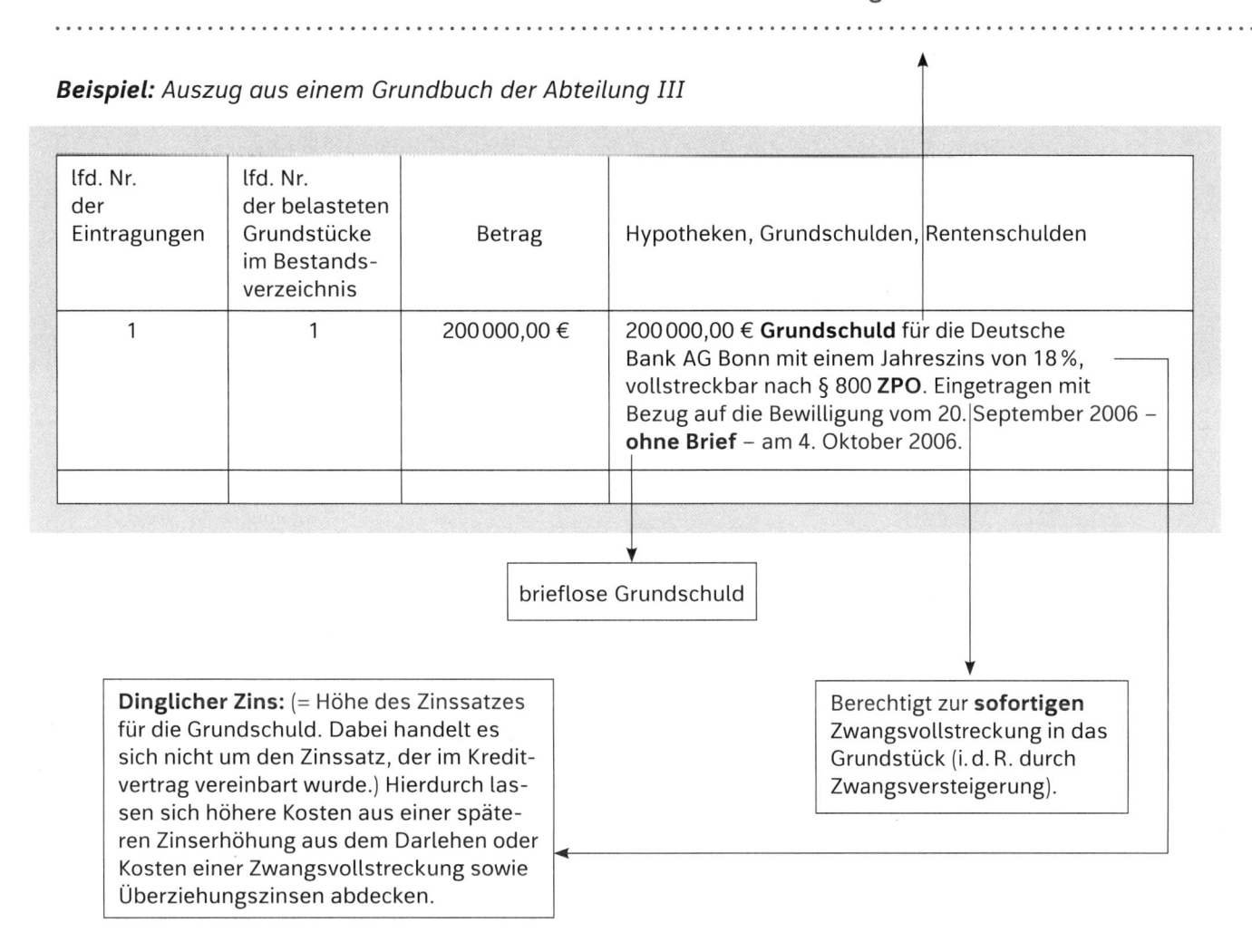

Dinglicher Zins: (= Höhe des Zinssatzes für die Grundschuld. Dabei handelt es sich nicht um den Zinssatz, der im Kreditvertrag vereinbart wurde.) Hierdurch lassen sich höhere Kosten aus einer späteren Zinserhöhung aus dem Darlehen oder Kosten einer Zwangsvollstreckung sowie Überziehungszinsen abdecken.

Berechtigt zur **sofortigen** Zwangsvollstreckung in das Grundstück (i. d. R. durch Zwangsversteigerung).

Finanzierung eines Grundstückskaufs durch einen Realkredit

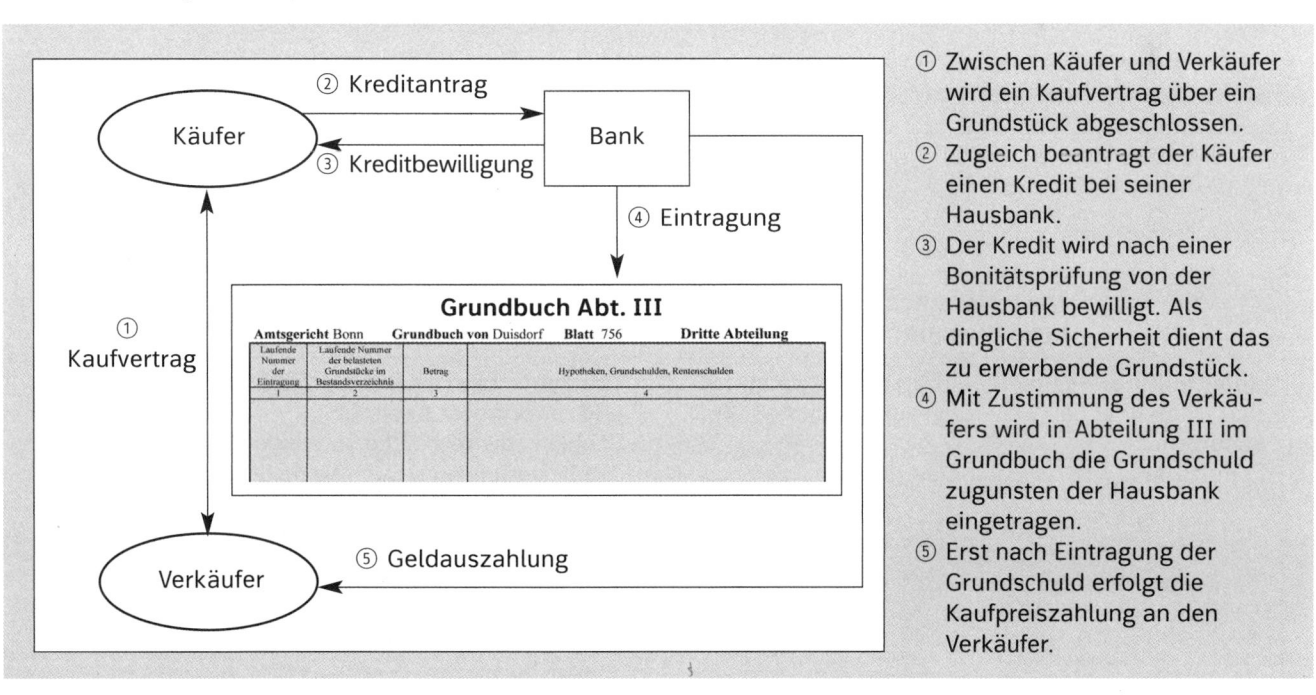

① Zwischen Käufer und Verkäufer wird ein Kaufvertrag über ein Grundstück abgeschlossen.
② Zugleich beantragt der Käufer einen Kredit bei seiner Hausbank.
③ Der Kredit wird nach einer Bonitätsprüfung von der Hausbank bewilligt. Als dingliche Sicherheit dient das zu erwerbende Grundstück.
④ Mit Zustimmung des Verkäufers wird in Abteilung III im Grundbuch die Grundschuld zugunsten der Hausbank eingetragen.
⑤ Erst nach Eintragung der Grundschuld erfolgt die Kaufpreiszahlung an den Verkäufer.

Finanzierung von Investitionen...

Die Sicherungsübereignung

Zur Absicherung eines Kredites wird das Eigentum an einer beweglichen Sache übertragen.

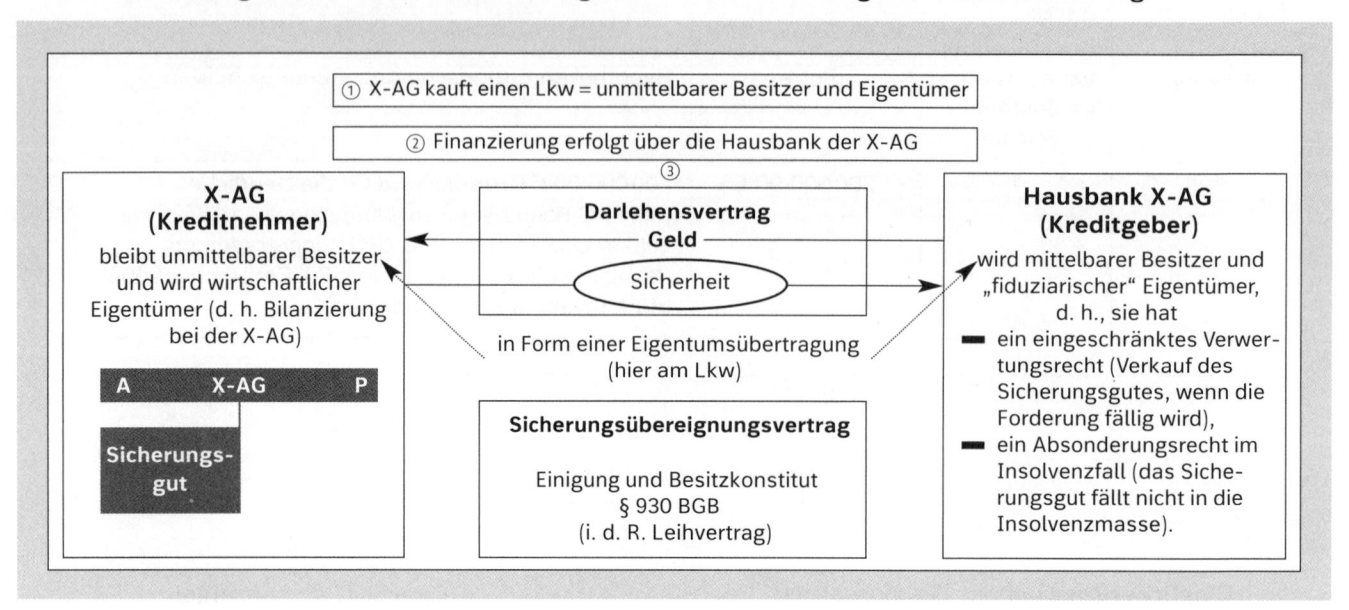

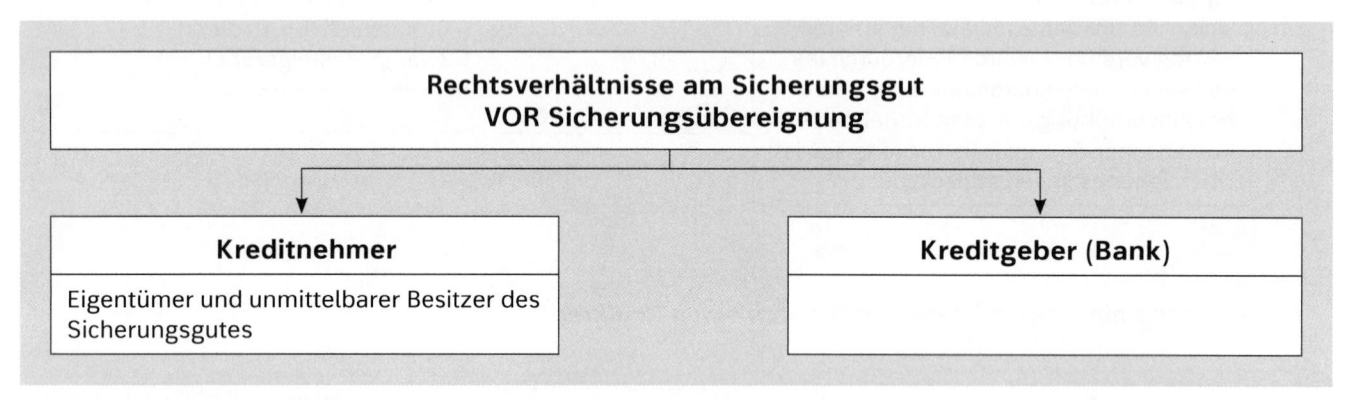

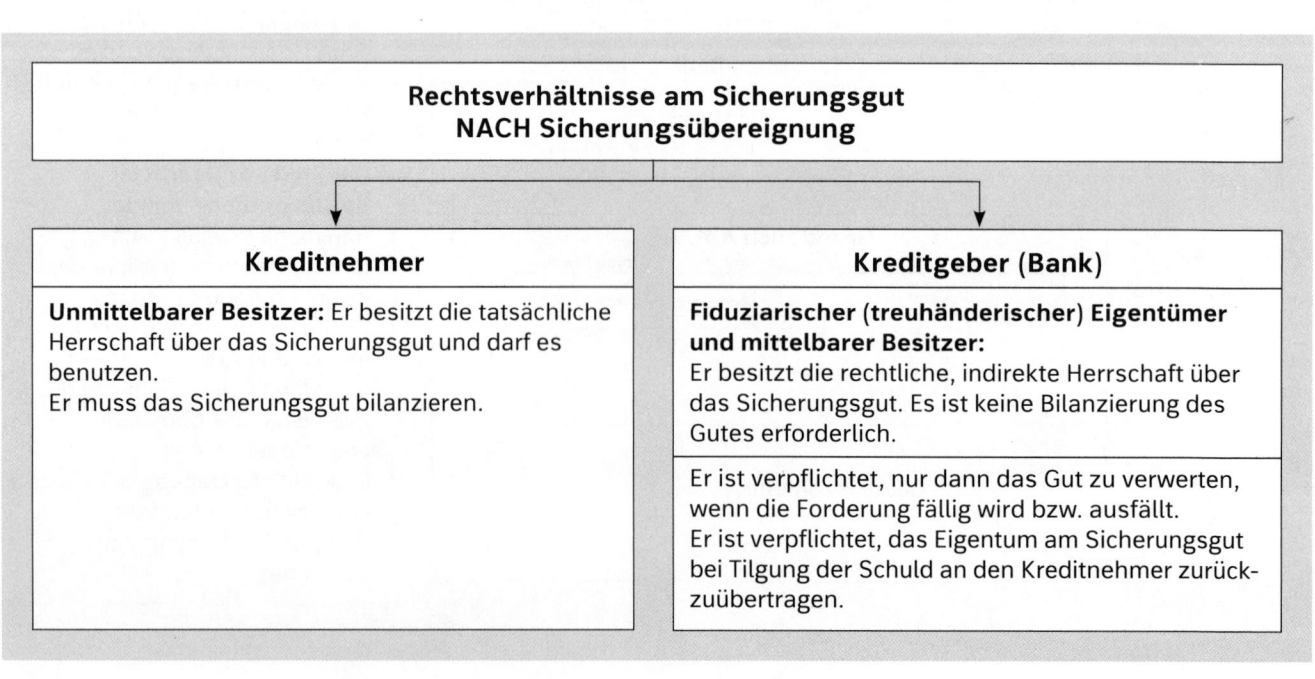

① X-AG kauft einen Lkw = unmittelbarer Besitzer und Eigentümer
② Finanzierung erfolgt über die Hausbank der X-AG
③ Darlehensvertrag Geld / Sicherheit

X-AG (Kreditnehmer) bleibt unmittelbarer Besitzer und wird wirtschaftlicher Eigentümer (d. h. Bilanzierung bei der X-AG)

A | X-AG | P
Sicherungsgut

in Form einer Eigentumsübertragung (hier am Lkw)

Sicherungsübereignungsvertrag
Einigung und Besitzkonstitut
§ 930 BGB
(i. d. R. Leihvertrag)

Hausbank X-AG (Kreditgeber) wird mittelbarer Besitzer und „fiduziarischer" Eigentümer, d. h., sie hat
- ein eingeschränktes Verwertungsrecht (Verkauf des Sicherungsgutes, wenn die Forderung fällig wird),
- ein Absonderungsrecht im Insolvenzfall (das Sicherungsgut fällt nicht in die Insolvenzmasse).

Rechtsverhältnisse am Sicherungsgut VOR Sicherungsübereignung

Kreditnehmer	Kreditgeber (Bank)
Eigentümer und unmittelbarer Besitzer des Sicherungsgutes	

Rechtsverhältnisse am Sicherungsgut NACH Sicherungsübereignung

Kreditnehmer	Kreditgeber (Bank)
Unmittelbarer Besitzer: Er besitzt die tatsächliche Herrschaft über das Sicherungsgut und darf es benutzen. Er muss das Sicherungsgut bilanzieren.	**Fiduziarischer (treuhänderischer) Eigentümer und mittelbarer Besitzer:** Er besitzt die rechtliche, indirekte Herrschaft über das Sicherungsgut. Es ist keine Bilanzierung des Gutes erforderlich.
	Er ist verpflichtet, nur dann das Gut zu verwerten, wenn die Forderung fällig wird bzw. ausfällt. Er ist verpflichtet, das Eigentum am Sicherungsgut bei Tilgung der Schuld an den Kreditnehmer zurückzuübertragen.

Finanzierung von Investitionen...

Exkurs: Grundbegriffe Eigentum und Besitz

Eigentum (§ 903 BGB)

Der Eigentümer einer Sache kann, soweit das Gesetz oder Rechte Dritter nicht entgegenstehen, mit der Sache nach Belieben verfahren (...) **(rechtliche Herrschaft)**.

Besitz (§ 854 BGB)

Der Besitz an einer Sache wird durch Erlangung der tatsächlichen Gewalt über eine Sache erworben **(unmittelbarer Besitz)**.

mittelbarer Besitz (§ 868 BGB)

Ein mittelbarer Besitzer ist derjenige, der einem anderen eine Sache für den unmittelbaren Besitz überlassen hat. Dieser andere kann Entleiher, Mieter, Pächter, Verwahrer oder Pfandgläubiger der Sache sein.

Beispiel:
Die Firma A verleiht einen Lieferwagen an Firma B.
Firma B ist unmittelbare Besitzerin des Lieferwagens.
Firma A ist mittelbare Besitzerin (und Eigentümerin) des Fahrzeugs.

	Kreditnehmer	**Kreditgeber**
Vorteile	- kann mit dem sicherungsübereigneten Gut arbeiten und auch abschreiben - Übereignung ist nach außen nicht erkennbar.	- Recht auf Absonderung im Insolvenzfall - sofortiger Verkauf des Sicherungsgutes bei Zahlungsverzug
Nachteile	- sofortiger Verkauf des Sicherungsgutes, wenn die Raten nicht gezahlt werden	- Das Sicherungsgut wird an gutgläubige Dritte weiterverkauft. - Übereignete Gegenstände werden beschädigt oder zerstört. - Das Sicherungsgut wird erneut als Sicherheit verwendet.

Finanzierung von Investitionen...

Die Bürgschaft

Durch den Bürgschaftsvertrag verpflichtet sich der Bürge gegenüber dem Gläubiger eines Dritten, für die Erfüllung der Verbindlichkeit des Dritten einzustehen (§ 765 Abs. 1 BGB).

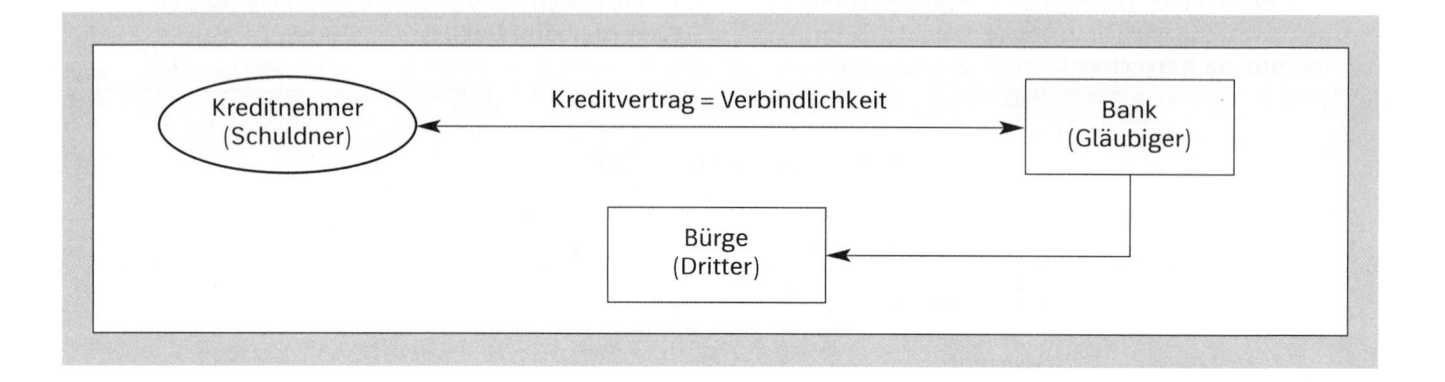

```
Kreditnehmer  ←— Kreditvertrag = Verbindlichkeit —→  Bank
(Schuldner)                                          (Gläubiger)
                         Bürge
                         (Dritter)
```

Die gewöhnliche Bürgschaft (§§ 771, 772 BGB) (auch BGB-Bürgschaft)

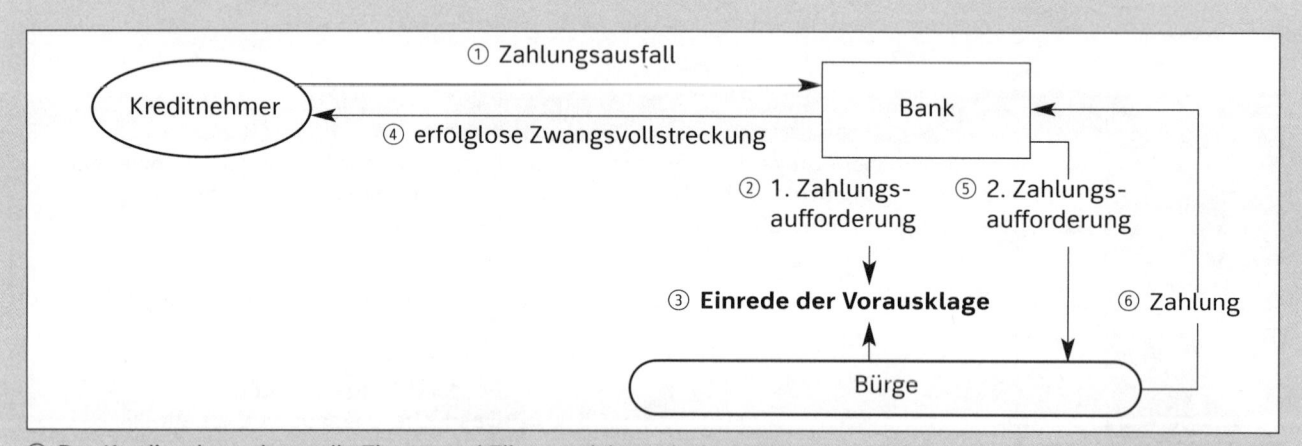

```
Kreditnehmer  ① Zahlungsausfall →  Bank
              ④ erfolglose Zwangsvollstreckung
                        ② 1. Zahlungs-     ⑤ 2. Zahlungs-
                           aufforderung       aufforderung
                        ③ Einrede der Vorausklage   ⑥ Zahlung
                                Bürge
```

① Der Kreditnehmer kann die Zinsen und Tilgung nicht mehr bezahlen.
② Der Gläubiger möchte den Bürgen in Anspruch nehmen.
③ Der Bürge verweigert die Zahlung und macht von seinem Recht der „Einrede der Vorausklage" Gebrauch (§ 771 BGB).
④ Bevor die Bank auf den Bürgen zurückgreifen kann, muss dem Bürgen nachgewiesen werden, dass eine Zwangsvollstreckung in das Vermögen des Schuldners erfolglos gewesen ist.
⑤ Danach ist eine zweite Zahlungsaufforderung an den Bürgen möglich.
⑥ Der Bürge muss zahlen.

Die selbstschuldnerische Bürgschaft (§ 773 BGB)

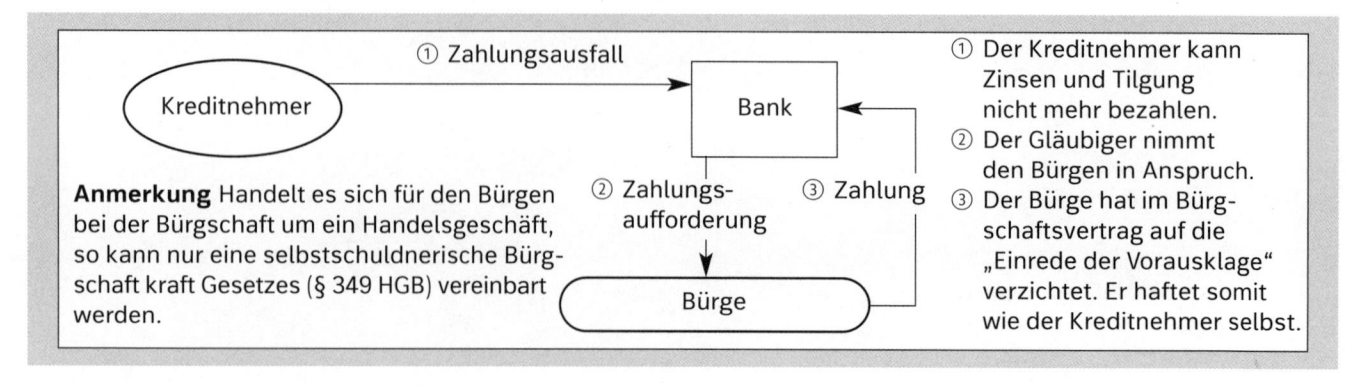

```
Kreditnehmer  ① Zahlungsausfall →  Bank
                        ② Zahlungs-    ③ Zahlung
                           aufforderung
                                Bürge
```

Anmerkung Handelt es sich für den Bürgen bei der Bürgschaft um ein Handelsgeschäft, so kann nur eine selbstschuldnerische Bürgschaft kraft Gesetzes (§ 349 HGB) vereinbart werden.

① Der Kreditnehmer kann Zinsen und Tilgung nicht mehr bezahlen.
② Der Gläubiger nimmt den Bürgen in Anspruch.
③ Der Bürge hat im Bürgschaftsvertrag auf die „Einrede der Vorausklage" verzichtet. Er haftet somit wie der Kreditnehmer selbst.

2.2 Ausgangssituation und Aufgaben

Die Windpark AG zählt zu den weltweit führenden Anbietern von Windenergieanlagen. Unter den Markennamen Windpark und Südwind bietet das Unternehmen leistungsstarke Anlagen vor allem im Megawatt-Bereich für nahezu alle geografischen Gegebenheiten: Onshore und Offshore genauso wie Wüsten- und Dauerfrostgebiete. Die Kernkompetenz der Windpark-Gruppe liegt in der Planung und dem Engineering großer Windkraftanlagen, der Entwicklung und Fertigung von Steuerungen für Windkraftanlagen einschließlich des Netzanschlusses sowie der Fertigung von Rotorblättern für Windkraftanlagen der Megawatt-Klasse.

Die Nachfrage nach Windkraftanlagen ist in diesem Jahr weiterhin gestiegen und auch für die zukünftigen Jahre ist mit einem starken Wachstum zu rechnen. Daher hat der Vorstand der Windpark AG entschieden, Erweiterungsinvestitionen durchzuführen. An erster Stelle stehen die folgenden Vorhaben:

1. Ausbau der Produktion durch den Bau einer weiteren Fertigungshalle für Rotorblätter. Hierfür wird mit einem Betrag von 400 000,00 € gerechnet.
2. Anschaffung eines Spezialtransporters für 150 000,00 €.

Die Investitionen sollen über die Hausbank der Windpark AG abgewickelt bzw. finanziert werden.

Auszug aus dem Grundbuch

Amtsgericht Rostock	Grundbuch von Papendorf		Blatt 76	Dritte Abteilung

lfd. Nr. der Eintragungen	lfd. Nr. der belasteten Grundstücke im Bestandsverzeichnis	Betrag in EUR	Hypotheken, Grundschulden, Rentenschulden	
1	2	3	4	
		250 000,00 €	Zweihundertfünfzigtausend Euro Grundschuld mit 15 % Jahreszinsen für die Deutsche Bank AG Rostock, vollstreckbar nach § 800 ZPO. Eingetragen mit Bezug auf die Bewilligung vom 25. April 2002 – mit Rang vor II-2 – ohne Brief am 14. Mai 2002.	

2.2.1 Aufgaben Anforderungsbereich I

1. **Nennen Sie** die unterschiedlichen Möglichkeiten zur Finanzierung von Investitionen.
2. **Grenzen Sie** die Innen- und Außenfinanzierung voneinander **ab**.
3. **Nennen Sie** unterschiedliche Formen der Innenfinanzierung.
4. **Nennen Sie** Formen langfristiger Fremdfinanzierungen.
5. **Zeigen Sie** Vor- und Nachteile einer langfristigen Fremdfinanzierung auf für
   a) den Kreditgeber und
   b) den Kreditnehmer.
6. **Grenzen Sie** die Eigenfinanzierung von der Fremdfinanzierung in Form einer Übersicht **ab**.
7. **Unterscheiden Sie** Darlehensformen nach folgenden Kriterien:
   a) Laufzeit
   b) Tilgung

Finanzierung von Investitionen...

8. **Berechnen Sie** die Gesamtkosten des folgenden Festdarlehens:

   Betrag: 150 000,00 €; Sollzinssatz 6,5 %; Laufzeit 4 Jahre.

Jahr	Restdarlehen in EUR	Sollzinsen in EUR	Tilgung in EUR	Gesamtbetrag in EUR
1				
2				
3				
4				
Gesamtsumme				

9. Kreditsumme: 150 000,00 €, Laufzeit: 6 Jahre, Disagio 1,5 %. Tilgung in gleichbleibenden Jahresraten über die gesamte Laufzeit jeweils zum Jahresende, Sollzinssatz: 5,75 %.
   a) **Berechnen Sie** die Gesamtkosten des folgenden Darlehens.

Jahr	Restdarlehen in EUR	Sollzinsen in EUR	Tilgung in EUR	Gesamtbetrag in EUR
1				
2				
3				
4				
5				
6				

   b) **Berechnen Sie** den effektiven Zinssatz.
10. **Beschreiben Sie** die bilanziellen Auswirkungen einer Fremdkapitalaufnahme.
11. **Unterscheiden Sie** zwischen einer dinglichen und einer persönlichen Sicherheit und nennen Sie jeweils ein Beispiel.
12. Die Hausbank der Windpark AG ist durchaus bereit, gegen Stellung von Sicherheiten die gewünschten Summen zur Verfügung zu stellen. **Nennen und beschreiben Sie** die für die Ausgangssituation infrage kommenden Sicherheiten.
13. **Nennen Sie** die Vor- und Nachteile der Sicherungsübereignung aus Sicht der Bank bzw. des Kunden.

2.2.2 Aufgaben Anforderungsbereich II

1. In der Ausgangssituation liegt ein Grundbuchauszug (dritte Abteilung) vor. Erläutern Sie, um welche Form einer Grundschuld es sich bei der hier eingetragenen Grundschuld zugunsten der Deutschen Bank AG handelt.
2. **Erklären Sie** den Unterschied zwischen einer Einlagen- bzw. Beteiligungsfinanzierung und einer Fremdfinanzierung.
3. Der Windpark AG wurden zur Finanzierung ihrer Erweiterungsinvestitionen folgende Angebote ihrer Hausbank unterbreitet. Es handelt sich dabei um jeweils ein Abzahlungsdarlehen, das mit jährlich gleich hohen Raten getilgt wird.

	Darlehenshöhe	Sollzinssatz	Auszahlung	eff. Zinssatz	Laufzeit
1	150 000,00 €	5,50 %	100,00 %	6,30 %	5 Jahre
2	150 000,00 €	5,00 %	98,75 %	6,30 %	5 Jahre
3	150 000,00 €	6,25 %	100,00 %	6,61 %	10 Jahre

   a) **Erläutern Sie**, warum bei den Angeboten 1 und 2 der effektive Zinssatz gleich ist.
   b) **Erklären Sie** den Begriff des Damnums.
   c) **Erläutern Sie**, was die Nordex AG dazu bewegen könnte, das Darlehen 3 in Anspruch zu nehmen, im Gegensatz zu den beiden anderen.

Finanzierung von Investitionen...

4. Der Kredit zur Anschaffung des Spezialtransporters soll durch eine Sicherungsübereignung des Lkw abgesichert werden.
   a) **Erläutern Sie** die Besitz- und Eigentumsverhältnisse im Rahmen der Sicherungsübereignung.
   b) **Erklären Sie**, durch welches Vertragsverhältnis die Windpark AG als Halterin im Zulassungsschein II (ehemals Kfz-Brief) steht und das Fahrzeug nutzen kann, als sei es ihr eigenes.
   c) Der Vorstand möchte Planungssicherheit haben. Daher fragt er bei der Bank an, unter welchen Voraussetzungen die Bank den Spezialtransporter verwerten kann. Klären Sie ihn auf.
5. Auf Anfrage, ob die Hausbank der Windpark AG grundsätzlich auch eine gewöhnliche Bürgschaft (= BGB-Bürgschaft) als Sicherheit akzeptiere, antwortet diese, dass für das Kreditinstitut nur selbstschuldnerische Bürgschaften infrage kämen. **Erklären Sie** die Haltung der Hausbank.
6. Ein Auszubildender der Windpark AG wundert sich, dass zur Finanzierung der Fertigungshalle ein Hypothekendarlehen aufgenommen wird, obwohl eine Grundschuld eingetragen wird. Daraus schließt er, dass eine Hypothek nichts anderes ist als eine Grundschuld.
   Arbeiten Sie die Unterschiede zwischen einer Hypothek und einer Grundschuld zur Sicherung von Immobilienkrediten heraus und **erklären Sie** dem Auszubildenden die Unterschiede.
7. Die Hausbank der Windpark AG möchte zur Absicherung des Kredites über 400 000,00 € zum Bau einer Fertigungshalle auf jeden Fall eine erstrangig eingetragene Grundschuld haben. **Erklären Sie**, warum die Hausbank auf einer erstrangigen eingetragenen Grundschuld besteht.

2.2.3 Aufgaben Anforderungsbereich III

1. Die Windpark AG hat zwei Darlehensangebote über 150 000,00 €.

Annuitätendarlehen 1		Annuitätendarlehen 2	
Sollzinssatz	6,5 %	Sollzinssatz	5,9 %
Laufzeit	10 Jahre	Laufzeit	5 Jahre
anf. Tilgung p. a. in %	1 %	anf. Tilgung p. a. in %	4 %

Beurteilen Sie die beiden Angebote und treffen Sie eine begründete Entscheidung.

2. Das Grundstück (siehe Grundbuchauszug), auf dem die Fertigungshalle gebaut werden soll, wurde von einem Gutachter auf einen Wert von 680 000,00 € geschätzt. Die Hausbank der Windpark AG steht einer Kreditvergabe in Höhe der gewünschten Summe grundsätzlich positiv gegenüber, verlangt dafür aber eine erstrangig eingetragene Grundschuld. **Erläutern Sie** die Problematik und **entwickeln Sie** einen Vorschlag, wie dem Wunsch nach erstrangiger Absicherung der Hausbank Rechnung getragen werden kann.

3 Beteiligungsfinanzierung bei einer Aktiengesellschaft

3.1 Themenübersicht

Aktienarten

Aktien verbriefen einen Anteil am Grundkapital einer Aktiengesellschaft. Außerdem besitzen Aktionäre bestimmte Teilhaberrechte (z. B. Stimmrechte, Bezugsrechte sowie Anteilsrecht am Liquidationserlös.)

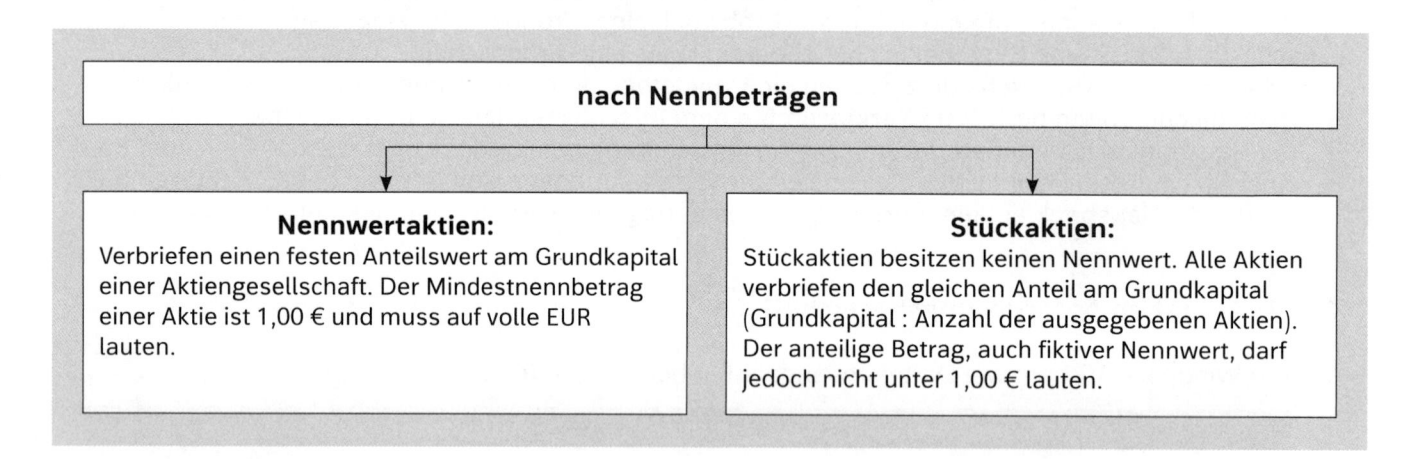

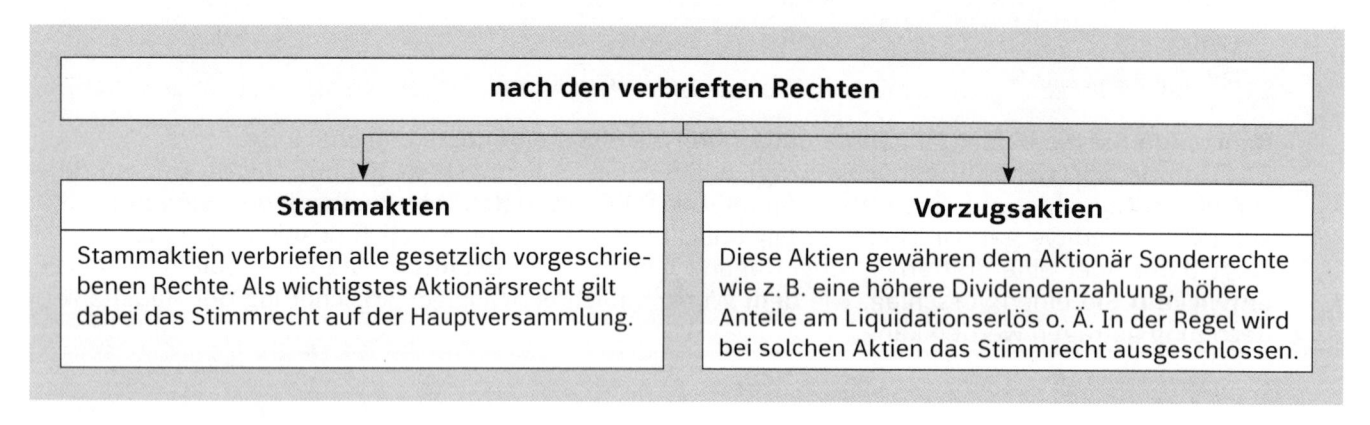

nach Nennbeträgen

Nennwertaktien:
Verbriefen einen festen Anteilswert am Grundkapital einer Aktiengesellschaft. Der Mindestnennbetrag einer Aktie ist 1,00 € und muss auf volle EUR lauten.

Stückaktien:
Stückaktien besitzen keinen Nennwert. Alle Aktien verbriefen den gleichen Anteil am Grundkapital (Grundkapital : Anzahl der ausgegebenen Aktien). Der anteilige Betrag, auch fiktiver Nennwert, darf jedoch nicht unter 1,00 € lauten.

nach den verbrieften Rechten

Stammaktien
Stammaktien verbriefen alle gesetzlich vorgeschriebenen Rechte. Als wichtigstes Aktionärsrecht gilt dabei das Stimmrecht auf der Hauptversammlung.

Vorzugsaktien
Diese Aktien gewähren dem Aktionär Sonderrechte wie z. B. eine höhere Dividendenzahlung, höhere Anteile am Liquidationserlös o. Ä. In der Regel wird bei solchen Aktien das Stimmrecht ausgeschlossen.

Exkurs: Aktionärsrechte

Aktionärsrechte
Teilnahmerecht an der Hauptversammlung
Stimmrechte in der Hauptversammlung
Beteiligung am Bilanzgewinn (Dividende)
Auskunftsrechte durch den Vorstand
Bezugsrecht zum Bezug junger Aktien aus Kapitalerhöhungen
Anteil am Liquidationserlös

Beteiligungsfinanzierung bei einer Aktiengesellschaft

nach der Übertragbarkeit

Inhaberaktien

Die Rechte aus der Aktie werden durch Einigung und Übergabe der Aktie übertragen.

Namensaktien

Die Aktien lauten auf den Namen des Aktionärs. Sie können daher nur durch Einigung, Übergabe und durch einen Übertragungsvermerk auf der Rückseite der Aktie (Indossament) übertragen werden.

vinkulierte Namensaktien

Die Aktien werden durch Einigung, Zustimmung der Aktiengesellschaft, Übergabe und Indossament sowie durch die Umschreibung im Aktienbuch der ausgebenden Aktiengesellschaft übertragen.

Arten der Kapitalerhöhung einer Aktiengesellschaft

Kapitalerhöhung gegen Einlagen

- auch: **ordentliche Kapitalerhöhung**
- Die Kapitalerhöhung erfolgt durch die Ausgabe neuer (junger) Aktien.
- Hierdurch wird frisches Kapital von außen dem Unternehmen zugeführt.
- Die Altaktionäre besitzen ein gesetzliches Bezugsrecht auf die neuen Aktien. Dadurch soll gewährleistet werden, dass die Altaktionäre nach der Kapitalerhöhung den gleichen prozentualen Anteil am Grundkapital halten wie vor der Kapitalerhöhung. Sofern sie von diesem Recht Gebrauch machen, ändert sich an ihrem Stimmrechtsanteil nichts.

genehmigte Kapitalerhöhung

- Der Vorstand wird von der Hauptversammlung ermächtigt, innerhalb der nächsten fünf Jahre das gezeichnete **Kapital durch die Ausgabe neuer Aktien gegen Einlagen** zu erhöhen.
- Das genehmigte Kapital darf 50 % des bisherigen gezeichneten Kapitals nicht übersteigen.
- Der Vorstand erhält somit die Möglichkeit, eine Kapitalerhöhung zum bestmöglichen Zeitpunkt durchführen zu können.
- Speziell wenn es um Unternehmensübernahmen geht, die mit eigenen Aktien finanziert werden sollen, ist diese Form der Kapitalerhöhung ein strategischer Vorteil, da der Zeitpunkt möglichst lange geheim gehalten werden kann.

Beteiligungsfinanzierung bei einer Aktiengesellschaft

Beispielrechnung:

Kapitalerhöhung gegen Einlagen

Beispiel: Das Grundkapital einer AG soll um 10 Mio. € erhöht werden. Der Preis einer jungen Aktie beträgt 10,00 €. Der Nennwert einer Aktie beträgt 1,00 €.

Bilanzielle Auswirkung

a) Bilanz vor der Kapitalerhöhung

Aktiva	Bilanz in Mio. EUR		Passiva
A. Anlagevermögen	120	A. Eigenkapital	
B. Umlaufvermögen		gezeichnetes Kapital (Grundkapital)	100
Vorräte	70	Kapitalrücklagen	50
Forderungen	30	B. Fremdkapital	90
Bankguthaben	20		
	240		240

b) Bilanz nach der Kapitalerhöhung

Aktiva	Bilanz in Mio. EUR		Passiva
A. Anlagevermögen	120	A. Eigenkapital	
B. Umlaufvermögen		gezeichnetes Kapital (Grundkapital)	110
Vorräte	70	Kapitalrücklagen	140
Forderungen	30	B. Fremdkapital	90
Bankguthaben	120		
	340		340

Das gezeichnete Kapital erhöht sich um 10 Mio. € (Anzahl der neuen Aktien · 1,00 € Nennwert). Die Kapitalrücklagen erhöhen sich um 90 Mio. €. Das Bankguthaben erhöht sich um 100 Mio. € (Aktiv-Passiv-Mehrung).

Das Bezugsrecht

Ein Bezugsrecht ist gem. § 186 AktG das Recht eines Aktionärs zum Bezug neuer Aktien aus einer Kapitalerhöhung, entsprechend seinem Anteil am Grundkapital. Jede Altaktie verbrieft somit auch ein Bezugsrecht. Damit soll sichergestellt werden, dass ein Aktionär seinen ursprünglichen Stimmrechtsanteil am Grundkapital auch nach der Kapitalerhöhung hält.
Das Bezugsrecht kann unter bestimmten Bedingungen von einer Hauptversammlung ausgeschlossen werden.

Das Bezugsverhältnis

Wie viele Bezugsrechte man benötigt, um eine junge Aktie beziehen zu können, ist abhängig vom Bezugsverhältnis.

$$\text{Bezugsverhältnis} = \frac{\text{altes Grundkapital}}{\text{Kapitalerhöhung}}$$

Beispiel:

$$\frac{100 \text{ Mio. €}}{10 \text{ Mio. €}} = \frac{10}{1}$$

Aussage: Der Besitz von zehn Altaktien berechtigt zum Bezug von einer neuen Aktie. Anders formuliert: Um eine neue, junge Aktie beziehen zu können, benötigt der Aktionär zehn Bezugsrechte.

Der Mittelkurs

Dabei handelt es sich um den rechnerischen Durchschnittskurs aller Aktien nach der durchgeführten Kapitalerhöhung.

Beteiligungsfinanzierung bei einer Aktiengesellschaft

Beispiel:
Angenommen, der Kurs der Altaktie beträgt vor der Kapitalerhöhung 13,00 €, der Preis einer neuen Aktie beträgt 10,00 €.

$$\frac{100 \text{ Mio. Stück Altaktien} \cdot 13{,}00 \text{ €} + 10 \text{ Mio. Stück neue Aktien} \cdot 10{,}00 \text{ €}}{110 \text{ Mio. Stück Aktien (alte und neue Aktien)}}$$

$$\frac{1\,300 \text{ Mio. €} + 100 \text{ Mio. €}}{110 \text{ €. Stück}} = \frac{1\,400 \text{ Mio. €}}{110 \text{ Mio. €}} = \mathbf{12{,}73 \text{ €}}$$

Alternative Berechnung des Mittelkurses

Beispiel:

10 Altaktien	· 13,00 € =	130,00 €
1 neue Aktie	· 10,00 € =	10,00 €
11 Aktien		140,00 €

140,00 € : 11 Aktien = 12,73 €

Der Verwässerungseffekt besteht in der Reduktion des Preises einer Altaktie von 13,00 € vor der Kapitalerhöhung auf 12,73 € nach der Kapitalerhöhung.

Der rechnerische Wert des Bezugsrechts

Das Bezugsrecht soll einen Ausgleich darstellen dafür, dass bei einer Ausgabe neuer Aktien unter dem aktuellen Aktienkurs ein **Verwässerungseffekt** bei den Altaktien eintritt.

Beispiel:
Hat vor der Kapitalerhöhung eine Aktie 13,00 € gekostet, so ist die gleiche Aktie nach der Kapitalerhöhung nur noch 12,73 € wert. Der rechnerische Wert des Bezugsrechts beträgt somit die Differenz, also 0,27 €.

Rechnerischer Wert des Bezugsrechts = Kurs der Altaktie – Mittelkurs

*Rechnerischer Wert des Bezugsrechts = 13,00 € – 12,73 € = **0,27 €***

Alternativberechnung des Bezugsrechtswertes mit der Formel:

$$\frac{\text{Kurs der Altaktie} - \text{Kurs der neuen Aktie}}{\text{Bezugsverhältnis} + 1} = \frac{K_a - K_n}{\frac{m}{n} + 1}$$

$$\frac{13{,}00 \text{ €} - 10{,}00 \text{ €}}{\left(\frac{10}{1}\right) + 1} = \frac{3}{11} = 0{,}27 \text{ €}$$

Handlungsalternativen für Aktionäre

Beispiel: Ein Aktionär besitzt 1 000 Aktien unserer Beispiel-AG.

1. Alternative: Verkauf aller Bezugsrechte

Bezugsrechte · Wert des Bezugsrechts

1 000 Aktien = 1 000 Bezugsrechte · 0,27 € = 270,00 €
Der Aktionär erhält aus dem Verkauf aller Bezugsrechte 270,00 €.

Beteiligungsfinanzierung bei einer Aktiengesellschaft

2. **Alternative: Der Aktionär möchte seinen prozentualen Stimmrechtsanteil nach der Kapitalerhöhung erhalten**
   1 000 Bezugsrechte berechtigen zum Bezug von 100 jungen Aktien.
   Aufwand = 100 junge Aktien · 10,00 € = 1 000,00 €
   Der Aktionär erwirbt unter Zuzahlung von 1 000,00 € 100 junge Aktien.

3. **Alternative: Bezug junger Aktien ohne Einsatz von zusätzlichen Geldmitteln (Opération blanche)**
   Der Aktionär besitzt Bezugsrechte im Wert von 270,00 € (1 000 · 0,27 €).
   Der Kauf einer jungen Aktie beträgt 12,70 € (10 Bezugsrechte · 0,27 € + Preis einer jungen Aktie in Höhe von 10,00 €).

$$\text{Zahl junger Aktien} = \frac{\text{Erlös aus dem Verkauf aller Bezugsrechte}}{\text{Wert der Bezugsrechte pro junge Aktie + Kaufpreis}}$$

$$= \frac{270,00\ \text{€}}{12,70\ \text{€}} = 21,26\ \text{Stück junge Aktien}$$

Der Aktionär kann ohne Zuzahlung durch den Verkauf der Bezugsrechte 21 junge Aktien beziehen. Er erhält außerdem 3,30 € ausgezahlt (= 0,26 Stück junge Aktien · 12,70 €).

3.2 Ausgangssituation und Aufgaben

Die i-Cells AG ist ein Unternehmen, zu dessen Kerngeschäft die Entwicklung, Herstellung und Vermarktung leistungsfähiger Solarzellen aus Silizium gehört. Sie beliefert die Hersteller von Solarmodulen. Das Unternehmen ist inzwischen der zweitgrößte Solarzellenhersteller der Welt.

i-Cells

Der Vorstand der i-Cells AG hat mit Zustimmung des Aufsichtsrates beschlossen, das Grundkapital in Höhe von 42 Mio. € um 14 Mio. € durch die Ausgabe neuer, voll dividendenberechtigter Stimmrechtsaktien (1,00 € Nennwert) zu erhöhen.

Die neuen Aktien werden zum Kurs von 16,00 € von einer Bankengruppe mit der Verpflichtung übernommen, sie zum gleichen Kurs den Aktionären anzubieten. Der Aktienkurs der Altaktien betrug vor der Kapitalerhöhung 24,00 €.

Das Bezugsrecht kann gegen Einreichung des Gewinnanteilsscheins Nr. 41 in der Zeit vom 22.08.2023 bis zum 05.09.2023 einschließlich ausgeübt werden.

Hilfsmittel: Auszug aus der Bilanz (vor Kapitalerhöhung)

Aktiva	Bilanz in Mio. EUR		Passiva
Anlagevermögen	75	Gezeichnetes Kapital (Grundkapital)	42
Umlaufvermögen	84	Kapitalrücklagen	36
		Gewinnrücklagen	4
		Rückstellungen	12
		Sonstige Passiva	65
	159		159

3.2.1 Aufgaben Anforderungsbereich I

1. **Nennen und beschreiben Sie** die unterschiedlichen Formen der Kapitalerhöhung.
2. **Fassen Sie** kurz die wesentlichen Bedingungen des Bezugsangebots der i-Cells AG **zusammen**.
3. **Beschreiben Sie**, um welche Form der Kapitalerhöhung es sich bei der i-Cells AG handelt.
4. **Nennen Sie** die Voraussetzung für eine derartige Form der Kapitalbeschaffung.
5. **Berechnen Sie** das Bezugsverhältnis.
6. **Beschreiben Sie**, was das Bezugsverhältnis aussagt.
7. **Ermitteln Sie** den Mittelkurs und den Bezugsrechtswert.

Beteiligungsfinanzierung bei einer Aktiengesellschaft

8. **Nennen Sie** die erste Börsennotierung der i-Cells AG nach der Kapitalerhöhung.
9. Die i-Cells AG hat in ihrem Bezugsangebot festgelegt, dass die neuen Aktien voll dividendenberechtigt sind. **Stellen Sie fest**, wie sich der Wert des Bezugsrechts verändern würde, wenn die neuen Aktien nur zur Hälfte dividendenberechtigt wären (angenommene Dividende für das Geschäftsjahr 2023: 1,50 €).
10. **Stellen Sie** eine neue Bilanz nach Durchführung der Kapitalerhöhung **auf**.

3.2.2 Aufgaben Anforderungsbereich II

1. **Erläutern Sie** die Funktion des Bezugsrechtes im Rahmen einer ordentlichen Kapitalerhöhung.
2. **Erklären Sie**, warum der Mittelkurs geringer ist als der Börsenkurs der Altaktien vor der Kapitalerhöhung.
3. Herr Schneider ist Aktionär der i-Cells AG und besitzt in seinem Depot 200 Aktien dieser Gesellschaft. Er erhält das Bezugsangebot per Post nach Hause. Da er in diesen Dingen nicht so bewandert ist, fragt er Sie um Hilfe. **Erläutern Sie** ihm seine Möglichkeiten (schriftlich und ggf. rechnerisch). Bankgebühren bleiben unberücksichtigt.
4. Herr Schneider möchte zwar an der Kapitalerhöhung teilnehmen, jedoch unter gar keinen Umständen zusätzliches Geld in die i-Cells AG investieren. **Bieten Sie** ihm **eine** entsprechende **Lösung** schriftlich und rechnerisch (Bankgebühren bleiben unberücksichtigt) **an**.

3.2.3 Aufgaben Anforderungsbereich III

1. Der Vorstand der i-Cells AG überlegt, ob die Begebung einer Anleihe aufgrund des historisch niedrigen Zinsniveaus vorteilhafter ist als die Ausgabe neuer Aktien. Die Verzinsung der Anleihe könnte bei 3,75 % pro Jahr liegen. Wie **beurteilen Sie** die Überlegungen des Vorstands?
2. Der Vorstand der i-Cells AG hat die Hausbank beauftragt, ein Bezugsangebot zur Ausgabe neuer Aktien zu entwickeln (siehe Ausgangssituation). Allerdings haben sich seitdem folgende Rahmenbedingungen verändert:
   - Die Börsensituation hat sich insgesamt an den Kapitalmärkten verschlechtert. Auch die Aktie der i-Cells AG hat empfindliche Einbußen erlitten, sodass sie derzeit bei 19,00 € notiert.
   - Die Altaktionäre, insbesondere die großen Investmentfonds, bestehen auf einer konstanten Dividendenausschüttung im laufenden Jahr.

   Entwickeln Sie eine Lösung, wie das Bezugsangebot verändert werden kann, um den veränderten Rahmenbedingungen Rechnung zu tragen.
3. **Beurteilen Sie** die tendenziellen Auswirkungen dieser Kapitalerhöhung auf ausgewählte Bilanzkennzahlen der i-Cells AG.

4 Gliederung und Bewertung von Aktiva und Passiva

4.1 Themenübersicht

Grundlagen Jahresabschluss

Jahresabschluss
Der Jahresabschluss ist von Interesse für:
Geschäftsführung, Eigentümer (Kapitalgeber), Gläubiger, Staat, Aufsichtsbehörden (vgl. nächste Seite).
Der Jahresabschluss informiert über:
— Vermögenslage (Anlage- und Umlaufvermögen) — Finanzierungslage (Eigen- und Fremdkapital) — Ertragslage (Aufwendungen, Erträge, Gewinn/Verlust)
Der Jahresabschluss besteht aus:
— Bilanz, GuV-Rechnung (bei Einzelunternehmen und Personengesellschaften) — Bilanz, GuV-Rechnung, Anhang, Lagebericht als Ergänzung (bei Kapitalgesellschaften und Genossenschaften) Beachte: Je nach Bilanzsumme, Umsatzerlösen, Zahl der Arbeitnehmerinnen und Arbeitnehmer werden Kapitalgesellschaften nach § 267 HGB in klein, mittelgroß und groß unterteilt (vgl. Seite 118). Für mittelgroße und große Kapitalgesellschaften schreibt § 266 Abs. 2 HGB eine bestimmte Gliederung der Bilanz vor (vgl. Seite 119). Alle Kapitalgesellschaften müssen die GuV-Rechnung in Staffelform aufstellen (§ 275 HGB). Kapitalgesellschaften und bestimmte andere Unternehmen (vgl. Seite 103) müssen ihren Jahresabschluss veröffentlichen.
Der Jahresabschluss muss vorbereitet werden:
— Abschluss der Unterkonten, Inventur, Ermittlung des Jahresgesamtverbrauchs bei Vorräten und Ermittlung der Bestandsveränderungen — zeitliche Abgrenzung, weil Aufwendungen und Erträge bzw. Einnahmen und Ausgaben zum Teil oder ganz dem folgenden Geschäftsjahr zuzurechnen sind (aktive und passive Rechnungsabgrenzung, sonstige Forderungen, sonstige Verbindlichkeiten, Rückstellungen) — Bewertung des Vermögens — Bewertung des Fremdkapitals
Der Jahresabschluss erfordert:
einheitliche Bewertungsgrundsätze für Vermögen und Fremdkapital, damit — alle Unternehmen nach denselben Grundsätzen bewertet werden, — zum Schutz der Gläubiger das Vermögen nicht zu hoch und die Schulden nicht zu niedrig bewertet werden.

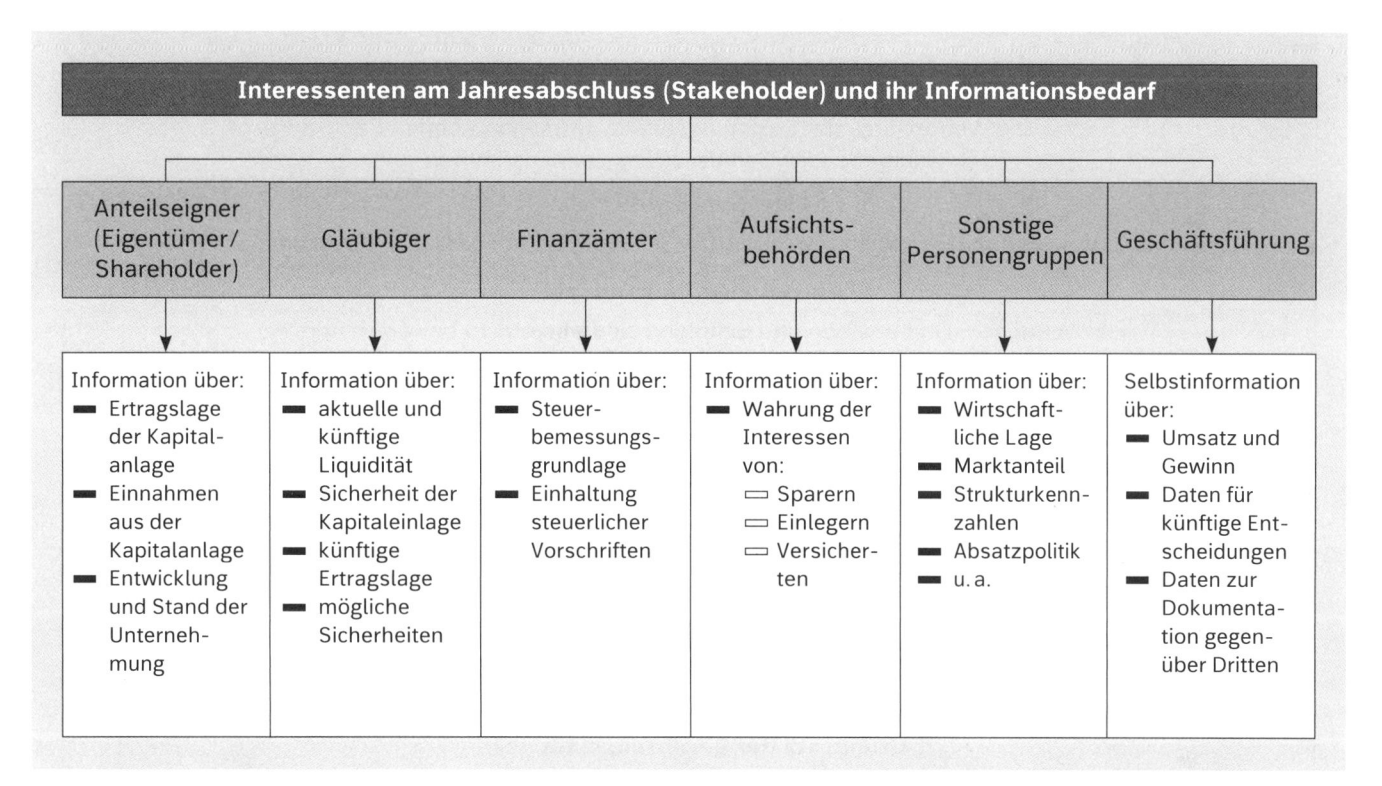

Gliederung und Bewertung von Aktiva und Passiva

Interessenten am Jahresabschluss

Interessenten am Jahresabschluss (Stakeholder) und ihr Informationsbedarf					
Anteilseigner (Eigentümer/ Shareholder)	Gläubiger	Finanzämter	Aufsichtsbehörden	Sonstige Personengruppen	Geschäftsführung
Information über: ■ Ertragslage der Kapitalanlage ■ Einnahmen aus der Kapitalanlage ■ Entwicklung und Stand der Unternehmung	Information über: ■ aktuelle und künftige Liquidität ■ Sicherheit der Kapitaleinlage ■ künftige Ertragslage ■ mögliche Sicherheiten	Information über: ■ Steuerbemessungsgrundlage ■ Einhaltung steuerlicher Vorschriften	Information über: ■ Wahrung der Interessen von: ▫ Sparern ▫ Einlegern ▫ Versicherten	Information über: ■ Wirtschaftliche Lage ■ Marktanteil ■ Strukturkennzahlen ■ Absatzpolitik ■ u. a.	Selbstinformation über: ■ Umsatz und Gewinn ■ Daten für künftige Entscheidungen ■ Daten zur Dokumentation gegenüber Dritten

Publizitätspflicht

Publizitätspflicht (Veröffentlichungspflicht) - handelsrechtliche Vorschriften -		
Ziel: durch Veröffentlichung des Jahresabschlusses soll es den Stakeholdern des Unternehmens ermöglicht werden, sich über die wirtschaftliche Lage des Unternehmens zu informieren.		
Pflicht: Die Pflicht zur Veröffentlichung des Jahresabschlusses gilt für ...		
... alle Kapitalgesellschaften **Erleichterungen** (vgl. nächste Seite) ... ... **für kleineKapitalgesellschaften** (z. B. keine Prüfungspflicht, kein Lagebericht, stark verkürzter Anhang) ... **für mittelgroße Kapitalgesellschaften** (z. B. geringere Berichtspflicht im Anhang)	... Einzelkaufleute und Personengesellschaften, die gem. § 1 PublG als Großunternehmen gelten (vgl. nächste Seite) Sie unterliegen denselben Publizitätspflichten wie große Kapitalgesellschaften.	... Personengesellschaften ohne mindestens eine natürliche Person als Vollhafter z. B. eine GmbH & Co. KG
Zeitpunkt: Der gesamte Jahresabschluss ist bei großen und mittelgroßen Kapitalgesellschaften **in den ersten drei Monaten des Geschäftsjahres** für das vergangene Geschäftsjahr **aufzustellen**. (Kleine Kapitalgesellschaften: innerhalb von drei, spätestens sechs Monaten; Nichtkapitalgesellschaften: innerhalb einer angemessenen Frist, max. 12 Monate) Anschließend muss die **Veröffentlichung des Jahresabschlusses im elektronischen Bundesanzeiger** unverzüglich nach der Hauptversammlung bzw. nach Feststellung (= Zustimmung) durch die gesetzlichen Vertreter (z. B. die vertretungsberechtigten Gesellschafterinnen und Gesellschafter einer Personengesellschaft oder die Inhaberin oder der Inhaber bei Einzelkaufleuten) erfolgen, jedoch spätestens 12 Monate (bei börsennotierten Kapitalgesellschaften vier Monate) nach dem Abschlussstichtag des Geschäftsjahres, auf das sich der Jahresabschluss bezieht.		

Gliederung und Bewertung von Aktiva und Passiva

Bewertung

Allgemeine Bewertungsgrundsätze nach § 252 HGB
Bilanzidentität
Die Wertansätze der Eröffnungsbilanz müssen mit denen der vorhergehenden Schlussbilanz übereinstimmen.
Going-Concern-Prinzip
Bei der Bewertung ist von einer Fortführung der Unternehmenstätigkeit auszugehen.
Einzelbewertungsprinzip
Vermögensgegenstände und Schulden sind **einzeln** zu bewerten und nicht als Gesamtbeträge (Saldierungsverbot).
Vorsichtsprinzip, Realisationsprinzip, Imparitätsprinzip
— Es ist vorsichtig zu bewerten (Vorsichtsprinzip).   — Gewinne dürfen erst berücksichtigt werden, wenn sie am Abschlussstichtag eintreten (Realisationsprinzip).   — Drohende Verluste müssen berücksichtigt werden (Imparitätsprinzip, d. h. ungleiche Bewertung von Gewinnen und Verlusten).
Grundsatz der Periodenabgrenzung
Aufwendungen und Erträge sind unabhängig vom Zahlungszeitpunkt im Jahresabschluss des Jahres zu berücksichtigen, in dem sie verursacht wurden.
Grundsatz der Bewertungsstetigkeit
Einmal gewählte Bewertungsmethoden (z. B. bei Abschreibungen) sind in den folgenden Jahresabschlüssen beizubehalten.

Bewertung des Sachanlagevermögens			
Nicht abnutzbares Sachanlagevermögen		**Abnutzbares** Sachanlagevermögen	
vor allem Grundstücke		Nutzung ist zeitlich begrenzt, z. B. Gebäude, Maschinen, Fuhrpark, Betriebs- und Geschäftsausstattung	
Obergrenze	Anschaffungskosten	**Obergrenze**	Anschaffungskosten
planmäßige Abschreibung	nicht erlaubt	**planmäßige Abschreibung**	zwingend
außerplanmäßige Abschreibung	zwingend (sofern eine dauerhafte Wertminderung vorliegt)	**außerplanmäßige Abschreibung**	zwingend (sofern eine dauerhafte Wertminderung vorliegt)
Wertaufholung	zwingend (wenn der Grund für die außerplanmäßige Abschreibung entfällt)	**Wertaufholung**	zwingend (wenn der Grund für die außerplanmäßige Abschreibung entfällt)
Beispiel			
Kauf eines unbebauten Grundstücks zum Preis von 200 000,00 € Die Grunderwerbssteuer beträgt 6,5 %, die Maklergebühren betragen 3 000,00 €, die Gebühren für die Grundbucheintragung 950,00 €. Berechnung der Anschaffungskosten:		Kauf eines Pkw zum Preis von 77 400,00 € + 19 % Umsatzsteuer Die Kosten für die Überführung betragen 400,00 €, für die Erstzulassung 200,00 €. Für die erste Tankfüllung werden 86,50 € ausgegeben. Berechnung der Anschaffungskosten:	
Kaufpreis	200 000,00 €	Kaufpreis	77 400,00 €
Grunderwerbssteuer	13 000,00 €	Überführung	400,00 €
Maklergebühren	3 000,00 €	Erstzulassung	200,00 €
Grundbucheintragung	950,00 €		
Anschaffungskosten	**216 950,00 €**	**Anschaffungskosten**	**78 000,00 €**

Gliederung und Bewertung von Aktiva und Passiva

Finanzierungskosten gehören nicht zu den Anschaffungskosten.

Aufgrund von Altlasten, die im Boden des Grundstücks gefunden werden und die technisch nicht zu beseitigen sind, sinkt der Wert des Grundstücks dauerhaft um 40 %.

Folge: Eine **dauerhafte Wertminderung** in Höhe von 86 780,00 € führt zu einer **außerplanmäßigen Abschreibung**.

Buchung:
6550 Außerplanmäßige Abschreibung		86 780,00 €
an 0500 Unbebaute Grundstücke		86 780,00 €

Aufgrund eines neuen Verfahrens können die Altlasten doch beseitigt werden und die Gemeinde nimmt das Grundstück in den Bebauungsplan auf, was zu einer Wertsteigerung des Grundstücks auf 250 000,00 € führt.

Folge: Eine **Wertaufholung (Zuschreibung)** ist **zwingend erforderlich,** aber nur bis zur Höhe der Anschaffungskosten (= 216 950,00 €), da diese die Obergrenze bilden.

Im vorliegenden Fall entsteht eine stille Rücklage (stille Reserve) in Höhe von 33 050,00 €. (vgl. S. 114)

Buchung:
0500 Unbebaute Grundstücke		86 780,00 €
an 5440 Erträge aus Werterhöhungen von Gegenstands d. AV		86 780,00 €

Die **Umsatzsteuer** sowie die Kosten für die **erste Tankfüllung** gehören **nicht zu den Anschaffungskosten**.

Der **Wertverlust** des Pkw wird **durch die Abschreibung erfasst**. Die betriebsgewöhnliche Nutzungsdauer für Pkw beträgt laut AfA-Tabelle des Finanzamts 6 Jahre.

Wird eine **gleichmäßige Abnutzung unterstellt (lineare Abschreibung)**, beträgt die jährliche Abschreibung

Anschaffungskosten : Nutzungsdauer.

Im vorliegenden Fall sind das:

78 000,00 € : 6 = 13 000,00 €

Anschaffungskosten	78 000,00 €
– AfA im 1. Jahr	13 000,00 €[1]
= Buchwert nach dem 1. Jahr	65 000,00 €
– AfA im 2. Jahr	13 000,00 €
= Buchwert nach dem 2. Jahr	52 000,00 €

usw.

Buchung der Abschreibung im 1. Jahr:
6520 Abschreibung auf Sachanlagen		13 000,00 €
an 0840 Fuhrpark		13 000,00 €

Erleidet der Pkw durch einen Unfall im 1. Jahr eine dauerhafte Wertminderung, so muss eine **außerplanmäßige Abschreibung** erfolgen.

Ein Gutachter schätzt zum 31.12. den Wert des Pkw nach einem Unfall im 1. Jahr auf 55 000,00 € (beizulegender Wert):

Buchung
6520 Abschreibung auf Sachanlagen		13 000,00 €
6550 Außerplanmäßige Abschreibung		10 000,00 €
an 0840 Fuhrpark		55 000,00 €

Wird ein **bebautes Grundstück** erworben, so muss man bei der Bewertung unterscheiden zwischen dem **nicht abnutzbaren Grundstück** und dem **abnutzbaren Gebäude,** das planmäßig abgeschrieben werden muss.

---

[1] Sofern der Pkw im Januar des 1. Jahres erworben wurde. Ansonsten muss monatsgenau abgeschrieben werden, z. B. Kauf im Juli: 13 000,00 € : 2 = 6 500,00 €; Kauf im September: 13 000,00 € * 1/3 = 4 333,33.

Gliederung und Bewertung von Aktiva und Passiva

Für ab dem 01.01. 2018 angeschaffte geringwertige Wirtschaftsgüter gilt:

Geringwertige Wirtschaftsgüter			
(selbstständig nutzbare, bewegliche, abnutzbare Wirtschaftsgüter, die dem Anlagevermögen zuzuordnen sind, z. B. Büromöbel, PC, Regale)			
Anzusetzen sind die **Anschaffungs- bzw. Herstellungskosten** (Einzelpreise, ohne Umsatzsteuer).			
Es besteht das folgende Wahlrecht.			
800-Euro-Regel	**Poolabschreibung**		
bis 800,00 €	bis 250,00 €	zwischen 250,01 € und 1 000,00 €	
Anschaffungen bis 800,00 € netto werden im Anschaffungsjahr **in voller Höhe als Aufwand** erfasst (Sofortaufwand). Anschaffungen ab 800,01 € netto werden über die Nutzungsdauer abgeschrieben (linear).	Anschaffungen bis 250,00 € netto werden **als Aufwand** gebucht (Sofortaufwand).	Anschaffungen zwischen 250,01 € und 1 000,00 € werden in einem **Sammelpool** pro Kalenderjahr erfasst und **über die Nutzungsdauer von 5 Jahren abgeschrieben.** Anschaffungen ab 1 000,01 € netto werden über die Nutzungsdauer abgeschrieben (linear).	
Ein Unternehmen muss sich zu Beginn eines Geschäftsjahres entscheiden, welches der beiden Verfahren (800-Euro-Regel oder Poolabschreibung) es anwenden will, und darf während dieses Geschäftsjahres das Verfahren nicht ändern.			

Bewertung des Finanzanlagevermögens	
am Beispiel der Wertpapiere des Anlagevermögens	
Dauernde Wertminderung	**Vorübergehende Wertminderung**
Abschreibung zwingend (Abschreibungsgebot)	**Abschreibung möglich** (Abschreibungswahlrecht)
Da Wertpapiere keiner Abnutzung unterliegen, handelt es sich nicht um planmäßige Abschreibungen, sondern um **außerplanmäßige Abschreibungen.**	
Beispiel	
Zu Beginn des Jahres erwarb unser Unternehmen 500 Aktien der Brause AG zur langfristigen Anlage. Der Kurswert bei Kauf betrug 95,00 € pro Aktie. Am 31.12. hat die Aktie einen Kurswert von 72,00 €.	

Die **Wertminderung ist dauerhaft** aufgrund einer verfehlten Produktstrategie der Brause AG.		Die **Wertminderung ist vorübergehend**, da es sich nur um einen kurzfristigen Kursrückgang an der Börse handelt. Also besteht ein Abschreibungswahlrecht.	
Anschaffungskosten	47 500,00 €	**Abschreibung**	**Keine Abschreibung**
– außerplanmäßige Abschr.	11 500,00 €	Bilanzansatz	Bilanzansatz
Bilanzansatz	36 000,00 €	36 000,00 € (s. dauerhafte Wertminderung, linke Spalte)	47 500,00 €

Gliederung und Bewertung von Aktiva und Passiva

Buchung:	Folge:
7400 Abschreibung auf Finanzanlagen 11 500,00 € an 1500 Wertpapiere des AV 11 500,00 €	Erfolgt eine Abschreibung, − schmälert dies den Gewinn bzw. erhöht einen Verlust und − schmälert dies das Anlagevermögen.
Ist der Kurswert der Aktie am Bilanzstichtag des nächsten Jahres wieder gestiegen, ist eine **Wertaufholung (Zuschreibung) zwingend erforderlich**, aber nur bis zur Höhe der Anschaffungskosten, da diese die Obergrenze bilden. Buchung: 1500 Wertpapiere des Anlagevermögens an 5440 Erträge aus Werterhöhungen von Gegenständen des AV	

Bewertung des Umlaufvermögens
am Beispiel von fertigen und unfertigen Erzeugnissen
Die **Obergrenze für die Bewertung** bilden **die Herstellungskosten**.
Einzelkosten (Fertigungsmaterial, Fertigungslöhne, Sondereinzelkosten der Fertigung) + angemessene Teile der Materialgemeinkosten und Fertigungsgemeinkosten (ohne kalkulatorische Kosten) + Abschreibungen (aus dem Bereich der Fertigung) = **Wertuntergrenze (Pflicht)** + angemessene Teile der Verwaltungsgemeinkosten (wahlweise) (ohne kalkulatorische Kosten) + angemessene Aufwendungen im Zeitraum der Herstellung für soziale Einrichtungen, freiwillige soziale Leistungen, betriebliche Altersvorsorge (wahlweise) + Zinsen für Fremdkapital zur Finanzierung der Herstellung eines Vermögensgegenstands (wahlweise) = **Wertobergrenze** Ein Aktivierungsverbot besteht für Vertriebs- und Forschungskosten
Beispiel
Bestand an fertigen Erzeugnissen, für deren Herstellung die folgenden Angaben vorliegen: Fertigungsmaterial 12 000,00 € Fertigungslöhne 23 500,00 € Es wird mit folgenden Gemeinkostensätzen kalkuliert: Materialgemeinkosten 15 % Fertigungsgemeinkosten 210 % Verwaltungsgemeinkosten 6 % Vertriebsgemeinkosten 4 % In den Material- und Verwaltungsgemeinkosten sind je 5 % rein kalkulatorische Kosten enthalten. Forschungskosten 9 000,00 €

Fertigungsmaterial	12 000,00 €
+ 15 % MGK	1 800,00 €
− kalk. Kosten	90,00 €
Fertigungslöhne	23 500,00 €
+ 210 % FGK	49 350,00 €
= **Wertuntergrenze**	**86 560,00 €**
+ 6 % VWGK	5 193,60 €
− kalk. Kosten	259,68 €
= **Wertobergrenze**	**91 493,92 €**

Gliederung und Bewertung von Aktiva und Passiva

Für die Forschungskosten und die Vertriebsgemeinkosten besteht ein Aktivierungsverbot.
Folgen für den Jahresabschluss: Wird die **Wertuntergrenze** angesetzt, wird der Endbestand an fertigen Erzeugnissen geringer bewertet als beim Ansetzen der Wertobergrenze. Dadurch ist   – das **Vermögen geringer,**   – der **Gewinn geringer,** weil z. B. eine Bestandsmehrung kleiner ausfällt als beim Ansetzen der Wertobergrenze und damit die Bestandsveränderung auf der Haben-Seite des GuV-Kontos geringer ist.
Bei der Bewertung der fertigen und unfertigen Erzeugnisse ist jedoch zu beachten, dass für das Umlaufvermögen das strenge Niederstwertprinzip gilt. Das bedeutet, dass die **Herstellungskosten mit dem aktuellen Wert am Bilanzstichtag verglichen** werden müssen. Das kann der Börsenpreis oder der Marktpreis sein. Wenn dieser aktuelle Wert unter den Herstellungskosten liegt, dann ist eine Abschreibung vorzunehmen und der niedrigere Wert anzusetzen (vgl. § 253 Abs. 4 HGB).
(Anm.: Wenn kein Börsen- oder Marktpreis ermittelt werden kann, so muss ein so genannter beizulegender Wert angesetzt werden, der aus den Verhältnissen am Absatzmarkt abzuleiten ist.)

Bewertung der Herstellungskosten – unfertige und fertige Erzeugnisse

Bestandteile / Rechtsgrundlage	Handelsbilanz nach § 255 HGB	Steuerbilanz nach § 5 Abs. 1 EStG, R 33 Abs. 4 EStR	Anmerkungen zum Inhalt	
Einzelkosten Materialeinzelkosten + Fertigungseinzelkosten + Sondereinzelkosten der Fertigung	Pflicht Pflicht Pflicht	Pflicht Pflicht Pflicht	– Roh-, Hilfs- und Betriebsstoffverbrauch zu Anschaffungskosten – Fertigungslöhne – Entwurf, Modelle, Spezialwerkzeuge, Lizenzgebühren, Entwicklungs-, Versuchs-, Konstruktionskosten im Rahmen des Auftrags	
notwendige Gemeinkosten + notwendige (angemessene) Teile der Materialgemeinkosten + notwendige (angemessene) Teile der Fertigungsgemeinkosten + **Werteverzehr des Anlagevermögens** (Abschreibungen – Fertigungsbereich) (angemessene Teile)	Pflicht Pflicht Pflicht	Pflicht Pflicht Pflicht	– Werkstofflagerhaltung, -transport und -prüfung – Fertigungsvorbereitung und -kontrolle – Werkzeuglagerung und -verwaltung – Betriebsleitung, Raumkosten, Sachversicherung – Unfallverhütungseinrichtungen in der Fertigung – Lohnabrechnung für den Fertigungsbereich – lineare planmäßige Abschreibung (nicht Sonderabschreibungen, erhöhte Abschreibung)	nicht Leerkosten
= **Wertuntergrenze**				
+ Kosten der allgemeinen Verwaltung (angemessene Teile)	Wahlrecht	Wahlrecht	– Aufwendungen für die Geschäftsleitung – Rechnungswesen – Einkauf und Materialeingang – Betriebsrat – Personalbüro – Feuerwehr, Werkschutz – Ausbildung – Gewerbesteuer	
+ Aufwendungen für soziale Einrichtungen (angemessene Teile) + freiwillige soziale Leistungen (angemessene Teile) + freiwillige betriebliche Altersversorgung (angemessene Teile)	Wahlrecht	Wahlrecht	– Sport- und Freizeiteinrichtungen – Aufwendungen für Kantine, Essen – Jubiläumsgeschenke – freiwillige Weihnachtszuwendungen – freiwillige Beteiligungen am Betriebsergebnis – Zuführungen zu Pensionsrückstellungen – Beiträge zu Direktversicherungen – Zuwendungen an Pensions- und Unterstützungskassen	
+ Zinsen für Fremdkapital, das zur Finanzierung der Herstellung des Vermögensgegenstandes verwendet wird	Wahlrecht	Wahlrecht	– Das Kapital muss zur Finanzierung der Herstellung des Vermögensgegenstandes verwendet werden. – Die Zinsen dürfen nur auf den Zeitraum der Herstellung entfallen.	
= **Wertobergrenze**				
Einkommensteuer, Körperschaftsteuer, Umsatzsteuer, kalkulatorische Kosten	Verbot Verbot	Verbot Verbot	– keine Betriebsausgabe – durchlaufende Posten, keine Aufwendungen, keine Betriebsausgaben	
Vertriebskosten	Verbot	Verbot	– Werbekosten – Vertrieb – Verkaufsbüro – Erzeugnislager	
Forschungskosten	Verbot	Verbot	– Eigenständige und planmäßige Suche nach neuen Erkenntnissen oder Erfahrungen allgemeiner Art	

Gliederung und Bewertung von Aktiva und Passiva

Bewertung von Vorräten (Roh-, Hilfs- und Betriebsstoffe, Fremdbauteile) mithilfe von Bewertungsvereinfachungsverfahren

Vorräte sind grundsätzlich nach **Anschaffungskosten** (fremdbezogene Vorräte) bzw. **Herstellungskosten** (selbst hergestellte Vorräten) zu bewerten. Liegt der **Börsen- oder Marktpreis** am Bilanzstichtag unter den Anschaffungs- bzw. Herstellungskosten, so muss dieser niedrigere Wert angesetzt werden (**strenges Niederstwertprinzip**). Ist am darauffolgenden Bilanzstichtag der Börsen- oder Marktpreis wieder gestiegen, so darf der niedrigere Wert nicht beibehalten werden. Es muss eine **Wertaufholung (Zuschreibung)** stattfinden, jedoch höchstens bis zu den Anschaffungs- bzw. Herstellungskosten.

Grundsätzlich gilt für die Bewertung der Vorräte der Grundsatz der **Einzelbewertung** (vgl. § 252 Abs. 1, Ziffer 3 HGB). Jedoch erlaubt das HGB eine **vereinfachte Bewertung**, wenn der einzelne Wert nur schwer feststellbar ist, weil die Vorräte (z. B. Sand, Kies, Heizöl) zu verschiedenen Zeiten zu unterschiedlichen Preisen gekauft, aber gemischt gelagert werden. In diesem Fall kann eine **gewogene Durchschnittswertermittlung** (vgl. § 240 Abs. 4 HGB) oder eine **Bewertung nach einer fiktiven Verbrauchsfolge** (vgl. § 256 HGB) vorgenommen werden.

Beispiel

Anfangsbestand am 01.01.	4 000 kg zu 1,28 € je kg
Zugang am 17.03.	2 500 kg zu 1,26 € je kg
Abgang am 02.04.	1 200 kg
Zugang am 19.08.	2 000 kg zu 1,36 € je kg
Abgang am 21.10.	3 000 kg
Endbestand am 31.12.	4 300 kg

Gewogene Durchschnittswertermittlung
(nach § 240 Abs. 4 HGB)

Es wird zuerst ein **Durchschnittspreis** durch folgende Rechnung ermittelt:

$$\frac{\text{Wert des Anfangsbestands + Wert der Zugänge}}{\text{Menge des Anfangsbestands + Menge der Zugänge}} \qquad \frac{5120,00 + 5870,00}{4000,00 + 4500,00}$$

Es ergibt sich ein Durchschnittspreis von 1,29 €.
Mit diesem Durchschnittspreis wird der Endbestand multipliziert: 1,29 € · 4 300 = 5 547,00 €
Der Endbestand laut Inventur wird also mit 5.547,00 € bewertet.
(Liegt der Börsen- oder Marktpreis am Bilanzstichtag jedoch unter diesem Preis, z. B. bei 1,25 €, so ist der Endbestand nach dem strengen **Niederstwertprinzip** zu diesem niedrigeren Preis zu bewerten, also mit 1,25 € · 4 300 = 5.375,00 €.)

Bewertung nach fiktiver Verbrauchsfolge
(nach § 256 HGB)

LIFO-Verfahren (Last In – First Out) Annahme: Die **zuletzt angeschafften oder hergestellten** Vorräte werden **zuerst verbraucht**, sodass der Endbestand aus dem Anfangsbestand und den ersten Zugängen stammt.		FIFO-Verfahren (First In – First Out) Annahme: Die **zuerst angeschafften oder hergestellten** Vorräte werden **zuerst verbraucht**, sodass der Endbestand aus den letzten Zugängen stammt.
Permanentes LIFO	**Perioden-LIFO** (in der Praxis allgemein üblich)	
Die **Vorräte werden laufend erfasst und bewertet** und zwar „Last In – First Out", d. h., jeder Abgang wird durch die davor erfolgten Zugänge gedeckt: AB: 4 000 · 1,28 € = 5120,00 € + Zug.: 2 500 · 1,26 € = 3150,00 € = 6 500 8270,00 €	**Der Endbestand wird mit dem Anfangsbestand verglichen.** 1. Fall: Endbest. = Anfangsbest. Es wird die Bewertung des Anfangsbestandes, also die Bewertung des Vorjahres, übernommen.	Der Endbestand von 4 300 kg stammt aus den letzten zwei Zugängen: 19.08.: 2 000 · 1,36 € = 2720,00 € 17.03.: 2 300 · 1,32 € = 3036,00 € 5756,00 €

Gliederung und Bewertung von Aktiva und Passiva

- Abg.: 1 200 · 1,26 € = 1512,00 €
= 5 300   6758,00 €
+ Zug.: 2 000 · 1,36 € = 2720,00 €
= 7 300   9478,00 €
- Abg.: 3 000
   davon
  2 000 · 1,36 € = 2720,00 €
  1 000 · 1,26 € = 1260,00 €
= Endbestand
  4 300   5498,00
	2. Fall: Endbest. < Anfangsbest.
	Es wird die Bewertung des Anfangsbestandes, also die Bewertung des Vorjahres, übernommen.
	
	3. Fall: Endbest. > Anfangsbest.
	(s. Beispiel)
	  4 300 kg > 4 000 kg
	Von den 4 300 kg stammen 4 000 kg aus dem Anfangs-bestand und 300 kg aus dem ersten Zugang.
	also: 4 000 · 1,28 € = 5120,00 €
	   300 · 1,26 € = 378,00 €
	         5498,00 €	

Der Endbestand wird mit 5.498,00 € bewertet.	Der Endbestand wird mit 5.498,00 € bewertet.	Der Endbestand wird mit 5.756,00 € bewertet.
Liegt der Börsen- oder Marktpreis am Bilanzstichtag jedoch unter diesem Preis, z. B. bei 1,25 €, so ist der Endbestand nach dem strengen **Niederstwertprinzip** zu diesem niedrigeren Preis zu bewerten, also mit 1,25 € · 4300 = 5.375,00 €.		

Auswirkungen von LIFO bzw. FIFO		
	LIFO	**FIFO**
bei sinkenden Preisen	Die Bestände am Bilanzstichtag werden mit Werten angesetzt, die über dem Börsen- oder Marktpreis am Bilanzstichtag liegen. Dies ist nach dem strengen Niederstwertprinzip nicht zulässig und erfordert eine **Korrektur**.	Das FIFO-Verfahren wird vor allem bei sinkenden Preisen angewandt, da das strenge **Niederstwertprinzip eingehalten** wird. Bei sinkenden Preisen führt das FIFO-Verfahren zu einem höheren Gewinn, weil nicht die alten, hohen Anschaffungskosten, sondern die neuen, geringeren Anschaffungskosten angesetzt werden. (Das FIFO-Verfahren wird auch bei gleichbleibenden und schwankenden Preisen eingesetzt.)
bei steigenden Preisen	Die Bestände am Bilanzstichtag werden mit Werten angesetzt, die unter dem Börsen- oder Marktpreis am Bilanzstichtag liegen. Es entstehen **stille Reserven.** Weil zunächst der Verbrauch der zuletzt erworbenen Vorräte unterstellt wird, führt diese Methode zu einer höheren Bewertung des Materialverbrauchs und zu einer geringeren Bewertung des Bestandes. Diese Methode ist also in Zeiten steigender Preise geeignet, wenn das bilanzpolitische **Ziel eines niedrigen Vermögens- und Erfolgsausweises** verfolgt wird.	Bei steigenden Preisen **verstößt** das FIFO-Verfahren **gegen das strenge Niederstwertprinzip**.

Gliederung und Bewertung von Aktiva und Passiva

Bedeutung, Gliederung und Bewertung des Eigenkapitals

- Die Passivseite der Bilanz weist Höhe und Herkunft des Kapitals auf, gegliedert in Eigenkapital und Schulden.
- Das Eigenkapital, Differenz von Vermögen und Schulden, steht dem Unternehmen dauernd, d. h. zur langfristigen Finanzierung, zur Verfügung.
- Es ist Haftungs- und Garantiekapital.
- Es wird gespeist durch Zahlungen der Eigentümer bzw. Gesellschafter als Außenfinanzierung (Grundkapital, Stammkapital) oder aus einbehaltenen Gewinnen (Rücklagen – Eigenfinanzierung als Innenfinanzierung).
- Bestehen Haftungsbeschränkungen für Teile des Eigenkapitals, müssen diese grundsätzlich konstanten Teile (Haftungskapital) getrennt von den beweglichen Teilen ausgewiesen werden.

  - **Konstante Teile des Eigenkapitals:**
    - **Teilhafterkapital** in der KG
    - gezeichnetes Kapital (Grundkapital der AG, Stammkapital der GmbH)
  - **bewegliche Teile des Eigenkapitals:**
    - **Vollhafterkapital** in Einzelunternehmen und Personengesellschaften
    - Rücklagen in Kapitalgesellschaften
  - **Rücklagen:** Der Gesetzgeber unterscheidet offene und stille Rücklagen.
  - **offene Rücklagen** werden nach der Herkunft der Mittel getrennt ausgewiesen:
    - **Kapitalrücklagen:** Zuzahlungen über dem Nennwert von Anteilen hinaus (Agio)
    - **Gewinnrücklagen:** aus dem Gewinn gespeiste Rücklagen: gesetzliche Rücklage, Rücklagen für eigene Anteile, satzungsmäßige Rücklagen, andere Gewinnrücklagen

- **Stille Rücklagen (Stille Reserven)** werden nicht offen ausgewiesen. Sie entstehen durch Unterbewertung des Vermögens bzw. Überbewertung der Schulden.
- Der **Jahresüberschuss** wird in Kapitalgesellschaften als gesonderte Eigenkapitalposition vor jeglicher Verteilung dargestellt.

  Um die Zugehörigkeit zu erkennen, muss in diesem Fall ein **Gewinnverwendungsvorschlag** aus dem Anhang hervorgehen. Nach teilweiser Gewinnverwendung durch Einstellung in Gewinnrücklagen wird der Rest unter der Bezeichnung **Bilanzgewinn** ausgewiesen. Nach kompletter Gewinnverteilung (Rücklagenbildung und/oder Ausschüttung) erscheint ein möglicher Gewinnrest als „**Gewinnvortrag**".

Bewertung der Verbindlichkeiten
Verbindlichkeiten (Verbindlichkeiten a. LL., Bankverbindlichkeiten, Lohn- und Gehaltsverbindlichkeiten, Steuerverbindlichkeiten) sind zu ihrem **Erfüllungsbetrag** anzusetzen (§ 253 Abs. 1 HGB).
Erfüllungsbetrag ist der Betrag, **der zum Ausgleich der Verbindlichkeit benötigt wird,** - ohne Verminderung durch mögliche Skonti, - ohne Erhöhung durch Zuschläge für verspätete Zahlung und/oder Verzugszinsen.
Aus dem Vorsichtsprinzip lässt sich ableiten, dass Verbindlichkeiten eher zu hoch als zu niedrig zu bewerten sind (Höchstwertprinzip). Das ist zum Beispiel bei Verbindlichkeiten in fremder Währung (s. u.) der Fall, weil sich die Frage stellt, zu welchem Umrechnungskurs die Verbindlichkeiten zu bewerten sind.

Gliederung und Bewertung von Aktiva und Passiva

Bewertung von Fremdwährungsverbindlichkeiten	
Restlaufzeit: ein Jahr oder weniger	**Restlaufzeit:** mehr als ein Jahr
Die Verbindlichkeit, z. B. in US-Dollar, ist zum **Devisenkassamittelkurs am Bilanzstichtag** zu bewerten, d. h. in Euro umzurechnen. Der Devisenkassamittelkurs kann berechnet werden als Mittelkurs zwischen Briefkurs (Kurs der Bank für den Ankauf von Devisen) und Geldkurs (Kurs der Bank für den Verkauf von Devisen).	Es gilt das **Höchstwertprinzip**. Das bedeutet, die Verbindlichkeit, z. B. in US-Dollar, ist zum Devisenkassamittelkurs am Bilanzstichtag zu bewerten, d. h. in Euro umzurechnen. Führt jedoch der Devisenkassamittelkurs zu einem geringeren Euro-Betrag als eine Umrechnung zum Anschaffungskurs (Kurs bei Entstehen der Verbindlichkeit), so ist der Anschaffungskurs zu nehmen. Ziel: **Die Umrechnung darf nicht dazu führen, dass noch nicht eingetretene Gewinne ausgewiesen werden** (Realisationsprinzip und Imparitätsprinzip, s. S. 104)
	Beispiel **Eine Verbindlichkeit (Restlaufzeit 18 Monate) beträgt 12 500,00 USD.** Bei einem Anschaffungskurs von **1,00 € = 1,32 USD** entspricht das **9 469,70 €**.
	Der Devisenkassamittelkurs am Bilanzstichtag beträgt: **1,00 € = 1,29 USD** Das entspricht: 9 689,92 €. Nach dem Höchstwertprinzip ist die Verbindlichkeit **mit 9 689,92 € (zum Devisenkassamittelkurs) zu bewerten.** / Der Devisenkassamittelkurs am Bilanzstichtag beträgt: **1,00 € = 1,40 USD** Das entspricht 8 928,57 €. Nach dem Höchstwertprinzip ist die Verbindlichkeit **mit 9 469,70 € (zum Anschaffungskurs) zu bewerten.**

Rückstellungen
Verbindlichkeiten, deren **Höhe und/oder Fälligkeit** am Bilanzstichtag **noch nicht feststeht**.
Aus diesem Grund werden Rückstellungen **geschätzt**. Es ist der nach vernünftiger kaufmännischer Beurteilung notwendige **Erfüllungsbetrag anzusetzen** (§ 253 Abs. 1 HGB). Dabei gilt das **Vorsichtsprinzip**. Deshalb sind zukünftige Preis- und Kostensteigerungen bei der Bewertung zu berücksichtigen.
Durch einen zu niedrigen Ansatz der Rückstellung (**Unterbewertung**) ergeben sich ein **zu hoher Gewinn und Liquiditätsverluste** durch zu hohe Steuerzahlung und Gewinnausschüttung.
Durch den zu hohen Ansatz der Rückstellung (**Überbewertung**) entstehen **stille Reserven** (vgl. S. 114).
Rückstellungen müssen gebildet werden für: – **ungewisse Verbindlichkeiten** (z. B. Pensionsrückstellungen, Steuerrückstellungen, Prozesskostenrückstellungen) – **drohende Verluste** aus schwebenden Geschäften – **unterlassene Aufwendungen** für Reparaturen, die in den ersten drei Monaten des folgenden Geschäftsjahres nachgeholt werden, oder Abraumbeseitigungen, die im folgenden Geschäftsjahr nachgeholt werden – **Kulanzleistungen**

Gliederung und Bewertung von Aktiva und Passiva

	Rückstellungen
Rückstellungen mit einer **Restlaufzeit von bis zu einem Jahr** müssen **nicht abgezinst** werden (vgl. S. 114 Beispiel rechte Spalte).	Rückstellungen mit einer **Restlaufzeit von mehr als einem Jahr** müssen **abgezinst** werden. Und zwar mit dem ihrer Restlaufzeit entsprechenden durchschnittlichen Marktzinssatz der vergangenen sieben Geschäftsjahre (§ 253 Abs. 2 HGB) – Pensionsrückstellungen mit dem durchschnittlichen Marktzinssatz, der sich bei einer angenommenen Restlaufzeit von 15 Jahren ergibt. Diese Abzinsungssätze werden von der Deutschen Bundesbank ermittelt und veröffentlicht.

Beispiel
Für einen Gerichtsprozess, der auf 2 Jahre angesetzt ist, wird eine Rückstellung gebildet in Höhe von 50 000,00 €. Der Abzinsungssatz beträgt 3 %. Bei Anwendung der Barwertformel ergibt sich als **Barwert** für die **Zugangsbewertung:** 50 000,00 € * (1 : 1,03^2) = 47 129,79 €

Buchung:

6770 Rechtskosten		50 000,00
an 3900 Sonstige Rückstellungen		47 129,79
5710 Zinserträge		2 870,21

Nach dem 1. Geschäftsjahr ergibt sich als Barwert für die **Folgebewertung:** 50 000,00 € * (1 : 1,03^1) = 48 543,68 €

Buchung:

7510 Zinsaufwendungen	1 413,89
an 3900 Sonstige Rückstellungen	1 413,89

Nach dem 2. Geschäftsjahr ergibt sich der **Erfüllungsbetrag** von 50 000,00 €.

Buchung:

7510 Zinsaufwendungen	1 456,32
an 3900 Sonstige Rückstellungen	1 456,32

Die **Summe der Zinserträge** (2 870,21 €) **entspricht** insgesamt der **Summe der Zinsaufwendungen** (1 413,89 € + 1 456,32 €).

Gliederung und Bewertung von Aktiva und Passiva

Entstehung und Auflösung stiller Reserven	
Stille Reserven entstehen durch die	
Unterbewertung von Aktiva	**Überbewertung von Passiva**
z. B. Abschreibungen höher als Wertverlust, Marktpreis höher als Anschaffungskosten, Wahl der Wertuntergrenze bei Herstellungskosten	z. B. Bildung zu hoher Rückstellungen, Aufwertung des Euro bei Fremdwährungsverbindlichkeiten mit einer Restlaufzeit > 1 Jahr
Beispiel	

Der Kaufpreis eines Grundstücks betrug vor 5 Jahren 80 000,00 €. Vor 2 Jahren wurde das Grundstück zum Bauland erklärt. Dadurch erhöhte sich der Wert des Grundstücks beträchtlich. Im laufenden Geschäftsjahr wurde das Grundstück für 120 000,00 € verkauft.
 	
Trotz der Wertsteigerung musste das Grundstück bis ins laufende Geschäftsjahr mit 80 000,00 € angesetzt worden, da beim Sachanlagevermögen die **Anschaffungskosten die Obergrenze** bilden (Anschaffungskostenprinzip). Dadurch entsteht eine **stille Reserve**, weil bei diesem Grundstück **der Marktpreis höher als der in der Bilanz angesetzte Wert** ist.
 	
Erst **beim Verkauf** wird die **Wertsteigerung realisiert und** sie darf somit gebucht werden (Realisationsprinzip, Imparitätsprinzip, vgl. S. 104).
 	
Buchung bei Kauf:
 	
0500 Unbebaute Grundstücke   80 000,00 €
an 2800 Bank   80 000,00 €
 	
Buchung bei Verkauf:
 	
2800 Bank   120 000,00 €
an 0500 Unbebaute Grundstücke   80 000,00 €
    5490 Periodenfremde Erträge   40 000,00 €
 	
Die **stille Reserve** in Höhe von 40 000,00 € ist jetzt **aufgelöst** worden. Sie **erhöht die Erträge** und damit den Gewinn.
	Ein Maschinenschaden, der sich Ende Dezember ereignet hat, soll in der ersten Januarwoche repariert werden. Aufgrund des vorliegenden Kostenvoranschlags sollen die Reparaturkosten 26 000,00 € netto betragen.
	
	Nach Beendigung der Reparaturarbeiten wird die Rechnung über 24 000,00 € + 19 % Umsatzsteuer im Januar per Banküberweisung bezahlt.
	
	Es wird eine Rückstellung über 26 000,00 € gebildet.
	
	Buchung:
	
	6160 Fremdinstandsetzung 26 000,00 €
	an 3900 Sonstige Rückstellungen 26 000,00 €
	
	Diese Rückstellung erscheint in der Schlussbilanz und wird in das neue Geschäftsjahr übernommen. Da die tatsächlichen Reparaturkosten bei 24 000,00 € liegen, ist eine stille Reserve von 2 000,00 € entstanden, weil die tatsächlichen Kosten geringer als die angesetzten Kosten sind.
	
	Durch die Bezahlung der Rechnung wird die stille Reserve aufgelöst (Realisationsprinzip, vgl. S. 104).
	
	Buchung bei Zahlung:
	
	3900 Sonstige Rückstellungen 26 000,00 €
	2600 Vorsteuer 4 560,00 €
	an 2800 Bank 28 560,00 €
	    5490 Periodenfremde Erträge 2 000,00 €
	
	Durch die Auflösung der stillen Reserve erhöhen sich die Erträge und der Gewinn um 2 000,00 €.

Gliederung und Bewertung von Aktiva und Passiva

4.2 Ausgangssituation Gliederung und Bewertung von Aktiva und Passiva

Die BRAFO AG, 53111 Bonn, ein deutsches Unternehmen der Nahrungs- und Genussmittelindustrie, beschäftigt 700 Mitarbeitende und ist einer der führenden Hersteller von Snacks (Salzstangen, Erdnüsse, Nachos u. Ä.) und Süßwaren (Kekse, Schokoriegel, Pralinen u. Ä.). Zum Jahresende (31.12.2023) wird die Bilanz aufgestellt. Zur Vorbereitung müssen noch die Wertansätze einzelner Positionen ermittelt werden. Nachstehend erhalten Sie die dafür notwendigen Informationen.

Grundstücke

Die BRAFO AG erwarb Anfang 2021 ein Grundstück zur Errichtung einer neuen Lagerhalle. Der Kaufpreis betrug 210 000,00 €. Als im Sommer 2021 mit dem Bau begonnen werden sollte, fand man im Boden giftigen Klärschlamm. Dadurch sank der Wert des Grundstücks vorübergehend um 30 %. Zu Beginn des Jahres 2022 wurde der Boden in einem aufwendigen Verfahren saniert. Nach Ende der Sanierung im März 2022 wurde der Grundstückswert per Gutachten auf 225 000,00 € festgelegt.

Maschinen

Eine Verpackungsmaschine, die im Januar 2017 bei der Maschinenfabrik Max Bank OHG gekauft wurde, kostete 80 000,00 € netto und verursachte Montagekosten von 3 000,00 € sowie Transportkosten von 1 000,00 €. Bei einer geplanten Nutzungsdauer von sieben Jahren wurde sie linear abgeschrieben.

Im Jahr 2020 wurde auf eine andere Verpackung umgestellt und die Maschine damit vollkommen überflüssig. Seit Beginn des Geschäftsjahres 2022 wird diese Maschine jedoch bei einer neuen Produktlinie wieder voll eingesetzt.

Wertpapiere des Anlagevermögens

Die BRAFO AG kaufte am 15. August 2022 1 000 Aktien der Knäcke AG zur langfristigen Anlage zum Preis von 31,50 € pro Aktie. Aufgrund von Gewinnmitnahmen gegen Ende des Jahres brachen die Börsenkurse ein wenig ein und am 31.12.2023 beträgt der Börsenkurs der Aktien der Knäcke AG 30,15 €.

Fertige Erzeugnisse

Für das Osterfest 2024 waren im November 2023 bereits Marzipaneier hergestellt worden, die jedoch erst Ende Februar 2024 ausgeliefert werden.

Die Aufwendungen für diese Ostereier betrugen:

Fertigungsmaterial 90 000,00 €
Fertigungslöhne 120 000,00 €

Die Kostenrechnungsabteilung rechnete mit folgenden Gemeinkostenzuschlagssätzen:
MGK 5 %, FGK 200 %, VwGK 2 %, VertrGK 4 %, Gewinnzuschlag 22 %
60 % der MGK und der FGK sowie 80 % der VwGK beziehen sich konkret auf die Herstellung der Ostereier.

Rohstoffe

Von einem Rohstoff liegen die folgenden Angaben vor:

Datum	Bestand	Zugang	Anschaffungskosten je Einheit in €	Abgang
01.01.	4 200		7,00	
15.02.				1 500
26.03.		6 000	8,00	

Gliederung und Bewertung von Aktiva und Passiva

Datum	Bestand	Zugang	Anschaffungskosten je Einheit in €	Abgang
04.04.				3 000
09.05.				3 400
26.06.		6 000	9,00	
27.07.				4 500
28.08.		8 000	8,50	
24.09.				5 000
27.10.				4 000
27.11.		8 000	8,70	
10.12.				6 500
31.12.	4 300			
Der Marktpreis am 31.12. beträgt 8,60 €.				

Verbindlichkeiten

Die BRAFO AG hat im Sommer 2021 in Kanada ein Patent zur Herstellung von Ahornsirup-Donuts zum Preis von 100 000,00 CAD gekauft und zur Hälfte bereits bezahlt zu einem Kurs von 1,00 € = 1,35 CAD. Laut Vertrag ist der Restbetrag in Höhe 50 000,00 CAD in Ende 2025 fällig.

Der Devisenkassamittelkurs am 31.12.2021 beträgt 1,00 € = 1,38 CAD.

Rückstellungen

Die starken Schneefälle im Dezember 2023 führten dazu, dass ein Teil des Daches der Lagerhalle beschädigt wurde. Die BRAFO AG entschied sich am 28.12.2023, die Bau GmbH mit der Reparatur zu beauftragen, da sie das günstigste Angebot vorgelegt hatte. Das Angebot der Bau GmbH ging von Reparaturkosten in Höhe von 45 000,00 € netto aus. Es wurde vereinbart, die Reparaturarbeiten Anfang Januar 2024 durchzuführen.

Nach Abschluss der Reparaturarbeiten erhielt die BRAFO AG am 21.01.2024 eine Rechnung der Bau GmbH über die Dachsanierung der Lagerhalle in Höhe von 49 028,00 € einschließlich 19 % Umsatzsteuer.

4.2.1 Aufgaben Anforderungsbereich I

1. **Nennen** und **beschreiben Sie** kurz die wesentlichen allgemeinen Bewertungsgrundsätze.
2. **Ermitteln Sie** die Anschaffungskosten der Verpackungsmaschine.
3. **Beschreiben Sie** die Auswirkungen einer Zuschreibung.
4. **Ermitteln Sie** den Erwerbskurs der Wertpapiere.
5. **Berechnen Sie** die handelsrechtlich zulässige Wertobergrenze bzw. Wertuntergrenze, die für die Ostereier zum 31.12.2023 angesetzt werden kann.
6. **Beschreiben Sie** die Aufgabe von Rückstellungen.
7. **Stellen Sie** dar, was bei Rückstellungen mit einer längeren Laufzeit als einem Jahr zu beachten ist.

4.2.2 Aufgaben Anforderungsbereich II

1. **Erläutern Sie**, wie das Grundstück im Jahresabschluss
   a) 2021 nach HGB zu bewerten war,
   b) 2023 nach HGB zu bewerten ist.
2. **Erklären Sie**, wie die Verpackungsmaschine für die Jahresabschlüsse 2017, 2020 und 2022 nach HGB zu bewerten war.
3. **Erklären Sie**, mit welchem Wert die Wertpapiere in der Bilanz des Jahres 2023 angesetzt werden dürfen.
4. **Analysieren Sie** die Auswirkungen, die der Höchstwertansatz (im Vergleich zum Mindestwertansatz) für die fertigen Erzeugnisse auf den Jahresabschluss hat.
5. **Erläutern Sie**, welches Ziel die BRAFO AG mit dem Höchstwertansatz verfolgen könnte.
6. **Bewerten Sie** unter Berücksichtigung des strengen Niederstwertprinzips die Rohstoffe nach dem
   a) gewogenen Durchschnitt,
   b) FIFO-Verfahren,
   c) Perioden-LIFO-Verfahren.
7. **Erklären Sie** mithilfe konkreter Zahlen, mit welchem Eurobetrag die Fremdwährungsverbindlichkeit im Jahresabschluss 2023 anzusetzen ist.
8. **Erläutern Sie**, welche Auswirkung die Rückstellung auf den Jahresabschluss 2023 hat.
9. **Erklären Sie**, wie die Rückstellung aufgelöst wird und welche Auswirkung das auf den Jahresabschluss 2024 hat.

4.2.3 Aufgaben Anforderungsbereich III

1. **Beurteilen Sie** die Anwendung des Imparitätsprinzips bei der Bewertung des Grundstücks der BRAFO AG.
2. **Stellen Sie** kritisch **dar**, ob aus Ihrer Sicht das Vorsichts- bzw. Gläubigerschutzprinzip der Bewertungsansätze nach HGB heute noch zeitgemäß ist.
3. **Prüfen Sie**, inwieweit zum Bilanzstichtag bei den Verbindlichkeiten stille Reserven gebildet wurden.

5 Analyse und Kritik des Jahresabschlusses

5.1 Themenübersicht

Bestandteile des Jahresabschlusses

Die Vorschriften des HGB zum Jahresabschluss unterscheiden verschiedene Unternehmenskategorien, für die unterschiedliche Bestimmungen hinsichtlich Inhalt und Umfang der Berichterstattung festgelegt worden sind:

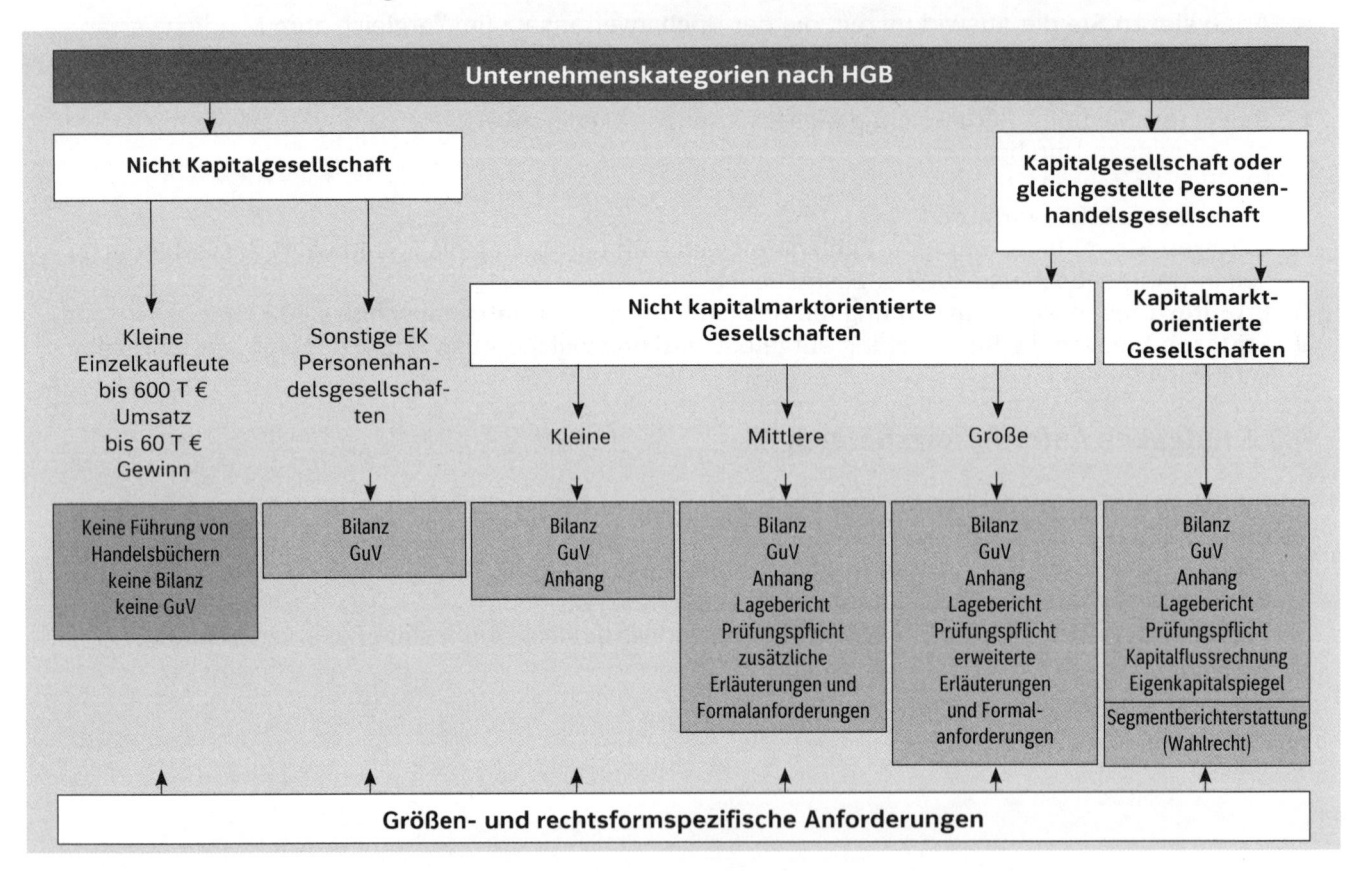

Unternehmenskategorien nach HGB

- **Nicht Kapitalgesellschaft**
  - Kleine Einzelkaufleute bis 600 T € Umsatz bis 60 T € Gewinn → Keine Führung von Handelsbüchern, keine Bilanz, keine GuV
  - Sonstige EK Personenhandelsgesellschaften → Bilanz, GuV

- **Kapitalgesellschaft oder gleichgestellte Personenhandelsgesellschaft**
  - Nicht kapitalmarktorientierte Gesellschaften
    - Kleine → Bilanz, GuV, Anhang
    - Mittlere → Bilanz, GuV, Anhang, Lagebericht, Prüfungspflicht, zusätzliche Erläuterungen und Formalanforderungen
    - Große → Bilanz, GuV, Anhang, Lagebericht, Prüfungspflicht, erweiterte Erläuterungen und Formalanforderungen
  - Kapitalmarktorientierte Gesellschaften → Bilanz, GuV, Anhang, Lagebericht, Prüfungspflicht, Kapitalflussrechnung, Eigenkapitalspiegel, Segmentberichterstattung (Wahlrecht)

Größen- und rechtsformspezifische Anforderungen

Größenabgrenzung der Kapitalgesellschaften und Großunternehmen (vgl. § 267 Abs. 1 – 3 HGB)

Kapitalgesellschaft	Bilanzsumme Mio. EUR	Umsatzerlöse Mio. EUR	Zahl der Beschäftigten im Jahresdurchschnitt	Erläuterungen
Kleine	über 0,35 bis 6,0	über 0,7 bis 12,0	über 10 bis 50	Für die Zuordnung müssen mindestens zwei der drei Merkmale an den Abschlussstichtagen von zwei aufeinanderfolgenden Geschäftsjahren über- oder unterschritten werden.
Mittelgroße	über 6,0 bis 20,0	über 12,0 bis 40,0	bis 250	
Große	über 20,0	über 40,0	über 250	
Kapitalmarktorientierte Unternehmen gelten immer als „groß".				
Großunternehmen §§ 1 und 3 PublG	über 65,0	über 130,0	über 5000	Einzelkaufleute und Personengesellschaften gelten als Großunternehmen, wenn sie zwei der drei Merkmale an drei aufeinanderfolgenden Abschlussstichtagen überschreiten.

Analyse und Kritik des Jahresabschlusses

Gliederung der Bilanz

Aktiva Gliederung der Jahresbilanz der mittelgroßen und großen Kapitalgesellschaften gemäß § 266 HGB Passiva	

A. Anlagevermögen
   I. Immaterielle Vermögensgegenstände
      1. Selbst geschaffene gewerbliche Schutzrechte und ähnliche Rechte und Werte
      2. Entgeltlich erworbene Konzessionen, Schutzrechte und ähnliche Rechte und Werte sowie Lizenzen an solchen Rechten und Werten
      3. Geschäfts- oder Firmenwert
      4. Geleistete Anzahlungen
   II. Sachanlagen
      1. Grundstücke, grundstücksgleiche Rechte und Bauten einschließlich der Bauten auf fremden Grundstücken
      2. Technische Anlagen und Maschinen
      3. Andere Anlagen, Betriebs- und Geschäftsausstattung
      4. Geleistete Anzahlungen und Anlagen im Bau
   III. Finanzanlagen
      1. Anteile an verbundenen Unternehmen
      2. Ausleihungen an verbundene Unternehmen
      3. Beteiligungen
      4. Ausleihungen an Unternehmen, mit denen ein Beteiligungsverhältnis besteht
      5. Wertpapiere des Anlagevermögens
      6. Sonstige Ausleihungen
B. Umlaufvermögen
   I. Vorräte
      1. Roh-, Hilfs- und Betriebsstoffe
      2. Unfertige Erzeugnisse, unfertige Leistungen
      3. Fertige Erzeugnisse und Waren
      4. Geleistete Anzahlungen
   II. Forderungen und sonstige Vermögensgegenstände
      1. Forderungen aus Lieferungen und Leistungen
      2. Forderungen gegen verbundene Unternehmen
      3. Forderungen gegen Unternehmen, mit denen ein Beteiligungsverhältnis besteht
      4. Sonstige Vermögensgegenstände
   III. Wertpapiere
      1. Anteile an verbundenen Unternehmen
      2. Sonstige Wertpapiere
   IV. Schecks, Kassenbestand, Bundesbankguthaben, Guthaben bei Kreditinstituten
C. Rechnungsabgrenzungsposten
D. Aktive latente Steuern
E. Aktiver Unterschiedsbetrag aus der Vermögensverrechnung
	A. Eigenkapital
	   I. Gezeichnetes Kapital
	   II. Kapitalrücklage
	   III. Gewinnrücklagen
	      1. Gesetzliche Rücklage
	      2. Rücklagen für Anteile an einem herrschenden oder mehrheitlich beteiligten Unternehmen
	      3. Satzungsmäßige Rücklagen
	      4. Andere Gewinnrücklagen
	   IV. Gewinnvortrag/Verlustvortrag
	   V. Jahresüberschuss/Jahresfehlbetrag
	B. Rückstellungen
	   1. Rückstellungen für Pensionen und ähnliche Verpflichtungen
	   2. Steuerrückstellungen
	   3. Sonstige Rückstellungen
	C. Verbindlichkeiten
	   1. Anleihen
	      davon konvertibel
	   2. Verbindlichkeiten gegenüber Kreditinstituten
	   3. Erhaltene Anzahlungen auf Bestellungen
	   4. Verbindlichkeiten aus Lieferungen und Leistungen
	   5. Verbindlichkeiten aus der Annahme gezogener Wechsel und der Ausstellung eigener Wechsel
	   6. Verbindlichkeiten gegenüber verbundenen Unternehmen
	   7. Verbindlichkeiten gegenüber Unternehmen, mit denen ein Beteiligungsverhältnis besteht
	   8. Sonstige Verbindlichkeiten,
	      davon aus Steuern
	      davon im Rahmen der sozialen Sicherheit
	D. Rechnungsabgrenzungsposten
	E. Passive latente Steuern

Aktiva Bilanzschema einer kleinen Kapitalgesellschaft Passiva	

A. Anlagevermögen
   I. Immaterielle Vermögensgegenstände
   II. Sachanlagen
   III. Finanzanlagen
B. Umlaufvermögen
   I. Vorräte
   II. Forderungen und sonstige Vermögensgegenstände
   III. Wertpapiere
   IV. Liquide Mittel
C. Rechnungsabgrenzungsposten
D. Aktive latente Steuern
E. Aktiver Unterscheidungsbetrag aus der Vermögensverrechnung
	A. Eigenkapital
	   I. Gezeichnetes Kapital
	   II. Kapitalrücklage
	   III. Gewinnrücklagen
	   IV. Gewinnvortrag/Verlustvortrag
	   V. Jahresüberschuss/Jahresfehlbetrag
	B. Rückstellungen
	C. Verbindlichkeiten
	D. Rechnungsabgrenzungsposten
	E. Passive latente Steuern

Analyse und Kritik des Jahresabschlusses

Kleine Kapitalgesellschaften müssen nur eine verkürzte Bilanz, die die mit Großbuchstaben und römischen Ziffern bezeichneten Posten des Gliederungsschemas gemäß **§ 266 HGB** enthält, aufstellen und veröffentlichen.

Für **mittelgroße Kapitalgesellschaften** gilt zwar auch die ausführliche Bilanzgliederung, sie können aber bei Offenlegung ihre Bilanz verkürzen, müssen dann allerdings in der Bilanz oder im Anhang (Wahlrecht) die im § 327 HGB aufgeführten Posten aus der Bilanzgliederung gemäß § 266 HGB gesondert angeben.

Im Wesentlichen werden hier nähere Informationen gefordert zu
- dem Geschäfts- und Firmenwert,
- den Sachanlagen,
- den finanziellen Beziehungen zu verbundenen Unternehmen.

Gliederung der Gewinn- und Verlustrechnung nach § 275 HGB

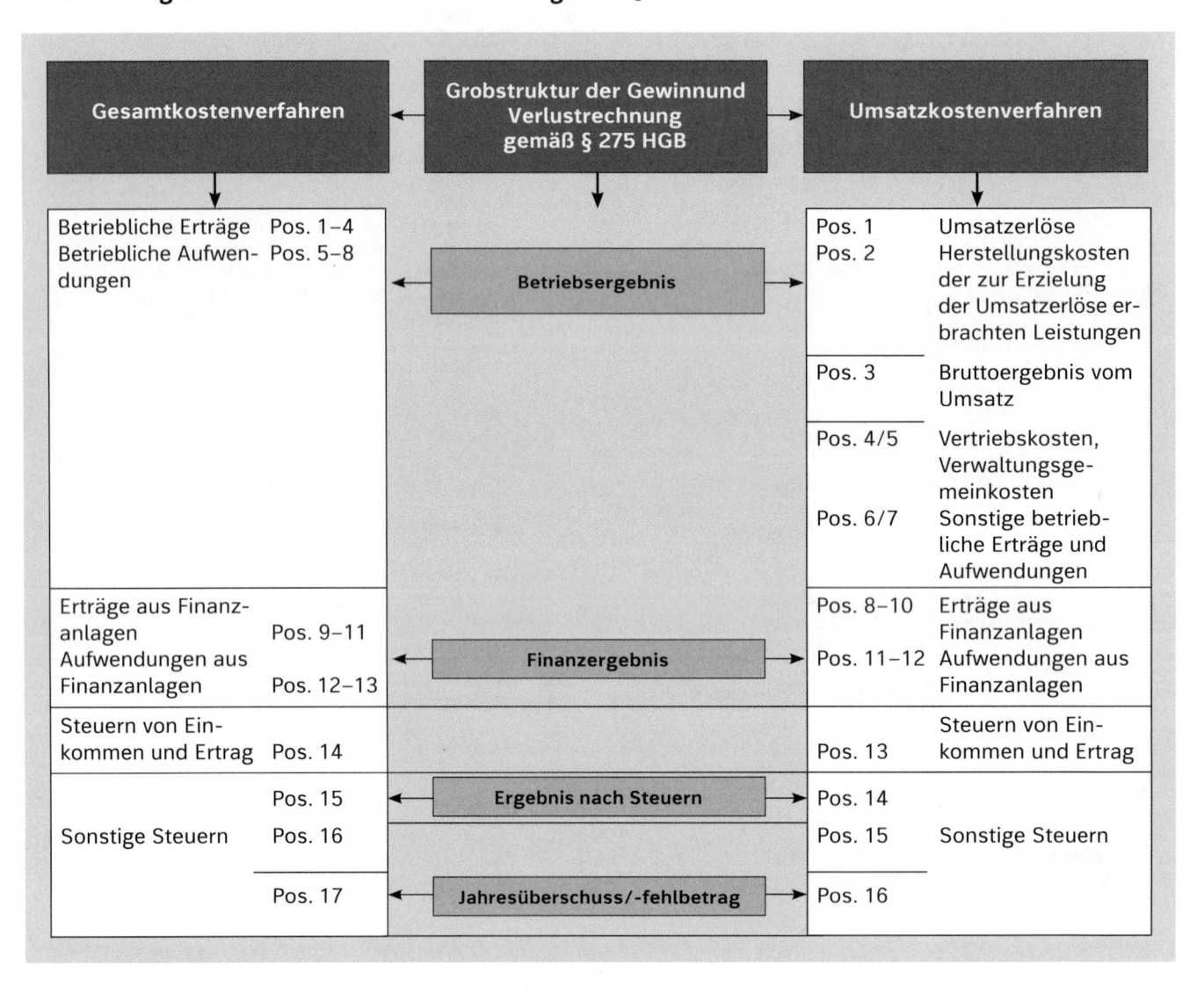

Gesamtkostenverfahren		Grobstruktur der Gewinn- und Verlustrechnung gemäß § 275 HGB	Umsatzkostenverfahren	
Betriebliche Erträge Betriebliche Aufwendungen	Pos. 1–4 Pos. 5–8	Betriebsergebnis	Pos. 1 Pos. 2	Umsatzerlöse Herstellungskosten der zur Erzielung der Umsatzerlöse erbrachten Leistungen
			Pos. 3	Bruttoergebnis vom Umsatz
			Pos. 4/5	Vertriebskosten, Verwaltungsgemeinkosten
			Pos. 6/7	Sonstige betriebliche Erträge und Aufwendungen
Erträge aus Finanzanlagen Aufwendungen aus Finanzanlagen	Pos. 9–11 Pos. 12–13	Finanzergebnis	Pos. 8–10 Pos. 11–12	Erträge aus Finanzanlagen Aufwendungen aus Finanzanlagen
Steuern von Einkommen und Ertrag	Pos. 14		Pos. 13	Steuern von Einkommen und Ertrag
	Pos. 15	Ergebnis nach Steuern	Pos. 14	
Sonstige Steuern	Pos. 16		Pos. 15	Sonstige Steuern
	Pos. 17	Jahresüberschuss/-fehlbetrag	Pos. 16	

Analyse und Kritik des Jahresabschlusses

Auswertung der Bilanz

Aufbereitung der Bilanz

Für Zwecke der Auswertung muss die Bilanz aufbereitet und strukturiert werden. Dabei werden gleichartige Positionen zusammengefasst, um die Aussagekraft der Bilanz zu erhöhen:

Kapital-bindung	Vermögensstruktur		Bilanzstruktur	Kapitalstruktur		Kapital-überlassung
langfristig	I. **Anlagevermögen (AV)**			I. **Eigenkapital**		langfristig
	1. **Immaterielle Anlagen** (Firmenwerte, Patente, Lizenzen, Software)			1. **Gezeichnetes Kapital** (Grundkapital der AG, Stammkapital der GmbH)		
	2. **Sachanlagen** (Grundstücke, Gebäude, Maschinen, Betriebs- und Geschäftsausstattung, Fuhrpark)			2. **Rücklagen** (Kapitalrücklagen, gesetzliche und freie Gewinnrücklagen)		
	3. **Finanzanlagen** (Beteiligungen, Wertpapiere des AV, langfristige Forderungen)			3. **Gewinnvortrag** (eventueller Verlustvortrag wird subtrahiert)		
				4. **Jahresüberschuss**[1] (Jahresfehlbetrag wird subtrahiert)		
mittel- bis kurzfristig	II. **Umlaufvermögen (UV)**			II. **Schulden/Fremdkapital**		
	1. **Vorräte** (Stoffbestände, Fremdbauteile, Unfertige und Fertige Erzeugnisse, Handelswaren, Anzahlungen auf Vorräte)			1. **Langfristige Schulden** (Pensionsrückstellungen, Verbindlichkeiten mit einer Restlaufzeit von mehr als fünf Jahren)		langfristig
	2. **Kurzfristige Forderungen** (Forderungen a. LL., Wertpapiere des UV, Sonstige kurzfristige Forderungen, Aktive Posten der Rechnungsabgrenzung)			2. **Mittelfristige Schulden** (Verbindlichkeiten mit einer Restlaufzeit von mehr als einem Jahr bis fünf Jahren)		mittelfristig
kurzfristig	3. **Liquide Mittel** (Kasse, Bank)			3. **Kurzfristige Schulden** (Verbindlichkeiten mit einer Restlaufzeit bis zu einem Jahr, wie Steuerrückstellungen, Sonstige Rückstellungen, Verbindlichkeiten a. LL., Verbindlichkeiten aus Steuern, abzuführende Sozialversicherungsbeiträge, Sonstige Verbindlichkeiten, Passive Posten der Rechnungsabgrenzung)		kurzfristig

Bilanzkennziffern

Absolute Zahlen sind wenig geeignet zur Auswertung einer Bilanz. Wenn ein Unternehmen z. B. ein Eigenkapital von 500 000,00 € hat, so kann man anhand dieser Zahl alleine nicht beurteilen, ob dies viel oder wenig Eigenkapital ist, denn das hängt von der Größe des Unternehmens ab. Deshalb wird dieser Betrag in ein Verhältnis gebracht zum Gesamtkapital. Beträgt das Gesamtkapital 1 Mio. €, so sind 500 000,00 € Eigenkapital 50 %. Das ist eine gute Eigenkapitalquote. Beträgt das Gesamtkapital aber 12,5 Mio. €, so sind 500 000,00 € Eigenkapital nur 4 %. Das ist eine sehr schlechte Eigenkapitalquote. Also bildet man bei der Auswertung der Bilanz **Verhältniszahlen**, die **Bilanzkennziffern**. Es sollten immer nur Kennzahlen von Unternehmen **einer Branche** verglichen werden. So haben z. B. Banken traditionell eine geringe Eigenkapitalquote, während Unternehmen der Konsumgüterindustrie sehr hohe Eigenkapitalquoten aufweisen. Ein Vergleich zweier Unternehmen aus unterschiedlichen Branchen anhand von Kennzahlen ist daher nicht aussagekräftig.

---

[1] Häufig tritt in Bilanzen anstelle der Positionen Gewinn-/Verlustvortrag und Jahresüberschuss/-fehlbetrag die Position Bilanzgewinn/-verlust auf. Diese Position tritt dann auf, wenn der Jahresabschluss nach teilweiser Verwendung des Jahresüberschusses (Einstellung in die Rücklagen) aufgestellt wurde. Es muss aus Vorsichtsgründen davon ausgegangen werden, dass dieser Bilanzgewinn ausgeschüttet wird und somit dem Fremdkapital zuzurechnen ist.

Analyse und Kritik des Jahresabschlusses

Analyse der Vermögensstruktur

$$\text{Anlagevermögensintensität} = \frac{AV \cdot 100}{\text{Gesamtvermögen}}$$

$$\text{Umlaufvermögensintensität} = \frac{UV \cdot 100}{\text{Gesamtvermögen}}$$

Beispiel: Beträgt die Anlagevermögensintensität 42 %, so bedeutet dies, dass das Anlagevermögen 42 % des Gesamtvermögens ausmacht.

Urteil: Ein hohes Anlagenvermögen wird oft kritisch gesehen, weil es mehr fixe Kosten verursacht, das Unternehmen weniger anpassungsfähig macht und der Rückfluss liquider Mittel länger dauert als bei einem hohen Umlaufvermögen. Andererseits bietet ein hohes Anlagevermögen auch Sicherheiten, da Vermögenswerte ggf. verkauft werden können und so eine Insolvenz vermieden werden kann.

Praxis: Die Anlagevermögensintensität ist sehr stark von der Branche abhängig. Im Handel und im Baugewerbe ist sie niedrig. Im produzierenden Gewerbe ist sie hoch und steigt mit zunehmendem Automatisierungsgrad.

Analyse der Kapitalstruktur

$$\text{Eigenkapitalquote} = \frac{\text{Eigenkapital} \cdot 100}{\text{Gesamtkapital}}$$

$$\text{Fremdkapitalquote} = \frac{\text{Fremdkapital} \cdot 100}{\text{Gesamtkapital}}$$

$$\text{Verschuldungsgrad} = \frac{\text{Fremdkapital} \cdot 100}{\text{Eigenkapital}}$$

Beispiel: Beträgt die Eigenkapitalquote 37 %, so bedeutet dies, dass das Eigenkapital 37 % des gesamten Kapitals ausmacht. Anders ausgedrückt: Es werden 37 % des gesamten Kapitals eines Unternehmens durch eigene Mittel aufgebracht (z. B. Einzahlungen der Anteilseigner, einbehaltene Gewinne etc.). Der Rest erfolgte durch Kreditaufnahme (= Fremdkapital).

Urteil: Je höher die Eigenkapitalquote ist, desto geringer ist die finanzielle Belastung des Unternehmens durch Zins- und Tilgungszahlungen und die Abhängigkeit von fremden Geldgebern. Allerdings kann ein Rückgang der Eigenkapitalquote auch damit zusammenhängen, dass ein Unternehmen den Leverage-Effekt ausnutzen will. Dieser Effekt besteht darin, dass mit zunehmender Verschuldung die Eigenkapitalrentabilität steigt, sofern die Verzinsung des gesamten eingesetzten Kapitals größer ist als der zu zahlende Zinssatz für Fremdkapital.

Praxis: Die Eigenkapitalquote ist von der jeweiligen Branche abhängig und von der Rechtsform (in Kapitalgesellschaften ist sie im Durchschnitt höher als in Nichtkapitalgesellschaften). Ein Unternehmen gilt als solide finanziert, wenn die Eigenkapitalquote über 30 % liegt. Die durchschnittliche Eigenkapitalquote aller mittelständischen deutschen Unternehmen lag Ende 2021 bei 31,4 %.

Analyse und Kritik des Jahresabschlusses

Anlagendeckung

$$\text{Anlagendeckung I} = \frac{\text{Eigenkapital} \cdot 100}{\text{Anlagevermögen}}$$

$$\text{Anlagendeckung II} = \frac{(\text{Eigenkapital} + \text{langfr. Fremdkapital}) \cdot 100}{\text{Anlagevermögen}}$$

Beispiel: Beträgt die Anlagendeckung I 62 %, so bedeutet dies, dass das Anlagevermögen zu 62 % durch Eigenkapital finanziert worden ist. Die restlichen 38 % sollten mit langfristigem Fremdkapital finanziert sein (s. Anlagendeckung II).

Urteil: Die **goldene Bilanzregel** schreibt vor, dass langfristiges Vermögen auch langfristig finanziert werden soll. Optimal wäre eine Anlagendeckung I in Höhe von 100 %.

Praxis: Die Anlagendeckung II liegt in deutschen Industrieunternehmen im Durchschnitt über 150 %. Dies bedeutet, dass nicht nur das gesamte Anlagevermögen, sondern auch Teile des Umlaufvermögens langfristig finanziert worden sind.

Statische Liquiditätsanalyse (Zahlungsbereitschaft)

$$\text{Liquidität 1. Grades (Barliquidität)} = \frac{\text{liquide Mittel} \cdot 100}{\text{kurzfristige Verbindlichkeiten}}$$

$$\text{Liquidität 2. Grades (einzugsbedingte Liquidität)} = \frac{(\text{liquide Mittel} + \text{kurzfr. Forderungen}) \cdot 100}{\text{kurzfristige Verbindlichkeiten}}$$

$$\text{Liquidität 3. Grades (umsatzbedingte Liquidität)} = \frac{\text{Umlaufvermögen} \cdot 100}{\text{kurzfristige Verbindlichkeiten}}$$

Beispiel: Beträgt die Liquidität 2. Grades 96 %, so bedeutet dies, dass mit den liquiden Mitteln (Bank, Kasse) und unter der Voraussetzung, dass alle Forderungen eintreffen, 96 % aller kurzfristigen Verbindlichkeiten bezahlt werden können. Die fehlenden 4 % müssen durch zukünftige Umsatzerlöse aufgebracht werden (Liquidität 3. Grades).

Urteil: Da in diese Bilanzkennziffer Bilanzpositionen einfließen, die sich sehr schnell ändern (Kasse, Bank, Forderungen a. LL, kurzfristige Verbindlichkeiten), ist sie nur eine Momentaufnahme am Bilanzstichtag und kann sich ebenfalls sehr schnell ändern. Deshalb müssen zusätzlich weitere Informationen hinzugezogen werden, wie z. B. Auftragslage, Umsatzentwicklung und Marktlage.

Praxis: Folgende Richtwerte werden allgemein empfohlen: Die Liquidität 1. Grades sollte nicht unter 20 % liegen, die Liquidität 2. Grades sollte mindestens 100 % und die Liquidität 3. Grades mindestens 200 % betragen.

Analyse und Kritik des Jahresabschlusses

Auswertung der Gewinn- und Verlustrechnung

Aufbereitete Gewinn- und Verlustrechnung[1] (Beispiel)

Struktur der GuV-Rechnung	Berichtsjahr €	Berichtsjahr %	Vorjahr €	Vorjahr %	Veränderungen €	Veränderungen %
Umsatzerlöse	3 253 228,25	95,8	3 100 050,00	97,5	153 178,25	4,9
+ Bestandsveränderungen	88 875,00	2,6	13 000,00	0,4	75 875,00	583,7
+ Sonstige betriebliche Erträge	54 000,00	1,6	67 000,00	2,1	− 13 000,00	− 19,4
Betriebliche Erträge	3 396 103,25	100,0	3 180 050,00	100,0	216 053,25	6,8
− Materialaufwand einschließlich Aufwendungen für bezogene Leistungen	2 156 015,75	63,5	1 895 100,00	59,6	260 915,75	13,8
− Personalaufwand	842 500,00	24,8	845 000,00	26,6	− 2 500,00	− 0,3
− Abschreibungen	63 000,00	1,9	60 000,00	1,9	3 000,00	5,0
− Sonstige betriebliche Aufwendungen	223 125,00	6,6	124 650,00	3,9	98 475,00	79,0
Betriebliche Aufwendungen	3 284 640,75	96,7	2 924 750,00	92,0	359 890,75	12,3
Betriebsergebnis	111 462,50	3,3	255 300,00	8,0	− 143 837,50	− 56,3
− Zinsen u. a. Aufwendungen	22 105,00	0,7	5 100,00	0,2	17 005,00	333,4
− Steuern vom Einkommen und vom Ertrag	29 000,00	0,9	37 000,00	1,2	− 8 000,00	− 21,6
Ergebnis nach Steuern	60 357,50	1,8	213 200,00	6,7	− 152 842,50	− 71,7
− Sonstige Steuern	11 607,50	0,3	6 950,00	0,2	4 657,50	67,0
Jahresüberschuss/-fehlbetrag	48 750,00	1,4	206 250,00	6,5	− 157 500,00	− 76,4

Kennzahlen zur GuV-Rechnung

Beurteilung der betrieblichen Aufwendungen und Erträge

$$\text{Umsatzintensität} = \frac{\text{Umsatzerlöse} \cdot 100}{\text{betriebliche Erträge}}$$

$$\text{Materialaufwandsintensität} = \frac{\text{Materialaufwand} \cdot 100}{\text{betriebliche Aufwendungen}}$$

$$\text{Personalaufwandsintensität} = \frac{\text{Personalaufwand} \cdot 100}{\text{betriebliche Aufwendungen}}$$

$$\text{Abschreibungsintensität} = \frac{\text{Abschreibungen} \cdot 100}{\text{betriebliche Aufwendungen}}$$

Beispiel: *Beträgt die Umsatzintensität 96 %, so bedeutet dies, dass 96 % der betrieblichen Erträge durch Umsatzerlöse erzielt worden sind. Beträgt die Materialaufwandsintensität 31 %, so bedeutet dies, dass die Materialaufwendungen 31 % der betrieblichen Aufwendungen ausmachen.*

---

[1] *Alle Intensitäten und auch der Jahresüberschuss werden als Anteil des Gesamtertrags ausgewiesen.*

Analyse und Kritik des Jahresabschlusses

Rentabilität

$$\text{Eigenkapitalrentabilität} = \frac{\text{Jahresüberschuss/-fehlbetrag} \cdot 100}{\frac{(\text{AB + EB Eigenkapital})}{2}}$$

$$\text{Gesamtkapitalrentabilität} = \frac{(\text{Jahresüberschuss/-fehlbetrag + Fremdkapitalzinsen}) \cdot 100}{\frac{(\text{AB + EB Gesamtkapital})}{2}}$$

$$\text{Umsatzrentabilität} = \frac{\text{Jahresüberschuss/-fehlbetrag} \cdot 100}{\text{Umsatzerlöse}}$$

Beispiel: Beträgt die Eigenkapitalrentabilität 5 %, so bedeutet dies, dass sich das eingesetzte Eigenkapital zu 5 % verzinst hat. Mit 100,00 € eingesetztem Kapital wurde also ein Gewinn von 5 € erzielt.

Urteil: Liegt die Eigenkapitalrentabilität eines Unternehmens über dem Zinssatz für Kapitalanlagen, ist es für die Anteilseigner lohnend, in das Unternehmen zu investieren. Läge der Zinssatz für Kapitalanlagen über der Eigenkapitalrentabilität, dann könnten die Anteilseigner ihr Geld abziehen, um es am Kapitalmarkt zu investieren und so eine höhere Verzinsung zu erhalten.

Praxis: Die Eigenkapitalrentabilität (nach Steuern) der Sparkassen in Deutschland betrug 4,22 % im Jahre 2021.

Finanzorientierte Analyse der Ertragslage

Cashflow = Jahresüberschuss/-fehlbetrag
+ Abschreibungen auf Anlagen
+ Erhöhung der langfristigen Rückstellungen

$$\text{Cashflow-Umsatzrate} = \frac{\text{Cashflow} \cdot 100}{\text{Umsatzerlöse}}$$

Beispiel: Beträgt der Cashflow 560 000,00 €, so bedeutet dies, dass 560 000,00 € der Umsatzerlöse nicht ausgabewirksam sind, d. h. nicht für Materialaufwendungen, Personalaufwendungen etc. benötigt worden sind.

Urteil: Der Cashflow ist eine Kennzahl, die einen Einblick gibt in die Selbstfinanzierungsmöglichkeiten eines Unternehmens. Sie gibt die Höhe der finanziellen Mittel an, die für Investitionen, zur Schuldentilgung oder für Ausschüttungen zur Verfügung stehen.

Praxis: Der Cashflow aus laufender Geschäftstätigkeit eines großen deutschen Chemieunternehmens betrug 7,2 Mrd. € im Jahre 2021.

Analyse und Kritik des Jahresabschlusses

Return on Investment (ROI)

$$\text{ROI} = \text{Umsatzrentabilität} \cdot \text{Kapitalumschlag}$$

Wenn die Bestandteile der Formel weiter zerlegt werden, entsteht:

$$\text{ROI} = \frac{(\text{Jahresüberschuss} + \text{Fremdkapitalzinsen}) \cdot 100}{\text{Umsatz}} \cdot \frac{\text{Umsatz}}{\text{eingesetztes Gesamtkapital}}$$

Beim Return on Investment handelt es sich um eine erweiterte Form der Gesamtkapitalrentabilität, indem die Umschlagshäufigkeit des investierten Kapitals (Gesamtkapital) einbezogen wird. Dieses Kennzahlensystem erklärt, ob eine Veränderung der Gesamtkapitalrentabilität auf eine Veränderung der Umsatzrentabilität oder auf eine Veränderung des Kapitalumschlags zurückzuführen ist.

Dieses Kennzahlensystem – auch Du-Pont-Schema genannt – ist geeignet, um Beziehungen zwischen Gewinn, Umsatz und Kapitaleinsatz festzustellen:
- Abnehmende Gewinne bei gleichbleibendem oder steigendem Umsatz verringern die Umsatzrentabilität. Dieser Nachteil kann durch eine höhere Umschlagshäufigkeit des eingesetzten Kapitals ausgeglichen werden.
- Steigende Gewinne bei rückläufigen Umsätzen verbessern die Umsatzrentabilität. Bei gleichbleibender Umschlagshäufigkeit des eingesetzten Kapitals kann Kapital für andere Zwecke freigesetzt werden.

EBIT und EBITDA

EBIT und EBITDA können als Zwischenergebnisse in der Gewinn- und Verlustrechnung ausgewiesen oder – vom Jahresüberschuss/-fehlbetrag ausgehend – durch Herausrechnen der jeweiligen Einflussgrößen ermittelt werden:

```
  Umsatzerlöse
+ Erhöhung des Bestandes an unfertigen und fertigen Erzeugnissen
+ sonstige betriebliche Erträge
─────────────────────────────────────────────────────────────
− Materialaufwand einschließlich Aufwendungen für bezogene Leistungen
− Personalaufwand
− Abschreibungen
− sonstige betriebliche Aufwendungen
─────────────────────────────────────────────────────────────
  EBIT
+ Abschreibungen
─────────────────────────────────────────────────────────────
= EBITDA
```

Analyse und Kritik des Jahresabschlusses

oder

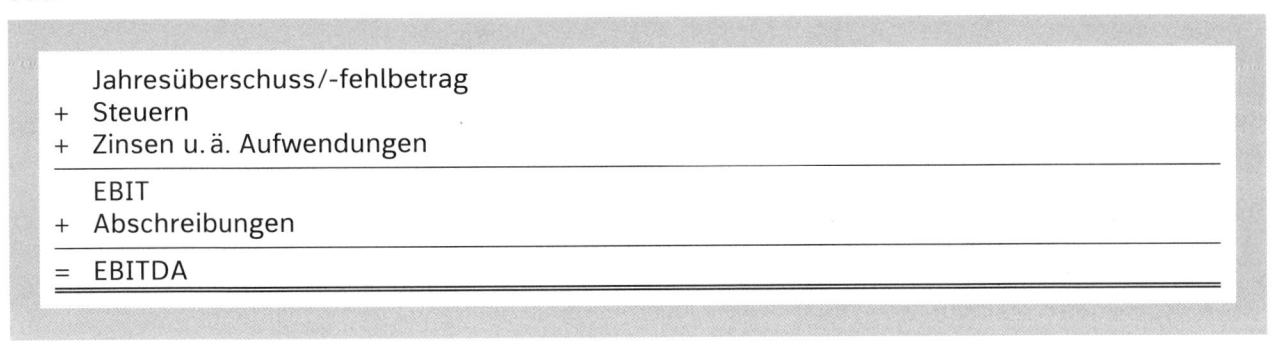

	Jahresüberschuss/-fehlbetrag
+	Steuern
+	Zinsen u. ä. Aufwendungen
	EBIT
+	Abschreibungen
=	EBITDA

Beispiel: *Beträgt der EBIT 12,9 Mio. €, so bedeutet dies, dass das Unternehmen vor der Zahlung von Zinsen und Steuern ein Betriebsergebnis in Höhe von 12,9 Mio. € erzielt hat.*

Urteil: Der EBIT (Earnings Before Interest and Taxes) ist eine Erfolgsgröße, die aus der angelsächsischen Rechnungslegung kommt und sich in Zeiten der Globalisierung auch im deutschen Sprachgebrauch durchgesetzt hat. Sie zeigt das Betriebsergebnis ohne Berücksichtigung von Zinsen und Steuern. Damit wird z. B. eine bessere Vergleichbarkeit der Leistung von Konzern-Tochterunternehmen in verschiedenen Ländern erreicht, weil der Einfluss der unterschiedlichen Fremdkapitalausstattung und der unterschiedlichen Steuerbelastung aufgrund des Standortes neutralisiert wird. Im EBITDA (Earnings Before Interest, Taxes, Depreciation and Amortization) bleiben neben Zinsen und Steuern auch noch die Abschreibungen unberücksichtigt, weil die Höhe der Abschreibungen von der Abschreibungspolitik der Geschäftsleitung beeinflusst wird.

Praxis: Der EBIT eines großen deutschen Autoherstellers betrug 13,4 Mrd. € im Jahr 2021. Der EBIT eines großen deutschen Textilherstellers betrug 228 Mio. € im Jahr 2021.

Analyse und Kritik des Jahresabschlusses

Shareholder-Value

Als Shareholder bezeichnet man die **Eigenkapitalgeber** (bei Aktiengesellschaften demnach die Aktionärinnen und Aktionäre) eines Unternehmens. Der **Shareholder-Value**[1] bezeichnet vereinfacht ausgedrückt den **Wert des Eigenkapitals** eines Unternehmens. Bei börsennotierten Aktiengesellschaften ergibt sich dieser Wert aus der Multiplikation der Anzahl der ausgegebenen Aktien mit dem Börsenkurs.

Nach dem von Alfred Rappaport 1986 in seinen Grundzügen entwickelten Shareholder-Value-Ansatz werden Unternehmen grundsätzlich danach beurteilt, inwieweit es ihnen gelingt, den Wert des Unternehmens für die Eigentümer (bei Aktiengesellschaften also für die Aktionärinnen und Aktionäre) zu steigern bzw. die Ausschüttungen für diese (bei Aktiengesellschaften also die Dividenden) zu maximieren. Sämtliche unternehmerischen Entscheidungen sind also so zu treffen, dass die Vermögens- und die Einkommenssituation der Eigenkapitalgeber (der Shareholder) verbessert wird.

Ziele einer auf die Steigerung des Shareholder-Value ausgerichteten Unternehmenspolitik:

- Steigerung des Marktwertes des Unternehmens und damit des Aktionärsvermögens
  → Erhöhung des Aktienkurses
- Maximierung des ökonomischen Gewinns
- Maximierung der Gewinnausschüttungen an die Eigenkapitalgeber
  → Erhöhung der Eigenkapitalrentabilität

Maßnahmen zur Verbesserung der Wertgröße „Shareholder-Value":

- Konzentration auf das operative Geschäft und renditeträchtige Geschäftseinheiten:
  - Verkauf defizitärer Geschäftsbereiche
  - Veräußerung von Geschäftsteilen, deren Rendite unterhalb der durchschnittlichen Kapitalkosten der Unternehmung liegen
- Durchsetzung von Entscheidungen, die mit Kosteneinsparungen verbunden sind
  - Verlagerung der Produktion in sog. Billiglohnländer
  - Durchführung von Rationalisierungsmaßnahmen ohne Berücksichtigung sozialer Aspekte
- Steigerung künftiger Erträge und Einzahlungen
- Senkung künftiger Aufwendungen und Kosten
- Erhöhung des Marktanteils
- „Eroberung" neuer Märkte
- externe Berichterstattung über die Entwicklung des Gewinns, des Cashflows sowie der Vermögenslage in möglichst kurzen Zeitabständen (regelmäßige Veröffentlichung sogenannter Quartalszahlen)
- ständige Überprüfung und Optimierung der Finanzstruktur

Pro-Argumente	Contra-Argumente
- Es ist das legitime Interesse der Eigentümer eines Unternehmens, einen möglichst hohen Gewinn und eine Maximierung des eingesetzten Kapitals zu erreichen. - Kapital wird so effizient wie möglich eingesetzt. Falsch investiertes Kapital entzieht der Wirtschaft knappe Mittel, die an anderer Stelle besser hätten eingesetzt werden können. - Nur durch die Konzentration auf Shareholder-Value-Ziele bleibt ein Unternehmen wettbewerbsfähig. → Nur wettbewerbsfähige Unternehmen können Arbeitsplätze schaffen.	- Die Shareholder-Value-Strategie zielt nur auf den kurzfristigen Unternehmenserfolg ab. Nachhaltige, langfristige Wertzuwächse werden nicht erzielt. - Investitionen, die am langfristigen Unternehmenserfolg orientiert sind, unterbleiben. Dies schwächt die Wettbewerbsfähigkeit nachhaltig. - Soziale und ökonomische Ziele bleiben unberücksichtigt, die Unternehmen werden ihrer gesamtgesellschaftlichen Verantwortung nicht gerecht.

---

[1] Wörtliche Übersetzung: „Aktionärswert", Bedeutung: Wert eines Unternehmens (im Regelfall einer Aktiengesellschaft)

Analyse und Kritik des Jahresabschlusses

Stakeholder-Value

Stakeholder sind die Personen, die von der Tätigkeit eines Unternehmens gegenwärtig oder zukünftig betroffen sind. Der **Stakeholder-Value** ist der Nutzen, der diesen Anspruchsgruppen aus der Tätigkeit eines Unternehmens entsteht.

Im Gegensatz zum Shareholder-Value-Ansatz, der die Interessen der Kapitaleigner in den Mittelpunkt der Unternehmenspolitik rückt, versucht der Stakeholder-Value-Ansatz die Interessen sämtlicher Anspruchsgruppen eines Unternehmens (Beschäftigte, Eigentümer, Gläubiger, Kunden, Lieferanten, Staat, Gesellschaft) zu berücksichtigen. Nicht die Gewinnmaximierung, sondern ein **Interessensausgleich aller Anspruchsgruppen**, welche in angemessener Weise am Unternehmenshandeln und am Unternehmenserfolg beteiligt werden, soll nach dem Stakeholder-Ansatz oberstes Ziel der Unternehmenspolitik sein.

Anspruchsgruppen	Vorrangige Interessen und Ziele
Eigentümer, Eigenkapitalgeber (Shareholder)	— hohes Einkommen/Gewinn — Steigerung des Unternehmenswertes — angemessene Verzinsung des investierten Kapitals
Mitarbeiter, auch leitende Angestellte (Management)	— hohes Einkommen/gerechte Entlohnung — sicherer Arbeitsplatz — Mitbestimmung — Aufstiegschancen, Status, Anerkennung
Fremdkapitalgeber	— Sicherheit — angemessene Verzinsung
Kunden	— qualitativ gute Produkte (Dienstleistungen) zu günstigen Preisen (angemessenes Preis-Leistungs-Verhältnis) — zufriedenstellende Serviceleistungen — Flexibilität bei der Auftragsbearbeitung
Lieferanten	— langfristig stabile, sichere Liefermöglichkeiten — gute Zahlungsbedingungen, termingerechte Zahlungen — hohe Liquidität bzw. Bonität der Abnehmer
Konkurrenten	— Einhaltung der Grundregeln einer fairen Marktkonkurrenz — (branchenübergreifende) Kooperationen
Staat und Gesellschaft: — Finanzbehörden — Bürgerinitiativen — Verbraucherverbände — Gewerkschaften — Arbeitgeberverbände	— Steuern — Einhaltung der Gesetze — Sicherung bzw. Schaffung von Arbeits- und Ausbildungsplätzen — eine in weiten Teilen umweltfreundliche Produktion — sichere, nicht gesundheitsgefährdende Produkte — Teilnahme an und Beiträge zur politischen Willensbildung

Oftmals treffen vor allen Dingen im Bereich des Personalmanagements (Arbeitsbedingungen, Entlohnung) die Shareholderziele der Eigenkapitalgeber und die Stakeholderziele der Beschäftigten aufeinander, da eine stärkere Berücksichtigung von sozialen Zielen häufig die Erreichung kurzfristiger ökonomischer Zielvorgaben behindert.

Wesensmerkmale einer Ökobilanz

Alle wirtschaftlichen Tätigkeiten haben Auswirkungen auf die Umwelt durch den Einsatz von Rohstoffen, durch Abwässer, Abgase, Abfall und vieles mehr. Unter einer Ökobilanz versteht man ein betriebliches Informationssystem, mit dem man diese Umweltauswirkungen (Umwelteffekte) erfassen und bewerten kann.

Die Bestandteile einer Ökobilanz sind:

— **Die Betriebsbilanz (Input-Output-Bilanz)**
Sie stellt den Input (alle eingesetzten Böden, Stoffe, Materialien und Energien) und den Output (Produkte, Abfälle und Emissionen) gegenüber.
Es entsteht allerdings das Problem, dass es – anders als bei einer Handelsbilanz – keine einheitlichen Maßeinheiten gibt.

Analyse und Kritik des Jahresabschlusses

Beispiel *(stark vereinfacht und verkürzt)*

Input		Output	
1. Böden	...	1. Produkte	...
2. Rohstoffe			
...	...	2. Abfälle	...
3. Hilfsstoffe			
...	...	3. Abwasser	28 765 m³
4. Betriebsstoffe		4. Abgase	
4.1 Schmieröl	1 433 kg	4.1 Wasserdampf	3 988 t
4.2 Reinigungsmittel	610 l	4.2 Kohlendioxid	2 105 t
4.3 Desinfektionsmittel	129 l	4.3 Schwefeldioxid	455 t
5. Energie		4.4 Stickstoffdioxid	610 t
5.1 Strom	984 645 kWh	5. Abwärme	...
5.2 Heizöl	78 876 l	...	
6. Wasser	43 701 m³		
...			

▬ Prozessbilanzen

Die Inputs und Outputs werden den einzelnen Produktionsschritten bzw. Teilprozessen zugeordnet, wie z. B. Sägerei, Fräserei, Lackiererei, Polsterei, Montage in einer Möbelfabrik.

▬ Produktbilanzen

Sie erfassen alle Inputs eines Produktes, bezogen auf seinen gesamten Lebenszyklus: Produktentwicklung – Rohstoffgewinnung – Produktion – Transport – Gebrauch – Entsorgung. Damit dienen sie der ökologischen Optimierung eines Produktlebenszyklus, aber auch dem ökologischen Produktvergleich, z. B. beim Vergleich von Einweg- und Mehrwegverpackungen in der Getränkeindustrie.

▬ Substanzbilanz

Sie erfasst einerseits dauerhafte betriebliche Umweltnutzungen durch Boden und Gebäude sowie betriebstechnische und elektronische Anlagen, Fuhrpark u. a. Andererseits werden die Risiken und Eingriffe des Standortes in die Umwelt dargestellt, die sich daraus ergeben, wie z. B. die Beeinträchtigung des Grundwassers, die Flächennutzung durch Parkplätze, Transportwege und Lagerflächen, sowie Bebauung und Einschnitte in die Landschaft.

Ökobilanzen können nicht nur für ganze Betriebe, Produkte und Dienstleistungen aufgestellt werden, sondern auch für Verfahrensweisen und Technologien.
Sie dienen damit einerseits der Entwicklung umweltverträglicher Produkte, Dienstleistungen und Produktionsverfahren sowie der ökologischen Steuerung und Kontrolle. Andererseits dienen sie aber auch der Imagepflege bei Kunden, Lieferern, Kreditgebern und in der Öffentlichkeit.

Analyse und Kritik des Jahresabschlusses

5.2 Ausgangssituation und Aufgaben

Die Tomer AG gehört zu den traditionsreichsten, innovativsten und heute erfolgreichsten Caravan- und Reisemobil-Herstellern in Europa. Nach der Produktion des ersten Wohnwagens in den 30er-Jahren begann bereits 1958 die Serienfertigung der noch heute bekannten Wohnmobil-Baureihe.
Heute produziert die Tomer AG neben hochwertigen Wohnwagen auch Wohnmobile mit unterschiedlichsten Ausstattungsmerkmalen.
Zum Tomer-Konzern gehören neben zahlreichen Auslandsniederlassungen auch durch Aufkäufe hinzugekommene Tochtergesellschaften. Als wichtigste Tochtergesellschaften sind die Bustna AG (ebenfalls ein Caravan-Hersteller) und die Taiga Caravans S. p. A., Italien, zu nennen.
In den letzten Jahren war ein kontinuierlicher Anstieg der Nachfrage nach Wohnmobilen zu verzeichnen. Jedoch ist damit zu rechnen, dass im kommenden Jahr die Absatzzahlen des Vorjahres aufgrund der derzeitigen Marktlage nicht erreicht werden können. Zur Vorbereitung auf den zu erwartenden Absatzeinbruch möchte die Geschäftsleitung die laufenden Produktionskosten senken, indem sie in neue Maschinen investiert. Die geschätzten Kosten belaufen sich auf ca. 5 Mio. €.
Zur Finanzierung des Investitionsbedarfs möchte die Geschäftsleitung einen Kredit bei der örtlichen Kreissparkasse aufnehmen.
Als Sparkassenmitarbeiter müssen Sie zur Entscheidungsvorbereitung für Ihren Vorstand eine Beurteilung des Unternehmens hinsichtlich seiner Kreditwürdig- und Kreditfähigkeit abgeben.

Hilfsinstrumente:	Bearbeitungshinweise:
Anlage 1: Bilanz der Tomer AG aus Berichtsjahr und Vorjahr	→ Runden Sie auf eine Stelle nach dem Komma.
Anlage 2: GuV der Tomer AG aus Berichtsjahr und Vorjahr	→ Das Eigenkapital zu Beginn des Vorjahres betrug 75 389 TEUR.
Anlage 3: Lagebericht aus dem Geschäftsbericht für das Berichtsjahr der Tomer AG	→ Das Gesamtkapital zu Beginn des Vorjahres betrug 172 580 TEUR.

Anlage 1: Bilanz der Tomer AG aus Berichtsjahr und Vorjahr in TEUR

	Berichts-jahr	Vorjahr		Berichts-jahr	Vorjahr
A. Anlagevermögen			**A. Eigenkapital**		
I. Immaterielle Vermögenswerte			I. Gezeichnetes Kapital Stammaktien	20 000	12 000
1. gewerbliche Schutzrechte u. ähnliche Rechte und Werte	731	757			
2. geleistete Anzahlungen	22	0	II. Kapitalrücklage	12 707	12 707
II. Sachanlagen			III. Gewinnrücklagen andere Gewinnrücklagen	43 772	45 575
1. Grundstücke und Bauten	33 203	32 770			
2. technische Anlagen und Maschinen	1 860	1 609	IV. Bilanzgewinn	5 280	7 244
3. andere Anlagen, BGA	8 177	7 688	**B. Rückstellungen**		
4. geleistete Anzahlungen und Anlagen im Bau	161	428	1. Rückstellungen für Pensionen und ähnliche Verpflichtungen (langfristig)	1 704	1 724
III. Finanzanlagen					
Anteile an verbundenen Unternehmen	26 963	26 681	2. Steuerrückstellung (kurzfristig)	36	106
B. Umlaufvermögen			3. sonstige Rückstellungen (kurzfristig)	8 356	8 460
I. Vorräte					
1. Roh-, Hilfs- u. Betriebsstoffe	23 186	23 603	**C. Verbindlichkeiten**		
2. unfertige Erzeugnisse	5 520	4 659	1. Verbindlichkeiten gegenüber Kreditinstituten (davon 10 % kurzfristig)	73 667	72 954
3. fertige Erzeugnisse und Waren	28 975	33 341			
II. Forderungen und sonst. Vermögensgegenstände (alle kurzfristig)			2. erhaltene Anzahlungen auf Bestellungen (kurzfristig)	156	0
1. Forderungen aus Lieferungen und Leistungen	33 811	27 675	3. Verbindlichkeiten aus Lieferungen und Leistungen (kurzfristig)	7 396	8 215
2. Forderungen gegen verbundene Unternehmen	3 713	7 383	4. Verbindlichkeiten gegenüber verbundenen Unternehmen (kurzfristig)	828	1 361
3. sonstige Vermögensgegenstände	12 398	8 162			
III. Kassenbestand und Guthaben bei Kreditinstituten	513	451	5. sonstige Verbindlichkeiten (kurzfristig)	5 331	4 861
	179 233	175 207		179 233	175 207

Analyse und Kritik des Jahresabschlusses

Anlage 2: Gewinn- und Verlustrechnung der Tomer AG aus Berichtsjahr und Vorjahr in TEUR

	Vorjahr	Berichtsjahr
1. Umsatzerlöse	306 507	305 627
2. Verminderung (Erhöhung im Vorjahr) des Bestands an fertigen und unfertigen Erzeugnissen	−1 718	6 006
3. sonstige betriebliche Erträge	6 778	5 481
4. betriebliche Erträge	**311 567**	**317 114**
5. Materialaufwand a) Aufwendungen für Roh-, Hilfs- und Betriebstoffe für bezogene Waren b) Aufwendungen für bezogene Leistungen	208 016 7 629	215 447 7 024
6. Personalaufwand a) Löhne und Gehälter b) Sozialabgaben und Aufwendungen für die Altersversorgung und Unterstützung	42 210 9 053	41 981 9 346
7. Abschreibung auf immaterielle Vermögensgegenstände des Anlagevermögens und Sachanlagen	5 424	5 174
8. sonstige betriebliche Aufwendungen	18 282	18 622
9. betriebliche Aufwendungen	**290 614**	**297 594**
10. Betriebsergebnis	**20 953**	**19 520**
11. Erträge aus Beteiligungen	1 304	1 523
12. Erträge aus Ergebnisabführverträgen	10	10
13. sonstige Zinsen und ähnliche Erträge	943	1 848
14. Zinsen und ähnliche Aufwenungen	5 341	5 520
15. Finanzergebnis	**−3 084**	**−2 139**
16. Steuern vom Einkommen und vom Ertrag	6 231	2 678
17. Ergebnis nach Steuern	**11 638**	**14 703**
18. sonstige Steuern	161	215
19. Jahresüberschuss	**11 477**	**14 488**
20. Einstellungen in andere Gewinnrücklagen	6 197	7 244
21. Bilanzgewinn	**5 280**	**7 244**

Analyse und Kritik des Jahresabschlusses

Anlage 3: Lagebericht Konzern und AG

In unserer Prognose für das Berichtsjahr der Tomer AG sind wir von einem weitgehend gleichbleibenden Umsatz ausgegangen. Mit einem Gesamtumsatz in Höhe von 306,5 Mio. € (Vj. 305,6 Mio. €) wurde diese Zielsetzung erreicht. Von dem Gesamtumsatz entfallen auf das Inland 143,6 Mio. €. Gegenüber dem Vorjahr bedeutet dies einen Rückgang um 14,9 Mio. € oder 9,4 %. Dieser Rückgang konnte durch eine weitere Steigerung des Exports um 15,7 Mio. € oder 10,7 % auf 162,9 Mio. € mehr als ausgeglichen werden. Besonders positiv hat sich hierbei der Caravan-Umsatz entwickelt, der gegenüber dem Vorjahr um 2,8 Mio. € oder 16,4 % gestiegen ist. Am Gesamtumsatz hat der Caravan einen Umsatzanteil von 35,2 Mio. €, das Reisemobil einen solchen von 252,3 Mio. € und die sonstigen Umsätze von 19,0 Mio. €. Ein wichtiges Unternehmensziel des Berichtsjahres war die bedarfsgerechte Anpassung der Kapazität an die Nachfrage seitens unserer Handelsorganisation. Im Rahmen dieser Zielsetzung ist es gelungen, einen aktiven Lagerbestandsabbau zu betreiben. Einem Bestandsaufbau im Vorjahr in Höhe von 6,0 Mio. € steht in diesem Geschäftsjahr ein Bestandsabbau in Höhe von 3,7 Mio. € gegenüber, sodass sich insgesamt eine Gesamtleistung von 302,8 Mio. € (Vj. 311,6 Mio. €) ergibt. Nachdem das Wachstum des Konzerns in den letzten Jahren überproportional durch den Export bestimmt wurde, sahen wir bei unserer Prognose für das laufende Geschäftsjahr nur noch geringe Steigerungsraten. Umso erfreulicher war die tatsächliche Entwicklung. Gegenüber dem Vorjahr erhöhte sich der Konzernumsatz um 40,5 Mio. € oder 6,9 % auf 631,1 Mio. € (Vj. 590,6 Mio. €). Besonders erfreulich ist hierbei die Entwicklung von Taiga, die nach einem schwierigen vorletzten Geschäftsjahr ohne Zweifel den sogenannten „Turn around" geschafft hat und sich mit einer Umsatzsteigerung um 12,3 Mio. € oder 21,0 % auf 71,0 Mio. € (Vj. 58,7 Mio. €) auf einem hervorragenden Weg befindet. Damit haben die in den beiden letzten Jahren eingeleiteten und realisierten Maßnahmen im Bereich der Modellentwicklung und Ausbau der Händlerorganisation ihre Bestätigung gefunden. Ein wieder auflebendes Wachstum verzeichnet das Haus Bustna, das mit einer Umsatzsteigerung aufwarten kann. Besonders bemerkenswert ist hierbei, dass sowohl im Inland als auch im Export Zuwächse erzielt werden konnten. Insgesamt verzeichnet Bustna einen Umsatzzuwachs um 26,1 Mio. € oder 13,2 % auf 224,3 Mio. € (Vj. 198,2 Mio. €).

Risikomanagement

Die Geschäftsentwicklung der letzten Jahre wurde weitgehend durch die Exporte geprägt und findet derzeit ihren Niederschlag in einer Exportquote von 60,9 %. Absatzmärkte sind im Wesentlichen die westeuropäischen Länder. Die Fakturierung erfolgt ausschließlich in EUR, sodass sich aus unserer Sicht die Notwendigkeit von Kurssicherungsgeschäften nicht ergibt. Die im Vorjahr in Deutschland vorgenommene Umstellung des Finanzierungssystems bei Ausstellungsfahrzeugen hat sich bestens bewährt und führt zu einer wesentlichen Reduzierung der Handelswechsel. Damit verbunden ist gleichzeitig eine Verringerung des Ausfallrisikos unserer Forderungen. Dennoch verbleiben als zusätzliche Sicherheit die für die Zulassung erforderlichen Dokumente in unserer Verwahrung. Darüber hinaus erfolgen durch Mitarbeiter unseres Hauses Bestandskontrollen. Risiken ergeben sich durch die nicht rechtzeitige Bereitstellung des Produktionsmaterials. Durch ein entsprechend aufgebautes Beschaffungswesen und eine sensible Planung im Bereich der Basisfahrzeuge reduzieren wir Produktionsausfälle und -verschiebungen. Unsicherheiten können entstehen durch staatliche Maßnahmen im Zeichen des Umweltschutzes oder des Sicherheitsstandards der Fahrzeuge, die zu erheblichen Mehrbelastungen führen können. Hierunter einzuordnen ist das Altfahrzeuggesetz, das die Entsorgung der Altfahrzeuge durch die Hersteller regelt. Auf der Basis dieses Gesetzes bilden wir jährliche Rückstellungen, die das Ergebnis erlösmindernd beeinflussen.

Vermögens- und Finanzstruktur

Wie im Vorjahr wurden bei der Tomer AG auch im Berichtsjahr Kapazitätsanpassungen vorgenommen und verstärkt auftragsbezogen produziert, was eine Reduzierung der Vorräte um 3,9 Mio. € auf 57,7 Mio. € zur Folge hatte.
Die Erhöhung des Forderungsbestands um 6,1 Mio. € auf 33,8 Mio. € (Vj. 27,7 Mio. €) ist auf die Auslieferung der neuen Produktreihe „Oxon" und den weiteren Anstieg der Auslandsnachfrage zurückzuführen. Die sonstigen Vermögensgegenstände enthalten im Wesentlichen Steuerforderungen gegen ein ausländisches Finanzamt, Erstattungsansprüche gegenüber der Bundesagentur für Arbeit aufgrund von Altersteilzeitverträgen, Bonusforderungen gegen Fahrzeughersteller, sowie debitorische Kreditoren. Die Verbindlichkeiten sind mit einer Reduzierung um 13 TEUR praktisch unverändert geblieben. Die Rückstellungen sind 0,2 Mio. € niedriger als im Vorjahr. Die Eigenkapitalquote stieg von 44,2 % auf 45,6 %. Im Konzern führten die Investitionen im Bereich der

Analyse und Kritik des Jahresabschlusses

Sachanlagen zu einer Erhöhung des Anlagevermögens von 6,1 Mio. € oder 8,1 %. Wie bei der AG ist auch im Konzern ein Abbau von fertigen Erzeugnissen festzustellen. Dieser, wie auch der höhere Umsatz, führte am Bilanzstichtag zu einer Erhöhung der Forderungen aus Lieferungen und Leistungen um 5,0 Mio. €. Im Rahmen der Vorsorge und unter Berücksichtigung der Erfahrungen der Vorjahre wurden für eventuell mögliche Forderungsausfälle Wertberichtigungen auf Forderungen und Besitzwechsel in Höhe von 1,8 Mio. € berücksichtigt. Die Bilanzsumme erhöhte sich um 12,7 Mio. € oder 4,5 %. Der Bilanzansatz der Rückstellungen ist um 4,2 Mio. € auf 32,5 Mio. € gestiegen, was im Wesentlichen aus den höheren Steuerrückstellungen, Verpflichtungen gegenüber Mitarbeitern und Rückstellungen für noch ausstehende Rechnungen resultiert. Die Erhöhung der Verbindlichkeiten aus Lieferungen und Leistungen ist im Wesentlichen auf das gestiegene Geschäftsvolumen beim Bustna Teilkonzern und bei der Taiga Caravans S. p. a. zurückzuführen. Aus den gleichen Tochterunternehmen ergibt sich auch der Rückgang der Verbindlichkeiten gegenüber Kreditinstituten durch den Abbau von kurzfristigen Bankverbindlichkeiten.

Ertragslage

Im Konzern ist aufgrund der Auslandsnachfrage die Gesamtleistung um 3,2 % bzw. 19,4 Mio. € gestiegen, was im Wesentlichen auf die Entwicklung bei Bustna und Taiga zurückzuführen ist. Zu den wichtigsten Exportländern gehören nach wie vor Frankreich, Großbritannien, die Niederlande und Italien. Als Folge der streng nachfrageorientierten Produktion sind die Personalaufwendungen weitgehend stabil geblieben. Die sonstigen betrieblichen Aufwendungen sind gegenüber dem Vorjahr gestiegen. Gegenüber dem Vorjahr ist das Ergebnis nach Steuern im Konzern deutlich gestiegen, was sich im Wesentlichen aus dem niedrigeren Materialverbrauch im Verhältnis zu der höheren Gesamtleistung ergibt.
Der Umsatz der Tomer AG konnte, wie geplant, gehalten bzw. geringfügig um 0,3 % oder 0,9 Mio. € gesteigert werden. Der Rückgang des Inlandsumsatzes um 9,4 % wurde durch den Zuwachs von 10,7 % im Exportbereich wieder kompensiert. Nach der Bestandsverringerung von 3,7 Mio. € ergibt sich somit eine Gesamtleistung von 302,8 Mio. € (Vj. 311,6 Mio. €). Trotz der etwas höheren Personalkostenquote von 16,9 % (Vj. 16,5 %) ist es gelungen, das Betriebsergebnis bei 6,3 % zu stabilisieren. Das Ergebnis nach Steuern beträgt 14,7 Mio. €. Das sind knapp 3,1 Mio. € oder 26,3 % mehr als im Vorjahr. Als Folge der streng nachfrageorientierten Produktion sind die Personalaufwendungen mit einem Anteil von 16,6 % (Vj. 16,5 %) weitgehend stabil geblieben. Die sonstigen betrieblichen Aufwendungen sind gegenüber dem Vorjahr um 2,6 Mio. € oder 6,0 % auf 45,6 Mio. € gestiegen, im Verhältnis zur Gesamtleistung beläuft sich die Quote auf 7,3 % (Vj. 7,1 %).

5.2.1 Aufgaben Anforderungsbereich I

1. **Nennen Sie** die Bestandteile eines Jahresabschlusses einer Aktiengesellschaft.
2. **Stellen Sie** die Aufgaben eines Jahresabschlusses kurz **dar**.
3. **Beschreiben Sie** die auffälligsten Entwicklungen in der Bilanz und der GuV der Tomer AG im Berichtsjahr und im Vorjahr.
4. **Errechnen Sie** die Höhe des Ausschüttungsbetrages pro Aktie für den Bilanzgewinn des Berichtsjahres (Annahme: die ausgegebenen Aktien besitzen einen Nennwert von 1,00 €) und **nennen Sie** weitere Alternativen, wie mit dem Jahresüberschuss der Tomer AG verfahren werden kann.
5. **Ermitteln Sie** sämtliche Kennzahlen (für Berichtsjahr und Vorjahr), die für eine Kreditbeurteilung bedeutsam sind.

5.2.2 Aufgaben Anforderungsbereich II

1. **Arbeiten Sie** aus dem Lagebericht (Anlage 3) die im Geschäftsjahr dominierenden Entwicklungen für die Tomer AG **heraus**.
2. **Erläutern Sie**, wie es zur Erhöhung des Eigenkapitals im Berichtsjahr kam.
3. **Führen Sie** eine Bilanzanalyse mithilfe der unter 2.1.1 in Aufgabe 5. ermittelten Kennzahlen durch. **Erläutern Sie** dabei vorab die Grundaussage der entsprechenden Kennzahlen in allgemeiner Form.
4. **Erläutern Sie** Stärken und Schwächen der Tomer AG, die sich aus ausgewerteten Bilanzkennzahlen ergeben (Bilanzkritik).
5. **Führen Sie** eine Erfolgsanalyse mithilfe der unter 2.1.1 Aufgabe 5. ermittelten Kennzahlen **durch**. Erläutern Sie dabei vorab die Grundaussage der entsprechenden Kennzahlen in allgemeiner Form.

5.2.3 Aufgaben Anforderungsbereich III

1. Sie nehmen jetzt die Rolle eines Bankmitarbeiters ein. **Verfassen Sie** schriftlich eine persönliche Stellungnahme an Ihren Vorstand, in der Sie ihm die Gründe für oder gegen ein Kreditengagement Ihrer Bank darlegen. **Beziehen Sie** dabei in Ihre Argumentation die Ergebnisse aus den vorherigen Aufgaben mit **ein**.
2. **Entwickeln Sie** Vorschläge, wie die Tomer AG evtl. ihre Kreditwürdigkeit verbessern könnte.
3. Der Vorstand überlegt, wie die Geschäftspolitik der Zukunft aussehen soll. Im Gremium wird mehrheitlich das Shareholder-Value-Konzept als Strategie bevorzugt. **Diskutieren Sie** die Folgen einer Ausrichtung der Unternehmensstrategie am Shareholder-Value-Ansatz.

6 Übungsklausuren 13.1

Übungsklausur I
Ausgangssituation

Energie sparen mit der richtigen Beleuchtung

Viele Städte und Gemeinden müssen angesichts knapper Kassen sparen. Aufgrund ihrer vielen sozialen Aufgaben, für die die öffentliche Hand aufkommen muss, bleibt nur wenig Einsparpotenzial. Eine Möglichkeit, Ausgaben zu verringern, ist die Reduzierung von Energiekosten. Die Kommunen geben jährlich viele Milliarden Euro aus, um Straßen und Gebäude zu beleuchten.

Die **Licht AG** produziert energieeffiziente Straßen- und Gebäudebeleuchtungen, die mit der neuesten LED-Technik ausgestattet sind. Hier lassen sich bis zu 40 % Energie gegenüber den alten Leuchtstoffen einsparen – bares Geld für die Kämmerer.

Das Unternehmen exportiert seine Produkte in über 40 Länder und hat eine eigene Repräsentanz in den USA.

In Deutschland werden an zwei Standorten 440 Mitarbeiter beschäftigt. Der Standort Niederkassel ist für die Produktion der Straßenbeleuchtungen zuständig. Hier werden die Straßenlampen entsprechend der Kundenwünsche angefertigt. Die Produktion umfasst die Herstellung der jeweiligen Lampenmasten sowie der einzelne Lampe selber. Die eingesetzte LED-Technik wird am zweiten Standort in Erfurt entwickelt und in Niederkassel eingebaut.

Die Nachfrage nach energiesparenden und energieeffizienten Straßenbeleuchtungen ist weltweit so groß, dass das Werk in Niederkassel ausgebaut werden soll.

Situation I

Die Licht AG muss für den Standortausbau in Niederkassel eine CNC-Drehmaschine anschaffen. Mit ihrer Hilfe soll die Produktion von Laternenmasten um 40 % gesteigert werden. Zur Schonung des Eigenkapitals soll die Anschaffung fremdfinanziert werden. Eine solche Maschine hat einen Einkaufswert von ca. 25 000,00 €.

Aufgaben

1. **Erläutern Sie**, welche grundsätzlichen Finanzierungsmöglichkeiten (nach zwei Unterscheidungskriterien) infrage kommen.
2. Dem Finanzvorstand liegen zwei Kreditangebote der Hausbank der Licht AG vor:

Angebot 1		Angebot 2	
Kreditart	Abzahlungsdarlehen	**Kreditart**	Festdarlehen
Sollzinssatz	5,75 %	Sollzinssatz	3,85 %
Laufzeit	5 Jahre	Laufzeit	5 Jahre

   Erklären Sie die beiden Finanzierungsformen. Welchen der beiden Kredite würden Sie dem Vorstand empfehlen? **Begründen Sie** Ihre Antwort auch **rechnerisch!**
3. Obwohl die Licht AG eine gute und langjährige Kundin ist, verlangt die Hausbank eine geeignete Sicherheit zur Besicherung ihres Kredits. **Beschreiben Sie** infrage kommende (zum Kredit passende) Sicherheiten und **sprechen Sie** eine begründete Empfehlung **aus**.
4. Unabhängig von Ihrer ausgesprochenen Empfehlung: **Nennen Sie** vier mögliche Risiken für die Hausbank der Licht AG, die sich für sie aus einer Sicherungsübereignung ergeben könnten.
5. **Erläutern Sie,** wie sich die beiden Darlehen jeweils auf die Liquidität und den Aufwand der AG auswirken.

Situation II

Neben der Erweiterung des Maschinenparks hat die Licht AG außerdem noch vor, ihre Produktionsanlangen in Niederkassel auszubauen. Hierzu soll das Nachbargrundstück erworben werden, um dort eine neue Produktionsanlage sowie eine Lagerhalle zu bauen. Ein ansässiger Bauer ist auch bereit, das notwendige Grundstück zu veräußern. Der Grundstückskaufpreis soll aus dem Eigenkapital des Unternehmens, die Baukosten in Höhe von 400 000,00 € sollen über ein grundschuldbesichertes Bankdarlehen finanziert werden. Der Zinssatz beträgt 3,5 %.

Nach Unterschrift sämtlicher Verträge erhält der Finanzvorstand Post mit dem abgebildeten Auszug aus dem Grundbuch:

Auszug aus dem Grundbuch (Abteilung III)

lfd. Nr. der Eintragungen	lfd. Nr. der belasteten Grundstücke im Bestandsverzeichnis	Betrag	Hypotheken, Grundschulden, Rentenschulden
1	1	400 000,00 €	Vierhunderttausend Euro Grundschuld für die Deutsche Bank AG Bonn mit einem Jahreszins von 18 %, vollstreckbar nach § 800 ZPO. Eingetragen mit Bezug auf die Bewilligung vom 20. September 2012 – ohne Brief – am 15. Oktober 2012.

Aufgabe

Erläutern Sie dem Finanzvorstand den Unterschied zwischen einer Grundschuld und einer Hypothek und **erklären Sie** ihm, warum die Grundschuld mit einem Zinssatz von 18 % eingetragen wurde, obwohl der Kreditzins 3,5 % beträgt.

Situation III

Der Preisdruck auf Produkte zur Straßen- und Stadtbeleuchtung ist auf dem internationalen Markt durch die chinesische Konkurrenz enorm groß. Um weiterhin wettbewerbsfähig zu sein, überlegt der Vorstand der Licht AG, entweder in China ein eigenes Werk zu errichten oder einen Konkurrenten in Asien zu übernehmen. Da bietet sich die Übernahme der Singapore Lightning Ltd. an. Der Preis beträgt ca. 37 Mio. €. Es kommen noch zusätzliche Finanzierungs-, Berater- und Emissionskosten in Höhe von 3 Mio. € hinzu. Es stellt sich die Frage, wie die Übernahmekosten finanziert werden können.

Aufgaben

1. **Beschreiben Sie** zwei infrage kommende Finanzierungsformen, um diesen hohen Betrag aufzubringen, und **erklären Sie** deren Vor- und Nachteile.
2. Der Vorstand entscheidet sich, das entsprechende Kapital in Form einer Kapitalerhöhung zu beschaffen:

Bilanzausschnitt der Licht AG <u>vor</u> Kapitalerhöhung:

Aktiva	Bilanz (in Mio. EUR)		Passiva
Anlagevermögen		gez. Eigenkapital	12,0
		Kapitalrücklagen	80,5
Umlaufvermögen		gesetzliche Rücklagen	15,3
Bankkonto	3,0	sonstige Rücklagen	2,3

Zusatzinformation zur Aktie der Licht AG:

Aktienart	Stammaktie, Nennwertaktie
Aktienanzahl vor Kapitalerhöhung	12 Mio. Stück
Börsenpreis	26,00 €
Preis der neuen Aktien	20,00 €

Beschreiben Sie die Art der vorliegenden Aktie, **nennen Sie** vier Aktionärsrechte und **berechnen Sie** die Anzahl der benötigten neuen Aktien, damit sich das Unternehmen das entsprechende Kapital besorgen kann.

3. Der Aktionär M. Schulz hat 360 Aktien in seinem Depot. Er wendet sich nun besorgt an seinen Bankberater, denn er hat die Befürchtung, dass durch die Kapitalerhöhung der Wert seines Aktienpaketes vermindert wird. **Beruhigen Sie** den Aktionär, indem **Sie rechnerisch beweisen**, dass er durch die Kapitalerhöhung keinen Wertverlust erleidet. **Beraten Sie** den Aktionär hinsichtlich seiner Möglichkeiten bei der Verwendung seiner Bezugsrechte.
4. Herr Schulz hat leider nicht so viel Geld zur Verfügung, um alle jungen Aktien beziehen zu können. Wie viele junge Aktien könnte er dennoch neu erwerben, ohne zusätzliches Geld hinzuzuzahlen? **Unterbreiten Sie** ihm einen entsprechenden **Vorschlag**.

Übungsklausur II
Ausgangssituation

Die Saltwater Yachtbau AG ist auf den Bau von Segelyachten im Mittel- und Hochpreissegment spezialisiert. Vor zehn Jahren wagte sich das ehemalige Familienunternehmen an die Börse, um einen leichteren und schnellen Zugang zu Kapital zu erhalten.

Die letzten Wirtschaftsjahre waren durch eine Nachfragestagnation gekennzeichnet. In den letzten Jahren sind sogar leichte Nachfragerückgänge zu verzeichnen gewesen.

Allerdings haben im Jahr 2013 deutsche Privatkunden verstärkt nach den Modellen der Saltwater Yachtbau AG nachgefragt.

Zudem überlegt der Vorstand, die Produktion von Segelyachten um die Produktion von Motorbooten zu erweitern. Dies kann entweder durch den Zukauf eines entsprechenden Unternehmens oder durch Ausbau der eigenen Produktion erfolgen.

Situation I: Kapitalerhöhung

Die Saltwater Yachtbau AG möchte sich neue Geschäftsfelder erschließen, indem Sie ihre Produktpalette um Motorboote ergänzt. Der Vorstand hat vor drei Jahren eine genehmigte Kapitalerhöhung in Form der Kapitalerhöhung gegen Einlagen auf der Hauptversammlung beschließen lassen, um bei einer Übernahme eines geeigneten Motorbootherstellers zügig handeln zu können.
Der Vorstand hat einen passenden Übernahmekandidaten gefunden und möchte von der genehmigten Kapitalerhöhung Gebrauch machen, indem das Grundkapital um 2 Mio. € auf 14 Mio. € gegen Einlagen erhöht werden soll. Der Kurs der alten Aktie ist 35,75 € je Stückaktie (16.08.2014). Das alte Grundkapital wurde in 2 400 000 Stückaktien verbrieft. Den Aktionären werden nun die jungen Aktien zum Preis von 30,00 € angeboten. Eine vereinfachte und zusammengeführte Bilanz der Saltwater Yachtbau AG finden Sie in der Anlage.

Aufgaben

1. **Nennen Sie** die Voraussetzung einer Kapitalerhöhung und **beschreiben Sie** den Unterschied zwischen einer genehmigten Kapitalerhöhung und einer Kapitalerhöhung gegen Einlagen.
2. Herr M., ein begeisterter Segler und Liebhaber der Yachten von Saltwater, hat 123 Altaktien der Saltwater Yachtbau AG und wendet sich, nachdem er von der Kapitalerhöhung erfahren hat, besorgt an die Investor-Relations-Abteilung. Er hat die Sorge, dass durch die Kapitalerhöhung der Wert seines Aktienpaketes vermindert wird. Beruhigen Sie den Aktionär, indem Sie rechnerisch beweisen, dass er durch die Kapitalerhöhung keinen Wertverlust erleidet. **Beraten Sie** den Aktionär hinsichtlich seiner Möglichkeiten bei der Verwendung seiner Bezugsrechte.
3. **Erstellen Sie** eine neue Bilanz nach der Kapitalerhöhung, unter Berücksichtigung der Tatsache, dass die Banken Gebühren in Höhe von 0,75 Mio. € erhalten.

Anlage

Vereinfachte und zusammengefasste Bilanz der Saltwater Yachtbau AG in Mio. EUR:

Aktiva	Bilanz vor der Kapitalerhöhung		Passiva
Anlagevermögen	43	gezeichnetes Kapital	12
Umlaufvermögen		Kapitalrücklage	8
1. Forderungen	20	Gewinnrücklagen	
2. Geldkonten	5	1. gesetzliche Rücklagen	4
		2. andere Gewinnrücklagen	24
		übrige Passiva	20
	68		68

Situation II: Sicherungsübereignung

Während eines Beratungsgespräches bei der Hausbank im Hinblick auf Möglichkeiten der Kreditsicherung schlägt der Bankberater als Absicherung für die Kreditvergabe eine Sicherungsübereignung vor.

Aufgabe

Analysieren Sie den Vorschlag des Bankberaters aus Sicht der Saltwater Yachtbau AG und **beschreiben** Sie die rechtlichen Folgen. **Erläutern Sie** eine weitere Möglichkeit der Kreditsicherung, die mit Blick auf die Forderungen der Saltwater Yachtbau AG möglich wäre. Treffen Sie abschließend eine Entscheidung.

Situation III: Kurzfristige Fremdfinanzierung

Die Beschaffungsabteilung hat für einen Kundenauftrag Edelhölzer für die Inneneinrichtung einer Jacht im Wert von 35 700,00 € (brutto) bestellt und erhalten. Mit der Rechnung wurde der Saltwater Yachtbau AG ein Zahlungsziel von 30 Tagen eingeräumt. Daneben besteht die Möglichkeit, innerhalb von zehn Tagen nach Rechnungserhalt unter Abzug eines Skontos in Höhe von 2 % den Rechnungsbetrag zu begleichen.

Das Konto der Saltwater Yachtbau AG weist derzeit kein entsprechendes Guthaben auf. Der nächste höhere Zahlungseingang wird erst in 15 Tagen erwartet. Allerdings hat die Hausbank dem Unternehmen eine derzeit nicht ausgenutzte Kreditlinie (Kontokorrentkredit) eingeräumt. Der Zinssatz beträgt zurzeit 15 % p. a.

Der Finanzvorstand bittet Sie um eine Entscheidung, was die unter diesen Umständen günstigste Finanzierungsmöglichkeit für das Unternehmen ist. Belegen Sie Ihre Entscheidung rechnerisch.

Jahrgang 13.2

1 Ursachen und Phänomene des Wandels (Globalisierung, Konzentrationsprozesse, technologischer Fortschritt)

1.1 Themenübersicht

Globalisierung

Globalisierung bezeichnet die weltweite Verflechtung einzelner Volkswirtschaften durch die fortschreitende Entwicklung internationaler Märkte für Waren, Dienstleistungen, Kapital und Arbeit.

Der Beginn dieser Entwicklung liegt in den Sechzigerjahren. Damals begann der internationale Handel stärker zu steigen als die weltweite Warenproduktion. Dieser Prozess wurde begünstigt durch immer neue Entwicklungen im Kommunikations- und Informationswesen sowie neue Transporttechniken. Er verstärkte sich noch einmal deutlich mit Beginn der Neunzigerjahre – nicht zuletzt durch die steigende Teilnahme Chinas und Indiens an der Weltwirtschaft.

Der Globalisierungsprozess beschränkt sich jedoch nicht nur auf Waren und Dienstleistungen, sondern betrifft in zunehmendem Maße auch den Produktionsfaktor Kapital. Das führt dazu, dass die internationalen Kapitalmärkte mittlerweile stärker wachsen als die internationalen Gütermärkte.

Wesentliche Ursachen und Voraussetzungen

Technologisch

- Neue Informations- und Kommunikationstechniken: Computer, Internet, Handy, Satelliten
- Neue Transporttechniken: vor allem Container-Einsatz, schnellere und größere Schiffe

Politisch

- Abbau politischer Spannungen zwischen Ost und West
- Zusammenbruch planwirtschaftlicher Wirtschaftssysteme und Öffnung dieser Märkte
- Entstehung neuer Wachstumsregionen, z.B. BRICS-Staaten (Brasilien, Russland, Indien, China, Südafrika)

Ökonomisch

- Abbau von Handelshemmnissen und Devisenbeschränkungen
- Zunehmende Direktinvestitionen in anderen Ländern
- Verlagerung arbeitsintensiver Produktionsprozesse
- Vermehrte Bildung multinationaler Unternehmen
- Deregulierung der Märkte, z.B. im Bereich der Telekommunikation

Soziokulturell

- Mobilität der Menschen
- Freier Austausch von Gedanken und Ideen

Daten und Zahlen

- Die durchschnittlichen Kosten für Seefracht sind zwischen 1930 und 2001 um ca. 70% gesunken.
- Die Telekommunikationskosten (gemessen an einem 3-minütigen Telefongespräch von New York nach London) betrugen 2005 nur noch das 0,06-Fache der Kosten von 1930. Seitdem sind die Kosten für internationale Telefongespräche konstant niedrig geblieben.
- Zwischen 1960 und 2015 stieg der grenzüberschreitende Warenexport um 1 732%, während die gesamte Warenproduktion „nur" um 571% zugenommen hat. Von den weltweit produzierten Waren ist ein immer größer werdender Teil für den Export bestimmt, der Anteil des Warenexports am Welt-Bruttoinlandsprodukt (BIP) liegt inzwischen bei einem Viertel.
- Die grenzüberschreitende Luftfrachtmenge stieg von 5,1 Mio. Tonnen im Jahr 1986 auf 32,8 Mio. Tonnen im Jahr 2014.

Ursachen und Phänomene des Wandels

Internationaler Warenhandel

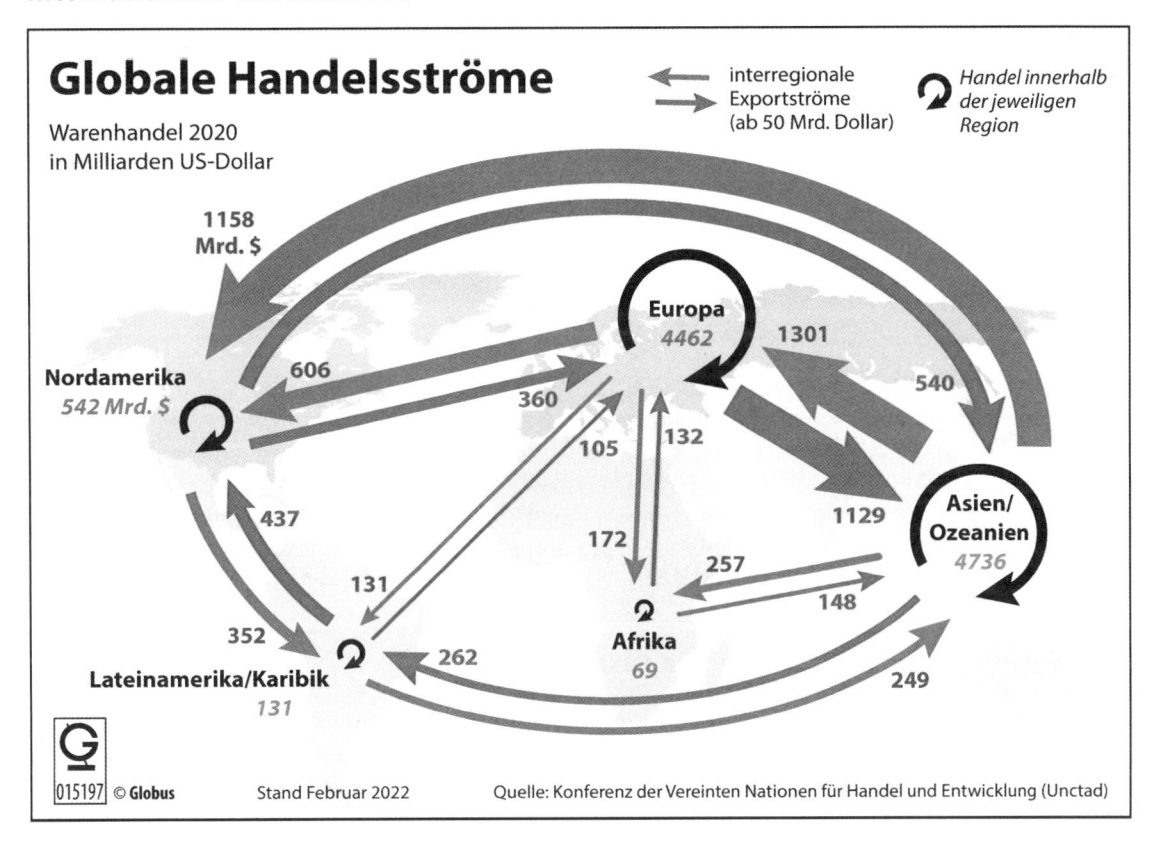

Globale Handelsströme

Warenhandel 2020 in Milliarden US-Dollar

⟵ interregionale Exportströme (ab 50 Mrd. Dollar)
↻ Handel innerhalb der jeweiligen Region

- Nordamerika: 542 Mrd. $
- Europa: 4462
- Asien/Ozeanien: 4736
- Lateinamerika/Karibik: 131
- Afrika: 69

Exportströme (Mrd. $):
- 1158, 606, 360, 1301, 540, 1129, 132, 105, 172, 257, 148, 249, 262, 131, 352, 437

015197 © Globus   Stand Februar 2022   Quelle: Konferenz der Vereinten Nationen für Handel und Entwicklung (Unctad)

Chancen

- Weltweite Konkurrenz und günstigere Produktion führen zu Preissenkungen.
- Steigender Konkurrenzdruck erhöht den technischen Fortschritt.
- Entwicklungsländer werden gefördert (neue Arbeitsplätze, technologische Entwicklung).
- Wachstum und Handel führen zu einer Reduzierung der Armut in den Entwicklungsländern.
- Weltweiter Wohlstand nimmt zu.
- Weltweite Zusammenarbeit nimmt zu.
- Der Gedanke des „global village" erhöht das Bewusstsein der Regierungen für globale Probleme, wie z. B. den Klimawandel.
- Das Warenangebot nimmt zu.
- Die Bürger öffnen sich mehr für andere Kulturen und bauen Vorurteile ab.
- Internationale Kontakte und Beziehungen werden intensiviert.

Risiken

- Die Arbeitslosigkeit in den Industrieländern steigt.
- Der Lebensstandard in den Industrieländern sinkt.
- Steuern und Sozialstandards geraten in den Industrieländern unter Druck.
- Das Lohnniveau in den Industrieländern gerät unter Druck.
- Die Zahl der Insolvenzen nimmt zu.
- Die Konzentration auf den Märkten nimmt zu.
- Durch das erhöhte Transportaufkommen nimmt die Umweltbelastung weiter zu.
- Die sozialen und wirtschaftlichen Probleme sind nicht mehr national zu lösen.
- Die Produktion in Entwicklungsländern erfolgt unter Missachtung sozialer Standards.
- Die Produktion in Entwicklungsländern erfolgt ohne Rücksicht auf Umweltbelastungen.
- Entwicklungsländer profitieren nur vorübergehend, da die ausländischen Unternehmen ihr technologisches Wissen nicht an die Entwicklungsländer weitergeben.
- Entwicklungsländer profitieren nur vorübergehend, da Kapital sehr mobil geworden ist und abwandert, sobald ein Standort nicht mehr attraktiv ist.
- Entwicklungsländer sind einseitig abhängig von den Industrieländern, dies fördert nicht den Süd-Süd-Handel.

Ursachen und Phänomene des Wandels

Konzentrationsprozesse

Unter dem Begriff **Konzentrationsprozess** versteht man die zunehmende Zahl von Unternehmenszusammenschlüssen zu immer größeren Unternehmen mit immer größerer wirtschaftlicher Macht. Unternehmen agieren unterschiedlich erfolgreich auf dem Markt. Vor dem Hintergrund zunehmend dynamischer und globaler Wirtschaftsprozesse können sie schnell Marktanteile gewinnen bzw. verlieren. Dies führt dazu, dass
- erfolgreiche Unternehmen weniger erfolgreiche aufkaufen,
- sich Unternehmen zusammenschließen, um erfolgreicher zu sein.

Dadurch verändert sich die Marktform und die Zahl oligopolistischer bzw. monopolistischer Märkte nimmt zu.

Richtungen der Konzentration

Horizontale Konzentration	Vertikale Konzentration	Diagonale (konglomerate) Konzentration
Die beteiligten Unternehmen agieren auf demselben Markt.	Die beteiligten Unternehmen befinden sich auf verschiedenen Produktionsstufen.	Die beteiligten Unternehmen befinden sich auf verschiedenen Märkten und Produktionsstufen.

Formen der Konzentration: Konzernbildung und Fusion

Der Zusammenschluss von Unternehmen erfolgt in den meisten Fällen durch Kapitalbeteiligungen in Form einer Konzernbildung bzw. einer Fusion.

Konzern	Fusion
In einem Konzern schließen sich Unternehmen unter einer einheitlichen wirtschaftlichen Leitung zusammen. Die beteiligten Unternehmen bleiben rechtlich selbstständig.	Bei einer Fusion verlieren Unternehmen ihre wirtschaftliche und rechtliche Selbstständigkeit. Sie verschmelzen zu einem Unternehmen.
Tauschen Unternehmen gegenseitig Kapitalanteile aus, entstehen Schwestergesellschaften und man spricht von einem Gleichordnungskonzern. Bestimmt ein Konzernunternehmen (Muttergesellschaft) die Geschäftspolitik anderer Konzernunternehmen (Tochtergesellschaften), entsteht ein Unterordnungskonzern.	Fusionen entstehen entweder durch Aufnahme, indem ein bisher selbstständiges Unternehmen von einem anderen vollständig aufgenommen wird, oder durch Neubildung, indem die Einzelunternehmen sich auflösen und ein neues Unternehmen gründen.

Globale Konzentrationsprozesse und Direktinvestitionen

Im Verlauf der zunehmenden Globalisierung haben multinationale Unternehmen und damit die sogenannten **Direktinvestitionen** immer mehr an Bedeutung gewonnen.

Direktinvestitionen liegen vor, wenn Unternehmen
- im Ausland Produktionsstätten einrichten,
- im Ausland Tochterfirmen gründen,
- im Ausland ein Unternehmen kaufen,
- sich an einem Unternehmen im Ausland beteiligen, wobei laut Definition des Internationalen Währungsfonds diese Beteiligung mindestens 10 Prozent betragen muss,
- das Kapital ausländischer Tochtergesellschaften erhöhen,
- ihren ausländischen Tochtergesellschaften einen Kredit gewähren.

Somit ist die Entwicklung der **Höhe der Direktinvestitionen** ein guter Indikator für die zunehmende Bedeutung multinationaler Unternehmen.

Ursachen und Phänomene des Wandels

Die Direktinvestitionen weltweit betrugen:

1970er-Jahre	24 Mrd. Dollar pro Jahr im Durchschnitt
1990er-Jahre	404 Mrd. Dollar pro Jahr im Durchschnitt
2000–2006	918 Mrd. Dollar pro Jahr im Durchschnitt
2007	1970,9 Mrd. Dollar
2011	1694 Mrd. Dollar
2013	1467 Mrd. Dollar
2014	1228 Mrd. Dollar
2016	1746 Mrd. Dollar
2018	1297 Mrd. Dollar
2020	859 Mrd. Dollar

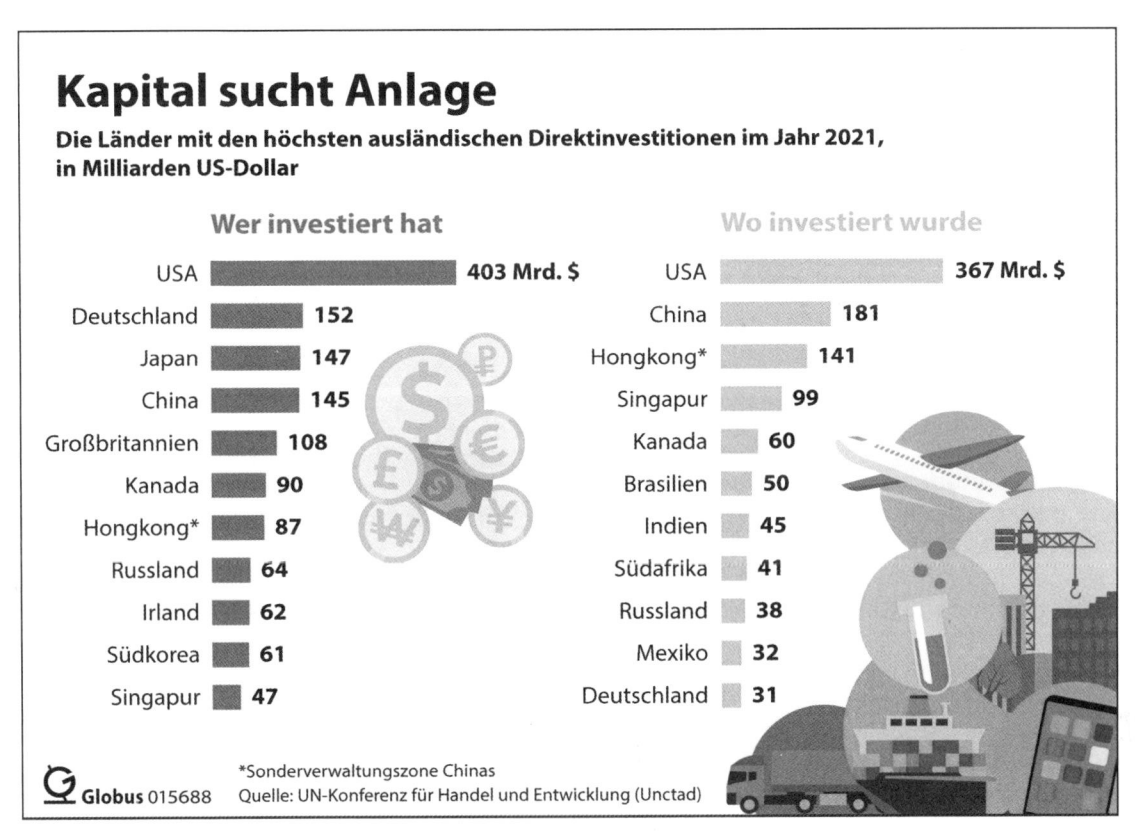

Kapital sucht Anlage
Die Länder mit den höchsten ausländischen Direktinvestitionen im Jahr 2021, in Milliarden US-Dollar

Wer investiert hat

Land	Mrd. $
USA	403
Deutschland	152
Japan	147
China	145
Großbritannien	108
Kanada	90
Hongkong*	87
Russland	64
Irland	62
Südkorea	61
Singapur	47

Wo investiert wurde

Land	Mrd. $
USA	367
China	181
Hongkong*	141
Singapur	99
Kanada	60
Brasilien	50
Indien	45
Südafrika	41
Russland	38
Mexiko	32
Deutschland	31

*Sonderverwaltungszone Chinas
Globus 015688 Quelle: UN-Konferenz für Handel und Entwicklung (Unctad)

Gründe für die Bildung multinationaler Unternehmen

- Erschließung neuer Märkte
- Mögliche Importbeschränkungen werden umgangen durch Produktion vor Ort.
- Verbesserter Zugang zu Rohstoffen
- Verbesserter Vertrieb und Kundendienst durch größere Nähe zum Kunden auf den neuen Märkten
- Kostenvorteile durch Verlagerung der Produktion
- Synergieeffekte, d.h. Kostenvorteile durch Zusammenarbeit, insbesondere in den Bereichen Forschung, Entwicklung und Verwaltung
- Senkung der Fixkosten durch erhöhte Produktionszahlen
- Durch Investitionen in verschiedenen Ländern mit unterschiedlicher konjunktureller Entwicklung wird das Risiko vermindert und der Gewinn stabiler.
- Zugang zu neuen Wissensquellen durch Erwerb neuer Unternehmen
- Investition in krisensichere Regionen
- Regional unterschiedliche rechtliche Rahmenbedingungen (z.B. Umweltstandards, Arbeitnehmerrechte u. Ä.)

Kritik an multinationalen Unternehmen

- Der Wettbewerb wird beschränkt.
- Die Unternehmen erhalten zu große Marktmacht.

Ursachen und Phänomene des Wandels

- Die Unternehmen erhalten zu große politische Macht.
- Es besteht die Gefahr des Machtmissbrauchs.
- Die Unternehmen haben zu großen Einfluss auf die Politik der Entwicklungsländer.
- Die Unternehmen verdrängen kleinere lokale Anbieter in den Entwicklungsländern.
- Die Unternehmen nutzen geringe Löhne und Sozialstandards sowie geringe bzw. fehlende Umweltauflagen der Entwicklungsländer aus.
- Die Unternehmen bauen Arbeitsplätze in den Industrieländern ab.

Strategische Allianzen

Immer mehr Unternehmen streben statt großer kostspieliger Fusionen strategische Allianzen an. Eine der bekanntesten und erfolgreichsten strategischen Allianzen gründete Lufthansa im Jahre 1997 zusammen mit vier anderen Fluggesellschaften unter dem Namen „Star Alliance". Mittlerweile sind an dieser Allianz 27 Fluggesellschaften beteiligt. Somit können Kunden 192 Länder anfliegen und viele Vorteile nutzen wie gemeinsame Vielfliegerprogramme, aufeinander abgestimmte Flugpläne und günstigere Flugpreise aufgrund geringerer Kosten z. B. durch gemeinsame Check-in-Schalter.
Ein anderes Beispiel für eine strategische Allianz ist die Zusammenarbeit von BMW und Toyota im Bereich von Dieselmotoren und Hybridtechnologie.

Eine **strategische Allianz** ist
- ein verbindlicher Zusammenschluss
- zweier oder mehrerer Unternehmen (immer häufiger direkte Wettbewerber)
- für eine gemeinsame Leistungserstellung
- zur Stärkung der Wettbewerbsposition.

Kennzeichnend für strategische Allianzen ist darüber hinaus:

- Sind einseitig aufkündbar
- Weniger eine hierarchische, sondern eher eine gleichberechtigte Beziehung
- Angeschlossene Unternehmen bleiben rechtlich selbstständig.
- Angeschlossene Unternehmen verlieren ihre wirtschaftliche Selbstständigkeit im Bereich bzw. in den Bereichen der Zusammenarbeit (die Mehrzahl der Allianzen heute umfasst mehr als einen betrieblichen Bereich).
- Zusammenarbeit ist unter Umständen zeitlich begrenzt.

Formen strategischer Allianzen		
Kooperation	**Gemeinschaftsunternehmen (international: Joint Venture)**	**Einseitige Minderheitsbeteiligungen**
Zwei oder mehrere rechtlich und wirtschaftlich selbstständige Unternehmen arbeiten freiwillig auf vertraglicher Grundlage – zeitlich befristet für ein einzelnes Projekt (z. B. im Baugewerbe) – zusammen. Sie geben damit einen Teil ihrer wirtschaftlichen Selbstständigkeit auf. Weitere Formen: Arbeitsgemeinschaft, Konsortium	Zwei oder mehrere rechtlich und wirtschaftlich selbstständige Unternehmen gründen gemeinsam ein rechtlich selbstständiges Unternehmen, das unter der gemeinsamen Leitung der beteiligten Unternehmen steht und Aufgaben ausführt, die im gemeinsamen Interesse liegen. Sie geben damit einen Teil ihrer wirtschaftlichen Selbstständigkeit auf. Ebenfalls denkbar: Wechselseitige Minderheitsbeteiligungen	Ein Unternehmen ist an einem anderen Unternehmen mit weniger als 25 % beteiligt.

niedrig ------------------------------- **Bindung** ------------------------------- hoch

Diese drei genannten Formen machen in der Realität mehr als 90 % der strategischen Allianzen aus. Wie bei Konzernen kann die Richtung der strategischen Allianz sowohl horizontal als auch vertikal oder diagonal sein.

Ursachen und Phänomene des Wandels

Ziele strategischer Allianzen	
Ressourcenzugang	Beschaffung und Sicherung wichtiger Rohstoffe, aber auch Zugang zu wichtigen Technologien und Patenten
Zeitersparnis	Schnellere Durchführung von Projekten z. B. im Bereich der Forschung, schnelleres Fußfassen auf neuen Märkten
Marktzugang	Partner auf anderen Märkten und/oder in anderen Ländern erleichtern den Marktzugang und sichern dort die Akzeptanz.
Kostenersparnis	Kosten lassen sich einsparen z. B. durch gemeinsamen Einkauf, Bündelung der Produktionskapazitäten, gemeinsame Nutzung von bestehenden Vertriebswegen.
Risikominderung	Risiko für einzelne Unternehmen wird verringert durch Verteilung des Risikos auf mehrere Unternehmen.
Marktmacht	Durch Bündelung der Aktivitäten wird die Marktmacht erhöht, z. B. durch gemeinsamen Einkauf.

Nachteile strategischer Allianzen	
Kosten	Kosten entstehen zum Beispiel dadurch, dass ■ geeignete Partner gefunden werden müssen, ■ Verträge ausgehandelt werden müssen, ■ die Arbeit der Allianz laufend überwacht werden muss, ■ die Allianz abgewickelt werden muss, falls sie scheitert.
Risiken	Risiken geht das einzelne Unternehmen zum Beispiel dadurch ein, dass ■ es Know-how an andere Unternehmen weitergibt, ■ die wirtschaftliche Selbstständigkeit in einem oder mehreren Bereichen aufgegeben oder beschränkt wird, ■ angeschlossene Unternehmen gegen Absprachen verstoßen und/oder die Allianz für eigene Zwecke missbrauchen, ■ die laufende Arbeit der Allianz nicht oder nur schlecht kontrolliert werden kann.

Technologischer Fortschritt

Der technologische Fortschritt hat auch den Globalisierungsprozess begünstigt und beschleunigt ihn weiter. Die Entwicklung neuer Technologien führt zu einem rasanten Wandel wirtschaftlicher Abläufe, wie die folgenden Beispiele zeigen.

Computerunterstützte Rationalisierungskonzepte

Die Konzepte werden bereits in großer Zahl eingesetzt und immer weiter verbessert:

CIM (Computer Integrated Manufacturing) umfasst alle computerunterstützten Betriebs- und Arbeitsabläufe in einem einheitlichen System, wie z. B.			
CAD (Computer Aided Design)	CAP (Computer Aided Planning)	CAM (Computer Aided Manufacturing)	CAQ (Computer Aided Qualitiy Assurance)

Kommunikation

- Zunehmend leistungsfähigere Rechner ermöglichen die Verarbeitung immer größerer Datenmengen.
- Internationale Kommunikationsnetze werden weiter ausgebaut.
- Die **Glasfasertechnik** wird zur Datenübertragung genutzt (Breitbandkanäle) und ermöglicht – gegenüber der elektronischen Übertragung – die Übermittlung größerer Datenmengen in immer kürzerer Zeit. Sie ist zusätzlich abhörsicherer und störungsunempfindlicher.
- **Funkerkennung – RFID** (Radio Frequency Identification) gilt als eine Schlüsseltechnologie und vereinfacht das Erkennen z. B. von Etiketten im Supermarkt, Zugangsausweisen von Mitarbeitenden oder Gepäckstücken am Flughafen. Mit dieser Technik ist es beispielsweise im Supermarkt möglich, nicht nur den Artikel zu identifizieren wie beim Barcode, sondern auch zu verfolgen, wann genau

Ursachen und Phänomene des Wandels

dieser Artikel die Produktion verlassen hat und wo er im Einzelnen Zwischenstation gemacht hat. Es bestehen zwar datenschutzrechtliche Bedenken, aber Prognosen gehen davon aus, dass der weltweite Umsatz mit RFID-Transpondern bis 2020 auf 21,9 Mrd. US-Dollar steigen wird.
- **Smart Factory** („intelligente Fabrik") Vernetzte Maschinensysteme handeln im Bereich von Produktion und Logistik weitgehend selbstständig, d.h. ohne menschliche Eingriffe. Angesichts der stark zunehmenden Digitalisierung sprechen viele Fachleute von der vierten industriellen Revolution und verwenden dafür häufig den Begriff „Industrie 4.0".

Industrielle Schlüsseltechnologien

- Die **Lasertechnologie** spielt eine sehr wichtige Rolle bei modernen Produktionsprozessen, z.B. beim Schneiden und Schweißen. Durch den Einsatz von Lasern wird die Bearbeitungszeit verkürzt. Laser lassen sich gut steuern und mithilfe von Glasfasern (s.o.) lässt sich die Laserstrahlung flexibel und ohne Verluste transportieren.
- Die **Mikrosystemtechnik** befasst sich damit, Mikrosysteme zu entwickeln und herzustellen. Durch Verwendung immer kleinerer Bauteile werden die Systeme z.B. im Bereich der Elektronik und Datenverarbeitung kompakter und dabei leistungsfähiger und preiswerter.
- Die **Nanotechnologie** gilt als Schlüsseltechnologie des 21. Jahrhunderts und umfasst alle Technologien, die sich mit der Erforschung und Anwendung sehr kleiner Strukturen befassen. (Ein Nanometer ist der millionste Teil eines Millimeters.) Es gibt bereits zahlreiche Anwendungsgebiete. So lassen sich mithilfe dieser Technologie z.B. Elektronikkomponenten um ein Vielfaches verkleinern. Ein weiteres Anwendungsbeispiel ist der sog. Lotuseffekt, bei dem durch den Einsatz der Nanotechnologie selbstreinigende Oberflächen hergestellt werden.
Der Umsatz der Nanotechnik-Unternehmen weltweit liegt bei ca. drei Billionen US-Dollar. Aktuell sind allein in Deutschland schon rund 70000 industrielle Arbeitsplätze mit der Nanotechnologie befasst. Fachleute halten es für möglich, dass die Nanotechnologie – ähnlich wie frühere bahnbrechende technologische Entwicklungen – Auslöser für eine lange Welle der Konjunktur von ca. 50 bis 60 Jahren (sog. Kondratjew-Zyklus) sein könnte.
- **3-D-Drucker** ermöglichen den Einstieg in die digitale Produktion. So können z.B. Ersatzteile oder Spezialteile, die durch die Herstellung und den Transport über weite Strecken verteuert werden, digital verschickt und zu Hause preisgünstig ausgedruckt werden. Fachleute sprechen schon von einer beginnenden Privatisierung der Produktionsmittel.

Antriebs- und Energiequellen

Weltweit werden zurzeit jährlich 55 Millionen Pkws hergestellt. Im Jahre 2050 werden es rund 200 Millionen pro Jahr sein. Der daraus resultierende Energiebedarf lässt sich nicht durch Erdöl decken, dessen Reserven ohnehin allmählich zur Neige gehen. Darüber hinaus leisten Verbrennungsmotoren einen massiven Beitrag zum Klimawandel. Die Zukunft gehört daher
- Hybridfahrzeugen (Kombination aus Verbrennungs- und Elektromotor),
- rein batteriebetriebenen Elektrofahrzeugen,
- Elektrofahrzeugen mit einer Wasserstoffbrennzelle.

Allerdings eignet sich der Elektromotor als umweltschonender Ersatz für den Verbrennungsmotor nur, wenn die Energie aus regenerativen Quellen bezogen wird, wie z.B. Photovoltaik, Windkraft, Wasserkraft.

Automatisiertes Fahren ist die umfassendste Innovation in der Automobilbranche seit der Erfindung des Autos. Betroffen sind nicht nur die Automobilhersteller, sondern auch Zulieferer, Versicherer, Gesetzgeber und Service-Anbieter. Bis 2035 wird der Marktanteil vollautomatisierter Fahrzeuge bei rund 20% liegen. Es wird damit gerechnet, dass bis etwa 2050 über 90% aller Fahrzeuge vollautomatisch fahren können, während der Fahrer sich z.B. ausruht oder arbeitet.
Die **Solartechnik** wird bereits vielfach genutzt: Von Hausdächern, auf denen Solarkollektoren zur Warmwassererzeugung oder Solarzellen zur Stromerzeugung (Fotovoltaikanlagen) eingesetzt werden, bis hin zu großen Solarkraftwerken.

1.2 Ausgangssituation und Aufgaben

Die Globalisierung stockt - und ändert sich

Weniger Wachstum im globalen Handel als zuvor, national orientierte Politiker, unsichere Weltlage: Wirtschaftlich, politisch und geostrategisch scheint der Prozess der Globalisierung ins Wanken gekommen zu sein. Vielleicht wandelt sich aber auch nur sein Gesicht, meint der Wirtschaftsjournalist Johannes Pennekamp.

Wenn es in den vergangenen zwei Jahrzehnten eine Gewissheit gab, dann diese: Die Welt rückt immer enger zusammen. Der Megatrend der Globalisierung erfasste die Weltwirtschaft in einer neuen Welle kurz nach dem Fall des Eisernen Vorhangs. Dank des Internets schrumpften Distanzen, plötzlich war es egal, ob der Geschäftspartner in Passau oder in Peking saß. Der Welthandel wuchs rasant, die Wertschöpfungsketten wurden global, die Arbeitsteilung immer feingliedriger. Und die Wohlstandsgewinne waren enorm.

Lange schien es wie in Stein gemeißelt, dass es so immer weitergehen würde. Schließlich hört der technologische Wandel nicht auf, sind noch längst nicht alle Regionen gleichermaßen vom Wandel erfasst. Doch in den letzten Jahren hat diese Gewissheit Risse bekommen. Wirtschaftlich, politisch und geostrategisch haben sich die Anzeichen gemehrt, dass die Globalisierung stockt – oder zumindest einen anderen Charakter bekommt. Der Welthandel wächst längst nicht mehr so schnell wie zuvor, die Doha-Runde der Welthandelsorganisation WTO gilt als gescheitert – ebenso die Verhandlungen über das Transatlantische Freihandelsabkommen (TTIP) zwischen Europa und den USA. Parteien, die auf Abschottung und nationale Töne setzen, sind im Aufwind. Und die große Zahl an Flüchtlingen, die sich vor allem 2015 Richtung Europa bewegten, offenbarte eine weitere Seite der Globalisierung, die für viele Menschen im Westen bislang kaum sichtbar war.

Erstes sichtbares Indiz für den Gegentrend war die schwächere Dynamik im weltweiten Warenhandel. Bereits 2015 kam eine Studie des Internationalen Währungsfonds (IWF) und der Weltbank zu dem Ergebnis, dass der globale Warenaustausch seit der Finanzkrise von 2007 nur noch um rund drei Prozent im Jahr gewachsen sei – vor deren Ausbruch waren es im Schnitt noch mehr als sieben Prozent gewesen. Kurz nach der Krise schrumpfte der Welthandel dann sogar kurzzeitig. Diese Entwicklung sei nicht einfach Folge eines insgesamt schwächeren Wachstums großer Wirtschaftsnationen und Schwellenländer, sie habe auch strukturelle Gründe. So würden Exportunternehmen in China und den Vereinigten Staaten vermehrt auf Vorleistungen im eigenen Land setzen, anstatt diese zu importieren. Es werden also weniger Teile aus dem Ausland eingekauft und auch weniger Produktionsstätten dorthin verlagert.

National orientierte Politik – nicht nur in den USA

Zuletzt wuchs der Welthandel zwar wieder etwas stärker, aber insbesondere die Rhetorik von US-Präsident Donald Trump („America first") und dessen Handelsminister Wilbur Ross nähren Zweifel, ob die Globalisierung fortschreiten wird. Und nicht nur in den USA wird eine zunehmend national orientierte Politik gemacht, man denke nur an den Brexit oder die Regierungen in Polen und Ungarn.

Es passt in dieses Bild, dass die WTO mit ihren zurzeit 164 Mitgliedstaaten seit eineinhalb Jahrzehnten vergeblich versucht, die Handelsbarrieren in der Doha-Runde zu beseitigen. An einen Durchbruch, der dazu führen würde, dass Zölle auf breiter Ebene wegfallen, glaubt kaum noch ein Experte. Die Alternativen sind nun kleinere, regionale Abkommen: Nachdem etwa die USA das Transpazifische Partnerschaftsabkommen (TPP) der Pazifikanrainer platzen ließen, haben sich die verbliebenen Staaten nun ohne Amerika geeinigt.

Die wachsende politische Unsicherheit ist ein weiterer Bremsfaktor für die Globalisierung. Krisen, Kriege und Terror halten Unternehmen und Bevölkerung in Atem. Die Weltordnung ist unübersichtlicher geworden. Es gibt keinen einzelnen Hegemonen mehr: Die USA engagieren sich weniger in der Welt, China dagegen erhebt den Anspruch, Weltmacht zu sein.

Auch Flüchtlinge sind Teil des globalen Prozesses

Die rund 65 Millionen Menschen, die nach Angaben des UN-Flüchtlingshilfswerks weltweit auf der Flucht sind, verstärken vielerorts den Wunsch nach Abschottung. Auch das ist ein Rückschlag für die Globalisierung – denn Flüchtlinge und Migranten sind ein Teil dieses globalen Prozesses. Nicht nur Waren und Dienstleistungen werden mobiler, sondern auch Arbeitskräfte. Viele Menschen flüchten vor Krieg und politischer Verfolgung. Viele verlassen aber auch ihre Heimat, um mehr Chancen auf Arbeit und eine bessere Zukunft zu haben.

Moderne Kommunikationsmittel und das wachsende Wissen um die Lebensstandards in den Industrienationen dürften diese Mobilität stärken. Folgt man der Argumentation, erkennt man nicht das Ende der Globalisierung, sondern ihr gewandeltes Gesicht. Abgeschlossen sind diese Veränderungen noch lange nicht. So versichert etwa der Hamburger Ökonom Thomas Straubhaar, dass es bei der Globalisierung künftig nicht mehr so sehr um den klassischen Güterverkehr gehen wird, sondern um Daten und Dienstleistungen, die um den Globus kreisen. Ihre Menge wachse rasant – und sie könnten den Alltag genauso stark verändern wie T-Shirts und Smartphones aus asiatischen Billigfabriken.

Quelle: Pennekamp, Johannes: Die Globalisierung stockt- und ändert sich, abgerufen unter: https://www.bpb.de/politik/wirtschaft/freihandel/266540/die-globalisierung-stockt-und-aendert-sich, 10.03.2020

Ursachen und Phänomene des Wandels

Anmerkungen:
Doha-Runde = Konferenz der WTO-Mitgliedsstaaten in Doha im Jahre 2001 (vor allem mit dem Ziel einer weiteren Öffnung der Märkte und einer Verbesserung der Lage der Entwicklungsländer im Welthandel)

Pazifikanrainer = die an den Pazifik angrenzenden Staaten

Hegemon = jemand, der die Vorherrschaft über andere Herrschende hat

1.2.1 Aufgaben Anforderungsbereich I

1. **Beschreiben Sie** die technologischen Voraussetzungen der Globalisierung.
2. **Stellen Sie dar**, welche politischen Veränderungen den Globalisierungsprozess beschleunigt haben.
3. **Nennen Sie** wesentliche Vorteile für global operierende Unternehmen.
4. **Fassen Sie** den Artikel „Die Globalisierung stockt – und ändert sich" von Johannes Pennekamp **zusammen**.

1.2.2 Aufgaben Anforderungsbereich II

1. **Erläutern Sie** die folgende Aussage aus dem Text: „... die Wertschöpfungsketten wurden global, die Arbeitsteilung immer feingliedriger."
2. **Erklären Sie**, warum die Wohlstandsgewinne durch die Globalisierung enorm waren.

1.2.3 Aufgabe Anforderungsbereich III

Beurteilen Sie die Auswirkungen, wenn in Zukunft vermehrt Vorleistungen im eigenen Land hergestellt werden und weniger Teile aus dem Ausland eingekauft werden.

Musterklausuren

1 Musterklausur I

Ausgangssituation

Die Zweirad AG ist ein mittelständisches Unternehmen mit Sitz in Bonn, welches seit mehr als 20 Jahren Fahrräder herstellt, die von Unternehmen des Groß- und Einzelhandels aus ganz Deutschland gekauft werden. Die Zweirad AG muss sich auf einem hart umkämpften Markt behaupten. Sie möchte daher „näher an ihre Kunden heranrücken" und in persönlichen Gesprächen Informationen über den Absatzmarkt erhalten. Daher hat die Zweirad AG eine neue Außendienstmitarbeiterin eingestellt, die sie mit einem Firmenwagen ausstatten wird. Zur Finanzierung des Fahrzeugs liegt ein Kreditangebot ihrer Hausbank vor (Situation I).

Da die Nachfrage nach Touring Bikes seit einigen Monaten rückläufig ist, überlegt die Geschäftsleitung, ob sie mit einer Preissenkung auf die veränderte Marktsituation reagieren soll (Situation II).

Vom Nachfrage-Boom nach E-Lastenräder möchte die Zweirad AG profitieren, indem sie eine neue Fertigungsstraße beschafft. Hierbei muss zwischen zwei Alternativen ausgewählt werden (Situation III).

Situation I: Fremdfinanzierung

Die Zweirad AG hat sich dazu entschlossen, ihre neue Außendienstmitarbeiterin mit einem Geschäftswagen auszustatten, damit sie deutschlandweit flexibel Kundenbesuche durchführen kann. Offen ist die Frage, welches Darlehensangebot ihrer Hausbank dafür angenommen werden soll. Sie sollen die Geschäftsführung bei der Entscheidungsfindung unterstützen. Dazu liegen Ihnen das abgebildete Darlehensangebot vor.

Musterklausur I

	Sparkasse Musterstadt
	Hauptstelle
Sparkasse Musterstadt • Hauptstraße 1 • 12345 Musterstadt	Telefon (123) 456 0 Telefax (123) 456 01 E-Mail: info@sparkasse-musterstadt.de
Zweirad AG Siemensstr. 3 53111 Bonn	

Ihre Zeichen:	Ihre Nachricht vom 24.09.20..	Unser Zeichen be-sa	Hausruf 456-789	Datum 30.09.20..	Ihr Gesprächspartner R. W. Fassbinder

Darlehensangebot

Sehr geehrte Damen und Herren,

nach unserem Telefonat vom heutigen Tag biete ich Ihnen für die Beschaffung des neuen Firmenwagens folgendes Finanzierungsangebot an:

Darlehensbetrag:	35 000,00 EUR
Laufzeit:	5 Jahre
Zinssatz:	9,0 % p. a.
Tilgung:	Variante 1: Festdarlehen (Tilgung erst am Ende der Laufzeit)
	Variante 2: gleichbleibende Tilgungsraten (Abzahlungsdarlehen)
	Variante 3: gleichbleibende Annuität (Annuitätendarlehen)
Sicherheiten:	Eintragung einer Grundschuld: ein unbebautes Grundstück (nähere Bezeichnung im Kreditvertrag)

Als Ihre Hausbank stellen wir Ihnen keine Bearbeitungsgebühr in Rechnung. Die Darlehensauszahlung erfolgt zu 100 %. Diese Zusage ist gültig bis zum 15. Oktober 20...

Mit freundlichen Grüßen

Rainer Werner Fassbinder
Sparkasse Musterstadt
– Kreditabteilung –

Aufgaben

1. **Erstellen Sie** für alle drei Finanzierungsalternativen (Festdarlehen, Abzahlungsdarlehen, Annuitätendarlehen) einen Tilgungsplan, aus dem die jährlichen Zinszahlungen, die jährlichen Tilgungszahlungen sowie die jährliche Annuität hervorgehen.

   Hinweis: Zur Berechnung der Annuität (Variante 3 des Darlehensangebot)

   verwenden Sie bitte folgende Formel:

   $$\frac{\text{Darlehenshöhe} \cdot i(1+i)^n}{(1+i)^n - 1}$$

2. **Diskutieren Sie**, für welche der drei Möglichkeiten sich die Zweirad AG entscheiden sollte.
   Im Kreditangebot der Sparkasse wird als Kreditsicherheit die Eintragung einer Grundschuld vorgeschlagen.
3. **Erklären Sie** kurz, bei welchen Kreditgeschäften eine Grundschuld üblicherweise als Kreditsicherheit eingesetzt wird.
4. **Nennen und erläutern Sie** kurz die bei einem solchen Kreditgeschäft eigentlich übliche Kreditsicherheit.

Musterklausur I

Situation II: Statische Investitionsrechnung

Die Zweirad AG plant eine Erweiterung ihres Sortiments um qualitativ hochwertige elektrisch betriebene Lastenräder. Mit diesem Produkt möchte sich die Zweirad AG an Speditionen und Paketdienste wenden, die im dichter werdenden Stadtverkehr auf umweltfreundliche Alternativen zu ihren bisherigen Dieseltransportern bei der Auslieferung kleinerer Pakete setzen.

Zur Herstellung der E-Lastenräder benötigt die Zweirad AG eine neue Fertigungsstraße, für welche die Geschäftsleitung zwei Angebote eingeholt hat. Folgende Daten stehen Ihnen zur Verfügung:

	Alternative 1	Alternative 2
Anschaffungskosten	12 000 000,00 €	18 000 000,00 €
Betriebsübliche Nutzungsdauer	6 Jahre	6 Jahre
Maximalkapazität	1 200 Stück jährlich	1 500 Stück jährlich
Anfallende sonstige fixe Kosten pro Jahr	425 000,00 €	635 000,00 €
Anfallende variable Kosten pro Stück	2 800,00 €	3 800,00 €
Prognostizierter Stückerlös pro E-Lastenrad	5 500,00 €	7 900,00 € (höherer Stückerlös, da sich auf dieser Fertigungsstraße qualitativ höherwertige Lastenräder herstellen lassen)
Prognostizierte Absatzmenge	950 Stück jährlich	950 Stück jährlich

Aufgaben

1. **Ermitteln Sie** die günstigste Investitionsalternative, indem Sie auf Grundlage des vorliegenden Zahlenmaterials
   a) eine Kostenvergleichsrechnung,
   b) eine Gewinnvergleichsrechnung,
   c) eine Rentabilitätsvergleichsrechnung
   d) und eine Amortisationsvergleichsrechnung
   durchführen.
2. **Analysieren Sie** die von Ihnen ermittelten Werte und treffen Sie eine begründete Entscheidung, bezogen auf die beiden Investitionsalternativen. Beurteilen Sie in diesem Zusammenhang kritisch die von Ihnen zur Entscheidungsfindung herangezogenen Investitionsrechenverfahren.
3. **Erläutern Sie** die Notwendigkeit einer qualitativen Bewertung von Investitionsalternativen und **werten Sie** die hier durchgeführte Nutzwertanalyse **aus**.

Bewertungskriterien	Gewichtung	Maschine 1		Maschine 2	
Wirtschaftliche Daten:					
Zuverlässigkeit	30	4	120	5	150
Wartung und Kundendienst	20	4	80	5	100
Garantie	5	3	15	4	20
Technische Daten:					
Störanfälligkeit	5	2	10	3	15
Betriebssicherheit	10	5	50	5	50
Erweiterungsmöglichkeit	10	4	40	5	50
Schnelligkeit	10	5	50	5	50
Bedienungsfreundlichkeit	10	4	40	5	50
Gesamtpunktzahl	**100**		**405**		**485**

Situation III: Controlling

Von der Zweirad AG liegen die Jahresabschlüsse der vergangenen beiden Jahre vor:

Bilanzen der Zweirad AG					
Aktiva in T€	Vorjahr	Berichts-jahr	Passiva in T€	Vorjahr	Berichts-jahr
A. Anlagevermögen			A. Eigenkapital		
I. Immaterielle Vermögens-werte	210	160	I. Gezeichnetes Kapital	8 420	8 420
II. Sachanlagen			II. Kapitalrücklage		
1. Grundstücke	3 693	3 757	III. Gewinnrücklagen		
2. Maschinen	8 132	7 980	1. gesetzliche Rücklagen	842	842
3. BuG	1 561	1 399	2. weitere Rücklagen	4 192	965
III. Finanzanlagen	1 718	1 695	IV. Gewinn- bzw. Verlustvor-trag	572	534
B. Umlaufvermögen			V. Jahresfehlbetrag/	3 189	–
I. Vorräte			Jahresüberschuss	–	2 329
1. Roh-, Hilfs-, Betriebs-stoffe	5 537	4 628	B. Rückstellungen		
			1. Pensionsrückstellungen	6 635	7 340
2. Unfertige Erzeugnisse	10 822	13 495	2. sonstige Rückstellungen	2 227	2 650
3. Fertige Erzeugnisse	4 205	4 572	C. Verbindlichkeiten		
II. Forderungen a. LL.	11 902	17 688	1. Verb. gegenüber Kre-ditinst.	21 213	24 211
III. Kasse, Bank	586	848	2. Verb. a. LL.	7 284	7 113
C: Rechnungsabgrenzungs-posten	135	185	3. sonstige Verbindlichk.	1 449	3 071
	48 501	56 407		48 501	56 407

Anmerkungen zur Bilanz:

a) Es wurden keine Dividenden ausgeschüttet.
b) In den Verbindlichkeiten gegenüber Kreditinstituten sind enthalten:
                                       Vorjahr   Berichtsjahr
   Laufzeit ein bis fünf Jahre: 2 660   1 990
   Laufzeit über fünf Jahre: 9 805   8 061
c) Die sonstigen Rückstellungen sind kurzfristiger Natur.

Aufbereitete GuV-Rechnung:

Zweirad AG	Vorjahr		Berichtsjahr	
	T€	%	T€	%
1. Umsatzerlöse	67 116,4	94,4	85 073,4	92,8
2. BVÄ	1 530,8	2,2	2 909,7	3,2
3. Aktivierte Eigenleistungen	206,7	0,3	341,4	0,4
4. Sonst. betriebliche Erträge	1 342,2	1,9	2 252,2	2,4
Betriebliche Erträge	70 196,1	98,8	90 576,7	98,8
5. Materialaufwand	41 146,3	57,9	51 765,4	56,4
6. Personalaufwand	22 521,9	31,7	25 568	27,9
7. Abschreibungen	2 876,3	4,1	2 291,9	2,5
8. Sonstige betriebliche Aufwendungen	5 283,8	7,4	6 938,0	7,6

Musterklausur I

Zweirad AG	Vorjahr		Berichtsjahr	
	T€	%	T€	%
Betriebliche Aufwendungen	71 828,3	101,1	86 563,3	94,4
Betriebsergebnis	– 1 632,2	– 2,3	4 013,4	4,4
9. Erträge aus Beteiligungen und Wertpapieren	759,9	1,1	787,4	0,9
10. Zinsen und ähnliche Erträge	110,5	0,2	357,7	0,4
11. Zinsen und ähnliche Aufwendungen	1 516,5	2,1	1 760,5	1,9
Finanzergebnis	– 646,1	– 0,9	– 615,4	– 0,7
12. Steuern von Einkommen und Ertrag	869,7	1,2	1 026,1	1,1
13. Ergebnis nach Steuern	– 3 148,0	– 4,5	2 371,9	2,6
14. Sonstige Steuern	41,0	0,14	42,9	0,1
15. Jahresüberschuss/Jahresfehlbetrag	– 3 189,0	– 4,5	2 329,0	2,6

Gesamtertrag: 71 066,00 91 722,00
Gesamtaufwand: 74 255,00 89 393,00

Aufgaben

1. **Beurteilen Sie** die Situation des Unternehmens. **Gehen Sie** dabei vor allem auf Liquidität, Rentabilität und Selbstfinanzierungsspielraum **ein**.
   (Hinweise:
   Anfangsbestand Eigenkapital im Vorjahr: 12 880 000,00 €
   Anfangsbestand Gesamtkapital im Vorjahr: 50 731 000,00 €
   Anfangsbestand Pensionsrückstellungen im Vorjahr: 6 225 000,00 €)
2. **Berechnen Sie** EBIT, EBITDA und Return on Investment (ROI).
3. **Stellen Sie dar**, welche weiteren Informationen für eine weitergehende Analyse des Jahresabschlus-ses nötig wären.
4. **Fassen Sie** in einem kurzen Bericht die Entwicklung der Zweirad AG **zusammen** und **machen Sie begründete Vorschläge**, wie die Situation des Unternehmens noch weiter zu verbessern wäre.

2 Musterklausur II
Ausgangssituation

Die Goeke AG mit Sitz in Düsseldorf ist ein traditionsreiches mittelständisches Unternehmen, das Koffer und Reisetaschen in mittlerer Preislage herstellt. Im Zuge der Globalisierung und der zunehmenden Mobilität der Menschen weltweit haben sich die Verkaufszahlen der Goeke AG in den letzten 20 Jahren sehr positiv entwickelt.
Allerdings ist die Konkurrenz in Europa groß und Billigimporte aus Asien erschweren seit einigen Jahren die Lage auf dem Markt für Koffer und Reisetaschen.
Aus diesem Grund hat sich die Goeke AG entschlossen, den Gedanken der Nachhaltigkeit in den Vordergrund zu rücken, um sich damit stärker von der Konkurrenz abzuheben und den Kunden ein zusätzliches Kaufargument zu liefern.

Situation I: Absatzwirtschaft (Marketing Mix)

Peter Goeke, der Geschäftsführer der Goeke AG, sucht ständig nach neuen Ideen und war daher sehr beeindruckt von einem Artikel über Rimowa, dem führenden deutschen Hersteller von hochwertigen Hartschalenkoffern.

Aufgabe

Arbeiten Sie aus dem Artikel „In Schale" Marketinginstrumente **heraus**, ordnen Sie diese den einzelnen Bereichen des Marketing Mix zu und **erklären Sie** deren Umsetzung am Beispiel der einzelnen Maßnahmen von Rimowa.

Anlage

> **In Schale: Aus dem schlichten Alu-Koffer von Rimowa ist ein Top-Accessoire geworden. Wie konnte das passieren?**
>
> Das Büro von Dieter Morszeck, 58, ähnelt einem Technikmuseum. Auf seinem Aktenschrank steht ein halbes Dutzend Modellflugzeuge. Der Schreibtisch ist aus dem Höhenleitwerk einer original DC-9 gezimmert. Die Wände sind tapeziert mit Fotografien und Werbepostern, auf dem Fußboden stapeln sich bunte Koffer in allen Größen, gängige Modelle und Sonderanfertigungen. Zumindest das ist kein Wunder, denn Morszeck hat sie ja quasi in Schale geworfen.
>
> Die Hartschalenkoffer der Kölner Firma Rimowa, die mit den Rillen, waren früher vor allem beliebt bei Piloten, Fotografen und BWL-Studenten, die auch mal ein bisschen Abenteurer spielen wollten. Zu Zeiten von Morszecks Vater (zugleich Namensgeber des Unternehmenskürzels „RIchard MOrszeck WArenzeichen") gab es die Kisten nur in der silbernen Aluminium-Version. Inzwischen werden sie auch aus federleichtem Polycarbonat produziert.
>
> Bill Kaulitz, der Sänger der Teenieband Tokio Hotel, reist mit ihnen. Die Musiker von A-ha und Kiss nutzen sie, Top-Model Marcus Schenkenberg und US-Aktrice Cameron Diaz ebenso wie Jazz-Star Till Brönner. Selbst die Männer und Frauen der deutschen Fußballnationalmannschaft reisen mit einer Sonderanfertigung von Spiel zu Spiel.
>
> Aus dem einst so unspektakulären Gepäckstück ist ein Lifestyle-Produkt geworden, das zudem nicht billig ist: Ein Rimowa in klassischer Koffergröße kann 400 € kosten. Dafür kriegen andere schon eine Woche Vollpension auf Lanzarote, Flug inklusive.
>
> Verantwortlich für den Erfolg der Kölner ist etwas, das man Audi-Strategie nennen könnte. Auch die Autos aus Ingolstadt waren imagemäßig jahrelang ein Problemfall: Wer es nett mit ihnen meinte, lobte die herausragende Technik, die nur langweilig verpackt war. Andere schmähten Audi als Rentnerschaukeln, die ihre Besitzer locker überleben konnten.
>
> Dank Hightech, modernem Design, viel Werbung und mutiger Hochpreispolitik ist heute nicht nur Audi en vogue, sondern eben auch Rimowa. Innerhalb von nur rund zehn Jahren ist der Umsatz von 10 Millionen auf 100 Millionen € hochgeschossen – auch und vor allem, weil Morszeck Polycarbonat entdeckte.
>
> Der Kunststoff ist teuer, fast unzerstörbar und überdies extrem leicht. Einer von Morszecks Zulieferern aus dem Bergischen Land hatte ihm den Tipp gegeben. „Der hat mir einen Hammer in die Hand gedrückt und mich darauf rumhauen lassen", erinnert sich der Rimowa-Chef. Kurz darauf bestellte er fünf Musterplatten einer schwedischen Firma. „Wie die Kinder sind wir darauf rumgesprungen und haben versucht, sie einzudellen. Aber es blieb kein Kratzer, keine Beule zurück – wir waren begeistert."

Seit gut zehn Jahren gibt es die Koffer aus Polycarbonat – und sie haben eine Renaissance des Hartschalenkoffers ausgelöst. Auch andere Produzenten wie Samsonite oder Delsey bieten die leichten Utensilien inzwischen an, zumal vor allem Flugreisende heute beim Einchecken auf jedes Gramm Übergepäck achten müssen.

In über 50 Ländern kann man die Koffer kaufen; während sie in Deutschland ganz klassisch neben anderen im Fachgeschäft stehen, gibt es in Asien bereits 36 eigene Rimowa-Läden. Vor eineinhalb Jahren wurde mit viel Pomp und Prominenz ein Flagshipstore am Rodeo Drive in Beverly Hills eröffnet. Und weil die Werke in Köln und Pelhrimov, Tschechien, mit der Produktion nicht mehr hinterherkommen, baut Morszeck gerade eine weitere Fabrik in Kanada.

Er kann lange Vorträge halten über Schutzkörper für Vier-Rollen-Systeme, spezielle Reißverschlüsse, Gießverfahren und Materialforschung. Das alles soll suggerieren: Es ist die Qualität, die Rimowa so begehrenswert macht. Aber der gebürtige Kölner gilt auch als begnadeter Verkäufer. Eine Productplacement-Agentur sorgt dafür, dass die deutschen Koffer in Hollywood-Filmen wie „Wall Street 2", „Iron Man" oder „Das A-Team" auftauchen. Obendrein werden Sondereditionen angefertigt, mal für die Kölner Rockband BAP, mal für den Star-Geiger David Garrett. Morszeck selbst hat Reklame-Ideen, für die manche Marketing-Experten schon zu bewusstseinserweiternden Drogen greifen müssten. Beispielsweise bietet er heute Koffer an, die farblich exakt zum Porsche Panamera passen. Oder er lässt in der First Class von Lufthansa und Thai Airways die Toilettenartikel in Gratis-Mini-Rimowas verteilen. Die limitierten Einzelstücke werden bei Ebay gehandelt, Stückpreis bis zu hundert Dollar.

Der einzige Anbieter, der ihm in puncto Lautsprecherei noch ernsthaft Konkurrenz macht, ist Zero Halliburton. Die Parallelen zu der US-Firma sind erstaunlich: Auch Zero begann mit robusten Alu-Koffern, der Gründer war ähnlich flugbegeistert wie die Macher von Rimowa, und auch das US-Design wurde seit Jahren kaum verändert. Nur gelten die Koffer von Halliburton unter Vielfliegern als belastbarer.

Vor allem aber haben die Amerikaner ihren Koffer an einer Stelle platziert, wo eine deutsche Firma wohl nie hinkommen wird: Der sogenannte „atomic football" stammt von Halliburton. In dem strengbewachten Koffer, der sich stets in Reichweite des US-Präsidenten befindet, werden die geheimen Codes für den Gebrauch der amerikanischen Nuklearwaffen transportiert. Mehr Reklame geht kaum.

Quelle: Der Spiegel 33/2011, Susanne Amann https://www.spiegel.de/spiegel/print/d-79973996.html

Situation II: Preispolitik, Teilkostenrechnung

Für die Herstellung der Basisausführung einer Reisetasche der Goeke AG gelten folgende Daten:

Monatliche Kapazität	100 000 Stück
Derzeitige Kapazitätsauslastung	80 %
Verkaufspreis/Stück	76,00 €
Variable Kosten/Stück	29,00 €
Fixkosten pro Monat	3 000 000,00 €

Aufgaben

1. **Berechnen Sie** den Break-Even-Point.
2. **Ermitteln Sie** mithilfe der Deckungsbeitragsrechnung das monatliche Betriebsergebnis.
3. **Ermitteln Sie** die Preisuntergrenzen und **beurteilen Sie** ihre Realisierbarkeit.
4. Um die Kapazität noch besser auszunutzen, erwägt die Unternehmensleitung die Annahme eines Zusatzauftrages:
   - Eine Kaufhauskette ist bereit, monatlich 15 000 Reisetaschen abzunehmen, sofern ihr ein Rabatt von 30 % eingeräumt wird.
   - Ein amerikanisches Unternehmen würde pro Jahr 210 000 Reisetaschen zu 49,00 € abnehmen. Dabei würden wegen der besonderen US-Vorschriften die variablen Kosten pro Stück um 8 % steigen.

   Nehmen Sie Stellung.

Situation III: Preispolitik, relativer Deckungsbeitrag

Zu Beginn dieses Jahres hat die Goeke AG zusätzlich mit der Produktion einer neuen Serie von Trolleys begonnen, von denen drei Varianten hergestellt werden. Es gelten folgende Daten:

Modellvariante	Sun	Nimbus	Blue
Verkaufspreis/Stück	95,00 €	79,00 €	74,00 €
Variable Kosten/Stück	30,00 €	28,00 €	24,00 €
Produktions- u. Absatzmenge pro Jahr (Stück)	18 000	28 000	50 000
Herstellbare Menge pro Stunde (Stück)	30	20	25
Fixkosten pro Jahr	2 100 000,00 €		

Aufgaben

1. Der Markt ist hart umkämpft und die Goeke AG möchte durch eine aggressive Preispolitik Marktanteile gewinnen. Die Unternehmensleitung erwägt daher, die Modelle „Nimbus" und „Blue" für jeweils 73,00 € zu verkaufen.
   Berechnen Sie, wie sich diese Preissenkung durchführen lässt, ohne dass sich das Betriebsergebnis für die neue Trolley-Serie verschlechtert. (Eine Senkung der variablen Kosten ist zurzeit nicht möglich.)
2. Leider kann Goeke diese Strategie zunächst nicht umsetzen, da durch ein Feuer im Produktionsbereich für Trolleys ein Engpass entstanden ist. Die jährliche Produktionskapazität ist dadurch auf 3 400 Stunden gesunken. **Ermitteln Sie** unter Berücksichtigung des Engpasses das optimale Produktionsprogramm.

3 Musterklausur III

Ausgangssituation

Die Nieberg AG ist ein mittelständisches Unternehmen mit Sitz in Siegburg, welches seit mehr als 20 Jahren Gabelstapler herstellt, die von Unternehmen in ganz Deutschland gekauft werden. Der Markt für Flurförderfahrzeuge ist in den letzten Monaten stark in Bewegung geraten, sodass auch für die Nieberg AG Umstrukturierungen erforderlich sind. Bislang hat sich die Nieberg AG gegenüber der Konkurrenz aus dem asiatischen Raum gut behaupten können. Die Kunden der Nieberg AG schätzen die Zuverlässigkeit und Langlebigkeit der von der Nieberg AG hergestellten Elektro-Hubwagen ebenso wie die kleinen, wendigen Gabelstapler, welche unter dem Namen „Ministapler" zu einer Marke geworden sind.

Situation I: Teilkostenrechnung/Produkt- und Preispolitik

Der Nieberg AG liegen fünf Aufträge über die Fertigung von Elektro-Hubwagen vor. Zur Fertigstellung der Elektro-Hubwagen müssen alle Modelle eine Fertigungsstraße durchlaufen, die sich bereits in der Vergangenheit als Engpass herausgestellt hat. Für den Planungszeitraum stehen auf dieser Fertigungsstraße insgesamt 12 000 Fertigungsminuten zur Verfügung.

In diesem Zusammenhang liegen folgende Daten aus den Abteilungen Absatz und Kostenrechnung vor:

Kunde	Gewünschtes Modell	Auftrags-menge (in Stück)	Zeitbedarf je Stück (in Minuten)	Erzielbarer Preis je Stück (in EUR)	Variable Kosten je Stück (in EUR)
Adams OHG	Alpha	45	75	2 600,00	2 150,00
Berger KG	Beta	25	100	2 200,00	1 570,00
Caspers GmbH	Gamma	61	50	3 000,00	2 600,00
Dohm GmbH	Delta	50	120	4 000,00	3 250,00
Eilers AG	Epsilon	30	66	3 400,00	2 850,00

Auszug aus der Kundendatei der Nieberg AG:

Kunde	Ansprechpartner	Geschäfts-partner seit	Durchschnitt-liches jährliches Auftragsvolumen (in EUR)	Zahlungsmoral
Adams OHG	Frau Arenz	2019	110 000,00	schwach
Berger KG	Herr Bellinghaus	2012	105 000,00	zufriedenstellend
Caspers GmbH	Herr Carstens	2006	320 000,00	gut
Dohm GmbH	Frau Dieber	2004	950 000,00	sehr gut
Eilers AG	Frau Erke	2008	190 000,00	sehr gut

Aufgaben

1. **Berechnen Sie** für jedes Modell den absoluten Stückdeckungsbeitrag.
2. **Berechnen Sie** für jedes Modell den relativen Stückdeckungsbeitrag.
3. **Nennen Sie** die Rangfolge, in welcher die Aufträge bearbeitet werden sollten.
4. **Ermitteln Sie** unter Berücksichtigung des Engpasses das optimale Produktionsprogramm (Teilaufträge können gefertigt werden).
5. **Ermitteln Sie** den voraussichtlichen Erfolg, wenn die Fixkosten in diesem Fertigungsbereich 49 500,00 € betragen.
6. **Diskutieren Sie** kritisch das von Ihnen ermittelte Produktionsprogramm unter Berücksichtigung des Auszuges aus der Kundendatei.
7. **Entwickeln Sie** eine begründete Alternative zu dem von Ihnen ermittelten optimalen Produktionsprogramm.

Situation II: Bewertung von Aktiva und Passiva

Als Mitarbeiter/-in im Controlling der Nieberg AG sollen Sie in Vorbereitung auf die Erstellung des Jahresabschlusses unterschiedliche Vermögenspositionen nach HGB bewerten.

Aufgaben

1. Am 25.11.2022 erwirbt die Nieberg AG 10 000 Aktien der Design Bau AG zu einem Kurs von 3,87 €. Der Kauf dieser Unternehmensanteile ist als langfristige Beteiligung an dem Unternehmen gedacht. Die Aktien sind daher den Finanzanlagen des Anlagevermögens zuzuordnen.

   a) Zum Bilanzstichtag am 31.12.2022 sinkt der Kurs der Aktien auf 2,92 €. Allerdings wird mit einer kurzfristigen Erholung des Aktienkurses auf den Anschaffungswert gerechnet. **Ermitteln Sie** den Wertansatz nach HGB für die Aktien im Jahresabschluss zum 31.12.2020 und **begründen Sie** Ihre Entscheidung.

   b) Zum Bilanzstichtag am 31.12.2023 steigt der Kurs der Aktien auf 4,12 €. **Ermitteln Sie** den Wertansatz nach HGB für die Aktien im Jahresabschluss zum 31.12.2023 und **begründen Sie** Ihre Entscheidung.

2. Am 03.04.2021 kauft die Nieberg AG ein unbebautes Grundstück zum Preis von 525 000,00 €. In diesem Zusammenhang fallen 6,5 % Grunderwerbsteuer, Maklergebühren in Höhe von 7 750 00,00 € (zzgl. 19 % Umsatzsteuer) sowie Auflassungsgebühren in Höhe von 0,75 % des Kaufpreises für die Grundbucheintragung an. Zur Finanzierung des Kaufpreises hat die Sommerfeld AG beim Bankhaus Lampe ein Darlehen (Effektivzinssatz 3,35 % p. a.) aufgenommen, wodurch auch eine einmalige Bearbeitungsgebühr in Höhe von 2 000,00 € angefallen ist.

   a) **Ermitteln Sie** den Wertansatz nach HGB für das Grundstück im Jahresabschluss zum 31.12.2021 und begründen Sie kurz Ihre Entscheidung.

   b) Durch einen Planfeststellungsbeschluss vom 15.02.2022 für den Bau einer neuen Autobahnabfahrt in unmittelbarer Nähe zum Grundstück steigt der Wert desselbigen um 50 000,00 €. **Ermitteln Sie** den Wertansatz nach HGB für das Grundstück im Jahresabschluss zum 31.12.2022 und **begründen Sie** Ihre Entscheidung.

   c) Im April 2023 wird durch ein Gutachten festgestellt, dass bei einer Bebauung des Grundstücks mit Bodenerosionen zu rechnen ist. Der Wert des Grundstücks ist daher dauerhaft auf 250 000,00 € gesunken. **Ermitteln Sie** den Wertansatz nach HGB für das Grundstück im Jahresabschluss zum 31.12.2023 und **begründen Sie** Ihre Entscheidung.

3. Im November 2023 stellt die Nieberg AG auf Kundenwunsch 200 einfache Hubwagen her, welche sich zum Bilanzstichtag am 31.12.2023 noch im Ausgangslager befinden, da die Lieferung für Ende Februar 2024 geplant ist.
   In diesem Zusammenhang sind je City Bike folgende Einzelkosten angefallen:

   - Fertigungsmaterial: 95,00 €
   - Fertigungslöhne: 24,50 €
   - Sondereinzelkosten der Fertigung: 11,90 €

Darüber hinaus wird mit folgenden Gemeinkostenzuschlagssätzen kalkuliert:

- Materialgemeinkostenzuschlagssatz: 15 %
- Fertigungsgemeinkostenzuschlagssatz: 80 %
- Verwaltungsgemeinkostenzuschlagssatz: 8 %
- Vertriebsgemeinkostenzuschlagssatz: 7 %

Der Gewinnzuschlag beträgt bei diesem Auftrag 20 %. Außerdem wird dem Kunden die Möglichkeit gegeben, den Rechnungsbetrag unter Abzug von 3 % Skonto zu begleichen.

Ermitteln Sie

a) die handelsrechtliche Wertuntergrenze und
b) die handelsrechtliche Wertobergrenze für die 200 City Bikes. **Berücksichtigen Sie** dabei, dass die Materialgemeinkosten zu 80 %, die Fertigungsgemeinkosten zu 90 % und die Verwaltungsgemeinkosten zu 70 % direkt durch die Fertigung der City Bikes verursacht wurden.

4. Die Nieberg AG hat am 27.11.2023 in den USA eine Fertigungsanlage gekauft. Der Kaufpreis beträgt 125 000,00 USD (zahlbar bis zum 31.01.2024). Zum Zeitpunkt des Kaufs liegt der Devisenkassamittelkurs bei 1,2673 USD. Zum Bilanzstichtag (31.12.2023) liegt der Devisenkassamittelkurs bei 1,2785 USD. Mit welchem Wertansatz sind die Fremdwährungsverbindlichkeiten in der Bilanz zu berücksichtigen? **Begründen Sie** Ihre Entscheidung.
5. Als Mitarbeiter/-in der Abteilung Controlling liegt Ihnen der folgende Beleg vor:

Autohandel Fichtel GmbH • Rheinaustr. 83–87 • 50677 Köln

Nieberg AG
Hochstraße 22–28
53721 Siegburg

| Ihre Bestellung vom 05.02.2023 | Unser Auftrag Nr. Tz-345.81 | Lieferdatum 17.08.2023 |

Rechnung Nr. 2997/9001

Position	Gegenstand	Menge	Stückpreis €	Gesamtpreis €
1	Pkw	1	9 900,00	9 900,00
2	Sonderlackierung	1	2 150,00	2 150,00
				12 050,00
4	Umsatzsteuer	19 %		2 289,50
	Gesamtpreis			**14 339,50**

Zahlungstermin: Innerhalb von 14 Tagen unter Abzug von 2 % Skonto oder spätestens 30 Tage nach Erhalt der Rechnung netto Kasse.

---

a) **Ermitteln Sie** die vorläufigen Anschaffungskosten.
b) **Ermitteln Sie** die endgültigen Anschaffungskosten, wenn die Rechnung am 05.09.2023 unter Abzug von Skonto per Banküberweisung beglichen wird.
c) **Ermitteln Sie** den Wertansatz des Pkw (Nutzungsdauer lt. AfA-Tabelle 6 Jahre, lineare Abschreibung) zum Bilanzstichtag am 31.12.2023.

Situation III: Globalisierung und Konzentrationsprozesse

Da die Nieberg AG zukünftig zunehmend global agieren möchte, hat der Vorstand beschlossen, sich nicht allein auf den Standort Siegburg zu konzentrieren. Angesichts der Lage auf dem Markt für Flurförderfahrzeuge denkt der Vorstand über Folgendes nach:

1. Die Errichtung eines weiteren Produktionsstandortes für Gabelstapler in einem Land, das günstige Rahmenbedingungen bietet. Dabei wird der asiatische Raum favorisiert.
2. Die Beteiligung an bzw. Übernahme von Unternehmen. Im Hinblick auf die Konkurrenz bietet sich ein No-Name-Anbieter an, der derzeit in wirtschaftlichen Schwierigkeiten steckt.

Aufgaben

1. **Diskutieren Sie** die Überlegung, Teile der Produktion in das fernöstliche Ausland zu verlegen.
2. **Erläutern Sie** die Vorteile eines Zusammenschlusses mit einem Konkurrenten aus der Gruppe der No-Name-Anbieter und **gehen Sie** in diesem Zusammenhang **ein** auf den Unterschied zwischen horizontaler und vertikaler Konzentration.

Lösungen
Jahrgang 12.1

1 Kosten- und Leistungsrechnung

1.1 Vollkostenrechnung

1.2 Lösungen

1.2.1 Anforderungsbereich I

1. Durch die Fibu (Rechnungskreis I) wird das Gesamtergebnis der Unternehmung (Gewinn bzw. Verlust) ermittelt, ohne dass Aussagen über einzelne Unternehmensbereiche oder Produkte möglich sind. Die KLR (Rechnungskreis II) orientiert sich am Sachziel des Unternehmens und ermittelt das Betriebsergebnis durch die Gegenüberstellung der betrieblichen Aufwendungen (Kosten) und betrieblichen Erträge (Leistungen).

2. Die Kostenartenrechnung filtert die außerordentlichen und betriebsfremden Aufwendungen und Erträge aus dem Ergebnis der Finanzbuchhaltung heraus, sodass die sachzielbezogenen Zweckaufwendungen und Leistungen übrig bleiben, die in gleicher Höhe in die KLR übernommen werden (Grundkosten).

3. - Aufwendungen = der gesamte Werteverzehr einer Unternehmung für Güter und Dienstleistungen innerhalb einer Rechnungsperiode.
   - Betriebsfremde Aufwendungen = Aufwendungen, die nicht durch die Verfolgung des Sachziels verursacht werden, sondern durch Nebenziele, wie z. B. Vermietung.
   - Betriebliche außerordentliche Aufwendungen = Aufwendungen, die zwar durch die Verfolgung des Sachziels entstehen, aber untypisch sind, d. h. unregelmäßig oder vereinzelt anfallen bzw. periodenfremd sind.
   - Zweckaufwendungen = Aufwendungen, die zugleich Kosten sind, d. h. durch die Verfolgung des Sachziels entstehen.
   - Grundkosten = aufwandsgleiche Kosten, d. h. Aufwand, der im Zusammenhang mit der Verfolgung des Sachziels entstanden ist und im selben Umfang Kosten darstellt.
   - Zusatzkosten = Kosten, denen entweder nicht in voller Höhe der Kosten ein Aufwand entspricht (z. B. kalk. Abschreibungen, kalk. Zinsen) und die damit nur einen Teil der Grundkosten umfassen oder denen kein Aufwand gegenübersteht (echte Zusatzkosten, z. B. kalk. Unternehmerlohn).

4. Einige betriebliche Aufwendungen werden nicht in gleicher Höhe in die KLR übernommen, weil sie dort das Betriebsergebnis des Abrechnungsjahres und damit Wirtschaftlichkeits- und Preisvergleiche verfälschen würden. Typische Anderskosten sind kalkulatorische Abschreibungen.
   Beispiel: Eine Maschine hat einen Anschaffungswert von 100 000,00 € und eine betriebsgewöhnliche Nutzungsdauer von acht Jahren. Sie wird linear mit 12 500,00 € bilanzmäßig abgeschrieben. Da ein Wiederbeschaffungswert von 110 000,00 € unterstellt wird, beträgt die kalkulatorische Abschreibung bei linearer Abschreibung 13 750,00 €.
   Diesen Betrag wälzt das Unternehmen über seine Umsatzerlöse auf die Kunden ab und verfügt nach acht Jahren über die finanziellen Mittel zur Wiederbeschaffung einer neuen Maschine.

Lösungen: Kosten- und Leistungsrechnung

5. Bilanzielle Abschreibungen
   - gehen vom Anschaffungs- oder Buchwert und einer betriebsgewöhnlichen Nutzungsdauer aus,
   - unterliegen handels- und steuerrechtlichen Bestimmungen,
   - dienen der Bewertung des Vermögens und beeinflussen die Aufwendungen in der GuV-Rechnung.

   Kalkulatorische Abschreibungen
   - gehen vom Wiederbeschaffungswert und der betriebsindividuellen Nutzungsdauer aus und dienen damit der Substanzerhaltung,
   - unterliegen keinen gesetzlichen Vorschriften,
   - dienen der Bewertung des tatsächlichen Werteverzehrs der betriebsnotwendigen Anlagen,
   - werden in die Preisberechnung der Produkte einbezogen.

6. Kalkulatorische Zinsen beziehen sich nicht auf das gesamte aufgenommene Fremdkapital, sondern nur auf das betriebsnotwendige Kapital, das wie folgt ermittelt wird:

	Gesamtes Anlagevermögen
−	vermietetes, verpachtetes Anlagevermögen
=	betriebsnotwendiges Anlagevermögen
+	betriebsnotwendiges Umlaufvermögen
=	betriebsnotwendiges Vermögen
−	abzuziehendes Kapital (Kundenanzahlungen, Verbindl. a. LL.)
=	betriebsnotwendiges Kapital

7. Einzelkosten können einzelnen Produkten genau zugeordnet werden; Gemeinkosten entstehen durch mehrere Produkte und können nur über besondere Umlageverfahren den einzelnen Produkten zugeordnet werden.

8. Die Kostenstellen können gebildet werden nach Verantwortungsbereichen oder betrieblichen Funktionen. Hauptfunktionsbereiche sind Material, Fertigung, Verwaltung, Vertrieb. Diese vier Bereiche können noch untergliedert werden in Fertigungshilfskostenstellen (z. B. Konstruktion), welche die Fertigungsgemeinkosten erfassen, die nur indirekt bei der Fertigung anfallen, und in Fertigungshauptkostenstellen (z. B. Fräserei, Sägerei), welche die Fertigungsgemeinkosten erfassen, die direkt bei der Fertigung anfallen. In größeren Betrieben werden allgemeine Hilfskostenstellen (z. B. Betriebsfeuerwehr) gebildet, deren Leistungen an mehrere Kostenstellen abgegeben werden.

9. Die Verteilung der Gemeinkosten auf die einzelnen Kostenstellen wird mithilfe des Betriebsabrechnungsbogens (BAB) durchgeführt. Dies erfolgt mithilfe von Belegen bzw. Zähleinrichtungen oder mithilfe von Schlüsseln. Während der einstufige BAB nur die Endkostenstellen Material, Fertigung, Verwaltung und Vertrieb umfasst, enthält der mehrstufige BAB noch mehrere Hilfskostenstellen, verrechnungstechnisch Vorkostenstellen.
   Nach Aufteilung der Gemeinkosten auf die einzelnen Kostenstellen lassen sich die Gemeinkostenzuschlagssätze berechnen.

10. Mithilfe der Gemeinkostenzuschlagssätze werden die Gemeinkosten den einzelnen Kostenträgern prozentual zugerechnet. Kennt man z. B. die Höhe des Fertigungsmaterials, das bei einem Kostenträger in einer Kostenstelle anfällt, so werden die Materialgemeinkosten mithilfe des Materialgemeinkostenzuschlagssatzes zugerechnet.

11. a) Materialgemeinkostenzuschlagssatz: $\dfrac{\text{Materialgemeinkosten} \cdot 100}{\text{Fertigungsmaterial}}$

    b) Verwaltungsgemeinkostenzuschlagssatz: $\dfrac{\text{Verwaltungsgemeinkosten} \cdot 100}{\text{Herstellkosten des Umsatzes}}$

Lösungen: Kosten- und Leistungsrechnung

12. Mithilfe der Kostenträgerstückrechnung werden die Einzelkosten und Gemeinkosten (über Zuschlagssätze) den einzelnen Kostenträgern, z. B. Erzeugnissen oder Aufträgen, zugeordnet.

13. Die Kostenträgerzeitrechnung hat die Aufgabe, die Kosten und Erlöse von Produkten bzw. Produktgruppen für bestimmte Zeiträume zu erfassen. Dadurch können der Erfolg sowie das Betriebsergebnis und die Wirtschaftlichkeit einzelner Produkte bzw. Produktgruppen ermittelt werden.
Die Kostenträgerstückrechnung bezeichnet man auch als Kalkulation. Mit ihrer Hilfe werden die Herstellkosten und die Selbstkosten, die durch eine Einheit eines Kostenträgers entstehen, ermittelt. Man unterscheidet die Vorkalkulation, die die Kosten zukünftiger Leistungen ermittelt, und die Nachkalkulation, die sich auf die tatsächlich entstandenen Kosten (Ist-Kosten) stützt und damit eine Überprüfung der Vorkalkulation ermöglicht.

14.

	Fertigungsmaterial
+	Materialgemeinkosten
=	Materialkosten
+	Fertigungslöhne
+	Fertigungsgemeinkosten
+	Sondereinzelkosten der Fertigung
=	Fertigungskosten
=	Herstellkosten
+	Verwaltungsgemeinkosten
+	Vertriebsgemeinkosten
+	Sondereinzelkosten des Vertriebs
=	Selbstkosten

1.2.2 Anforderungsbereich II

1. Excel-Tabelle 1, siehe S. 164
2. Excel-Tabelle 2, siehe S. 164
3. Excel-Tabelle 3, siehe S. 164
4.

Fertigungsmaterial		110,00 €
+ Materialgemeinkosten	13,73 %	15,10 €
+ Fertigungslöhne		85,00 €
+ Fertigungsgemeinkosten	75 %	63,75 €
= Herstellkosten		273,85 €
+ Verwaltungsgemeinkosten	19,29 %	52,83 €
+ Vertriebsgemeinkosten	9,51 %	26,04 €
= Selbstkosten		352,72 €
+ Gewinn	18 %	63,49 €
= Verkaufspreis		416,21 €

Lösungen: Kosten- und Leistungsrechnung

Excel-Tabelle 1

	A	B	C	D	E	F	G	H	I
1		\multicolumn{8}{c}{Ergebnistabelle}							
2		RK I				RK II			
3		Erfolgsrechnung der GB		Abgrenzungsbereich				KLR-Bereich	
4				Unternehmensbezogene		Betriebsbezogene		Betriebsergebnis-	
5				Abgrenzungsrechnung		Abgrenzungsrechnung		rechnung	
6	Konto-Nr.	Aufwendungen	Erträge	Aufwendungen	Erträge	Aufwendungen	Erträge	Kosten	Leistungen
7	5000		157 500,00						157 500,00
8	5710		2 250,00		2 250,00				
9	6000	60 000,00				22 500,00		37 500,00	
10	6020	15 000,00						15 000,00	
11	6160	37 500,00		37 500,00					
12	6200	30 000,00						30 000,00	
13	6300	18 000,00						18 000,00	
14	6500	15 000,0				15 000,00			
15	Kalk. Abschreibungen							17 250,00	17 250,00
16	6770	8 400,00				8 400,00			
17	6880	3 000,00		3 000,00					
18	6960	12 000,00				12 000,00			
19	7510	2 100,00		300,00		1 800,00			
20	Kalk. Zinsen							4 800,00	4 800,00
21		201 000,00	159 750,00	40 800,00	2 250,00	59 700,00	22 050,00	122 550,00	157 500,00
22			41 250,00		38 550,00		37 650,00	34 950,00	
23		201 000,00	201 000,00	40 800,00	40 800,00	59 700,00	59 700,00	157 500,00	157 500,00
24									
25	Abstimmung der Ergebnisse								
26	Betriebsergebnis:							34 950,00	
27									
28	− Ergebnis aus betriebsbezogener Abgrenzungsrechnung							37 650,00	
29	− Ergebnis aus unternehmensbezogener Abgrenzungsrechnung							38 550,00	
30									
31									
32	**Gesamtergebnis im RK I**							41 250,00	

Excel-Tabelle 2

	A	B	C	D	E	F	G
1			\multicolumn{5}{c}{Betriebsabrechnungsbogen (BAB)}					
2	Kostenart	Betrag	Schlüssel	\multicolumn{4}{c}{Kostenstellen}			
3				Material	Fertigung	Verwaltung	Vertrieb
4	1	2	3	4	5	6	7
5							
6	6020	15 000,00	MES	1 500,00	12 000,00	300,00	1 200,00
7	6300	18 000,00	Gehaltslisten	300,00	1 800,00	15 300,00	600,00
8	Kalk. AfA	17 250,00	Anlagekartei	1 350,00	7 500,00	1 950,00	6 450,00
9	Kalk. Zinsen	4 800,00	5:3:2:2	2 000,00	1 200,00	800,00	800,00
10	Summe Gemeinkosten			5 150,00	22 500,00	18 350,00	9 050,00
11	Zuschlagsgrundlagen			37 500,00	30 000,00	95 150,00	95 150,00
12	Zuschlagssätze in %			13,73	75,00	19,285	9,511

Hinweis: 95 150,00 € sind die Herstellungskosten (5 150,00 + 37 500,00 + 22 500,00 + 30 000,00)

Excel-Tabelle 3

	A	B	C	D	E	F	G	H
1			\multicolumn{6}{c}{MTB}					
2		%	\multicolumn{2}{c}{Safari}	\multicolumn{2}{c}{Peak}	\multicolumn{2}{c}{Trail}			
3			Stück	Summe	Stück	Summe	Stück	Summe
4	FM		100,00	15 000,00	158,00	14 220,00	120,00	8 280,00
5	MGK	13,73 %	13,73	2 059,95	21,70	1 952,83	16,48	1 137,09
6	FL		47,00	7 050,00	140,00	12 600,00	150,00	10 350,00
7	FGK	75,00 %	35,25	5 287,50	105,00	9 450,00	112,50	7 762,50
8			195,98	29 397,45	424,70	38 222,83	398,98	27 529,59
9	VwGK	19,29 %	37,80	5 669,30	81,90	7 371,27	76,94	5 309,08
10	VtGK	9,51 %	18,64	2 795,99	40,39	3 635,37	37,95	2 618,34
11			252,42	37 862,74	546,99	49 229,48	513,87	35 457,01
12								
13	Verkaufspreis		400,00	60 000,00	700,00	63 000,00	500,00	34 500,00
14			+147,58		+153,01		−13,87	
15			*		*		*	
16			150		90		69	
17			+22 137,00	▼	+13 770,90	▼	−957,03	▼
18				22 137,26		13 770,52		−957,01
19								
20	**Betriebsergebnis:**	Grundlage: Stück			34 950,87			
21		Grundlage: Summe			34 950,77			
22								
23	* Differenzen ergeben sich durch Rundungen bei den Gemeinkostenzuschlagssätzen.							

Lösungen: Kosten- und Leistungsrechnung

1.2.3 Anforderungsbereich III

1. Obwohl das Unternehmen im vergangenen Monat einen Verlust von 41 250,00 € aufweist, liegt ein positives Betriebsergebnis von 34 950,00 € vor. Die Diskrepanz ist auf zwei Umstände zurückzuführen:
   - Im Bereich der nicht sachzielbezogenen Aufwendungen und Erträge liegt ein Minus von 38 550,00 € vor, das in erster Linie durch die hohen Aufwendungen für Fremdinstandsetzung an der vermieteten Lagerhalle entstanden ist sowie durch die Spende.
   - Im Bereich der betrieblichen außerordentlichen Aufwendungen und Erträge liegt ein Minus von 37 650,00 € vor, das insbesondere durch die Überschwemmung im Rohstofflager und die damit verbundenen Rechtsanwaltskosten sowie den Verlust aus dem Verkauf eines gebrauchten Pkw unter Buchwert entstanden ist.

   Das Betriebsergebnis dagegen ist positiv (34 950,00 €). Das zeigt, dass das Unternehmen bei der Verfolgung seines Sachziels, Produktion und Verkauf der Kinder-Mountainbikes, erfolgreich war.

2. Während die Modelle „Safari" und „Peak" jeweils einen Gewinn erwirtschaften, fährt das Modell „Trail" einen Verlust ein in Höhe von 13,87 € pro Stück. Dabei fällt auf, dass dieses Modell im Vergleich zu den beiden anderen MTBs relativ hohe Lohnkosten aufweist. Es ist also zu überlegen, ob und wie diese gesenkt werden können, z. B. durch kostengünstigere Fertigungsverfahren.
   Nach entsprechender Analyse des Marktes kann auch eine Erhöhung des Verkaufspreises in Erwägung gezogen werden.
   Sollten diese Maßnahmen nicht durchführbar sein, kann rein aus Sicht der VKR über eine Produktionseinstellung des Modells „Trail" nachgedacht werden. Allerdings ist dabei zu berücksichtigen, dass die danach anfallenden Fixkosten von den beiden übrigen Modellen mitgetragen werden müssen. Dies würde das Betriebsergebnis dieser beiden Modelle beeinträchtigen. Eine endgültige Entscheidung kann erst mithilfe der TKR (s. weitere Aufgaben) gefällt werden, da festgestellt werden sollte, ob Modell „Trail" einen positiven Deckungsbeitrag erwirtschaftet bzw. ob mit einer eventuellen Produktionseinstellung bereichsfixe Kosten abgebaut werden können.

1.3 Ausgangssituation Teilkostenrechnung und Lösungen

1.3.1 Anforderungsbereich I

1. Fixe Kosten verändern sich nicht bei Veränderungen des Beschäftigungsgrades. Sie bleiben in ihrer Gesamthöhe über einen Zeitraum und innerhalb einer bestimmten Kapazität gleich (Beispiele: Miete, Versicherungen, Gehälter, Heizungskosten, kalk. Abschreibungen).
   Variable Kosten entstehen in Abhängigkeit von der Produktionsmenge bei Veränderungen der Beschäftigung (Beispiele: Fertigungsmaterial, Löhne).

2. Der Deckungsbeitrag ist der Beitrag zur Deckung der durch den Gesamtbetrieb verursachten fixen Kosten. Jeder Preis, der über den variablen Kosten liegt, erbringt einen Deckungsbeitrag:

   Verkaufspreis pro Einheit – variable Kosten pro Einheit = Deckungsbeitrag pro Einheit

3. Kurzfristige Preisuntergrenze sind die variablen Kosten. Auf den Ersatz der fixen Kosten kann kurzfristig verzichtet werden.
   Langfristige Preisuntergrenze sind die gesamten Stückkosten, da langfristig nicht auf die Deckung der fixen Kosten verzichtet werden kann.

4. Der Break-even-Point (Gewinnschwelle) ist der Punkt, an dem die Gesamtkosten eines Produktes durch die Umsatzerlöse gedeckt sind. Wird dieser Punkt nicht erreicht, bewegt sich das Unternehmen in der Verlustzone; wird er überschritten, tritt es in die Gewinnzone ein.

Lösungen: Kosten- und Leistungsrechnung

5. Der relative Deckungsbeitrag, auch engpassbezogener Deckungsbeitrag genannt, ist der Deckungsbeitrag pro Zeiteinheit (Maschinenstunde, Maschinenminute).

6. Die TKR
   - rechnet nur die variablen Kosten, die durch das Produkt direkt verursacht werden, zu.
   - behandelt dadurch die in den Gemeinkosten enthaltenen Fixkosten nicht wie produktabhängige Kosten.
   - führt bei schwankender Beschäftigung nicht zu Fehleinschätzungen. In der VKR tritt bei rückläufiger Beschäftigung eine Unterdeckung ein wegen der höheren Fixkosten pro Stück. Bei steigender Beschäftigung kommt es durch die VKR zu einer Überdeckung.
   - erlaubt schnelle produktions- und absatzpolitische Entscheidungen, z. B. zu Preisuntergrenzen, Gewinnschwelle, Zusatzaufträgen, optimaler Maschinenbelegung.

7. a) Derzeitige Produktions- und Absatzmenge: 68 % von 120 000 Stück = 81 600 Stück

	€	
Erlöse	6 201 600,00	(76,00 · 81 600)
− variable Kosten	2 366 400,00	(29,00 · 81 600)
= Deckungsbeitrag	3 835 200,00	
− fixe Kosten	3 000 000,00	
= Betriebsergebnis	835 200,00	(Gewinn)

b) Preisuntergrenzen
Langfristig: fixe und variable Kosten müssen gedeckt sein
(3 000 000,00 + 2 366 400,00) : 81 600,00 = 65,77 €

Kurzfristig: nur die variablen Kosten sind gedeckt: 29,00 €

8. a) Selbstkosten pro Hose: fixe Kosten pro Hose 40 000,00 : 1 600,00 = 25,00 €
   + variable Kosten 25,00 €
   = Selbstkosten pro Hose 50,00 €

b)

	€	
Erlöse	96 000,00	(60,00 · 1 600)
− variable Kosten	40 000,00	(25,00 · 1 600)
= Deckungsbeitrag	56 000,00	
− fixe Kosten	40 000,00	
= Betriebsergebnis	16 000,00	(Gewinn)

9. Deckungsbeiträge:

	€
Modell 1	20 000,00
Modell 2	22 500,00
Modell 3	20 000,00
Modell 4	30 000,00
= Summe Deckungsbeiträge	92 500,00
− fixe Kosten	40 000,00
= Betriebsergebnis	52 500,00

(Geplanter Gewinn, der aber wegen des Engpasses nicht realisiert werden kann. Siehe Aufgabe 3 unter 2.3.2.)

1.3.2 Anforderungsbereich II

1. Mengenänderung Juli–August: 95 Paar
   Kostenänderung Juli–August: 5 700,00 € (kann nur durch beschäftigungsabhängige variable Kosten entstanden sein)

Also:
Variable Kosten pro Paar: 5 700,00 : 95   = 60,00 €
Fixe Kosten (am Beispiel Juli): 241 400,00 – (2 215 · 60) = 108 500,00 €
Erlös pro Paar (am Beispiel Juli): 270 230,00 : 2 215   = 122,00 €

Break-even-Point: 122 x   = 60 x + 108 500,00
                                   x   = 1 750,00

                                 bzw. fixe Kosten : Deckungsbeitrag
                                 108 500,00   : 62   = 1 750,00

Der BEP liegt bei 1 750 Paar.

2. Neue Kapazitätsauslastung: 1 600 + 400 = 2 000 Stück (100 %)

	€
Preis	42,50
– variable Kosten	25,00
= positiver Deckungsbeitrag	17,50

Gewinn steigt um 17,50 · 400 = 7 000,00 € auf insgesamt 23 000,00 €.

Der Zusatzauftrag sollte unter kostenrechnerischem Aspekt angenommen werden, da der Gewinn um 43,75 % gesteigert werden kann. Allerdings liegt die Auslastung bei 100 %, was u. U. zu erhöhten Kosten aufgrund der hohen Maschinenbelastung führen kann, und ohne Weiteres ist keine Erhöhung der Produktion möglich, falls z. B. andere Kunden höhere Aufträge erteilen. Ein weiteres Problem könnte u. U. die Tatsache bedeuten, dass das Versandhaus einen wesentlich günstigeren Preis erhält als andere Kunden.

3. Relative Deckungsbeiträge pro Stunde:

	€	
Modell 1	75,00	(150 – 125) : 20 · 60
Modell 2	90,00	(270 – 225) : 30 · 60
Modell 3	120,00	(175 – 155) : 10 · 60
Modell 4	85,71	(200 – 150) : 35 · 60

Kapazität im Engpass: 45 000 Minuten

Reihenfolge: 1. Modell 3   10 000 Minuten
               2. Modell 2   15 000 Minuten
               3. Modell 4   20 000 Minuten Rest : 35 Min. = 571,43 Stück
               4. Modell 1   -----

Im Engpass können die Modelle 3 und 2 komplett gefertigt werden. Von Modell 4 können 571 Stück produziert werden. Modell 1 hat den geringsten relativen Deckungsbeitrag und fällt aus der Produktion. Dadurch kann im Engpass nur ein Gewinn von 31 050,00 € realisiert werden (geplanter Gewinn ohne Engpass: 52 500,00 €).

1.3.3 Anforderungsbereich III

1. Bei 65,76 € (langfristige Preisuntergrenze) sind sowohl die variablen als auch die fixen Kosten gedeckt. Für den Trainingsanzug „Jörn" kann dieser Preis nur kurzfristig unterschritten werden bis 29,00 €, da dadurch auf eine Deckung der fixen Kosten ganz bzw. teilweise verzichtet wird. Dabei ist jedoch auf den kurzfristigen Liquiditätsbedarf zu achten, d. h., ausgabewirksame fixe Kosten müssen auch kurzfristig erzielt werden.
Da es sich bei BRAUSE um ein Mehrproduktunternehmen handelt, richtet sich die Preisuntergrenze für dieses Produkt nach dem Erfolg anderer Produkte. Selbst wenn die variablen Kosten bei „Jörn" unterschritten werden, kann dies durch die positiven Deckungsbeiträge anderer Produkte ausgeglichen werden.

Lösungen: Kosten- und Leistungsrechnung

2. Teilkostenrechnung

	€	
Verkaufspreis	49,90	
− variable Kosten	− 38,50	(Fertigungsmat. + Fertigungslöhne + variable Gemeinkosten)
= Deckungsbeitrag	11,40	

Vollkostenrechnung

	€
Fertigungsmaterial	12,00
+ Materialgemeinkostenzuschlag 15 %	1,80
Fertigungslöhne	18,00
+ Fertigungsgemeinkosten 120 %	21,60
= Herstellkosten	53,40
+ Verwaltungsgemeinkosten 5 %	2,67
+ Vertriebsgemeinkosten 25 %	13,35
= Selbstkosten	69,42

Nach der VKR läge der geplante Einführungspreis von 49,90 € unter den kalkulierten Selbstkosten von 69,42 € und wäre daher abzulehnen. Die VKR trennt nicht zwischen fixen und variablen Kosten und damit werden die in den Gemeinkosten enthaltenen Fixkosten wie produktabhängige proportionale Kosten behandelt. Damit rechnet die VKR die fixen Kosten einzelnen Produkten zu, obwohl sie durch den Gesamtbetrieb verursacht werden.

Bei zunehmender Beschäftigung führt dies zu einer Kostenüberdeckung. Dadurch wird u. U. eine Preissenkung, die die Chance zu einer Markterweiterung bietet, nicht wahrgenommen.

Die TKR ermöglicht eine flexiblere, marktorientierte Preisgestaltung. Der anvisierte Preis von 49,90 € kann realisiert werden, denn das neue Produkt erzielt auch bei einem Preis von 49,90 € noch einen positiven Beitrag von 11,40 € zur Deckung der z. T. ohnehin anfallenden fixen Kosten. Nach erfolgreicher Einführung auf dem Markt kann dieser Beitrag durch eine Preiserhöhung noch gesteigert werden.

2 Übungsklausuren 12.1

Übungsklausur I

1. Bei der Auswertung der Kostenträgerzeitrechnung ist zu beachten, dass die produzierte Menge den entsprechenden Herstellkosten zugeordnet wird. Hinter den Herstellkosten der Produktion verbirgt sich die produzierte Menge. (Wäre in der Aufgabe die verkaufte Menge angegeben, müsste sie in Relation gesetzt werden zu den Herstellkosten des Umsatzes.) Die ermittelten Herstellkosten pro Stück werden in Bezug gesetzt zu den Herstellkosten des Umsatzes, um die Absatzmenge zu ermitteln. Diese wird benötigt, um die Selbstkosten pro Stück bzw. Umsatzerlöse pro Stück zu berechnen.

Damit ergeben sich folgende Zahlen:

		MB 2000		MB 2001	
Herstellk./St.	= HK d. Prod. / Prod.menge	$\frac{2\,875\,000}{12\,500}$ =	230,00 €	$\frac{4\,207\,500}{27\,500}$ =	153,00 €
Absatzmenge	= HK d. Ums. / HK/St.	$\frac{2\,685\,250}{230}$ =	11 675 Stück	$\frac{4\,247\,280}{153}$ =	27 760 Stück
Selbstk./St.	= SK d. Ums. / Absatzmenge	$\frac{3\,222\,300}{11\,675}$ =	276,00 €	$\frac{5\,096\,736}{27\,760}$ =	183,60 €
Bestandsmehr./-mind.: Absatzmenge − Produktionsmenge		12 500 − 11 675 = 825	Stück (Mehrung)	27 500 − 27 760 = 260	Stück (Minderung)
Erlöse/St.	= Umsatzerlöse / Absatzmenge	$\frac{2\,450\,000}{11\,675}$ =	209,85 €	$\frac{7\,837\,500}{27\,760}$ =	282,33 €
Erfolg[1]	pro Stück gesamt	66,15 € 772 300,00 €	Verlust Verlust	98,73 € 2 740 764,00 €	Gewinn Gewinn
Wirtschaftlichkeitsfaktoren = Umsatzerlöse / Selbstkosten		$\frac{2\,450\,000}{3\,222\,300}$ = 0,76		$\frac{7\,837\,500}{5\,096\,736}$ = 1,54	

Auswertung:
Der MB 2000 erwirtschaftet ein negatives Betriebsergebnis, die Wirtschaftlichkeit (0,76) ist kleiner als 1. Jedes MB-2000-Produkt erzielt einen Verlust von 66,15 €, da der Verkaufspreis nicht kostendeckend ist. Dadurch wird das Gesamtergebnis negativ beeinflusst.
Im Vergleich zum MB 2001 weist der MB 2000 relativ hohe Stückkosten auf. Dabei fällt insbesondere auf, dass die Lohnkosten und damit die gesamten Fertigungskosten mehr als doppelt so hoch sind wie beim MB 2001. Darüber hinaus könnte die Bestandsmehrung von 825 Stück beim MB 2000 Absatzschwierigkeiten vermuten lassen. Beim MB 2001 liegen außerordentlich hohe Materialkosten vor, was den Gewinn dieses Produktes negativ beeinflusst.

2. Um das Ergebnis des MB 2000 zu verbessern, sind folgende Maßnahmen denkbar:
   a) Die Lohnkosten müssen gesenkt werden. Dies kann durch die Umstellung auf ein weniger lohnintensives Produktionsverfahren erreicht werden, z. B. durch die Einführung einer automatisierten Fließfertigung. Durch die Umstellung auf Fließfertigung käme es aber unter Umständen zu einem Qualitätsverlust bei den Endprodukten, was sich negativ auf den erzielbaren Verkaufspreis auswirken würde. Darüber hinaus würde die Umstellung auf Fließfertigung dazu führen, dass Arbeitskräfte freigesetzt werden müssten. Eine Vermeidung dadurch bedingter Kündigungen könnte erreicht werden durch die Auflösung von Zeitarbeitsverträgen, die Nichtverlängerung befristeter Arbeitsverträge, die Umwandlung von Vollzeit- in Teilzeitstellen oder durch Vorruhestandsregelungen. Eine Alternative wäre die Verlagerung von Teilen der Produktion in sog. Billiglohnländer. Dabei wären jedoch die personellen Auswirkungen noch gravierender.

---
[1] Bei Erfolg pro Stück/gesamt kommt es zu Rundungsfehlern.

Lösungen: Übungsklausuren 12.1

b) Sofern die Bestandsmehrungen auf Absatzprobleme zurückzuführen sind, ist über verstärkte Marketingmaßnahmen zur Steigerung des Absatzes nachzudenken. Dies könnte geschehen über erhöhte Absatzwerbung oder mehr Salespromotion.

c) Eine Erhöhung des Verkaufspreises scheint kaum umsetzbar, da die Konkurrenz von Billiganbietern sehr groß ist und der MB 2000 aufgrund seiner vergleichsweise sehr geringen Materialkosten nicht zu den hochwertigeren Produkten der Magnus KG zählt.

d) Sollten die o. a. Maßnahmen nicht greifen, ist aus der Sicht der VKR ggf. eine Produktelimination zur Verbesserung des Betriebsergebnisses unumgänglich. Dies führt allerdings zu einer Verkleinerung des Sortiments. Dadurch könnten bestimmte preisbewusstere Kunden wegfallen.

3. Deckungsbeitragsrechnung

	MB 2000 (in EUR)	MB 2001 (in EUR)	insgesamt (in EUR)
E	2 450 000,00	7 837 500,00	10 287 500,00
− K_v Einzelkosten	1 425 000,00	2 350 000,00	3 775 000,00
var. Gemeinkosten	600 915,00	804 286,80	1 405 201,80
BVÄ (var. K.)	− 72 012,50[1]	23 023,00	− 48 989,50
= DB	496 097,50	4 660 190,20	5 156 287,70
− K_f fixe Gemeink.			3 278 804,20
BVÄ (fixe K.)	− 133 737,50[1]	42 757,00	− 90 980,50
= Betriebsergebnis			1 968 464,00

Stückrechnung

	MB 2000	MB 2001
$e = \dfrac{E}{\text{Absatzmenge}}$	$\dfrac{2\,450\,000{,}00}{11\,675} = 209{,}85\ €$	$\dfrac{7\,837\,500{,}00}{27\,760} = 282{,}33\ €$
$db = \dfrac{DB}{\text{Absatzmenge}}$	$\dfrac{496\,097{,}50}{11\,675} = 42{,}49\ €$	$\dfrac{4\,660\,190{,}20}{27\,760} = 167{,}87\ €$
$k_v = \dfrac{K_v}{\text{Absatzmenge}}$	$\dfrac{1\,953\,902{,}50}{11\,675} = 167{,}36\ €$	$\dfrac{3\,177\,309{,}80}{27\,760} = 114{,}46\ €$

Beide Produkte erbringen einen positiven Deckungsbeitrag, sogar der MB 2000 mit 42,49 €. Um Marktanteile zu erobern, könnte z. B. der Preis von MB 2000 kurzfristig sogar auf 167,36 € gesenkt werden. Dann wären zwar nur die variablen Kosten gedeckt, allerdings würde durch MB 2001 immer noch ein Gesamtgewinn von 1 472 366,50 € erzielt.

Konsequenz:
Die Eliminierung von MB 2000 ist nicht sinnvoll, da fixe Kosten auch ohne die Produktion von MB 2000 anfallen und dann alleine von MB 2001 getragen werden müssten; es ist sogar eine vorübergehende weitere Preissenkung denkbar. Entscheidend ist der Gewinn des gesamten Sortiments. Einzelne Produkte, die Verlust bringen, sind u. U. sinnvoll, da sie Kunden anlocken.

---

[1] Beachten Sie die Wirkung der Bestandsmehrungen bei der Deckungsbeitragsrechnung.

Lösungen: Übungsklausuren 12.1

VKR und TKR sind keine konkurrierenden, sondern sich ergänzende Systeme:

- TKR: Instrument für marktorientierte, kurzfristige Entscheidungen
- VKR: Langfristiges Konzept, d.h., langfristig ist eine Kostendeckung erforderlich.
  Nachteile:
    - Veränderungen der Beschäftigung werden nicht berücksichtigt.
    - Die fixen Bestandteile der Gemeinkosten werden durch die Gemeinkostenzuschlagssätze wie variable Kosten behandelt.

  Unentbehrlich z. B. für die Kalkulation bei Einzelfertigung

Übungsklausur II

1. Vgl. Tabelle „Lösungen zu Aufgabe 1", S. 172

2. Vgl. Tabelle „Lösungen zu Aufgabe 2", S. 173

3. Vgl. Tabelle „Lösungen zu Aufgabe 3", S. 173

4. Grundsätzlich unterscheidet man zwischen Preis-, Verbrauchs- und Beschäftigungsabweichungen. Preisabweichungen liegen z. B. dann vor, wenn Preissenkungen oder -erhöhungen bei Hilfs- und Betriebsstoffen zu einer niedrigeren bzw. höheren Belastung der Kostenstellen mit Gemeinkosten und somit zu veränderten Gemeinkostenzuschlagssätzen führen. Verbrauchsabweichungen entstehen, wenn geplante Materialverbrauchsmengen oder Fertigungszeiten über- oder unterschritten werden. Beschäftigungsabweichungen entstehen durch Schwankungen in der Ausbringungsmenge.

   Die Kostenunterdeckung in der Kostenstelle Material kann durch gestiegene Abschreibungen auf Lagerbestände oder die Lagereinrichtung entstanden sein. Auch gestiegene Gehälter für das im Lager tätige Personal oder höhere Versicherungskosten für das Lager bzw. die dort gelagerten Produkte können zu gestiegenen Materialgemeinkostensätzen geführt haben.

   Die Kostenüberdeckung in der Kostenstelle Fertigung kann auf gesunkene Preise für Hilfs- und Betriebsstoffe zurückzuführen sein. Auch ein geringerer Energieverbrauch im Bereich der Fertigung hätte niedrigere Fertigungsgemeinkosten zur Folge.

   Geringere Bearbeitungszeiten könnten in der Kostenstelle Verwaltung gesunkene Gehaltskosten verursacht haben, sodass auch dort die Gemeinkosten niedriger ausgefallen sind als geplant. Auch ein geringerer Verbrauch von Büromaterial würde zu sinkenden Verwaltungsgemeinkosten führen.

   Ähnlich verhält es sich in der Kostenstelle Vertrieb, wobei hier auch geringere Kosten für Marktforschung oder Werbemaßnahmen zu einem Rückgang der Vertriebsgemeinkosten geführt haben könnten.

5. Da die tatsächlich bei der Produktion angefallenen Gemeinkosten (Ist-Kosten) niedriger waren als die im Vorfeld kalkulierten Normalkosten, fällt das Betriebsergebnis deutlich besser aus als das Umsatzergebnis. Sowohl für die Produktgruppe A als auch für die Produktgruppe B wurde insgesamt eine Kostenüberdeckung festgestellt, sodass die Regener GmbH letztlich einen höheren Gewinn erzielt als ursprünglich angenommen.

Lösungen: Übungsklausuren 12.1

Lösungen zu Aufgabe 1: Kostenträgerzeitblatt (November 2022)

Kostenarten	Ist-Kostenrechnung					Normalkostenrechnung			
	Kosten insgesamt	Ist-Zuschlagssätze	Kosten Produktgruppe A	Kosten Produktgruppe B		Kosten insgesamt	Normal-zuschlagssätze	Kosten Produktgruppe A	Kosten Produktgruppe B
Materialeinzelkosten	85000,00 €		52000,00 €	33000,00 €		85000,00 €		52000,00 €	33000,00 €
Materialgemeinkosten	9640,00 €	11,34 %	5896,80 €	3742,20 €		9350,00 €	11,00 %	5720,00 €	3630,00 €
Materialkosten	**94640,00 €**		**57896,80 €**	**36742,20 €**		**94350,00 €**		**57720,00 €**	**36630,00 €**
Fertigungseinzelkosten	46000,00 €		34000,00 €	12000,00 €		46000,00 €		34000,00 €	12000,00 €
Fertigungsgemeinkosten	88450,00 €	192,28 %	65375,20 €	23073,60 €		92000,00 €	200,00 %	68000,00 €	24000,00 €
Fertigungskosten	**134450,00 €**		**99375,20 €**	**35073,60 €**		**138000,00 €**		**102000,00 €**	**36000,00 €**
HK der Rechnungsperiode	229090,00 €		157272,00 €	71815,80 €		232350,00 €		159720,00 €	72630,00 €
	+ 10000,00 €		+ 6000,00 €	+ 4000,00 €		+ 10000,00 €		+ 6000,00 €	+ 4000,00 €
	− 14000,00 €		− 9000,00 €	− 5000,00 €		− 14000,00 €		− 9000,00 €	− 5000,00 €
HK der Produktion	225090,00 €		154272,00 €	70815,80 €		228350,00 €		156720,00 €	71630,00 €
	+ 16000,00 €		+ 10000,00 €	+ 6000,00 €		+ 16000,00 €		+ 10000,00 €	+ 6000,00 €
	− 22000,00 €		− 15000,00 €	− 7000,00 €		− 22000,00 €		− 15000,00 €	− 7000,00 €
HK des Umsatzes	219090,00 €		149272,00 €	69815,80 €		222350,00 €		151720,00 €	70630,00 €
Verwaltungs-Gemeinkosten	21340,00 €	9,74 %	14539,09 €	6800,06 €		22235,00 €	10,00 %	15172,00 €	7063,00 €
Vertriebs-Gemeinkosten	8480,00 €	3,87 %	5776,83 €	2701,87 €		13341,00 €	6,00 %	9103,20 €	4237,80 €
SK des Umsatzes	**248910,00 €**		**169587,92 €**	**79317,73 €**		**257926,00 €**		**175995,20 €**	**81930,80 €**

Hinweis: Bei der Ist-Kostenrechnung sind die Gemeinkosten insgesamt gegeben. Diese werden dann mithilfe der zu ermittelnden Gemeinkostenzuschlagssätze verursachungsgerecht auf die Produktgruppen verteilt. Bei der Normalkostenrechnung wurden im Rahmen der Vorkalkulation Gemeinkostenzuschlagssätze auf Basis von Werten der Vergangenheit festgelegt. Mithilfe dieser Normalkostenzuschlagssätze wurden die anfallenden und auf die Produktgruppen zu verteilenden Gemeinkosten prognostiziert. Durch den Vergleich der tatsächlich angefallenen Kosten (Ist-Kosten) mit den im Vorfeld kalkulierten Kosten (Normalkosten) kann man erkennen, ob man mit zu hohen Kosten (Kostenüberdeckung) oder zu niedrigen Kosten (Kostenunterdeckung) kalkuliert hat.

Lösungen: Übungsklausuren 12.1

Lösungen zu Aufgabe 2: (Kostenüber- bzw. -unterdeckung)

	Gemeinkosten insgesamt			Gemeinkosten der Produktgruppe A			Gemeinkosten der Produktgruppe B		
	Ist	Normal	Abweichung	Ist	Normal	Abweichung	Ist	Normal	Abweichung
Materialgemeinkosten	9 640,00 €	9 350,00 €	−290,00 €	5 896,80 €	5 720,00 €	−176,80 €	3 742,20 €	3 630,00 €	−112,20 €
Fertigungsgemeinkosten	88 450,00 €	92 000,00 €	3 550,00 €	65 375,20 €	68 000,00 €	2 624,80 €	23 073,60 €	24 000,00 €	926,40 €
Verwaltungsgemeinkosten	21 340,00 €	22 235,00 €	895,00 €	14 539,09 €	15 172,00 €	632,91 €	6 800,06 €	7 063,00 €	262,94 €
Vertriebsgemeinkosten	8 480,00 €	13 341,00 €	4 861,00 €	5 776,83 €	9 103,20 €	3 326,37 €	2 701,87 €	4 237,80 €	1 535,93 €
Summe	127 910,00 €	136 926,00 €	9 016,00 €	91 587,92 €	97 995,20 €	6 470,28 €	36 317,73 €	38 930,80 €	2 613,07 €

Während bei den Materialgemeinkosten eine Kostenunterdeckung vorliegt (im Rahmen der Vorkalkulation wurden die Materialgemeinkosten zu niedrig angesetzt), liegt sowohl bei den Fertigungs- als auch bei den Verwaltungs- und Vertriebsgemeinkosten eine Kostenüberdeckung vor (die tatsächlich angefallenen Gemeinkosten waren niedriger als die im Vorfeld kalkulierten Gemeinkosten). Betrachtet man die Gesamtabweichung beider Produktgruppen, so stellt man fest, dass sowohl bei der Produktgruppe A als auch bei der Produktgruppe B die im Vorfeld kalkulierten Normalkosten zu hoch angesetzt waren, die tatsächlich angefallenen Ist-Kosten also niedriger waren und somit eine Kostenüberdeckung vorliegt.

Lösungen zu Aufgabe 3: (Betriebs- und Umsatzergebnis)

	insgesamt	Produktgruppe A	Produktgruppe B
Erzielte Umsatzerlöse	289 600,00 €	188 400,00 €	101 200,00 €
SK des Umsatzes (Ist-Kostenrechnung)	248 910,00 €	169 587,20 €	79 317,73 €
Betriebsergebnis	**40 690,00 €**	**18 812,80 €**	**21 882,27 €**

	insgesamt	Produktgruppe A	Produktgruppe B
Erzielte Umsatzerlöse	289 600,00 €	188 400,00 €	101 200,00 €
SK des Umsatzes (Normalkostenrechnung)	257 926,00 €	175 995,20 €	81 930,80 €
Umsatzergebnis	**31 674,00 €**	**12 404,80 €**	**19 269,20 €**

Lösungen: Preispolitik

Jahrgang 12.2

1 Marktsituation

2 Preispolitik

2.1 Ausgangssituation

2.2 Lösungen

2.2.1 Anforderungsbereich I

1. Das Marktpotenzial gibt die maximale Aufnahmefähigkeit eines Marktes an. Dabei wird unterstellt, dass die denkbaren Käufer über das notwendige Einkommen verfügen und die notwendige Kaufbereitschaft aufweisen. Das Marktvolumen als Teilmenge des Marktpotenzials versucht die prognostizierbaren und realisierbaren Absatzmengen pro Periode in einem abgegrenzten Markt darzustellen. So ist für Handys denkbar, dass von der Zielgruppe Erwachsene 75 % bereit sind, ein Handy zu kaufen. Wenn nun die Gesamtzahl der Erwachsenen (Bevölkerungsstatistik) herangezogen wird, kann das Marktvolumen ermittelt werden. Der Marktanteil eines Unternehmens ist der prozentuale Anteil seines Umsatzes/Absatzes am Marktvolumen.

2. Kosten-, nachfrage-, konkurrenzorientierte Preisbildung und Target Costing.

3. Preisdifferenzierung, Mischkalkulation, psychologische Preisfestsetzung, Hochpreispolitik, Niedrigpreispolitik, Marktabschöpfungspolitik, Markdurchdringungspolitik

4.

		958,60 €	(Selbstkosten pro Stück)
	+	383,44 €	(Gewinn)
	=	1 342,04 €	(Barverkaufspreis)
	+	27,39 €	(Skonto)
	=	1 369,43 €	(Zielverkaufspreis)
	+	152,16 €	(Sofortrabatt)
	=	1 521,59 €	(Listenverkaufspreis)

5. Die Preisbildung eines Produktes ist grundsätzlich von den Kosten, der Konkurrenz und der Nachfrage abhängig. Eingeschlossen in diese Abhängigkeiten sind die betrieblichen Ziele. So erfordern Zielvorgaben wie z. B. die Erhöhung des Marktanteils oder das Zurückdrängen der Konkurrenz bestimmte preispolitische Verhaltensweisen. Daneben müssen auch gesetzliche Rahmenbedingungen beachtet werden. Bei der kostenorientierten Preisbildung spielen die Unterscheidungen zwischen fixen und variablen Kosten sowie zwischen Einzel- und Gemeinkosten eine wesentliche Rolle. Werden die fixen und variablen Kosten bei einem Einproduktunternehmen dem Kostenträger zugeordnet, ergeben sich hieraus die Selbstkosten. Die Preisgestaltung orientiert sich dann noch an den Gewinnerwartungen des Unternehmens. Bei Mehrproduktunternehmen ergibt sich die Schwierigkeit, dass Kostenarten für mehrere Produkte anfallen können. Diese Kosten werden Gemeinkosten genannt und über besondere Umlageverfahren den Produkten (Kostenträgern) zugerechnet. Bei den beschriebenen Möglichkeiten werden sämtliche Kosten in den Vordergrund der Überlegungen gestellt (Vollkostenrechnung). Konkurrenz- und Nachfrageaspekte können u. U. verloren gehen. Um in bestimmten Marktsituationen (z. B. Konkurrenzverdrängung, Einführung eines neuen Produktes) erfolgreich zu sein, bietet es sich an, die Preise im Rahmen der Teilkostenrechnung zu bilden. Hierbei spielen die variablen Kosten die überragende Rolle. Falls diese (und nur diese) erlöst werden, kann die Produktion (kurzfristig) aufrechterhalten werden. Man spricht von der (kurzfristigen) Preisuntergrenze. Liegt der Preis über den variablen Kosten, so ergibt sich ein Betrag, der dazu beiträgt, die verbliebenen Fixkosten teilweise zu decken (Deckungsbeitrag). Bei

Lösungen: Preispolitik

der konkurrenzorientierten Preispolitik kann man sich am Branchenpreis oder am Preisführer orientieren. Selbstverständlich dürfen die Kosten nicht außer Acht gelassen werden. Die nachfrageorientierte Preisbildung basiert auf den Preisvorstellungen potenzieller Kunden. Hier gilt es, mithilfe der Marktforschung den Produktnutzen der Käufer zu ermitteln, um hieran den Preis auszurichten.

6. Strategie der Marktdurchdringung; Strategie der Differenzierung

2.2.2 Anforderungsbereich II

1. Unter dem Begriff Kontrahierungspolitik wird im Rahmen des absatzpolitischen Instrumentariums insbesondere die Preis- und Konditionenpolitik verstanden. Unternehmen haben zum Ziel, ihre Produkte zum „richtigen" Preis und zu den „richtigen" Verkaufsbedingungen (z. B. Rabatte, Zahlungsziele) zu verkaufen.

2. Mithilfe der Break-even-Analyse soll die Absatzmenge ermittelt werden, die erforderlich ist, um die angefallenen Kosten (Entwicklung, Produktion und Absatz) zu decken. Die Menge, bei der die Gesamtkosten durch die erwarteten Erlöse gedeckt werden, heißt Break-even-Point (Gewinnschwelle). Grundsätzlich gilt:

$$K_{fix} + k_v x = p \cdot x$$

(Gesamte Fixkosten + variable Kosten pro Stück entsprechen dem Umsatz des Break-even-Absatzes.)

Listenverkaufspreis: 1 521,59 EUR[1]	Listenverkaufspreis: 1 520,00 EUR
Break-even-Absatz = $\dfrac{\text{Fixkosten}}{\text{Preis} - \text{variable Kosten}}$	Break-even-Absatz = $\dfrac{\text{Fixkosten}}{\text{Preis} - \text{variable Kosten}}$
$\dfrac{6\,150\,000{,}00\,€}{1\,521{,}59\,€ - 548{,}60\,€} = 6\,320{,}72$ Stück	$\dfrac{6\,150\,000{,}00\,€}{1\,520{,}00\,€ - 548{,}60\,€} = 6\,331{,}07$ Stück
Der Break-even-Absatz liegt demnach bei 6 321 Stück.	Der Break-even-Absatz liegt demnach bei 6 332 Stück.

3. Bei einer konkurrenzorientierten Preisbildung würde sich zum einen die Orientierung am Branchenpreis, zum anderen die Orientierung am Preisführer anbieten. Voraussetzung für die Orientierung am Branchenpreis ist, dass die Produkte weitgehend gleichartig sind und dass es mehrere oder viele Konkurrenten gibt. Diese Voraussetzungen sind auf dem betreffenden Markt gegeben. Damit ist grundsätzlich eine Orientierung am Branchenpreis möglich. Allerdings liegt dieser bei 1 410,00 €. Der ermittelte Listenverkaufspreis in Höhe von 1 521,59 € der Leon AG liegt um ca. 8 % höher. Unter der Annahme, dass der Branchenpreis bereits mögliche Rabatte beinhaltet, ist über die einkalkulierte Rabattgewährung eine Orientierung bereits zur Einführung des Produkts problemlos möglich. Bei einer Orientierung am Preisführer (hierfür liegen keine genauen Preisinformationen vor) müsste sich die Leon AG an dessen Preisen orientieren. Zumeist ist der Preisführer der Anbieter mit dem größten Marktanteil. In diesem Fall wäre dieser Anbieter die Firma Samsung. Unter der Annahme, dass die Leon AG Marktanteile im Segment der Fernseher hinzugewinnen will, bietet sich – wenn überhaupt – nur die Orientierung am Branchenpreis an, da die Leon AG in der Lage ist, diesen auch aus kostenrechnerischer Sicht anzubieten. Möglich ist auch eine Unterschreitung.

4. Grundlegende Annahme bei einer Preisdifferenzierungsstrategie ist die, dass ein gleiches Gut mit seinen gleichen Kosten zu unterschiedlichen Preisen angeboten werden kann. Hierzu werden die unterschiedlichen Präferenzen der Nachfrage für das Produkt sowie die unvollständige Markttransparenz ausgenutzt. Aus der Ausgangssituation lassen sich zunächst drei Ansatzpunkte für eine Differenzierungsstrategie herausfiltern. Erstens die unterschiedlich hohen Bruttomonatsverdienste zwischen Arbeitern und Angestellten, zweitens die unterschiedlich hohen Bruttomonatsverdienste der Arbeiter und Angestellten im früheren Bundesgebiet und in den neuen Ländern, drittens der unterschiedlich ausgeprägte Beratungsbedarf bei Arbeitern und Angestellten. Die unterschiedlich hohen Bruttomonatsverdienste von Arbeitern und Angestellten in Verbindung mit dem unterschiedlich ausgeprägten Beratungsbedarf können zu einer persönlichen

---

[1] Bei kurzfristiger Sichtweise, d. h. wenn wir davon ausgehen, dass der Einführungsrabatt in Anspruch genommen wird, und wir annehmen, dass die Kunden immer Skonto in Anspruch nehmen, würde man den Barverkaufspreis (1342,04 €) nehmen.

Lösungen: Preispolitik

Preisdifferenzierungsstrategie in Kombination mit einer sogenannten verdeckten Differenzierungsstrategie führen. Den unterschiedlichen Abnehmergruppen könnten unterschiedliche Preise angeboten werden. Aus den Kaufgewohnheiten ergibt sich, dass das Produkt (bei anderer Aufmachung) bei Discountern zu einem niedrigeren Preis für Arbeiter angeboten werden könnte, während es bei Einzelhändlern zu einem höheren Preis für Angestellte angeboten werden könnte. Eine weitere Differenzierungsstrategie bietet die Strategie der räumlichen Preisdifferenzierung. Die unterschiedlichen Einkommensverhältnisse in Ost und West könnten dazu auffordern, für diese Regionen auch unterschiedliche Preise zu setzen. Eine weitere Variante bietet die zeitliche Preisdifferenzierung. Hiernach wäre es möglich, dass in der Einführungsphase des Produkts ein niedrigerer Preis als in späteren Phasen gesetzt wird.

5. Bei der konkurrenzorientierten Preisbildung orientiert sich das Unternehmen unabhängig von der eigenen Kostenstruktur und den Nutzeneinschätzungen der Nachfrager an den Preisen der Konkurrenz (Orientierung am Branchenpreis, Orientierung am Preisführer). Beim Target Costing wird von einem erzielbaren Verkaufspreis am Markt ausgegangen. Hiervon wird der geplante Gewinn abgezogen. Es verbleiben die zulässigen Kosten des Produkts. Eine Gegenüberstellung der zulässigen Kosten mit den tatsächlich entstehenden Kosten bzw. bisher entstandenen Kosten führt häufig zu Differenzen. Durch geeignete Maßnahmen der Produktentwicklung (kostengünstigere Materialien, geänderte Produktionsverfahren) kann sich den zulässigen Kosten angenähert werden. Diese Kosten werden Target Costs genannt.

2.2.3 Anforderungsbereich III

1. Das Ziel „Ausbau der Marktanteile im Bereich Fernseher" kann mit den grundsätzlichen Preisstrategien Hochpreisstrategie, Niedrigpreisstrategie, Skimmingstrategie (Marktabschöpfungspolitik) und Penetrationsstrategie (Marktdurchdringungspolitik) erreicht werden. Jede Strategie für sich genommen muss mit anderen absatzpolitischen Maßnahmen abgestimmt werden und basiert letztendlich auch auf unternehmens- und produktpolitischen Grundsatzüberlegungen. So werden sich traditionsreiche Unternehmen, deren Zielgruppe Kunden mit hohen Ansprüchen sind, grundsätzlich nicht für eine Niedrigpreisstrategie entscheiden. Sollte sich die Leon AG für die Penetrationsstrategie entscheiden, würden besonders niedrige Einführungspreise verlangt werden, um so hohe Absatzmengen und große Marktanteile zu erreichen. Zu überlegen ist, wie hoch die kurzfristige Preisuntergrenze ist. Aus Überlegungen der Teilkostenrechnung ergibt sich, dass die variablen Kosten die kurzfristige Preisuntergrenze bilden. Diese belaufen sich auf 548,60 € (Selbstkosten pro Stück – fixe Kosten pro Stück). Da der Branchenpreis 1 410,00 € beträgt, könnte beispielsweise ein Einführungspreis in Höhe von 1 000,00 € realisiert werden. Es ergäbe sich dann ein Deckungsbeitrag (Erlös pro Stück – variable Kosten pro Stück) in Höhe von 451,40 €. Mit diesem Beitrag wird noch immer ein Gewinn pro Stück erreicht (451,40 € – 410,00 €). Die Break-even-Absatzmenge läge bei einer Menge von 13 625 Stück. Hierfür reichen auch die gegebenen Kapazitäten aus.

2. Die Unternehmensleitung schlägt einen Verkaufspreis in Höhe von 1 350,00 € vor. Dieser Preis liegt unterhalb des durchschnittlichen Branchenpreises in Höhe von 1 410,00 €. Allerdings sind bei diesem Preis sämtliche Verhandlungsspielräume wie Sofortrabatt und Skonto fast vollständig ausgereizt. Die Selbstkosten und der kalkulierte Gewinn werden jedoch auch bei diesem Preis vollständig gedeckt. Insofern kann dieser Preis durchaus realisiert werden. Allerdings sollte auf die verschiedenen Zielgruppen, z.B. Arbeiter und Angestellte mit ihren jeweiligen Preis- und damit verbundenen Nutzenvorstellungen, geachtet werden. Zudem muss auch bedacht werden, dass potenzielle Kunden relativ niedrige Preise mit minderwertiger Qualität verbinden könnten.

3. Die Hochpreispolitik zielt auf Abnehmer mit gehobenen Ansprüchen. Hierfür werden die Produkte als besonders exklusiv und qualitativ sehr hochwertig herausgestellt, um relativ hohe Marktpreise erzielen zu können. Die Niedrigpreispolitik hingegen zielt auf preisbewusste Abnehmer. Niedrige Preise sollen „die große Masse" erreichen. Die gleichzeitige Verfolgung beider Strategien ist möglich, jedoch müssen hierfür bestimmte Voraussetzungen bedacht werden. So sollten Kundengruppen mit unterschiedlich hohen (Preis-)Präferenzen für das Produkt existieren (hier gegeben: Arbeiter und Angestellte). Zudem sollte die Markttransparenz unvollkommen sein, damit die Nachfrage bei den höheren Preissetzungen erhalten bleibt. Hier kann das Unternehmen gestaltend

eingreifen. So kann das gleiche Produkt mit anderer Aufmachung unterschiedliche Käuferschichten ansprechen. Dabei dürfen die Produkte aber grundsätzlich nicht mit dem gleichen Markennamen angeboten werden. Laut der Ausgangssituation spielen bei diesen Überlegungen auch die Vertriebskanäle eine Rolle. So könnten die billigeren Produkte über Discounter angeboten werden, die teureren über den Einzelhandel. Zudem sollten die Märkte voneinander zu trennen sein. Große Entfernungen verhindern Käufe des billigeren Produkts (z.B. wegen höherer Transportkosten). Kritisch ist allerdings anzumerken, dass mit zunehmender Nutzung des Internets die Markttransparenz immer größer wird und über den Weg von sogenannten Onlinebestellungen Preisdifferenzen ausgenutzt werden können. Umso mehr ist es erforderlich, dass auch im Bereich der räumlichen Preisdifferenzierung Produkte anders aufgemacht werden oder anders bezeichnet werden.

4. Anwendung des rechnerischen Verfahrens der Differenzkalkulation:

Selbstkosten	958,60 €	
Gewinn	99,80 €	10,41 %
Barverkaufspreis	1 058,40 €	
Skonto	21,60 €	2 %
Zielverkaufspreis	1 080,00 €	
Sofortrabatt	120,00 €	10 %
Listenverkaufspreis	1 200,00 €	

Um den anfangs kalkulierten Gewinn in Höhe von 383,44 € pro Stück erwirtschaften zu können, sollten zwei Möglichkeiten betrachtet werden. Einerseits muss im Rahmen der Konditionenpolitik darüber nachgedacht werden, ob die Rabattsätze gesenkt werden können. Jedoch, wenn keine Rabatte gewährt würden, ergäbe sich lediglich ein Gewinn in Höhe von 241,40 €. Aus diesem Grund muss über kostengünstigere Materialien, Produktionsverfahren und Vertriebswege nachgedacht werden.

Lösungen: Produktpolitik

3 Produktpolitik

3.1 Ausgangssituation

3.2 Lösungen

3.2.1 Anforderungsbereich I

1. Das Marketing eines Unternehmens bestimmt die strategische Ausrichtung eines Unternehmens und ist die Basis für die Gestaltung der betriebsinternen und betriebsexternen Beziehungen. Es erfolgt eine Orientierung an den Marktverhältnissen, insbesondere an den Verhaltensweisen, Ansprüchen und Erwartungen der Kunden und dem Verhalten der Konkurrenz.

2. Damit Marketingpläne und -strategien realisiert werden können, müssen darauf gerichtete Arbeitsmittel bzw. Werkzeuge eingesetzt werden. Dieses Instrumentarium umfasst insbesondere die Bereiche Produkt- und Preispolitik, Konditionenpolitik, Servicepolitik, Distributionspolitik und Kommunikationspolitik. Es werden folgende Fragestellungen in den Mittelpunkt gestellt: Welche Produkte werden produziert und zu welchem Preis angeboten? Zu welchen Konditionen werden die Produkte angeboten? Welche Serviceleistungen werden erbracht? Welche Vertriebswege werden genutzt? Welche Kommunikationsmöglichkeiten werden eingesetzt, um den Kunden zu erreichen?

3. Die Produktpolitik umfasst vor allem solche Entscheidungen, die im Zusammenhang mit dem Produkt darauf gerichtet sind, neue Produkte zu entwickeln und auf dem Markt einzuführen oder bereits auf dem Markt befindliche Produkte zu verändern bzw. herauszunehmen.

4. Grundsatz: Mit welchem Verhaltensgrundsatz will ein Unternehmen auf dem Markt erfolgreich sein? Möglichkeiten: Strategie der Anpassung (an Konkurrenten), Strategie der Differenzierung (Abhebung von der Konkurrenz), Strategie der Marktdurchdringung (Marktführerschaft ist angestrebt), Strategie der Markterschließung (mit vorhandenen Produkten sollen neue Märkte erschlossen werden), Strategie der Marktsegmentierung (Aufteilung des Gesamtmarktes in Teilmärkte, um unterschiedliche Bedürfnisse der Nachfrager zu erfassen und zu bearbeiten).

5. Der Lebenszyklus eines Produkts umfasst verschiedene Phasen. Je nach „Lebensphase" werden unterschiedliche Marketinginstrumente eingesetzt. Die Phasen umfassen die Einführungsphase, die Wachstumsphase, die Sättigungsphase und die Degenerationsphase (Niedergang). Wichtige Beschreibungsgrößen hinsichtlich der unterschiedlichen Phasen bilden die Größen Umsatz und Gewinn.

6. Die Produktinnovation beschreibt die Einführung neuer Produkte auf dem Markt, während die Produktvariation die Anpassung bereits eingeführter Produkte an veränderte Marktverhältnisse darstellt.

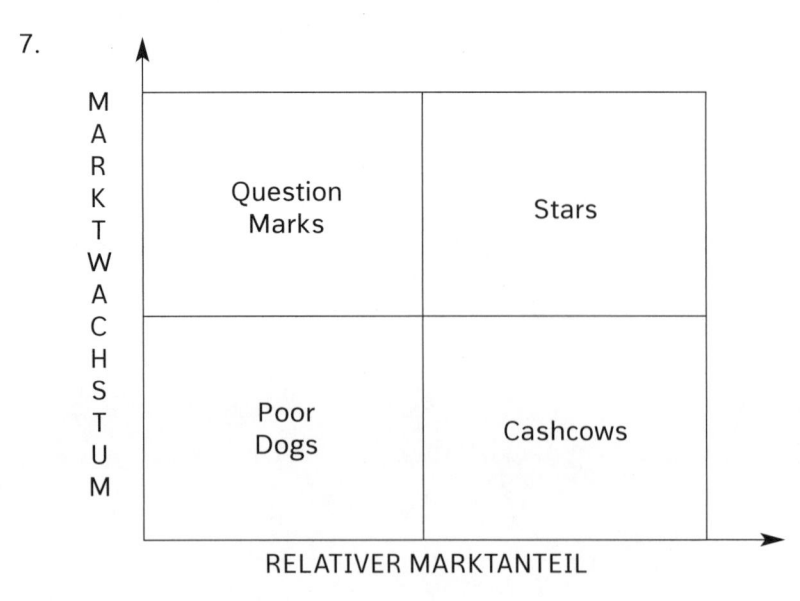

7.

MARKTWACHSTUM		
	Question Marks	Stars
	Poor Dogs	Cashcows

RELATIVER MARKTANTEIL

Um die Stellung eines Produkts im Vergleich zum Wettbewerb zu analysieren, können Produktportfolios erstellt werden. Das Marktwachstum eines Produkts wird seinem relativen Marktanteil gegenübergestellt. Ziel ist es, aus dem vorhandenen Produktportfolio unter Berücksichtigung der (strategischen) Unternehmensziele das Produktionsprogramm zu optimieren.

8. Stars sind erfolgreiche Produkte mit hohen Wachstumschancen. Question Marks weisen ein starkes Wachstum auf, jedoch ist ihr Marktanteil (noch) gering. Cashcows sind gut eingeführte Produkte mit einem hohen relativen Marktanteil, jedoch mit geringem Marktwachstum. Poor Dogs sind Produkte ohne allzu große Zukunftschancen.

9. Eine Produktdifferenzierung ist die Entwicklung und Vermarktung von Produktvarianten zusätzlich zu den schon vorhandenen Produkten. Sie steht in engem Zusammenhang zur Strategie der Marktsegmentierung.

3.2.2 Anforderungsbereich II

1. Der Fernseher Excelsior wird durch den geringen Marktanteil von 0,5 % sowie durch deutlich abnehmende Verkaufszahlen gekennzeichnet. Damit kann dieses Produkt als Poor Dog eingestuft werden, was wohl kurzfristig zu einer Produktelimination führen wird. Der Fernseher Xenia zeichnet sich durch hohe Umsatzzahlen aus. Trotz fehlender Vergleichszahlen kann davon ausgegangen werden, dass es sich bei diesem Produkt um eine sogenannte Cashcow handelt. Der Fernseher Primos weist sehr hoch ansteigende Verkaufszahlen auf. Mit 15 % kann sein Marktanteil am Gesamtmarkt als hoch bezeichnet werden. Damit ist dieser Fernseher der „Star" im Sortiment. Der Fernseher Amado ist ein neues Produkt, das sehr hohe Wachstumschancen besitzt. Schon im letzten Jahr war die Nachfrage hoch. Aufgrund der Einführung erst zu Beginn des Jahres kann von einem relativ geringen Marktanteil ausgegangen werden. Damit kann dieses Produkt als Question Mark bezeichnet werden.

2. Der Fernseher Excelsior kann als Poor Dog eingestuft werden. Damit gehört dieses Produkt im Prinzip der Degenerationsphase an. Unter dem Gesichtspunkt der Umsatzmaximierung empfiehlt es sich, es aus dem Markt zu nehmen. Der Fernseher Xenia ist der Umsatzträger des Unternehmens. Der Absatz dieses Produkts sollte als Cashcow mithelfen, andere Produkte mitzufinanzieren. Für dieses Produkt fallen in der jetzigen Phase die höchsten Umsatzerlöse an. Die sich aus dem Absatz dieses Produkts ergebenden Gewinne sollten dazu genutzt werden, „Nachwuchsprodukte" (Question Marks) zu entwickeln bzw. zu fördern. Primos als Starprodukt erwirtschaftet ebenfalls hohe Umsatzerlöse. Um den Marktanteil und sein Marktwachstum und damit die Umsatzerlöse hochzuhalten, muss in Marketingaktionen investiert werden. Der Fernseher Amado weist im Vergleich zu den Stars und den Cashcows noch nicht so hohe Umsatzerlöse auf. Er befindet sich noch in der Einführungs- oder Wachstumsphase. Damit dieses Produkt zum Star wird und dementsprechend hohe Umsatzerlöse erwirtschaftet, sind geeignete Maßnahmen erforderlich. Denkbar sind z. B. Werbemaßnahmen, eine Niedrigpreispolitik oder auch Mitarbeiterschulungen.

3. Excelsior als Poor Dog befindet sich in der Degenerationsphase, während sich der Star Primos noch in der Wachstumsphase befindet.

4. Das Konzept des Produktlebenszyklus geht davon aus, dass jedes Produkt von der Markteinführung bis zur Elimination hinsichtlich des Umsatzes bestimmten Gesetzmäßigkeiten unterliegt. Um hierüber Aussagen zu gewinnen, bieten sich Kennzahlenvergleiche an. Informationsgrundlagen können sein: Auswertung von Jahresabschlüssen konkurrierender Unternehmen, Veröffentlichungen von Verbänden und Marktforschungsinstituten, Beauftragung von Marktforschungsinstituten, Auswertung von Aufträgen. Nachstehend sind beispielhaft einige Kennziffern genannt.

$$\text{Auftragseingangsquote} = \frac{\text{Auftragseingang Ist} \cdot 100}{\text{Auftragseingang Plan}}$$

$$\text{Umsatzmarktanteil} = \frac{\text{Umsatz des Unternehmensprodukts} \cdot 100}{\text{Umsatz der Branche}}$$

$$\text{Relativer Marktanteil} = \frac{\text{Marktanteil des Unternehmensprodukts}}{\text{Marktanteil des stärksten Konkurrenten}}$$

Lösungen: Produktpolitik

5. Mögliche produktpolitische Maßnahmen für das Produkt Excelsior (Poor Dog): Produktelimination, produktpolitische Maßnahmen, um die Sättigungsphase zu verlängern, z.B. Zugaben, Produktvariation für markentreue Stammkunden.

3.2.3 Anforderungsbereich III

1. Einer Stellungnahme sollten Sie immer eine kurze Gliederung voranstellen:
   1 Einleitung (kurze Darstellung des Problems)
   2 Hauptteil (Analyse der Produktposition und begründete Maßnahmen)
   3 Schlussteil (kurzes Fazit)

   Skizze möglicher Maßnahmen:

Produkt	Einordnung lt. Portfolio-Analyse	Produkt-/preispolitische Maßnahme
Excelsior	Poor Dog	Kostenreduktion, Produktelimination
Xenia	Cashcow	Produktvariation, Schaffung von Zusatznutzen bei möglichst gleichen Preisen
Amado	Question Mark	Produktdifferenzierung, Niedrigpreispolitik
Primos	Star	Hochpreispolitik

2. Folgen einer möglichen Produktelimination:

Unternehmenspolitische Sicht	Gesellschaftspolitische Sicht
Wegfall eines verlustbringenden Kostenträgers	Drohende Entlassung von Mitarbeitern (falls kein neu entwickeltes Produkt vorhanden bzw. keine Ausweitung der Produktion anderer Produkte möglich ist)
Geringere Auslastung der Kapazitäten	Eventuell Unternehmensschließung mitsamt Folgen (Steuerausfall, Arbeitslosigkeit usw.)
Damit frei werdende Kapazitäten für andere Erzeugnisse	

3. Der Diskussion sollte eine Gliederung vorangestellt werden, beispielsweise mit folgender Struktur:
   1 Einleitung (Darstellung des Sachverhaltes)
   2 Hauptteil I (Pro- und Kontra einer Produktelimination gemäß Lösung Aufgabe 2)
   3 Hauptteil II (Entscheidungsvorschlag, wie mit dem Poor Dog aus produkt- und preispolitischer Sicht verfahren werden kann – siehe Lösung Aufgabe 1)
   4 Schlussteil (Fazit)

4 Distributionspolitik

4.1 Ausgangssituation

4.2 Lösungen

4.2.1 Anforderungsbereich I

1. Die Distributionspolitik umfasst die Auswahl und Kombination von Absatz- und Vertriebswegen.

2. $1\,500 + 0{,}05x = 0{,}09x$
   $1\,500 = 0{,}04x$
   $37\,500 = x$

   Ab einem monatlichen Umsatz der ausgewählten Produkte von 37 500,00 € lohnt sich der Einsatz eines Handelsvertreters.

3. Handelsvertreter haben einen engeren Kontakt zu Kunden als Handlungsreisende, sie vertreten in der Regel nicht nur Produkte eines Unternehmens, sondern mehrerer Unternehmen. Damit ist die Nachfrage nach komplementären Gütern möglich. Durch eine ausschließlich über Provisionen geregelte Entgeltzahlung ist der Handelsvertreter ständig bemüht, neue Kunden zu gewinnen bzw. Umsätze bei etablierten Kunden zu steigern.

4. Durch die Einschaltung des Großhandels spart der Hersteller Vertriebskosten ein. Er muss nicht direkt zum Endverbraucher bzw. zum Einzelhandel. Weiterhin übernimmt der Großhandel zumindest kurzfristig das Absatzrisiko und stellt Lagerkapazitäten zur Verfügung. Durch die Übernahme der Lagerfunktion können Kunden auch die Erzeugnisse besichtigen, was beim Hersteller nur mit einem erhöhten Aufwand möglich wäre.

5. Eine Verkaufsniederlassung hat zum Vorteil, dass der Hersteller räumlich näher am Kunden ist. Zusätzlich ist es möglich, dass durch eigenes und damit geschultes Personal Verkaufsberatungen durchgeführt werden können. Die potenziellen Kunden können die Produkte betrachten und ausprobieren.

4.2.2 Anforderungsbereich II

1. Ein Handlungsreisender ist ein festangestellter Mitarbeiter desjenigen Unternehmens, dessen Produkte er vertreibt. Er ist als angestellter Mitarbeiter weisungsgebunden und erhält ein festes Grundgehalt (Fixum). Darüber hinaus können aber provisionsabhängige Bestandteile der Entgeltzahlung vereinbart werden. Handlungsreisende schließen damit Geschäfte im Namen des Arbeitgebers und nicht in eigenem Namen ab. Dagegen tritt der Handelsvertreter als selbstständiger Gewerbetreibender auf. Er ist grundsätzlich nicht weisungsgebunden, handelt aber ebenfalls in fremden Namen und für fremde Rechnung. Die Entlohnung erfolgt ausschließlich auf Provisionsbasis. Als selbstständig Gewerbetreibender kann ein Handelsvertreter Kaufmannseigenschaften besitzen, sofern sein Geschäftsbetrieb einen nach Art und Umfang eingerichteten Geschäftsbetrieb erfordert.

2. Bei dieser Absatzform schließt der Franchisegeber mit dem Franchisenehmer einen Franchisevertrag. Hierdurch erhält der Franchisenehmer das Recht, bestimmte Waren oder Dienstleistungen unter Verwendung des Markennamens, räumlicher Ausstattungsmerkmale und kommunikationspolitischer Instrumente zu vertreiben. Er kann dabei auch auf die wirtschaftlichen Erfahrungen des Franchisegebers zurückgreifen, z. B. Rechnungslegung.

   Für einen Franchisenehmer ergeben sich Vorteile aus der Tatsache, dass er auf ein bewährtes Geschäftsmodell zurückgreifen kann. Dennoch bleibt er in weiten Teilen seines Geschäftsbetriebs selbstständig. Es entfällt die Unsicherheit des Misslingens des Geschäftsmodells auch deshalb, weil es sich um ein bewährtes Gesamtkonzept handelt. Als bekannte Beispiele des Franchisekonzepts können McDonalds, Burger King und Obi angeführt werden.

3. Der Absatz über den Einzelhandel erfolgt auf Initiative des Kunden, während der Außendienst zum Kunden geht. Das Produkt an sich ist bei einem Absatz über den Einzelhandel weniger erklärungsbedürftig als beim Absatz über den Außendienst. Die Vertriebskosten pro Stück sind beim Außendienst höher als beim Einzelhandel. Tendenziell kann festgehalten werden, dass beim Vertrieb über einen Außendienst höherwertige Produkte im Mittelpunkt stehen.

Lösungen: Distributionspolitik

4.2.3 Anforderungsbereich III

1. Die Distributionspolitik umfasst die Auswahl und Kombination von Absatz- und Vertriebswegen. Im Rahmen des E-Commerce werden Waren und Dienstleistungen über eine Internetplattform präsentiert, verkauft und bezahlt. Dabei unterscheidet man je nach Vertragspartnern zwischen B2B (Business-to-Business; Käufer sind Unternehmen) und B2C (Business-to-Consumer; Käufer sind Verbraucher). Pro-Argumente für den E-Commerce liegen in der zeitlichen und räumlichen Unabhängigkeit der Vertragspartner sowie in der Kostenersparnis für den Verkäufer. Contra-Argumente für den E-Commerce sind die zunehmende Unsicherheit durch Internetkriminalität (z. B. Pishing) sowie die aufwendigere Durchsetzung von Gewährleistungsrechten.

   Als Fazit kann festgehalten werden, dass der E-Commerce aus den heutigen Distributionskanälen für die Leon AG nicht mehr wegzudenken ist. Daneben sind jedoch traditionelle Vertriebskanäle, gerade bei erklärungsbedürftigen Produkten, ebenso wichtig.

2.

Kriterium	Begründung (ausformuliert)
Absatzchance/Marktnähe	Der Hersteller muss seine Erzeugnisse in der gewünschten Menge dem Endverbraucher möglichst ortsnah zur Verfügung stellen. Dementsprechend müssen entsprechende Absatzwege und Absatzformen gewählt werden.
Kosten des Absatzweges	Nach einer entsprechenden Kostenanalyse des potenziellen Absatzweges muss zusätzlich eine Nutzenanalyse erfolgen. So ist es eventuell sinnvoll, einen Handelsvertreter einzusetzen, obwohl die Kosten hierfür höher als bei einem Handlungsreisenden sind.
Eigenschaften des Produkts	Je erklärungsbedürftiger ein Produkt ist, desto aufwendiger wird es vertrieben, z. B. durch Handlungsreisende oder Handelsvertreter. Massenprodukte werden über den Handel oder das Internet vertrieben.

5 Kommunikationspolitik

5.1 Ausgangssituation

5.2 Lösungen

5.2.1 Anforderungsbereich I

1. Der erreichte Umsatz lag in allen Jahren unter dem geplanten Umsatz. Außerdem lag der erreichte Umsatz in allen Jahren (mit Ausnahme von 2019) hinter den Umsatzzahlen der Branche zurück.

2. Lösungshinweis: Die Lösung der Aufgabe ist in einer geschlossenen Darstellung vorzunehmen. Eine stichwortartige Aufzählung reicht nicht aus.

Absatzwerbung	Verkaufsförderung	Public Relations	Sponsoring	Product-Placement
alle Maßnahmen, um Botschaften über menschliche Sinnesorgane an Personen heranzutragen, damit diese hinsichtlich ihrer Kaufentscheidungen beeinflusst werden	Analyse, Planung, Durchführung und Kontrolle zeitlich begrenzter Aktionen zur Umsatzsteigerung und zur Profilierung des Unternehmens im Markt	planmäßige, systematische und wirtschaftlich begründete Gestaltung der Beziehungen des Unternehmens zu den Interessenten des Unternehmens (Kunden, Lieferanten, Aktionäre, Arbeitnehmer, Gläubiger, Staat, Presse)	Förderung von Personen, Organisationen und Veranstaltungen durch die Bereitstellung von finanziellen Mitteln, Sachmitteln oder Dienstleistungen, um damit u. a. die Kommunikationsziele zu erreichen	Einbindung eines Produkts oder einer Dienstleistung durch visuelle und/oder verbale Platzierung in einem Spielfilm oder jeder anderen Programmform: Das Produkt oder die Dienstleistung wird als notwendige Requisite in den Handlungsablauf integriert.

3. **Mögliche Antwort:**
   Wahrheit: Sachliche Information sollte im Vordergrund stehen, bestimmte Assoziationen können jedoch beim Kunden ebenfalls geweckt werden. Die Werbung darf allerdings keine Unwahrheiten enthalten.
   Wirtschaftlichkeit: Der durch die Werbung erwirtschaftete zusätzliche Ertrag muss höher sein als der Werbeaufwand. Kennziffern helfen bei der Erfolgskontrolle.
   Wirksamkeit: Über die exakte Bestimmung der Zielgruppe müssen Kaufwünsche verstärkt und die potenziellen Kunden letztlich zum Kauf geführt werden.

4. Mit Werbemitteln werden Werbebotschaften an die Konsumenten übermittelt. So können verschiedene Sinnesorgane eines Menschen einzeln oder zusammen genutzt werden.
   Beispiel:
   Kostproben; hier werden Geruchssinn, Geschmack und Optik zugleich angesprochen. Bei einem Plakat wird nur ein Sinnesorgan (Auge = Optik) angesprochen.

5. Der Inhalt eines Werbeplans besteht aus den Elementen Streukreis, Werbebotschaft, Werbemittel, Streuzeit, Streugebiet und Werbeintensität.

6. Bekanntmachung von Produkten, Wecken neuer Bedürfnisse, Imageförderung des Unternehmens, Unterstützung des Verkaufsaußendienstes

Lösungen: Kommunikationspolitik

5.2.2 Anforderungsbereich II

1. Es sollte der Bekanntheitsgrad des Unternehmens sowie die Sympathie für Anbieter erhöht werden. Auch hierdurch sollte der Marktanteil gesteigert werden, denn die Umsätze des Kopfhörers liegen unter den Erwartungen (Vorgaben) und den Branchenumsätzen in diesem Segment.

2. Bekanntheitsgrad des Unternehmens steigern: Öffentlichkeitsarbeit (Public Relations); Schaffung eines positiven Bildes bzw. Images des Unternehmens in der Öffentlichkeit: Dies kann erfolgen durch Sponsoring, Spenden, Engagements in Umweltschutzprojekten.

3. a) Das Produkt befindet sich zwischen Wachstums- und Reifephase. Dementsprechend zielt die Produktwerbung auf absatzerhöhende bzw. absatzsichernde Maßnahmen ab (z. B. Expansions- und Erinnerungswerbung). Zusätzlich kann der Versuch unternommen werden, Konkurrenten vom Markt fernzuhalten.
   b) Bei der Produktwerbung steht das Produkt mit seinem Grund- und Zusatznutzen für den jeweiligen Kunden im Vordergrund. Bei der Imagewerbung steht das Unternehmen als Gesamtes im Mittel punkt der Betrachtung. Dadurch soll eine dauerhafte Kundenbindung mittels Identifikation mit dem Unternehmen erfolgen.
   Beispiele:
   - *Werbebotschaft Produktwerbung: „Der Kopfhörer xyz ist Dein idealer Begleiter: mobil, jung und frech!"*
   - *Werbebotschaft Imagewerbung: „Leon AG, die Zukunft gehört uns!"*

5.2.3 Anforderungsbereich III

1.

Inhalte des Werbeplans	Erläuterung	Fallbezug
1. Streukreis	Personengruppe, die beworben werden soll	Bei der Leon AG als Produzentin von Kopfhörern ist primär das jüngere Publikum anzusprechen, im Alter zwischen 15 und 45 Jahren.
2. Werbebotschaft	**Was** soll durch Werbung mitgeteilt werden? **Wie** soll geworben werden? Botschaft?	Die Leon AG ist ein modernes, innovatives und flexibles Unternehmen. Durch Werbeanzeigen im Internet und entsprechenden Fachmagazinen. Die Leon AG ist genauso modern und erfolgreich wie ihre Kunden.
3. Werbemittel	Werbebotschaften werden über die Werbemittel übertragen.	Anzeigen im Internet Anzeigen in Fachzeitschriften Product-Placement in Kino oder Fernsehfilmen
4. Streuzeit	Beginn und Dauer der Werbung	Der Aufbau eines Images ist zeitintensiv. Wichtig ist dabei, dass die Botschaft über einen längeren Zeitraum die gleiche bleibt, damit sich die Kunden auch mit dem Unternehmen identifizieren.
5. Streugebiet	geografischer Raum der Werbung	Da keinerlei Anhaltspunkte in der Aufgabenstellung vorhanden sind, ist vom einheimischen Markt – Deutschland – auszugehen.
6. Werbeintensität	Häufigkeit der Werbung	am Anfang häufiger, danach stetige Werbung

2. Der Grundsatz der Wirksamkeit sagt aus, dass über die exakte Bestimmung der Zielgruppe Kaufwünsche verstärkt werden müssen. Im Rahmen einer Massenwerbung wird ein breiter, undifferenzierter Adressatenkreis angesprochen. Die hierin befindliche, vorher exakt zu definierende Zielgruppe wird nicht (immer)intensiv angesprochen. Dementsprechend kann der Streuverlust dieser Maßnahme hoch sein. Hinsichtlich eines beschränkten Werbebudgets müssen genaue Kosten-Nutzen-Analysen und entsprechende Controllingmaßnahmen durchgeführt werden.

6 After-Sales-Prozesse

7 Absatzcontrolling

7.1 Ausgangssituation

7.2 Lösungen

7.2.1 Anforderungsbereich I

1. Das strategische Absatzcontrolling ist langfristig angelegt, das operative Absatzcontrolling dagegen kurzfristig. Im Bereich des strategischen Absatzcontrollings geht es darum, erfolgreiche Geschäftsfelder zu entwickeln und auszubauen. Durch die rechtzeitige Planung entsprechender Strategien sollen der Unternehmenserfolg und damit die Existenz des Unternehmens langfristig sichergestellt werden. Strategisches Controlling erfolgt vor allem auf der obersten Leitungsebene. Das operative Absatzcontrolling steuert kurzfristige Entscheidungsprozesse im Absatzbereich mit dem Ziel, Liquidität sowie Rentabilität und Wirtschaftlichkeit sicherzustellen. Dabei spielen z. B. die Kalkulation von Marktpreisen und die Budgetierung, d. h. die Festlegung und Kontrolle von Daten und finanziellen Mitteln, eine besondere Rolle. Ein Teilbereich ist die Werbeerfolgskontrolle.

2. Der außerökonomische Werbeerfolg kann einerseits **quantitativ** ermittelt werden, indem z. B. durch Ermittlung von Einschaltquoten, Online-Kontakten oder Seitenaufrufen die Reichweite des Mediums ermittelt wird. Andererseits kann die Ermittlung des außerökonomischen Werbeerfolgs auch qualitativ erfolgen. Dabei wird durch Tests und Befragungen z. B. festgestellt, welche Wirkungen eine Werbung hat oder wie viele Befragte sich an die Werbung bzw. Teile der Werbung erinnern.

3. Kennzahlen zur Ermittlung des ökonomischen Werbeerfolgs sind z. B. Umsatzentwicklung, Gewinnentwicklung oder Entwicklung des Marktanteils. Diese können noch weiter spezifiziert werden, indem z. B. bei der Umsatzentwicklung folgende Kennzahlen berechnet werden:

$$\frac{\text{Umsatz}}{\text{Werbekosten}} \qquad \frac{\text{Umsatz}}{\text{Verkaufsfläche}} \qquad \frac{\text{Umsatz}}{\text{Zahl der Online-Kontakte}}$$

4. Bei der Ermittlung einer Stornoquote wird die Zahl der Auftragsstornierungen ins Verhältnis gesetzt zu einer Bezugsgröße:

$$\frac{\text{Stornierungen}}{\text{Aufträge 1. Quartal}} \qquad \frac{\text{Stornierungen}}{\text{Kunde X}} \qquad \frac{\text{Stornierungen}}{\text{Produkt}}$$

7.2.2 Anforderungsbereich II

1. Der CLI (deutsch: Kundenbindungsindex) gibt an, wie stark sich Kunden an das Unternehmen gebunden fühlen. Um dies in einer Kennzahl zu erfassen, ist eine regelmäßige Erfassung und Analyse von Daten notwendig, z. B. zu Häufigkeit von Bestellungen, Anzahl von Reklamationen, Aufwand für Kunden bei Liefererwechsel, persönliche Beziehungen zum Unternehmen.
Der CLI hängt eng zusammen mit dem CSI (Customer Satisfaction Index).

Lösungen: Absatzcontrolling

2. Der Umsatz bzw. Gewinn bei der Markteinführung des Nimbus XL entwickelte sich wie folgt:

	Monat 1	Monat 2	Monat 3	Monat 4	Monat 5
Umsatz (im Vergleich zum Vormonat)	–	61,5 %	9,5 %	4,4 %	4,2 %
Gewinn (im Vergleich zum Vormonat)	–	381,8 %	9,4 %	55,2 %	5 %
Umsatzrendite	8,5 %	25,2 %	25,2 %	37,5 %	37,8 %

Der Umsatz entwickelte sich in den ersten beiden Monaten sehr stark und pendelte sich dann bei sinkenden Wachstumsraten auf einem hohen Niveau ein.

Der Gewinn war im ersten Monat noch sehr gering aufgrund des Einführungsrabattes. Nachdem dieser Rabatt im zweiten Monat nicht mehr gewährt wurde, erhöhte sich der Gewinn um 381,8 %. Mit den geringer werdenden Umsatzzuwächsen stieg der Gewinn nur noch um 9,4 % (Monat 3) bzw. 5 % (Monat 5). Die deutliche Gewinnsteigerung von 55,2 % in Monat 4 ist auf den Wegfall der Werbekosten für die durch eine Werbeagentur durchgeführte Werbekampagne zurückzuführen.

Die Entwicklung der Umsatzrendite bestätigt dieses Bild. In Monat 1 (8,5 %) ist sie noch gering aufgrund des Einführungsrabattes. In Monat 2 (25,2 %) und Monat 3 (25,2 %) ist sie dann deutlich höher. Nachdem die Kosten für die Werbeagentur nicht mehr anfallen, steigt die Umsatzrendite in Monat 4 (37,5 %) und Monat 5 (37,8 %) noch einmal stark an.

7.2.3 Anforderungsbereich III

1. Die Umsatzzahlen bei der Einführung des Nimbus XL stiegen in den ersten fünf Monaten schnell auf ein Niveau von rund 2,5 Mio € an.
Ein genaueres Bild erhält man, wenn man den Umsatz in Bezug setzt zu den Werbekosten:

	Monat 1	Monat 2	Monat 3	Monat 4	Monat 5
Umsatz pro EUR Werbekosten	4,06 €	6,56 €	7,18 €	24,00 €	25,00 €

Der Umsatz pro € Werbekosten ist in den ersten drei Monaten noch relativ gering, was an den hohen monatlichen Werbekosten für die von der Werbeagentur durchgeführte Kampagne liegt. Bereits im zweiten Monat liegt der Umsatz pro Euro Werbekosten jedoch schon über dem Wert von 5,00 €, der bei der Einführung des Vorgängermodells erzielt wurde.

Im vierten und fünften Monat steigt der Umsatz pro Euro Werbekosten stark an, da die Kampagne für die Einführung abgeschlossen ist, die Werbekosten damit auf monatlich 100 000,00 € zurückgehen und sich der Umsatz auf einem hohen Niveau eingependelt hat.

Somit kann man davon ausgehen, dass die professionelle Werbekampagne – im Vergleich zur Markteinführung des Vorgängermodells – erfolgreich war, da sie dazu geführt hat, dass das Gerät einen hohen Bekanntheitsgrad erzielt und schnell ein hohes Umsatzniveau erreicht hat. Um den Werbeerfolg umfassend beurteilen zu können, wären branchenspezifische Kennzahlen hilfreich sowie die Daten über die Umsatzentwicklung in den Folgemonaten.

2. Der CSI (deutsch: Kundenzufriedenheitsindex) ist ein Instrument, um die Entwicklung der Kundenzufriedenheit darzustellen und zu analysieren. In einen Fragebogen zur Ermittlung des CSI fließen verschiedene Kriterien ein, bei denen der Kunde eine Bewertung vornehmen soll, z. B. in einer Notenskala von 1–6. Unter Umständen kann eine unterschiedliche Gewichtung einzelner Kriterien und/oder Kunden (z. B. nach Umsatz) erfolgen.

Ein solcher – vereinfachter – Fragebogen könnte folgendermaßen aussehen:

Note	**Ihre Meinung ist gefragt! Bewerten Sie unser Unternehmen hinsichtlich ...**					
	1	2	3	4	5	6
... Qualität		X				
... Preis-Leistungs-Verhältnis		X				
... Gestaltung der Website	X					
... Werbeversprechen und Wirklichkeit		X				
... Überzeugungskraft unserer Werbung			X			
... Informationsgehalt unserer Werbung					X	
... Kompetenz unserer Mitarbeiter		X				
... Schnelligkeit bei Reklamationen		X				
... Kulanz	X					
... Gestaltung unserer Hotline					X	

Wenn man die Meinung eines einzelnen fiktiven Kunden (X) zugrunde legt und auswertet, ergibt sich ein Index von 2,5. Dabei hat keine Gewichtung der einzelnen Kriterien stattgefunden. Der Index kann auch produkt- bzw. produktgruppenbezogen ermittelt werden.

Als Grundlage für betriebswirtschaftliche Entscheidungen im Rahmen des Absatzcontrollings ist es sinnvoll, dieses Ergebnis mit dem früherer Perioden zu vergleichen, um bei einem negativen Trend die Ursachen analysieren und mit entsprechenden Maßnahmen reagieren zu können.

Lösungen: Investition

8 Investition

8.1 Ausgangssituation

8.2 Lösungen

8.2.1 Anforderungsbereich I

1.

Kostenarten der Kostenvergleichsrechnung	
Kapitalkosten	Betriebskosten
Zins- und Tilgungszahlungen für die Kredite, die zur Anschaffung des Investitionsobjektes aufgenommen wurden	Materialkosten Personalkosten Instandhaltungskosten
Kalkulatorische Abschreibung über die Nutzungsdauer (zur Vereinfachung wird in den Schulbüchern vom Anschaffungswert ausgegangen und nicht vom Wiederbeschaffungswert)	Energiekosten
Kalkulatorische Zinsen, die auf den durchschnittlichen Wert der Kapitalbindung zu berechnen sind: durchschnittl. Kapitalbindung = Anschaffungswert : 2	

2. Die Voraussetzungen sind, dass die zu erzielenden Erträge sowie die Kosten über die gesamte Nutzungszeit konstant sind bzw. bleiben.

3. Hier: Berücksichtigung des Restwertes.

		VW Crafter
Anschaffungskosten Nutzungsdauer Auslastung im Jahr		48 800,00 € 4 Jahre 100 000 km
Kosten pro Jahr Fixe Kosten Kalkulatorische Abschreibung Kalkulatorische Zinsen	$(AW - RW) : n$ $\dfrac{(AW + RW)}{2} \cdot i$	 11 450,00 € 1 942,50 €
Sonstige fixe Kosten Fixe Kosten insgesamt Variable Kosten Wartung Ersatzteile Sonstige variable Kosten Variable Kosten insgesamt		5 850,00 € 19 242,50 € 6 800,00 € 7 700,00 € 3 650,00 € 18 150,00 €
Summe der Kosten		37 392,50 €

4. Unterschied zwischen Kosten- und Gewinnvergleichsrechnung

	Kostenvergleichsrechnung	Gewinnvergleichsrechnung
Definition	Zum Vergleich von Investitionsobjekten werden nur die jährlichen Kosten der Alternativen miteinander verglichen.	Neben den jährlichen Kosten werden auch die zu erzielenden Gewinne der Investitionsalternativen bei der Investitionsentscheidung berücksichtigt.
Vorteile	Sehr einfache Handhabung	Erweiterung der Kostenvergleichsrechnung, da außerdem Gewinnannahmen in die Beurteilung mit hineinfließen

Lösungen: Investition

	Kostenvergleichsrechnung	Gewinnvergleichsrechnung
Nachteile	– Sehr kurzfristige Berechnung (nur ein Jahr), sodass keine Änderungen der Kosten berücksichtigt werden – Kosten sind alleiniger Beurteilungsmaßstab.	– Berechnung bezieht sich nur auf eine Periode – Risiko einer Fehlschätzung der zukünftigen Erlös- und somit Gewinnentwicklung ist sehr hoch.

5. Vor- und Nachteile der statischen Investitionsrechnung:

Statische Investitionsrechnung	
Vorteile	Nachteile
– Sehr leichte und schnelle Handhabung	– Beziehen nur Daten einer Periode ein und unterstellen, dass diese Daten keinen Veränderungen unterliegen – Nur vorhandene Daten werden aus dem Rechnungswesen in die Berechnung einbezogen.

6. Kapitalwertmethode, interne Zinssatzmethode

8.2.2 Anforderungsbereich II

1. Die Daten (z. B. Kosten- oder Gewinnentwicklung), auf die sich eine Investitionsentscheidung stützt, beruhen in der Regel auf Schätzungen und Vorhersagen. Das Risiko solcher Daten besteht darin, dass sie ungenau oder auch unvollständig sein können.

2. Bei der Gewinnvergleichsrechnung handelt es sich um die Erweiterung der Kostenvergleichsrechnung. Neben den Kosten für eine Periode werden nun auch die Erträge für eine Periode in die Betrachtung mit einbezogen (Gewinn = Kosten – Erträge). Im Rahmen einer Rentabilitätsvergleichsrechnung bezieht man den erwirtschafteten Gewinn auf den durchschnittlichen Anschaffungspreis. Man ermittelt somit die Rentabilität einer Investition.

3. Durch sie wird ermittelt, in welchem Zeitraum die Anschaffungsausgaben durch Kapitalrückflüsse in Form von Gewinnen und Abschreibungen in das Unternehmen zurückfließen. Unterschiedliche Gewinnhöhen führen dazu, dass ähnliche Investitionsobjekte unterschiedliche Amortisationszeiten haben.

4. Als Kapitalwert wird die Differenz der abgezinsten Einnahmen und Ausgaben bezeichnet. Die Höhe der Abzinsung wird durch den jeweiligen Kalkulationszinssatz bestimmt. Daher gilt: Je höher der Kalkulationszinssatz, desto geringer wird die Höhe der abgezinsten Einnahmen bzw. Ausgaben und desto geringer wird deren Differenz (= Kapitalwert).

5. Die interne Zinssatzmethode baut auf der Kapitalwertmethode auf. Hierbei wird der Zinssatz berechnet, bei dem sich ein Kapitalwert von 0 ergibt. Es handelt sich somit um eine Umkehrung der Kapitalwertmethode. Es wird nicht nach einem Kapitalwert bei einem vorgegebenen Zinssatz gefragt, sondern nach einem internen Zinssatz, der einem Kapitalwert von 0 entspricht.
Der so ermittelte Zinssatz lässt zunächst noch keine Aussage zu, ob eine Investition vorteilhaft ist oder nicht. Erst wenn dieser interne Zinssatz mit einem vom Vorstand vorgegebenen Kalkulationszinssatz verglichen werden kann, sind Aussagen über die Vorteilhaftigkeit einer Investition möglich.

6. Zu den Funktionen der Investitionsrechnung gehört es, im Rahmen von Investitionsentscheidungen herauszufinden, welches Investitionsobjekt für das Unternehmen am vorteilhaftesten ist. Darüber hinaus kann der Vorstand eine Rangfolge für mehrere anstehende Investitionsvorhaben bilden. Dabei wird zuerst dort investiert, wo die jeweiligen Vergleichskriterien (z. B. Gewinn, Rentabilität etc.) am günstigsten sind. Dies ist besonders für Unternehmen interessant, die für die jeweiligen Vorhaben nur ein begrenztes Budget haben.
Außerdem kann man mithilfe der Investitionsrechnung die optimale Nutzungsdauer eines Investitionsobjektes bestimmen, indem man entsprechende Zielgrößen (z. B. Rentabilität, Amortisationszeiten etc.) vorgibt.

Lösungen: Investition

8.2.3 Anforderungsbereich III

1.

Ohne Restwert	Mercedes Sprinter	VW Crafter
Anschaffungskosten	52 600,00 €	48 800,00 €
Nutzungsdauer	4 Jahre	4 Jahre
Auslastung im Jahr	100 000 km	100 000 km
Kosten pro Jahr		
Fixe Kosten		
Kalkulatorische Abschreibung	13 150,00 €	12 200,00 €
Kalkulatorische Zinsen	1 972,50 €	1 830,00 €
Sonstige fixe Kosten	6 100,00 €	5 850,00 €
Fixe Kosten insgesamt	**21 222,50 €**	**19 880,00 €**
Variable Kosten		
Wartung	7 600,00 €	6 800,00 €
Ersatzteile	8 400,00 €	7 700,00 €
Sonstige variable Kosten	2 000,00 €	3 650,00 €
Variable Kosten insgesamt	**18 000,00 €**	**18 150,00 €**
Summe der Kosten	**39 222,50 €**	**38 030,00 €**
Differenz		**1 192,50 €**

Ohne Restwert	Mercedes Sprinter	VW Crafter
Anschaffungskosten	52 600,00 €	48 800,00 €
Nutzungsdauer	4 Jahre	4 Jahre
Auslastung im Jahr	100 000 km	100 000 km
Kosten pro Jahr		
Fixe Kosten		
Kalkulatorische Abschreibung	10 900,00 €	11 450,00 €
Kalkulatorische Zinsen	2 310,00 €	1 942,50 €
Sonstige fixe Kosten	6 100,00 €	5 850,00 €
Fixe Kosten insgesamt	**19 310,00 €**	**19 242,50 €**
Variable Kosten		
Wartung	7 600,00 €	6 800,00 €
Ersatzteile	8 400,00 €	7 700,00 €
Sonstige variable Kosten	2 000,00 €	3 650,00 €
Variable Kosten insgesamt	**18 000,00 €**	**18 150,00 €**
Summe der Kosten	**37 310,00 €**	**37 392,50 €**
Differenz	**82,50 €**	

Anmerkung: Restwerte sind wie folgt in der Berechnung zu berücksichtigen:

Kalkulatorische Abschreibung =

$$\frac{(\text{Anschaffungswert} - \text{Restwert})}{\text{Nutzungsdauer}}$$

Kalkulatorische Zinsen =

$$\frac{(\text{Anschaffungswert} + \text{Restwert})}{\text{Nutzungsdauer}} \cdot \frac{p}{100}$$

2. Lösungsvorschlag: Der Vorteil der Kostenvergleichsrechnung liegt darin, dass in einer sehr einfachen Weise eine Investitionsentscheidung getroffen werden kann. Ausgangspunkt sind durchschnittliche, angenommene Kosten der jeweiligen Investitionsobjekte. Dabei ist immer dasjenige Objekt auszuwählen, welches die geringsten Kosten verursacht.
Die einfache Handhabung dieser Methode bedeutet auch Zeit- und Kostenersparnis. So kann bei der Anwendung dieser Methode auf besonders geschultes Personal verzichtet werden.
Nachteilig an der Kostenvergleichsrechnung ist, dass Werte oder Kosten aus einer Periode zur Beurteilung herangezogen werden. Dabei werden Kostensteigerungen nicht in der Vergleichsrechnung berücksichtigt. Außerdem können Zahlungsein- oder -ausgänge, die naturgemäß im Zusammenhang mit dem Investitionsobjekt stehen, nicht periodengerecht abdiskontiert werden.
Für Spurt kann die Kostenvergleichsrechnung eine erste Stufe für eine fundierte Investitionsentscheidung darstellen. Das Unternehmen sollte sich aber nicht alleine darauf verlassen. Eventuell ist die Kostenvergleichsrechnung um eine dynamische Investitionsrechnung zu ergänzen.

Lösungen: Investition

3. Gewinnvergleichsrechnung:

Mit Restwert	Mercedes Sprinter	VW Crafter
Laufleistung	100 000 km	100 000 km
Erlös pro Kilometer	47 Cent	45,5 Cent
	47 000,00 €	45 500,00 €
Kosten (gemäß Aufg. 1)	39 222,50 €	38 030,00 €
Gewinn	**7 777,50 €**	**7 470,00 €**

Rentabilitätsvergleichsrechnung: $\dfrac{\text{(Jahresgewinn} \cdot 100)}{\text{Ø-Kapitaleinsatz}}$

Ø-Kapitaleinsatz = $\dfrac{\text{Anschaffungspreis}}{2}$

	Mercedes Sprinter	VW Crafter
Gewinn	7 777,50 €	7 470,00 €
(ohne kalkulatorische Zinsen!)	+ 1 972,50 €	+ 1 830,00 €
	9 750,00 €	9 300,00 €
Ø-Kapitaleinsatz	26 300,00 €	24 400,00 €
Rentabilität	**37,07 %**	**38,11 %**

Anmerkung: Zum Jahresgewinn zählt man den durch die Investition zusätzlich verursachten Gewinn. Er darf daher nicht durch die kalkulatorischen Zinsen gemindert werden, da die Rentabilitätszahl selbst die Verzinsung des insgesamt eingesetzten Kapitals ausdrückt.

Beurteilung/Bewertung:
Im Rahmen der Gewinnvergleichsrechnung kann festgestellt werden, dass der Mercedes Sprinter mit 7 777,50 € einen höheren Gewinn als der VW Crafter mit 7 470,00 € erwirtschaftet.
Allerdings muss man auch den Gewinn als eine Verzinsung des eingesetzten Kapitals sehen. Berücksichtigt man diese Betrachtungsweise, so erwirtschaftet der VW Crafter eine Rendite von 38,11 %, während der Mercedes Sprinter nur eine Rendite von 37,07 % erzielt.
Eine endgültige Entscheidung ist nur dann möglich, wenn der Vorstand genau die Kenngröße (oder Unternehmensstrategie) definiert. Lautet das Ziel Gewinnmaximierung, so wäre der Mercedes Sprinter vorteilhafter; lautet das Ziel „maximale Kapitalrendite", so ist der VW Crafter vorteilhafter.
(→ Endgültige Entscheidung je nach Argumentation des Schülers!)

4. Ø-Kapitalrückfluss = jährliche Abschreibung + durchschnittlicher Gewinn

Amortisationszeit in Jahren = $\dfrac{\text{Anschaffungskosten}}{\text{jährliche Abschreibungen + durchschnittlicher Gewinn + kalkulatorische Zinsen}}$

	Mercedes Sprinter	VW Crafter
jährliche Abschreibung	5 844,44 €	5 422,22 €
+ Ø-Gewinn	+ 7 777,50 €	+ 7 470,00 €
+ kalk. Zinsen	+ 1 972,50 €	+ 1 830,00 €
= Ergebnis	= 15 594,00 €	= 14 722,00 €
Anschaffungskosten	52 600,00 €	48 800,00 €
Kapitalrückflusszeit in Jahren	**3,37 Jahre**	**3,31 Jahre**

Beurteilung/Bewertung:
Die Amortisationsdauer des VW Crafter ist nur minimal kürzer als des Mercedes Sprinter. Die Amortisationsvergleichsrechnung macht keine Aussagen zur Wirtschaftlichkeit oder Rentabilität der beiden Fahrzeuge. Daher kann sie nur als Hilfsinstrument dienen. Berücksichtigt man außer-

Lösungen: Investition

dem noch die Ergebnisse aus Aufgabe 3, in der festgestellt wurde, dass die Rendite beim VW Crafter höher ist als beim Mercedes Sprinter, so wäre der Kauf des VW Crafters zu empfehlen.

5. Hier sollte der Schüler sämtliche vorher ermittelten Ergebnisse in seine Argumentation miteinbeziehen. Ausschlaggebend bei dieser Fragestellung ist nicht das Ergebnis, sondern die Argumentation.

6. Kapitalwertmethode

Mercedes Sprinter

	T0	T1	T2	T3	T4
Einnahmen		47 000,00 €	54 050,00 €	62 157,50 €	71 481,13 €
Ausgaben	52 600,00 €	39 000,00 €	39 975,00 €	40 974,38 €	41 998,73 €
Summe	−52 600,00 €	8 000,00 €	14 075,00 €	21 183,13 €	29 482,39 €
Abzinsung	−52 600,00 €	7 142,86 €	11 220,50 €	15 077,73 €	18 736,59 €

Kapitalwert −422,32 €

VW Crafter

	T0	T1	T2	T3	T4
Einnahmen		45 500,00 €	52 325,00 €	60 173,75 €	69 199,81 €
Ausgaben	48 800,00 €	38 000,00 €	38 950,00 €	39 923,75 €	40 921,84 €
Summe	−48 800,00 €	7 500,00 €	13 375,00 €	20 250,00 €	28 277,97 €
Abzinsung	−48 800,00 €	6 696,43 €	10 662,47 €	14 413,55 €	17 971,16 €

Kapitalwert 943,61 €

Beurteilung/Bewertung:
Gemäß der Kapitalwertmethode hat der VW Crafter einen Kapitalwert > 0, d. h., diese Investition ist lohnend, da die abgezinsten Einnahmen aus der Investition höher sind als die abgezinsten Ausgaben. Beim Mercedes Sprinter ist es umgekehrt. Hier sind die abgezinsten Ausgaben höher als die abgezinsten Einnahmen. Somit ist der Kapitalwert negativ. Alleine nach der Kapitalwertmethode ist der VW Crafter für Spurt lohnend.

9 Übungsklausuren 12.2

Übungsklausur I

1. **Deutschland:** Nach anfänglichen Umsatzsteigerungen in den Jahren 2017 und 2018 tritt ab 2019 eine Verlangsamung des Wachstums ein. Die Prognose für 2020 sieht einen Rückgang vor.
   Frankreich: Die französische Umsatzentwicklung zeigt zweistellige Wachstumsraten, in der Tendenz jedoch rückgängig.
   China: Überproportionale Wachstumsraten in einem neuen Markt, jedoch in absoluten Zahlen gesehen auf vergleichsweise niedrigem Niveau.

2. **Deutschland:** Aufgrund der Wachstumsraten tritt auf dem Deutschlandmarkt eine Sättigung ein. Sie ist gekennzeichnet durch langsam sinkende Umsätze und steigende Stückkosten in Verbindung mit fallenden Gewinnen.
   Aufgrund der Prognose für 2020 könnte man auch von einer Degeneration ausgehen. Diese wiederum ist gekennzeichnet durch stark fallende Umsätze und stark steigende Stückkosten, die insgesamt einen Verlust verursachen können.
   Frankreich: Die Umsatzentwicklungen in Frankreich lassen den Schluss zu, dass sich das Produkt auf dem dortigen Markt in einer Wachstumsphase befindet. Diese Phase ist gekennzeichnet durch stark steigende Umsätze sowie sinkende Stückkosten (Gewinnmaximum).
   China: Da die Markteinführung des Produktes erst 2018 stattfand, kann noch von der Einführungsphase ausgegangen werden. Sie ist gekennzeichnet durch steigende Umsätze bei hohen Stückkosten, was insgesamt noch zu Verlusten führen kann.

3.

	Einführung	Wachstum	Reife	Sättigung	Degeneration
Preispolitik	Hoher Einführungspreis wegen Marktneuheit oder niedriger Preis zur Marktdurchdringung (Gewinnung von Marktanteilen)	Preissenkung/ Preisanpassung wegen möglicher Konkurrenz (Nachahmer)	Preissenkung wegen zunehmender Konkurrenz	■ Weitere Preissenkungen sind notwendig. ■ Konkurrenz nimmt weiter zu.	■ Aktionspreise, Räumungspreise (weiterer Preisverfall) ■ Deckungsbeiträge erwirtschaften
Produktpolitik	Produktinnovation		Produktdifferenzierung, um neue Käuferschichten zu gewinnen	Produktvariation, um neue Abnehmer mit veränderten Produkten anzusprechen	Produktelimination

4. Die Kaufkraftstärke in Frankreich liegt geringfügig unter der in Deutschland, sodass in Abhängigkeit vom Image der Marke über eine geringe Preisreduktion nachgedacht werden kann, um ersten Konkurrenten den Einstieg in den Markt zu erschweren. Außerdem ist durch diese Maßnahme ein stärkerer Anstieg der Verkaufszahlen zu erwarten.
   In China ist das durchschnittliche Einkommen mit dem in Europa nicht zu vergleichen. Hier sollte der Preis den chinesischen Verhältnissen von Anfang an angepasst sein. Verluste auf diesem Markt können zunächst akzeptiert werden, um die Marke im Land zu etablieren.

Lösungen: Übungsklausuren 12.2

5.

Art	Kostenorientierte Preisbildung	Nachfrageorientierte Preisbildung	Konkurrenzorientierte Preisbildung
Erläuterung	Fixe und variable Kosten, die bei der Produkterstellung anfallen: Sie müssen gedeckt werden.	Orientierung an Nachfragegrößen. Dabei sind die Preisvorstellungen der Kunden und Einkommensverhältnisse zu berücksichtigen.	Möglich bei homogenen Produkten Mögliche Formen: — Orientierung am Branchenpreis — Orientierung am Preisführer

6. $\dfrac{K_f(x)}{x} + k_v(x) = \dfrac{12\,500\,000}{80\,000} + 80 = \mathbf{236{,}25\ €}$

7. Zum Beispiel konkurrenzorientierte Preisbildung: Um direkt hohe Marktanteile zu erreichen, bietet sich ein Preis um 237,00 € an. Damit liegt man unterhalb der Preise der meisten Konkurrenten. Auch eine Orientierung am Preisführer ist denkbar. Hierzu sollte ein Preis knapp unterhalb von 268,00 € gewählt werden. Dann ist aber grundsätzlich im Rahmen der Kommunikationspolitik Wert auf die hohe Qualität und technische Ausstattung zu legen.

8. Zum Beispiel 260,00 €

    $260x = 12\,500\,000 + 80x$
    $\leftrightarrow x = 69\,445$ Stück

9. Schülerindividuelle Lösung

Gliederungsvorschlag:

Einleitung
Problem beschreiben: Kernaussagen des Vorstandes (weiterer Absatzzuwachs für das Handy Connection Plus in Deutschland; keine weiteren Marketingmaßnahmen erforderlich)

Marktbeschreibung
Connection Plus in Deutschland befindet sich im Sättigungsbereich; Prognose für 2018 abnehmend. Notwendigkeit für Marketingmaßnahmen entgegen der Vorstandsaussage begründet.

Marketingmaßnahmen

Preispolitik
Das Handy Connection Plus soll verbilligt angeboten werden, ohne dass es ein Billighandy darstellt (Imagewahrung). Eventuell werden Verluste auf dem Heimatmarkt durch Gewinne insbesondere in Frankreich aufgefangen (Mischkalkulation).

Produktpolitik
Produktvariation durch Zusatzfunktionen und/oder Zusatznutzen

Fazit

Übungsklausur II

1. Antwortvorschlag:
   (Anm.: Antworten sind in einer Klausur auszuformulieren!)
   Folgende **Investitionsziele** könnten vorhanden sein:
   — Ökonomische Ziele → Kostenersparnis, Gewinnsteigerung
   — Ökologische Ziele → Umweltfreundlichkeit
   — Soziale Ziele → Erhöhung der Zahl der Arbeitsplätze

   Zielkonflikte
   — Zielkonflikt zwischen dem ökonomischen Ziel der Kostenersparnis und den sozialen Zielen wie Ausbau der Zahl der Arbeitsplätze (neue und effektivere Maschinen führen zu Arbeitsplatzabbau)

Lösungen: Übungsklausuren 12.2

- Zielkonflikt zwischen dem ökonomischen Ziel der Gewinnsteigerung und dem ökologischen Ziel (Ausbau der Produktion führt zu Platzbedarf und Bebauung möglicher Freiflächen etc.)

Zielharmonien
Das ökonomische Ziel der zusätzlichen Anschaffung von Maschinen kann zu einer Erhöhung der Zahl der Arbeitsplätze führen (soziales Ziel).

2. Rentabilitäts- u. Amortisationsvergleich + Begründung

	Maschine 1	Maschine 2
Gebundenes Kapital	$\frac{252000,00}{2}$ (= 260 000,00 − 8 000,00) = 126 000,00 €	$\frac{217000,00}{2}$ (= 224 000,00 − 7 000,00) = 108 500,00 €
Fixe Kosten		
Abschreibung	260 000,00 − 8 000,00 = 252 000,00 € 252 000,00 : 5 Jahre = 50 400,00 €	224 000,00 − 7 000,00 = 217 000,00 € 217 000,00 : 5 Jahre = 43 400,00 €
Kalkulatorische Zinsen	= (AW + RW) : 2) · i $\frac{(260000 + 8000)}{2}$ · 6 % = 134 000,00 · 6 % = 8 040,00 €	$\frac{(224000 + 7000)}{2}$ · 6 % = 115 500,00 · 6 % = 6 930,00 €
Gehälter	80 000,00 €	78 000,00 €
Sonstige fixe Kosten	9 000,00 €	7 000,00 €
Material	25 000,00 €	23 000,00 €
Sonstige variable Kosten	15 000,00 €	14 000,00 €
Summe aller Kosten (Kosten o. kalk. Zinsen)	187 440,00 € (179 400,00 €)	172 330,00 € (165 400,00 €)
Erlöse pro Stück	47 000 St. · 5,05 € = 237 350,00 €	
Gewinnvergleich (o. kalk. Zinsen)	49 910,00 € (57 950,00 €)	65 020,00 € (71 950,00 €)
Rentabilitätsvergleich[1]	$\left(\frac{49910 + 8040}{134000}\right) \cdot 100$ = 43,25 %	$\left(\frac{65020 + 6980}{115500}\right) \cdot 100$ = 62,29 %
Amortisationsvergleich	$\frac{260000 - 8000}{50400 + 49910 + 8040}$ $= \frac{252000}{108350}$ = 2,33 Jahre	$\frac{(224000 - 7000)}{43400 + 65020 + 6930}$ $= \frac{217000}{115350}$ = 1,88 Jahre

Begründete Entscheidung:
(Lösungshinweis: Begründen Sie möglichst fallbezogen und mithilfe Ihrer ermittelten Ergebnisse. Achten Sie dabei auf die Formulierungen bzw. Umrechnungen.)
Der Vorstand sollte sich für Maschine 2 entscheiden, da die Amortisationsdauer für diese Maschine (2,33 Jahre) um ca. 5 Monate (Anm.: Die rechnerische Differenz von 0,45 Jahren entspricht ca. 5 Monaten.) kürzer ist als für Maschine 1 (1,88 Jahre). Die Verzinsung des eingesetzten Kapitals ist bei Maschine 2 um ca. 44 % höher als bei Maschine 1.

---

[1] Anders als b Kosten- oder Gewinnvergleichsrechnung enthalten die hier zugrunde gelegten Kosten keine kalk. Zinsen. Sofern der G n aus den beiden vorgenannten Berechnungen übernommen wird, sind die kalk. Zinsen dem in der Rentabilitätsvergleichsrechnung verwendeten Gewinn hinzuzuaddieren.

Lösungen: Übungsklausuren 12.2

3. Berechnung der Kapitalwerte
*(Lösungshinweis: In der Kapitalwertberechnung werden den Einnahmen die **Ausgaben** gegenübergestellt **(Achtung: Ausgaben ≠ Kosten)**. Da in den Vorinformationen nur von Kosten die Rede ist, sind zunächst die Ausgaben für den Zeitpunkt t1 zu berechnen!)*

Kapitalwert für Maschine 1

Vorberechnung der Ausgaben in t1		
Kosten	187 440,00	172 330,00
– Abschreibung	– 50 400,00	– 43 400,00
– Kalk. Zinsen	– 8 040,00	– 6 930,00
= Ausgaben	= 129 000,00	= 122 000,00

Anschaffungswert	260 000,00 €
Restwert	8 000,00 €
Erlössteigerung pro Jahr	2,5 %
Kostensteigerung pro Jahr	2,0 %
Zinssatz	6,0 %

	t1	t2	t3	t4	t5
Einnahmen	237 350,00 €	243 283,75 €	249 365,84 €	255 599,99 €	269 989,99 €[1]
Ausgaben	**129 000,00 €**	131 580,00 €	134 211,60 €	136 895,83 €	139 633,75 €
Überschuss	108 350,00 €	111 703,75 €	115 154,24 €	118 704,16 €	130 356,24 €
Barwert	102 216,96 €	99 415,89 €	96 685,69 €	94 024,85 €	97 409,74 €

Summe der Barwerte	489 753,13 €
Kapitalwert	229 753,13 €

Kapitalwert für Maschine 2

Anschaffungswert	224 000,00 €
Restwert	7 000,00 €
Erlössteigerung pro Jahr	2,5 %
Kostensteigerung pro Jahr	2,0 %
Zinssatz	6,0 %

	t1	t2	t3	t4	t5
Einnahmen	237 350,00 €	243 283,75 €	249 365,84 €	255 599,99 €	269 989,99 €[2]
Ausgaben	**122 000,00 €**	124 440,00 €	126 928,80 €	129 467,38 €	132 256,72 €
Überschuss	115 350,00 €	118 843,75 €	122 437,04 €	126 132,61 €	136 933,27 €
Barwert	108 820,73 €	105 770,46 €	102 800,47 €	99 908,88 €	102 324,48 €

Summe der Barwerte	519 625,02 €
Kapitalwert	295 625,02 €

---

[1] Anm.: Einnahmen in t5 sind Erlöse in t5 (= 261 989,99 €) zzgl. Restwert (8 000,00 €).
[2] Anm.: Einnahmen in t5 sind Erlöse in t5 (= 261 989,99 €) zzgl. Restwert (= 261 989,99 €).

Lösungen: Übungsklausuren 12.2

4. Abgrenzung statisches und dynamisches Verfahren:
   (Anm.: Die Antwort ist auszuformulieren. Dabei sind die hier schematisch dargestellten Punkte einsetzbar. Hinsichtlich der Beantwortung des zweiten Frageteils kann die Antwort schülerindividuell begründet gegeben werden.)

	Statisches Verfahren	Dynamisches Verfahren
Merkmale	Berücksichtigt nur eine Periode	Berücksichtigt mehrere Perioden
Vorteile	▪ Einfache Handhabung ▪ Liefert daher schnelle Ergebnisse und ist kostengünstiger.	Zeitlich bedingte Veränderungen der Einnahmen und Ausgaben werden berücksichtigt.
Nachteile	Zeitfaktor wird nicht bei den ermittelten Kosten, Erlösen oder Gewinnen berücksichtigt; daher nur ungenaue Ergebnisse.	▪ Kalkulationszinsfuß wird individuell vorgegeben. ▪ Einnahmen und Ausgaben können nur geschätzt werden.

5. Im Rahmen der statischen Verfahren bedeutet ein steigender Zinssatz (auch: steigender Kalkulationszinssatz) höhere kalkulatorische Zinsen und somit einen Anstieg der Kosten bzw. eine Minderung des Gewinns. Im besonderen Fall der Amortisations- und Rentabilitätsvergleichsrechnung jedoch hat ein steigender Zinssatz keine zusätzlichen Auswirkungen auf den Gewinn, da diese keine kalkulatorischen Zinsen enthalten.
   Bei den dynamischen Verfahren führt ein steigender Zinssatz zu einem höheren Abzinsungsfaktor, der wiederum zu einem sinkenden Kapitalwert führt. Dies hat durchaus Auswirkungen auf eine zu treffende Investitionsentscheidung.

6. Eine qualitative Bewertung erfolgt dann, wenn man Daten in einer Investitionsentscheidung mitberücksichtigen möchte, die nicht messbar sind. Denkbare Verfahrensweisen sind das Rangreihenverfahren und das Stufenwertzahlverfahren, bei denen Rangklassen gebildet und diese Daten mit Punkten versehen und gewichtet werden.
   Bei dem vorliegenden Ergebnis schneidet die Maschine 2 wieder besser ab als Maschine 1. Dabei ist auffällig, dass insbesondere in Bezug auf die wirtschaftlichen Daten ein Unterschied besteht, bei den technischen Daten jedoch kein Unterschied zu erkennen ist.

---

[1] Anm.: Einnahmen in t5 sind Erlöse in t5 (=261 989,99 €) zzgl. Restwert (=261 989,99)

Lösungen: Finanzierung von Investitionen

Jahrgang 13.1

1 Finanzierungsarten

2 Finanzierung von Investitionen und Sicherheiten im Rahmen der Fremdfinanzierung

2.1 Ausgangssituation

2.2 Lösungen

2.2.1 Anforderungsbereich I

1. Innen- und Außenfinanzierung, Fremd-, Einlagen- und Selbstfinanzierung durch Kapitalfreisetzung

2. Bei einer Außenfinanzierung werden einem Unternehmen Finanzmittel von außen durch die Eigentümer (z. B. Erhöhung des Eigenkapitals durch Ausgabe neuer Aktien bzw. zusätzliche Einlagen der Gesellschafter) oder durch Kreditgeber (z. B. Aufnahme von Fremdkapital durch Bankkredite oder Ausgabe von Unternehmensanleihen) zugeführt.
Im Rahmen einer Innenfinanzierung stammen die finanziellen Mittel zur Finanzierung von Investitionen durch nicht ausgeschüttete Gewinne, Auflösung von Rückstellungen, Abschreibungen oder den Verkauf von Anlagegegenständen über ihrem Buchwert.

3. Offene Selbstfinanzierung (Gewinnthesaurierung) und stille Selbstfinanzierung (Auflösung stiller Rücklagen)

4. — Ausgabe von Schuldverschreibungen/Anleihen
   — Kredite/Bankdarlehen
   — Leasing

5.

Vorteile	Nachteile
— Kapital wird nur befristet zur Verfügung gestellt. — Feste Zinsvereinbarungen garantieren konstanten Ertrag auch in Zinsänderungsphasen. — keine Verlustbeteiligung — Im Falle einer Insolvenz hat der Kreditgeber Ansprüche aus der Insolvenzmasse, ggf. auch ein Aus- bzw. Absonderungsrecht.	— kein Mitspracherecht im Unternehmen — keine Gewinnbeteiligung in guten Geschäftsjahren

Kreditgeber		Kreditnehmer	
Vorteile	Nachteile	Vorteile	Nachteile
— Kapital wird nur befristet zur Verfügung gestellt. — Feste Zinsvereinbarungen garantieren konstanten Ertrag auch in Zinsänderungsphasen. — keine Verlustbeteiligung — Im Falle einer Insolvenz hat der Kreditgeber Ansprüche aus der Insolvenzmasse, ggf. auch ein Aus- bzw. Absonderungsrecht.	— kein Mitspracherecht im Unternehmen — keine Gewinnbeteiligung in guten Geschäftsjahren	— konstanter, kalkulierbarer Zinsaufwand — keine Machtteilung durch direkte Beteiligung der Kapitalgeber — Schonung des Eigenkapitals	— Zinsaufwand auch in ertragsschwachen Zeiten — Verschlechterung der Kreditwürdigkeit — Rückzahlung des geliehenen Kapitals — evtl. Stellung von Sicherheiten

Lösungen: Finanzierung von Investitionen

6.

Eigenfinanzierung	Fremdfinanzierung
— Kapital steht dem Unternehmen unbegrenzt zur Verfügung. — Gewinnbeteiligung — Bilanzposition: Eigenkapital	— Kapital muss nach Ablauf der Vertragslaufzeit zurückgezahlt werden. — Zins- und ggf. Tilgungszahlungen — Bilanzposition: langfristiges Fremdkapital

7. a) Laufzeit:
   kurzfristige Kredite (Laufzeit von 6 Monaten bis zu einem Jahr)
   mittelfristige Kredite (Laufzeit von 1 bis 5 Jahren)
   langfristige Kredite (Laufzeit von über 5 Jahren)
   Anmerkung: In der Literatur können die in Jahren ausgedrückten Laufzeiten voneinander abweichen. Die genannten Zeiträume dienen nur als Orientierung.

   b) Tilgung:
   Festdarlehen (Tilgung in einer Summe am Ende der Laufzeit), Abzahlungsdarlehen (Tilgung jährlich in einer immer gleich hohen Summe über die gesamte Laufzeit) und Annuitätendarlehen.

8.

Jahr	Restdarlehen in EUR	Zinsen in EUR	Tilgung in EUR	Gesamtbetrag in EUR
1	150 000,00	9 750,00	0,00	9 750,00
2	150 000,00	9 750,00	0,00	9 750,00
3	150 000,00	9 750,00	0,00	9 750,00
4	150 000,00	9 750,00	150 000,00	159 750,00
Gesamtsumme		39 000,00		189 000,00

Die Kosten des Kredites betragen über die Gesamtlaufzeit betrachtet 39 000,00 € (Zinsen).

9. a)

Jahr	Restdarlehen in EUR	Zinsen in EUR	Tilgung in EUR	Gesamtbetrag in EUR
1	150 000,00	8 625,00	25 000,00	33 625,00
2	125 000,00	7 187,50	25 000,00	32 187,50
3	100 000,00	5 750,00	25 000,00	30 750,00
4	75 000,00	4 312,50	25 000,00	29 312,50
5	50 000,00	2 875,00	25 000,00	27 875,00
6	25 000,00	1 437,50	25 000,00	26 437,50
		30 187,50		

$$\begin{array}{rl} 30\,187,50\ € & \text{Zinskosten über die Gesamtlaufzeit} \\ \underline{2\,250,00\ €} & \text{Disagio} \\ 32\,437,50\ € & \text{Gesamtkosten} \end{array}$$

b) $$\text{eff. Zinssatz} = \frac{\text{durchschnittliche Kreditkosten}}{\text{durchschnittl. Kreditbetrag*}} \cdot 100$$

$$= \frac{32\,437,50\ € : 6\ \text{Jahre}}{87\,500,00\ €} \cdot 100$$

effektiver Zinssatz = 6,17857 % ≈ 6,18 %

*Nebenrechnung:
durchschnittl. Kreditbetrag = $\frac{\text{Kredit} + \text{Restrate}}{2} = \frac{150\,000 + 25\,000}{2} = 87\,500,00\ €$

Lösungen: Finanzierung von Investitionen

10.

Aktiva	Bilanz	Passiva
I Anlagevermögen		I Eigenkapital
II Umlaufvermögen **Bankguthaben +**		II Fremdkapital **langfristige Fremdfinanzierung +**

11. Dingliche Sicherheit: Die Sicherheit liegt im Wert einer Sache/Gegenstand, z. B. Immobilie (Grundschuld), Kfz (Sicherungsübereignung).
    Persönliche Sicherheit: Die Sicherheit liegt in der Bonität einer Person, z. B. Bürgschaft.

12.

Grundschuld	Sicherungsübereignung
Bei einer Grundschuld handelt es sich um ein Pfandrecht an einem Grundstück. Dieses Pfandrecht wird in das Grundbuch (Abt. III) eingetragen.	Übertragung von Eigentumsrechten an einer beweglichen Sache durch Einigung und Besitzkonstitut zur Absicherung eines Darlehens

13.

Sicherungsübereignung		
	Vorteile	Nachteile
aus Sicht der Bank	– einfache und kostengünstige Form der Sicherheitenstellung	– Gefahr der Doppelübereignung des Sicherungsgutes – Gefahr eines Preisverfalls oder Verwertungsschwierigkeiten – Gefahr, dass das Sicherungsgut zerstört, gestohlen oder beschädigt wird – Gefahr, dass das Sicherungsgut in anderer Weise für Kredite haftet, z. B. durch ein gesetzliches Pfandrecht oder Grundpfandrecht
aus Sicht des Kunden	– einfache und unkomplizierte Stellung von Kreditsicherheiten – Das Sicherungsgut bleibt im Besitz des Kunden und er kann damit weiter arbeiten.	– Erfüllung von hohen Auflagen wie z. B. Versicherungen, Wartung etc. – ständige Überwachung durch die Bank – Das Sicherungsgut kann nicht mehr als Sicherheit für andere Kredite dienen.

2.2.2 Anforderungsbereich II

1. Es handelt sich hierbei um eine Buchgrundschuld in Form einer Sicherungsgrundschuld (= Fremdgrundschuld).

2. Bei einer Außenfinanzierung wird dem Unternehmen Geld von den Eigentümern bzw. durch Kreditgeber zur Verfügung gestellt. Dies kann entweder in Form einer Einlagen- bzw. Beteiligungsfinanzierung oder einer Fremdfinanzierung erfolgen.
   Bei einer Einlagen- bzw. Beteiligungsfinanzierung wird einem Unternehmen durch die Aufnahme neuer Eigentümer oder durch den Zuschuss von frischem Geld durch die Alteigentümer das Eigenkapital zur Verfügung gestellt.
   Im Gegensatz dazu wird bei einer Fremdfinanzierung ein Kredit aufgenommen. Das Fremdkapital kann von Banken u. a. im Rahmen eines Darlehensvertrages zur Verfügung gestellt werden oder durch die Ausgabe (Emission) von Unternehmensanleihen (Industrieobligationen).

Lösungen: Finanzierung von Investitionen

3. a) Der effektive Zinssatz der Angebote 1 und 2 ist gleich, dafür unterscheiden sie sich im Nominalzinssatz und in der Höhe des Auszahlungsbetrages. Die Differenz zwischen dem vollständigen Auszahlungsbetrag (100% des Darlehens) und dem tatsächlichen Auszahlungsbetrag (hier: 98,75%) bezeichnet man als Damnum, auch Auszahlungsdisagio.
   b) Hierbei handelt es sich um eine Art der Zinsvorauszahlung. Dadurch wird die laufende Verzinsung gesenkt. Das Damnum gilt aber als Darlehenskosten und ist somit in der Berechnung des Effektivzinssatzes miteinzubeziehen.
   c) Geringere monatl. Belastungen führen zur Schonung der Liquidität und längerer steuerlicher Berücksichtigung.
   Nachteil: Höhere Gesamtkosten aufgrund der Dauer der Finanzierung

4. a) Die Windpark AG bleibt nach der Sicherungsübereignung des Lkw unmittelbare Besitzerin des Schwertransporters und darf ihn uneingeschränkt einsetzen. Außerdem ist sie wirtschaftliche Eigentümerin. Sie darf das Fahrzeug bilanzieren und abschreiben.
   Die Bank ist fiduziarische (= treuhänderische) Eigentümerin. Sie besitzt ein eingeschränktes Verwertungsrecht. Das Fahrzeug darf erst dann von der Bank veräußert werden, wenn die Windpark AG den Kredit nicht zurückzahlt. Sollte aus dem Verkauf mehr als die Kreditsumme erlöst werden, steht der Restbetrag der Windpark AG zu.
   Im Falle einer Insolvenz der Windpark AG hat die Bank das Recht, das Sicherungsgut aus der Insolvenzmasse herauszuholen, um es dann anderweitig verwerten zu lassen (= Absonderungsrecht).
   b) Durch die Vereinbarung eines Besitzkonstituts in Form eines Leihvertrages zwischen Bank und Kunde bleibt die Windpark AG weiterhin auch Halterin des Transporters und Nutzerin.
   c) Die Bank kann das Fahrzeug im Sinne einer Zwangsversteigerung nur unter der Bedingung verwerten, dass die Windpark AG ihren Kredit nicht zurückzahlt. Eine beliebige Zugriffsmöglichkeit der Bank auf das Fahrzeug, auch wenn es zur Rückzahlung anderer Kredite dienen sollte, besteht daher nicht.

5. Im Rahmen der gewöhnlichen Bürgschaft hat der Bürge die Möglichkeit einer „Einrede der Vorausklage". Sollte der Kreditnehmer seiner Bank die Raten oder den Kredit nicht zurückzahlen können, so kann die Bank den Bürgen erst dann zur Zahlung der Schuld heranziehen, wenn sie nachweisen kann, dass eine Zwangsvollstreckung in das bewegliche Vermögen des Kreditnehmers ohne Erfolg geblieben ist.
   Bei einer selbstschuldnerischen Bürgschaft verzichtet der Bürge auf diese „Einrede der Vorausklage". Er haftet also wie der Bürge selbst und ist zur sofortigen Zahlung verpflichtet. Kaufleute haften grundsätzlich selbstschuldnerisch, wenn die Bürgschaft für sie ein Handelsgeschäft ist.

6. Eine Grundschuld ist ein Pfandrecht an einem Grundstück. Es handelt sich dabei um eine abstrakte Form einer Sicherheit. Sie besteht auch dann, wenn gar keine Forderung vorhanden ist.
   Eine Hypothek ist ebenfalls ein Pfandrecht an einem Grundstück. Allerdings dient sie zur Sicherung einer ganz bestimmten Forderung. Die Höhe der Hypothek ist somit auch abhängig von der Höhe der Forderung.

7. Im Falle einer Zwangsversteigerung werden immer diejenigen Grundpfandrechte, die in der Abteilung III eines Grundbuches eingetragen sind, als Erstes bedient, die als Erstes eingetragen sind. Die Reihenfolge der Rückzahlung hängt somit von der Reihenfolge der Eintragung im Grundbuch ab. Die erstrangig eingetragene Grundschuld wird auch als Erstes bedient.

Lösungen: Finanzierung von Investitionen

2.2.3 Anforderungsbereich III

1.

Annuitätendarlehen 1		Annuitätendarlehen 2	
Pro	**Kontra**	**Pro**	**Kontra**
Langfristige Zinsbindung gibt Schutz vor Zinsänderungen.		geringerer Zinssatz für kurzfristige Zinsbindung	höhere Zinsänderungsrisiken
Geringe Tilgung bedeutet geringe monatliche Belastung.	Geringe Tilgung bedeutet längere Laufzeit des Gesamtdarlehens bis zur endgültigen Abzahlung.	schnelle Rückzahlung des Darlehens	hohe monatliche Belastung

Beurteilung: schriftliche Ausformulierung mit Begründung

2. Problematik: Das Grundstück wurde auf 680 000,00 € geschätzt. Die erstrangige Grundschuld deckt 250 000,00 €, die danach einzutragende Grundschuld würde 400 000,00 € abdecken (= insgesamt 650 000,00 €). Die Hausbank der Windpark AG möchte aber an erster Stelle des Grundbuches eingetragen werden, um im Falle einer Zwangsversteigerung als Erstes bedient zu werden.

Lösungsvorschlag: Die Deutsche Bank AG als erstrangig eingetragene Gläubigerin verzichtet auf ihren Rang und willigt ein, dass eine Grundschuld zugunsten der Hausbank der Windpark AG im Range vorgeht.

3 Beteiligungsfinanzierung bei einer Aktiengesellschaft

3.1 Ausgangssituation

3.2 Lösungen

3.2.1 Anforderungsbereich I

1.

Art der Kapitalerhöhung	Beschreibung
ordentliche Kapitalerhöhung	Erhöhung des Grundkapitals (des gezeichneten Kapitals) durch Ausgabe neuer Aktien. Hierdurch wird dem Unternehmen frisches Kapital von außen zugeführt.
Kapitalerhöhung aus Gesellschaftsmitteln	Erhöhung des Grundkapitals (des gezeichneten Kapitals) durch Umwandlung von Rücklagen. Die Anleger erhalten Berichtigungsaktien.
bedingte Kapitalerhöhung	Kapitalerhöhung durch die Umwandlung von Wandelanleihen in Aktien bzw. durch die Ausübung von Aktienoptionen aus Optionsanleihen. Die Höhe dieser Art der Kapitalerhöhung hängt davon ab, ob die Besitzer der Wandel- bzw. Optionsanleihen von ihrem Wandel- bzw. Optionsrecht Gebrauch machen.
genehmigte Kapitalerhöhung	Der Vorstand einer AG lässt sich durch die Hauptversammlung genehmigen, innerhalb von 5 Jahren eine Kapitalerhöhung bis max. 50 % des Grundkapitals durchzuführen.

2. Ordentliche Kapitalerhöhung, neue Aktien voll dividendenberechtigt, altes Grundkapital beträgt 42 Mio. €, neues Grundkapital beträgt 56 Mio. €, die Kapitalerhöhung umfasst 14 Mio. €, Nennwert der Aktien = 1,00 €

3. Es handelt sich um eine ordentliche Kapitalerhöhung durch Ausgabe neuer, junger Aktien. Durch die Ausgabe junger Aktien fließt neues Kapital in die Unternehmung.

4. 2/3-Mehrheit durch die Hauptversammlung (qualifizierte Mehrheit)

5. Bezugsverhältnis = altes Grundkapital : Kapitalerhöhung

$$42 \text{ Mio. €} : 14 \text{ Mio. €} = 3 : 1$$

6. Das Bezugsverhältnis sagt aus, für wie viele alte Aktien es eine neue Aktie gibt.

7. $$\text{Mittelkurs} = \frac{\text{Anzahl der Altaktien} \cdot \text{Börsenkurs} + \text{Anzahl der neuen Aktien} \cdot \text{Ausgabepreis}}{\text{Gesamtzahl der Aktien nach durchgeführter Kapitalerhöhung}}$$

$$\frac{42 \text{ Mio.} \cdot 24,00 \text{ €} + 14 \text{ Mio.} \cdot 16,00 \text{ €}}{56 \text{ Mio.}} = \underline{22,00 \text{ €}}$$

Bezugsrechtswert = Börsenkurs der Altaktie − Mittelkurs
= 24,00 € − 22,00 € = <u>2,00 €</u>

Alternative Berechnung: $\dfrac{\text{Kurs der Altaktie} - \text{Kurs der jungen Aktie}}{\text{Bezugsverhältnis} + 1}$

8. Die Aktie notiert mit 22,00 € ex BR.

Lösungen: Beteiligungsfinanzierung bei einer Aktiengesellschaft

9.
$$\text{Dividende der jungen Aktie} = 0{,}75\ \text{€}$$
$$-\ \text{Dividende der alten Aktie} = -1{,}50\ \text{€}$$
$$=\ \text{Dividendennachteil} = -0{,}75\ \text{€}$$

$$\text{Bezugsrechtswert} = \frac{\text{Kurs der Altaktie} - \text{Kurs der jungen Aktie} - \text{Dividendennachteil}}{\text{Bezugsverhältnis} + 1}$$

$$= \frac{24{,}00\ \text{€} - 16{,}00\ \text{€} - 0{,}75\ \text{€}}{\frac{3}{1} + 1} = \underline{\underline{1{,}81\ \text{€}}}$$

Antwort: Der Wert des Bezugsrechts reduziert sich um 0,19 €.

10.

Aktiva	Bilanz in Mio. EUR		Passiva
Anlagevermögen	75	Gezeichnetes Kapital	56
Umlaufvermögen	308	Kapitalrücklagen	246
		Gewinnrücklagen	4
		Rückstellungen	12
		Sonstige Passiva	65
	383		383

Erläuterung:
- Die Position **„gezeichnetes Kapital"** verändert sich um 14 Mio. € (14 Mio. Stück neuer Aktien à 1,00 € Nennwert).
- Die Position **„Kapitalrücklagen"** wächst um 210 Mio. €. Hier wird das Agio eingestellt. Der Preis einer neuen Aktie beträgt 16,00 €. Davon werden 1,00 € Nennwert abgezogen, sodass ein Agio (Aufgeld) in Höhe von 15,00 € pro Aktie übrig bleiben (15,00 € · 14 Mio. Aktien = 210 Mio. €).
- Insgesamt wächst die Passivseite um 224 Mio. €. Es handelt sich dabei um das Geld, welches dem Unternehmen direkt zufließt (Bankgebühren bleiben unberücksichtigt). Dieses Geld erhält die i-Cells AG auf dem Konto Bankguthaben (Aktivseite, Umlaufvermögen) gutgeschrieben.

3.2.2 Anforderungsbereich II

1. Das Bezugsrecht auf junge Aktien aus einer ordentlichen Kapitalerhöhung steht jedem Aktionär gem. § 186 AktG zu. Durch die Kapitalerhöhung verliert ein Altaktionär seinen prozentualen Anteil am Grundkapital. Außerdem führt eine Kapitalerhöhung stets zu einem Kursverlust der Aktie (= Verwässerungseffekt). Um den Altaktionären jedoch die Möglichkeit einzuräumen, den gleichen prozentualen Anteil am Grundkapital sowohl vor als auch nach der Kapitalerhöhung zu halten, werden die neuen Aktien den Altaktionären zu einem Vorzugspreis als Erstes zum Kauf angeboten. Die Differenz zwischen dem Börsenkurs der Altaktie sowie dem Vorzugspreis der neuen Aktie bezeichnet man als Bezugsrechtswert. Er stellt den Verlustausgleich dar, den der Börsenkurs der Aktie nach Durchführung der Kapitalerhöhung haben wird.

2. Der Mittelkurs ist der rechnerische Börsenwert aller Aktien (alte und neue) nach der durchgeführten Kapitalerhöhung. Er ist deshalb geringer als der Börsenkurs der Altaktie vor der Kapitalerhöhung, weil sich der Wert der Rücklagen (Wert der offenen und stillen Reserven) nach der Kapitalerhöhung auf mehr Aktien verteilt. Somit ist der Anteil der Reserven nach der Kapitalerhöhung pro Aktie geringer, was sich im niedrigeren Wert ausdrückt.

3. Herr Schneider besitzt 200 Aktien und somit 200 Bezugsrechte. Er benötigt 3 Bezugsrechte, um 1 junge Aktie unter Zuzahlung von 16,00 € erwerben zu können.
   Daraus ergeben sich für ihn drei Möglichkeiten:
   a) Verkauf aller Bezugsrechte zum Bezugsrechtswert von 2,00 € = 400,00 €.
   b) Bezug von 66 jungen Aktien zum Vorzugspreis von 16,00 € (= 1 056,00 €) und Verkauf von 2 Bezugsrechten (· 2,00 €) = 4,00 €
   Zuzahlung insgesamt: 1 056,00 € – 4,00 € = 1 052,00 €
   c) Opération blanche (siehe Lösung zu Aufgabe 4)

Lösungen: Beteiligungsfinanzierung bei einer Aktiengesellschaft

4. Opération blanche = Teilnahme an der Kapitalerhöhung ohne zusätzlichen Einsatz von Geldmitteln.
   1. Schritt:
   200 Bezugsrechte · 2,00 € Bezugsrechtswert = 400,00 €
   2. Schritt:
   Zum Bezug einer neuen Aktie muss man bezahlen:
   16,00 € (Preis der neuen Aktie) + 3 Bezugsrechte (à 2,00 € = 6,00 €) = 22,00 €
   3. Schritt:
   400,00 € : 22,00 € = 18,1818 €

   Herr Schneider kann ohne Einsatz zusätzlicher Mittel 18 junge Aktien beziehen und erhält einen Überschuss von 4,00 € (22,00 € · 18 Stück = 396,00 €).

3.2.3 Anforderungsbereich III

1. Anleihenemission statt Kapitalerhöhung (mögliche Pro- und Kontra-Argumente)

Pro	Kontra
– Abwicklung wäre einfacher, da die Hauptversammlung nicht befragt werden müsste. – Höhere Eigenkapitalrenditen wären leichter zu erzielen. – Evtl. kann eine angespannte Börsensituation dazu führen, dass Aktien nicht mehr oder nur zu schlechten Kursen abgesetzt werden können. – Im Insolvenzfall ist Fremdkapital vorrangig zum Eigenkapital zurückzuzahlen.	– Rückzahlung der Anleihe sowie jährliche Zinsen in Höhe von 525 000,00 € – Negative Auswirkung auf die Eigenkapitalquote führt evtl. zu schlechteren Bonitätsbeurteilungen bei Banken.

Abschließendes Schülerurteil, abhängig von den genannten Argumenten.

2. Lösungsvorschlag zur Veränderung des Bezugsangebots:
   a) Börsensituation:
   Da das Bezugsangebot noch von einem alten Preis von 24,00 € pro Altaktie ausgegangen ist, kann hier eine Anpassung in Form einer Preisreduktion der jungen Aktien vorgenommen werden. Außerdem könnte man eine höhere Dividendenzahlung in den kommenden Jahren in Aussicht stellen.
   b) Dividendenkontinuität der Altaktionäre:
   Eine Möglichkeit wäre, die Dividendenberechtigung für die neuen Aktien im Jahr der Kapitalerhöhung auszuschließen. So könnte der Bilanzgewinn nur auf die Altaktionäre verteilt werden. Die jungen Aktien könnten dafür zu einem niedrigeren Preis angeboten werden.

3. Auswirkungen auf die Bilanzkennzahlen:
   Die Eigenkapitalquote steigt und damit sinkt die Fremdkapitalquote. Somit sinkt auch der Verschuldungsgrad des Unternehmens, dies ist tendenziell eine positive Entwicklung.
   – Das gestiegene Eigenkapital hat auch eine tendenzielle Verbesserung des Anlagedeckungsgrades I und II zur Folge. Anlagevermögen und Teile des Umlaufvermögens sind in zunehmendem Maße durch Eigenkapital gedeckt, tendenziell eine positive Entwicklung.
   – Durch die Kapitalerhöhung steigen auch die liquiden Mittel (Aktivseite, Umlaufvermögen). Dies hat wiederum tendenziell positive Auswirkungen auf die Liquidität des Unternehmens.

4 Gliederung und Bewertung von Aktiva und Passiva

4.1 Ausgangssituation

4.2 Lösungen

4.2.1 Aufgaben Anforderungsbereich I

1.

Allgemeine Bewertungsgrundsätze (gemäß § 252 HGB)	
Grundsatz	Beschreibung
Bilanzidentität	Die Eröffnungsbilanz eines Geschäftsjahres muss mit der Schlussbilanz des Vorjahres als Ganzes in einzelnen Position und in Werten übereinstimmen.
Fortführung der Unternehmenstätigkeit (Going Concern)	Es ist grundsätzlich bei der Bewertung von einer Fortführung des Unternehmens auszugehen.
Einzelbewertung	Jedes Gut und jede Verbindlichkeit sind zum Bilanzstichtag einzeln zu bewerten. Eine Verrechnung von Forderungen und Verbindlichkeiten ist nicht erlaubt (Saldierungsverbot). Dennoch sind unter bestimmten Bedingungen Bewertungsvereinfachungsverfahren vorgesehen.
Gläubigerschutz	Ziel der Handelsbilanz ist es, den Gläubiger vor Verlusten zu schützen. Der Gläubigerschutz wird wie folgt umgesetzt: — **Allgemeines Vorsichtsprinzip:** Dabei handelt es sich um den wichtigsten Grundsatz der Bewertung. Er wird vordringlich dort benötigt, wo es sich bei der Wertfeststellung um Schätzungen handelt. Besteht hinsichtlich der Werte Zweifel bezüglich ihrer Höhe, so sind Erträge und Aktiva niedriger bzw. Aufwendungen und Verbindlichkeiten höher zu bewerten. — **Realisationsprinzip:** Es dürfen nur die Gewinne ausgewiesen werden, die tatsächlich am Abschlussstichtag realisiert wurden. — **Imparitätsprinzip:** Nicht realisierte Gewinne dürfen nicht berücksichtigt werden, nicht realisierte Verluste müssen berücksichtigt werden.
Grundsatz der Periodenabgrenzung	Aufwendungen und Erträge sind nach dem Verursacherprinzip in dem Jahr zu berücksichtigen, in dem sie entstanden bzw. angefallen sind. Der Zeitpunkt der Zahlung (Geldeingang bzw. Geldausgang) ist dabei nicht von Bedeutung.
Grundsatz der Bewertungsstetigkeit	Zur Vergleichbarkeit von Jahresabschlüssen sollen einmal gewählte Bewertungsmethoden beibehalten werden. Das gilt dort, wo ein Wahlrecht für unterschiedliche Bewertungsmethoden gegeben ist.

2. Kaufpreis, netto   80 000,00 €
   Montage, netto   3 000,00 €
   Fracht, netto   1 000,00 €
                           84 000,00 €

3. Eine Zuschreibung, wie sie z. B. im Fall der wieder voll eingesetzten Verpackungsmaschine nötig ist, hat Auswirkungen auf
   — den Erfolg, da sie als Ertrag im GuV gebucht wird und damit den Gewinn und das Eigenkapital erhöht;
   — das Vermögen, da sich der Buchwert des Anlagegutes, und damit das gesamte Anlagevermögen, erhöht.

4. 1 000 Aktien · 31,50 € = 31 500,00 €

Lösungen: Gliederung und Bewertung von Aktiva und Passiva

5.

Kostenträgerstückrechnung			Wertobergrenze		Wertuntergrenze
Fertigungsmaterial		90 000,00		90 000,00	90 000,00
+ Materialgemeinkosten	5 %	4 500,00	60 %[1]	2 700,00	2 700,00
Fertigungslöhne		120 000,00		120 000,00	120 000,00
+ Fertigungsgemeinkosten	200 %	240 000,00	60 %[1]	144 000,00	144 000,00
Herstellungskosten		454 500,00			
+ Verwaltungsgemeinkosten	2 %	9 090,00	80 %[1]	7 272,00	
+ Vertriebsgemeinkosten	4 %	18 180,00			
Selbstkosten		481 770,00			
+ Gewinnzuschlag	22 %	105 989,40			
Verkaufspreis, netto		587 759,40		363 972,00	356 700,00

6. Rückstellungen werden gebildet für Aufwendungen, deren Entstehung feststeht, deren Betrag und/oder Fälligkeit aber noch nicht feststeht. Der Betrag (Erfüllungsbetrag) kann daher nur geschätzt werden. Dabei müssen künftige Preis- und Kostensteigerungen berücksichtigt werden. Der Betrag muss aber dem abgelaufenen Geschäftsjahr zugerechnet werden, um den Erfolg periodengerecht ermitteln zu können.

7.

> **§ 253 Abs. 2 HGB**
> Rückstellungen mit einer Restlaufzeit von mehr als einem Jahr sind mit dem ihrer Restlaufzeit entsprechenden durchschnittlichen Marktzinssatz der vergangenen sieben Geschäftsjahre abzuzinsen.

Bei Pensionsrückstellungen ist es der durchschnittliche Marktzinssatz der vergangenen 15 Geschäftsjahre. Der durchschnittliche Marktzinssatz wird von der Deutschen Bundesbank ermittelt und monatlich bekannt gegeben.
Durch die Abzinsung der Rückstellung erhält man den Barwert.

Beispiel:
Ein Unternehmen bildet 2020 eine Rückstellung mit einem geschätzten Erfüllungsbetrag in 3 Jahren von 250 000,00 €. Es wird angenommen, dass der Zinssatz im Dezember 2017 3,5 % beträgt und dass der Erfüllungsbetrag und der Abzinsungssatz konstant bleiben.

Barwert: Rückstellungsbetrag · 1 : (1 + p)^n

31.12.2017: 250 000,00 € · 0,9019427 = 225 485,67 €
31.12.2018: 250 000,00 € · 0,9335107 = 233 377,67 €
31.12.2019: 250 000,00 € · 0,9661835 = 241 545,87 €

Zum 31.12.2020 ist eine Rückstellung zu bilden in Höhe von 225 485,67 €.

Von Jahr zu Jahr ist die Rückstellung jeweils zu erhöhen, damit sie dem aktuellen Barwert entspricht, also: zum 31.12.2021 wird die Rückstellung um 7 892,00 € erhöht (von 225 485,67 € auf 233 377,67 €).

4.2.2 Aufgaben Anforderungsbereich II

1. a) Das Grundstück muss nach HGB im Jahresabschluss 2021 mit 210 000,00 € bewertet werden, da es sich um eine **vorübergehende** Wertminderung handelt. Eine Aktiengesellschaft hat in

---

[1] In § 255 Abs. 2 HGB heißt es, dass zu den Herstellungskosten „angemessene Teile der Materialgemeinkosten, der Fertigungskosten [...]" gehören. Da sich laut Aufgabenstellung 60 % der MGK und der FGK konkret auf die Herstellung der Produkte beziehen, wird davon ausgegangen, dass diese 60 % angemessen sind. Bei den Verwaltungsgemeinkosten sind dies laut Aufgabe 80 %. Diese entfallen bei der Wertuntergrenze, da sie laut § 255 Abs. 2 HGB einbezogen werden dürfen, aber nicht müssen.

Lösungen: Gliederung und Bewertung von Aktiva und Passiva

diesem Fall, im Gegensatz zu Einzelunternehmen und Personengesellschaften, kein Bewertungswahlrecht.

b) Im Jahresabschluss 2023 darf das Grundstück nach HGB trotz der Wertsteigerung weiterhin nur mit 210 000,00 € bewertet werden (Anschaffungskostenprinzip), da der Gewinn noch nicht realisiert wurde (Realisationsprinzip). Es entsteht dadurch eine stille Reserve.

2.

> **§ 253 Abs. 1 HGB**
> Vermögensgegenstände sind höchstens mit den Anschaffungs- oder Herstellungskosten, vermindert um Abschreibungen [...] anzusetzen.

Anschaffungskosten	84 000,00 €
AfA 2017	12 000,00 €
	72 000,00 € Bewertung im Jahresabschluss 2017
AfA 2018	12 000,00 €
Buchwert	60 000,00 €
AfA 2019	12 000,00 €
Buchwert	48 000,00 €
AfA 2020	12 000,00 €
Außerplanm. AfA	35 999,00 €
Erinnerungswert	**1,00 €** Bewertung im Jahresabschluss 2020

Im Jahresabschluss 2022 ist die Maschine mit **12 000,00 €** zu bewerten, weil sie bei erneuter Nutzung zu den um planmäßige Abschreibungen verminderten Anschaffungskosten zu bewerten ist, also: 84 000,00 − (6 · 12 000,00) = 12 000,00.

3. Da es sich um eine vorübergehende Wertminderung handelt, können die Wertpapiere entweder mit 31 500,00 € (1 000 · 31,50) oder mit 30 150,00 € (1 000 · 30,15) bewertet werden.

4.
   — Der Höchstwertansatz führt dazu, dass die fertigen Erzeugnisse in der Bilanz mit einem höheren Wert angesetzt werden. Dadurch erhöht sich das Umlaufvermögen und damit steigt das Gesamtvermögen.
   — Der Höchstwertansatz führt dazu, dass der Mehrbestand an fertigen Erzeugnissen höher ausfällt (bzw. der Minderbestand geringer). Dies hat Auswirkungen (über das Konto Bestandsveränderungen) auf das GuV-Konto. Es entsteht ein höherer Gewinn. Dadurch erhöht sich das Eigenkapital und damit steigt das Gesamtkapital.

5. Da das HGB dem Bilanzierenden eine Reihe von Wahlrechten einräumt, kann er die Bilanz und die GuV-Rechnung so gestalten, wie es seinen Zielen und Interessen entspricht. Das Bewertungswahlrecht bei den unfertigen und fertigen Erzeugnissen gehört zu den wichtigen Instrumenten einer solchen Bilanzpolitik.
   Die Wahl des Höchstwertansatzes bei den unfertigen und fertigen Erzeugnissen könnte – zusammen mit anderen Maßnahmen – den Grund haben, dass die BRAFO AG
   — aufgrund des erhöhten Gewinns und der erhöhten Eigenkapitalquote eine Verbesserung ihrer Kreditwürdigkeit erzielen möchte,
   — vor einer Kapitalerhöhung steht und das eigene Unternehmen möglichst positiv darstellen möchte, um die eigene Aktie für potenzielle Aktionäre interessant zu machen.

6. a) gewogener Durchschnitt

   $$\frac{\text{Wert des Anfangsbestands + Wert der Zugänge}}{\text{Menge des Anfangsbestands + Menge der Zugänge}} \quad \frac{269\,000{,}00}{32\,200} = 8{,}35\ \text{€}$$

   Der gewogene Durchschnitt beträgt 8,35 €. Der Endbestand ist daher mit **35.905,00 €** (8,35 € · 4 300) zu bewerten, was nicht dem strengen Niederstwertprinzip widerspricht.

   b) FIFO-Verfahren
   Das FIFO-Verfahren unterstellt, dass die zuerst gekauften Rohstoffe auch zuerst verbraucht wurden.
   Also muss der gesamte Endbestand aus dem letzten Zugang stammen und würde mit 8,70 € bewertet, insgesamt mit 37.410,00 € (8,70 € · 4 300).
   Das widerspricht jedoch dem strengen Niederstwertprinzip, weil am 31.12. der Marktpreis 8,60 € beträgt. Deshalb muss der Endbestand mit insgesamt **36.980,00 €** (8,60 € · 4 300) bewertet werden.

c) Perioden-LIFO-Verfahren
Das LIFO-Verfahren unterstellt, dass die zuletzt gekauften Rohstoffe auch zuerst verbraucht wurden. Also muss der gesamte Endbestand von 4 300 aus dem Anfangsbestand (4 200) und zu einem kleinen Teil aus dem ersten Zugang vom 26.03. (100) bestehen:

(4 200 · 7,00) + (100 · 8,00) = 29.400,00 + 800,00 = 30.200,00

Also müsste der Endbestand nach diesem Verfahren mit **30.200,00 €** bewertet werden, was nicht dem strengen Niederstwertprinzip widerspricht.
Wenn es sich aber um einen leicht verderblichen Rohstoff handelt (was bei der BRAFO AG als einem Unternehmen der Lebensmittelbranche durchaus wahrscheinlich ist), dann ist das LIFO-Verfahren nicht vereinbar mit den Grundsätzen ordnungsmäßiger Buchführung (GoB) und daher in diesem Fall ungeeignet. Denn das LIFO-Verfahren unterstellt schließlich, dass die zuletzt gekauften Rohstoffe zuerst verbraucht werden, was bei leicht verderblichen Rohstoffen nicht der Wirklichkeit entspricht.

7. Da die Verbindlichkeit eine Restlaufzeit von mehr als einem Jahr hat, ist das Höchstwertprinzip anzuwenden.
Anschaffungskurs: 50 000,00 : 1,35 = 37 037,04
Kurs am 31.12.2023:   50 000,00 : 1,38 = 36.231,88
Die Fremdwährungsverbindlichkeit ist am 31.12.2023 daher also mit 37 037,04 zu bewerten.

8. Der geschätzte Betrag wird 2023 einerseits als Rückstellung auf der Passivseite der Bilanz erfasst. Andererseits wird er als Aufwand erfasst und wirkt sich im GuV-Konto auf der Soll-Seite in der Weise aus, dass
   - sich die Aufwendungen um 45 000,00 € erhöhen,
   - sich der Gewinn um 45 000,00 € verringert, ohne dass Liquidität abfließt,
   - sich die Steuerschuld entsprechend verringert.
Damit verbessert sich die Liquidität und die Zahlung der entsprechenden Steuerschuld wird auf das nächste Geschäftsjahr verschoben. Der Finanzierungseffekt ist in diesem Fall gering, da bereits im Januar die Rechnung bezahlt wird. Bei beispielsweise Pensionsrückstellungen ist der Finanzierungseffekt wesentlich größer, da sie langfristiger sind und es sich um deutlich höhere Beträge handelt.

9. Wenn der Grund für die Bildung der Rückstellung wegfällt, muss die Rückstellung aufgelöst werden (§ 249 Abs. 2 HGB).

Rechnet man aus dem Rechnungsbetrag die 19 % Umsatzsteuer heraus, so erhält man einen Nettobetrag von 41 200,00 €. Dieser Betrag ist um 3 800,00 € geringer als die gebildete Rückstellung. Bei Bezahlung der Rechnung wird die Rückstellung nun aufgelöst durch die Buchung:

3900 sonstige Rückstellungen	45 000,00	
2600 Vorsteuer	7 828,00	
an 2800 Bank		49 028,00
5490 Periodenfremde Erträge		3 800,00

In diesem Fall ist eine stille Reserve in Höhe von 3 800,00 € gebildet worden, da die Zahlungsverpflichtung (netto) um 3 800,00 € geringer war als die gebildete Rückstellung.

Dieser periodenfremde Ertrag erhöht im Jahresabschluss die Haben-Seite des GuV-Kontos. Dadurch entsteht ein höherer Gewinn.

4.2.3 Aufgaben Anforderungsbereich III

1. Das Grundstück ist mit 210 000,00 € anzusetzen. Somit findet ein noch nicht realisierter Gewinn keine Berücksichtigung bei der Bewertung. Damit wird dem Imparitätsprinzip entsprochen. Einerseits wird dem Grundsatz der Vorsicht (unter der Prämisse des Gläubigerschutzprinzips) Genüge getan, andererseits werden z. B. dem (potenziellen) Anleger die wahren Vermögensverhältnisse verschleiert.

2. Vorsichts- und Gläubigerschutzprinzip besagen, dass Vermögensgegenstände eher niedriger und Schulden eher höher bewertet werden müssen. Angesichts der zunehmenden Globalisierung der Märkte ist das Bestreben nach (internationalem) Kapital hoch. Unterschiedliche Bewertungsrichtlinien (HGB, IFRS, US-GAAP) verhindern eine objektive Vergleichbarkeit von Vermögen und Schulden eines Unternehmens im internationalen (globalen) Vergleich. Die Anwendung international anerkannter Bewertungsrichtlinien versucht dem entgegenzuwirken.

3. Es sind nur dann stille Reserven gebildet worden, wenn vom Bilanzstichtag bis zur Bezahlung des Restbetrages der Kurs des kanadischen Dollars (CAD) fällt bzw. der Eurokurs steigt.

    Beispiel:
    Liegt der Kurs zum Zeitpunkt der Bezahlung z. B. bei 1,00 € = 1,45 CAD, so entsprechen die 50 000 CAD dann 34 482,76 € (50 000,00 : 1,45). Da diese Fremdwährungsverbindlichkeit zum 31.12.2023 mit 37 037,04 € bewertet wurde, ist eine stille Reserve von 2 554,28 € (37 037,04 € – 34 482,76 €) entstanden, die bei Bezahlung aufgelöst wird.

5 Analyse und Kritik des Jahresabschlusses

5.1 Ausgangssituation

5.2 Lösungen

5.2.1 Aufgaben Anforderungsbereich I

1. Bestandteile des Jahresabschlusses einer AG:
   Der Jahresabschluss einer AG besteht nach § 264 Abs. 1 HGB aus einer Bilanz, einer GuV, den Anhängen zur Bilanz und GuV sowie einem Lagebericht.

2. Zu den Aufgaben eines Jahresabschlusses gehören:
   - Information über die Geschäftsentwicklung im letzten Geschäftsjahr (im eigenen Unternehmen und Außenstehenden)
   - Dokumentation (stichtagsbezogene Bestandserfassung von Vermögen und Kapital)
   - Gewinnermittlung (als Grundlage der Besteuerung)
   - Verteilung des Gewinns

3. Auffällige Entwicklungen in der Bilanz der Tomer AG, Aktivseite:
   - Geleistete Anzahlungen haben zugenommen.
   - Der Bestand an Grundstücken und Gebäuden hat um 433 000,00 € zugenommen.
   - Die Vorräte haben im Vergleich zum Vorjahr geringfügig abgenommen.
   - Die Forderungen aus Lieferungen und Leistungen sind um ca. 6,1 Mio. € gestiegen (ca. 22 %).
   - Forderungen gegenüber verbundenen Unternehmen haben abgenommen.
   - Sonstige Vermögensgegenstände sind gestiegen.

   Auffällige Entwicklungen in der Bilanz der Tomer AG, Passivseite:
   - Eigenkapital wurde um 8 000 000,00 € erhöht, die anderen Gewinnrücklagen haben sich trotz der Einstellung von 6 197 000,00 € im Berichtsjahr reduziert.
   - Die Verbindlichkeiten gegenüber Kreditinstituten haben sich leicht erhöht.
   - Die Verbindlichkeiten aus Lieferungen und Leistungen sind um 819 000,00 € reduziert worden.

   Auffällige Entwicklungen in der GuV der Tomer AG:
   - Die Umsatzerlöse haben sich nur geringfügig erhöht.
   - Der Bestand an fertigen und unfertigen Erzeugnissen konnte vermindert werden.
   - Der Materialaufwand, insbesondere der Aufwand für Roh-, Hilfs- und Betriebsstoffe, hat sich um ca. 7 400 000,00 € reduziert.
   - Sonstige Zinsen und Erträge haben sich im Vergleich zum Vorjahr halbiert.
   - Die Steuerbelastung hat sich im Vergleich zum Vorjahr nahezu verdreifacht.
   - Der Jahresüberschuss hat sich um 3 000 000,00 € reduziert (ca. – 20 %).
   - Im Berichtsjahr kann ein geringerer Betrag an die Aktionärinnen und Aktionäre ausgeschüttet werden als im Vor- jahr. Auch die Einstellungen in die anderen Gewinnrücklagen haben sich reduziert.

4. Höhe der Gewinnausschüttung pro Aktie $= \dfrac{\text{Bilanzgewinn}}{\text{Aktienanzahl}}$

   $\dfrac{5\,280\,000{,}00\ \text{€}}{20\,000\,000{,}00\ \text{€}} = \underline{0{,}26\ \text{€}}$

   20 000 000 Aktien · 0,26 € = 5 200 000,00 €
   Der Restbetrag von 80 000,00 € (5 280 000,00 € – 5 200 000,00 €) wird in die Gewinnrücklagen eingestellt.

Alternative Möglichkeiten der Gewinnverwendung

a) Der gesamte Gewinn kann in die Rücklagen eingestellt werden (Gewinnthesaurierung) oder
b) der gesamte Gewinn kann an die Aktionärinnen und Aktionäre ausgeschüttet werden.

Lösungen: Analyse und Kritik des Jahresabschlusses

5. Ermittlung der Kennzahlen

Kennziffern	Berichtsjahr	Vorjahr
Anlagevermögensintensität $\frac{\text{Anlagevermögen} \cdot 100}{\text{Gesamtvermögen}}$	$\frac{71\,117{,}00 \text{ TEUR} \cdot 100}{179\,233{,}00 \text{ €}} = 39{,}7\,\%$	$\frac{69\,933{,}00 \text{ €} \cdot 100}{175\,207{,}00 \text{ €}} = 39{,}9\,\%$
Verschuldungsgrad $\frac{\text{Fremdkapital} \cdot 100}{\text{Eigenkapital}}$	a) **mit** Bilanzgewinn $\frac{97\,474{,}00 \text{ €} \cdot 100}{81\,759{,}00 \text{ €}} = 119{,}2\,\%$ b) **ohne** Bilanzgewinn $\frac{97\,474{,}00 \text{ €} \cdot 100}{76\,479{,}00 \text{ €}} = 127{,}5\,\%$	a) **mit** Bilanzgewinn $\frac{97\,681{,}00 \text{ €} \cdot 100}{77\,526{,}00 \text{ €}} = 126{,}0\,\%$ b) **ohne** Bilanzgewinn $\frac{97\,681{,}00 \text{ €} \cdot 100}{70\,282{,}00 \text{ €}} = 139{,}0\,\%$
Eigenkapitalquote = $\frac{\text{Eigenkapital} \cdot 100}{\text{Gesamtkapital}}$	a) **mit** Bilanzgewinn $\frac{81\,759{,}00 \text{ €} \cdot 100}{179\,233{,}00 \text{ €}} = 45{,}6\,\%$ b) **ohne** Bilanzgewinn $\frac{76\,479{,}00 \text{ €} \cdot 100}{173\,953{,}00 \text{ €}^1} = 44{,}0\,\%$	a) **mit** Bilanzgewinn $\frac{77\,526{,}00 \text{ €} \cdot 100}{175\,207{,}00 \text{ €}} = 44{,}2\,\%$ b) **ohne** Bilanzgewinn $\frac{70\,282{,}00 \text{ €} \cdot 100}{167\,953{,}00 \text{ €}^2} = 41{,}9\,\%$
Anlagendeckung I = $\frac{\text{Eigenkapital} \cdot 100}{\text{Anlagevermögen}}$	a) **mit** Bilanzgewinn $\frac{81\,759{,}00 \text{ €} \cdot 100}{71\,117{,}00 \text{ €}} = 115{,}0\,\%$ b) **ohne** Bilanzgewinn $\frac{76\,479{,}00 \text{ €} \cdot 100}{71\,117{,}00 \text{ €}} = 107{,}5\,\%$	a) **mit** Bilanzgewinn $\frac{77\,526{,}00 \text{ €} \cdot 100}{69\,933{,}00 \text{ €}} = 110{,}9\,\%$ b) **ohne** Bilanzgewinn $\frac{70\,282{,}00 \text{ €} \cdot 100}{69\,933{,}00 \text{ €}} = 100{,}5\,\%$
Anlagendeckung II = $\frac{\text{EK + langfristiges FK} \cdot 100}{\text{Anlagevermögen}}$	a) **mit** Bilanzgewinn $\frac{81\,759{,}00 \text{ €} + 68\,004{,}30 \text{ €} \cdot 100}{71\,117{,}00 \text{ €}}$ $= 210{,}6\,\%$ b) **ohne** Bilanzgewinn $\frac{76\,479{,}00 \text{ €} + 68\,004{,}30 \text{ €} \cdot 100}{71\,117{,}00 \text{ €}}$ $= 203{,}2\,\%$	a) **mit** Bilanzgewinn $\frac{77\,526{,}00 \text{ €} + 67\,382{,}60 \text{ €} \cdot 100}{69\,933{,}00 \text{ €}}$ $= 207{,}8\,\%$ b) **ohne** Bilanzgewinn $\frac{70\,282{,}00 \text{ €} + 67\,382{,}60 \text{ €} \cdot 100}{69\,933{,}00 \text{ €}}$ $= 196{,}8\,\%$
Liquidität 1. Grades = $\frac{\text{Liquide Mittel} \cdot 100}{\text{Kurzfristige Fremdmittel}}$	$\frac{513{,}00 \text{ €} \cdot 100}{29\,469{,}70 \text{ €}} = 1{,}7\,\%$	$\frac{451{,}00 \text{ €} \cdot 100}{30\,298{,}40 \text{ €}} = 1{,}5\,\%$
Liquidität 2. Grades = $\frac{\text{Liq. Mittel + kurzfr. Ford.} \cdot 100}{\text{Kurzfristige Fremdmittel}}$	$\frac{513{,}00 \text{ €} + 49\,922{,}00 \text{ €} \cdot 100}{29\,469{,}70 \text{ €}}$ $= 171{,}1\,\%$	$\frac{451{,}00 \text{ €} + 43\,220{,}00 \text{ €} \cdot 100}{30\,298{,}40 \text{ €}}$ $= 144{,}1\,\%$
Liquidität 3. Grades = $\frac{\text{Umlaufvermögen} \cdot 100}{\text{kurzfristige Schulden}}$	$\frac{108\,116{,}00 \text{ €} \cdot 100}{29\,469{,}70 \text{ €}} = 366{,}9\,\%$	$\frac{105\,274{,}00 \text{ €} \cdot 100}{30\,298{,}40 \text{ €}} = 347{,}5\,\%$
Anteil des Betriebsergebnisses am Unternehmensergebnis $\frac{\text{Betriebsergebnis} \cdot 100}{\text{Unternehmensergebnis}}$	$\frac{20\,953{,}00 \text{ €} \cdot 100}{17\,869{,}00 \text{ €}} = 117{,}3\,\%$	$\frac{19\,520{,}00 \text{ €} \cdot 100}{17\,381{,}00 \text{ €}} = 112{,}3\,\%$

---

[1] 179 233,00 TEUR − 5 280,00 TEUR = 173 953,00 TEUR
[2] 179 205,00 TEUR − 7 244,00 TEUR = 167 953,00 TEUR

Lösungen: Analyse und Kritik des Jahresabschlusses

Kennziffern	Berichtsjahr	Vorjahr
Materialaufwandsintensität $\frac{\text{Materialaufwand} \cdot 100}{\text{betriebl. Aufwendungen}}$	$\frac{215\,645{,}00\ € \cdot 100}{290\,614{,}00\ €} = 74{,}2\ \%$	$\frac{222\,471{,}00\ € \cdot 100}{297\,564{,}00\ €} = 74{,}8\ \%$
Personalaufwandsintensität $\frac{\text{Personalaufwand} \cdot 100}{\text{betriebl. Aufwendungen}}$	$\frac{42\,210{,}00\ € + 9\,053{,}00\ € \cdot 100}{290\,614{,}00\ €}$ $= 17{,}6\ \%$	$\frac{41\,981{,}00\ € + 9\,346{,}00\ € \cdot 100}{297\,594{,}00\ €}$ $= 17{,}2\ \%$
Eigenkapitalrentabilität $\frac{\text{Jahresüberschuss} \cdot 100}{\text{durchschnittliches EK}^{1}}$ (inkl. Bilanzgewinn)	$\frac{11\,477{,}00\ € \cdot 100}{79\,642{,}50\ €} = 14{,}4\ \%$	$\frac{14\,488{,}00\ € \cdot 100}{76\,457{,}50\ €} = 18{,}9\ \%$
Gesamtkapitalrentabilität[2] $\frac{\text{Jahresübersch.} + \text{FK-Zinsen} \cdot 100}{\text{durchschnittliches Gesamtkapital}}$ (inkl. Bilanzgewinn)	$\frac{11\,477{,}00\ € + 5\,341{,}00\ € \cdot 100}{177\,220{,}00\ €}$ $= 9{,}5\ \%$	$\frac{14\,488{,}00\ € + 5\,520{,}00\ € \cdot 100}{173\,893{,}50\ €}$ $= 11{,}5\ \%$
Umsatzrentabilität $\frac{\text{Jahresüberschuss} \cdot 100}{\text{Umsatzerlöse}}$	$\frac{11\,477{,}00\ € \cdot 100}{306\,507{,}00\ €} = 3{,}7\ \%$	$\frac{14\,488{,}00\ € \cdot 100}{305\,627{,}00\ €} = 4{,}7\ \%$
Cashflow Jahresüberschuss + Abschreibung a. Anlagen + Erhöhung der langfr. Rückstellungen = Cashflow	11 477,00 € + 5 424,00 € − 20,00 € ___ 16 881,00 €	14 488,00 € + 5 174,00 € + 1 724,00 € ___ 21 386,00 €
Return on Investment Umsatzr. · Kapitalumschl. · 100 $\frac{\text{JÜ}}{\text{UE}} \cdot \frac{\text{UE} \cdot 100}{\text{Gesamtkapital}}$	$\frac{11\,477{,}00\ €}{306\,507{,}00\ €} \cdot \frac{306\,507{,}00\ €}{179\,233{,}00\ €}$ $= 6{,}4\ \%$	$\frac{14\,488{,}00\ €}{305\,627{,}00\ €} \cdot \frac{305\,627{,}00\ €}{175\,207{,}00\ €}$ $= 8{,}3\ \%$
EBIT/EBITDA Jahresüberschuss + Steueraufwand − Steuererträge + Finanzaufwand − Finanzerträge = **EBIT** + Abschreibung auf Anlagevermögen − Zuschreibung zum Anlagevermögen = **EBITDA**	11 477,00 € + 6 392,00 € − 0,00 € + 5 341,00 € − 2 257,00 € = **20 953,00 €** + 5 424,00 € − 0,00 € = **26 377,00 €**	14 488,00 € + 2 893,00 € − 0,00 € + 5 520,00 € − 3 381,00 € = **19 520,00 €** + 5 174,00 € − 0,00 € = **24 694,00 €**

---

[1] durchschnittliches Eigenkapital Berichtsjahr = (81 759,00 € + 77 526,00 €) : 2 = 79 642,50 €
 durchschnittliches Eigenkapital Vorjahr = (77 526,00 € + 75 389,00 €) : 2 = 76 457,50 €
[2] durchschnittliches Gesamtkapital Berichtsjahr = (179 233,00 € + 175 207,00 €) : 2 = 177 220,00 €
 durchschnittliches Gesamtkapital Vorjahr = (175 207,00 € + 172 580,00 €) : 2 = 173 893,5 €

… Lösungen: Analyse und Kritik des Jahresabschlusses

5.2.2 Anforderungsbereich II

1. **Hinweis:** Zur Bearbeitung der Aufgabe ist zwischen dem Lagebericht des Konzerns und der Tomer AG zu unterscheiden!

   Mögliche Punkte können sein:
   - Der Umsatz der Tomer AG ist wie prognostiziert konstant geblieben. Dabei wurde der Umsatzrückgang im Inland durch die verstärkte Auslandsnachfrage aufgefangen.
   - Der Caravan-Umsatz hat sich dabei positiv entwickelt.
   - Aktiver Lagerbestandsabbau wurde betrieben.
   - Bezieht man den Konzern in die Betrachtung mit ein, so sind die Hauptursachen der Umsatzsteigerung in den Entwicklungen der italienischen Tochter Taiga sowie im Wachstum der Marke Bustna zu sehen.
   - Risiken durch nicht rechtzeitige Bereitstellungen des Produktionsmaterials
   - Risiken in den Unsicherheiten staatlicher Maßnahmen, insbesondere im Rahmen des Umweltschutzes wie z. B. durch höhere Kosten bei der Entsorgung von Altfahrzeugen
   - Abbau von Produktionskapazitäten führt zu geringeren Beschaffungskosten

2. Das Grundkapital wurde um 8 000 000,00 EUR erhöht.
   Die Erhöhung erfolgte durch eine Kapitalentnahme aus den anderen Gewinnrücklagen (= Kapitalerhöhung aus Gesellschaftsmitteln).

   Rechnung:

	Rückstellungen Vorjahr	45 575 TEUR
+	Einstellungen in andere Gewinnrücklagen	+ 6 197 TEUR
–	Kapitalerhöhung aus Gesellschaftsmitteln	– 8 000 TEUR
=	Rückstellungen Berichtsjahr	43 772 TEUR

3. Bilanzanalyse:

   Analyse der Vermögensstruktur (Aktivseite, Kapitalverwendung)

   Der Aufbau des Vermögens einer Gesellschaft ist vom Betriebszweck eines jeweiligen Unternehmens abhängig. Produzierende Unternehmen weisen höhere Anlagevermögen (z. B. Maschinen, Fuhrpark etc.) auf als Handelsbetriebe, die im Gegensatz dazu ein hohes Umlaufvermögen besitzen (z. B. Warenbestand).

   Anlagevermögensintensität

Allgemeine Aussage	Das Anlagevermögen bildet die Grundlage der Betriebsbereitschaft eines Unternehmens. Je höher das Anlagevermögen, desto höher die fixen Kosten eines Unternehmens. Ein zu hohes Anlagevermögen führt in schwachen Absatzzeiten zu einem erhöhten Risiko für ein Unternehmen, da die Kapazitäten nicht schnell genug einer verringerten Nachfrage angepasst werden können.
Beschreibung der Entwicklung der Tomer AG	Die Anlagevermögensintensität hat sich im Vergleich zum Vorjahr um 0,2 Prozentpunkte nur minimal verringert.
Auswertung	Es haben keine nennenswerten Veränderungen im Anlagevermögen stattgefunden. Das lässt darauf schließen, dass weder ein Abbau aufgrund etwaiger Rationalisierungsmaßnahmen noch ein Aufbau aufgrund einer Expansionsstrategie erfolgt ist. Die Produktion hat sich somit tendenziell nicht geändert.

Lösungen: Analyse und Kritik des Jahresabschlusses

Analyse der Kapitalstruktur (Passivseite, Kapitalherkunft)

Bei der Analyse der Kapitalstruktur eines Unternehmens geht es um die Beantwortung der Frage, wie das Anlage- und Umlaufvermögen einer Unternehmung finanziert wurde.

1) Eigenkapitalquote

Allgemeine Aussage	Die Eigenkapitalquote gibt Aufschluss darüber, inwieweit sich das Unternehmen durch den Einsatz eigener Mittel an der Finanzierung beteiligt. Da das Eigenkapital auch als Garantie- oder Haftungskapital bezeichnet wird, ist die Sicherheit und Stabilität eines Unternehmens umso höher, je höher auch die Eigenkapitalquote ist.
Beschreibung der Entwicklung der Tomer AG	Die Eigenkapitalquote ist im Vergleich zum Vorjahr geringfügig gestiegen.
Auswertung	Mit einer Eigenkapitalquote von ca. 45 % am Gesamtkapital ist die Tomer AG ein sehr solides und sicheres Unternehmen. Außerdem ist das Unternehmen unabhängig von etwaigen Geldgebern.

2) Verschuldungsgrad

Allgemeine Aussage	Dabei handelt es sich um eine Gegenüberstellung von Fremd- und Eigenkapital. Gemäß der vertikalen Finanzierungsregel ist ein Verhältnis von 1 : 1 anzustreben (Eigenkapital = Fremdkapital). Der Verschuldungsgrad gibt Auskunft über die relative Höhe des Fremdfinanzierungsanteils des Unternehmens.
Beschreibung der Entwicklung der Tomer AG	Der Verschuldungsgrad ist im letzten Geschäftsjahr gesunken.
Auswertung	Je geringer der Verschuldungsgrad einer Unternehmung, desto geringer sind die Zinsaufwendungen und Tilgungszahlungen des Unternehmens. Dies hat wiederum positive Auswirkungen auf die Liquidität des Unternehmens.

Analyse der Anlagendeckung

Die goldene Bankregel (goldene Finanzierungsregel) besagt, dass die Dauer der Vermögensbildung mit der Frist der Kapitalüberlassung übereinstimmen muss. Dem Unternehmen langfristig zur Verfügung stehendes Anlagevermögen sollte somit mittels Kapital finanziert werden, welches dem Unternehmen mindestens genauso lange zur Verfügung steht (Grundsatz der Fristenkongruenz).

1) Anlagendeckungsgrad I

Allgemeine Aussage	Bei einem Anlagendeckungsgrad I von 100 % wird das Anlagevermögen eines Unternehmens komplett durch das Eigenkapital des Unternehmens, welches zeitlich unbegrenzt zur Verfügung steht, finanziert. Dadurch soll die Betriebsbereitschaft des Unternehmens auf Dauer gesichert werden.
Beschreibung der Entwicklung der Tomer AG	Der Anlagendeckungsgrad I beträgt in beiden Geschäftsjahren über 100 % und hat sich im abgelaufenen Geschäftsjahr sogar geringfügig erhöht.
Auswertung	Die goldene Finanzierungsregel wird somit eingehalten. Ein Teil des Eigenkapitals kann sogar zur Finanzierung des Umlaufvermögens verwendet werden. Damit ist die strenge Fassung der goldenen Bilanzregel bereits eingehalten worden.

Lösungen: Analyse und Kritik des Jahresabschlusses

2) Anlagendeckungsgrad II

Allgemeine Aussage	Gibt Auskunft, inwieweit das Anlagevermögen durch Eigenkapital und durch langfristiges Fremdkapital gedeckt ist.
Beschreibung der Entwicklung der Tomer AG	Der Anlagendeckungsgrad II ist im abgelaufenen Geschäftsjahr geringfügig gestiegen und beträgt ca. 200 % des Anlagevermögens.
Auswertung	Wie bereits mit der Kennzahl der Anlagendeckung I festgestellt wurde, ist die goldene Bilanz- und Finanzierungsregel eingehalten worden, sodass man die Tomer AG als ein sehr solide und sicher finanziertes Unternehmen einstufen kann.

Analyse der Liquidität

Durch die Analyse der Liquidität soll die Zahlungsbereitschaft des Unternehmens untersucht werden. Sollte ein Unternehmen nicht in der Lage sein, fällige Verbindlichkeiten zu begleichen, droht ein Insolvenzverfahren. Zu viel Liquidität allerdings führt zu einer Verringerung von Zinseinnahmen. Das Geld ist somit nicht optimal investiert.

1) Liquidität 1. Grades

Allgemeine Aussage	Der Liquiditätsgrad I gibt darüber Aufschluss, inwieweit kurzfristige Schulden durch liquide Mittel in Form von Kassenbeständen und Bankguthaben gedeckt sind. Eine Faustregel besagt, dass etwa 20 % der kurzfristigen Schulden durch liquide Mittel gedeckt sein sollten.
Beschreibung der Entwicklung der Tomer AG	Die Liquidität in Form von Barguthaben hat sich im letzten Geschäftsjahr geringfügig um 0,2 Prozentpunkte verbessert.
Auswertung	Ein Liquiditätsgrad von 1,7 % ist für das Unternehmen zu niedrig. Hier besteht Handlungsbedarf für den Vorstand. Die Gefahr, dass die kurzfristigen Schulden nicht bezahlt werden können, ist relativ hoch.

2) Liquidität 2. Grades

Allgemeine Aussage	Der Liquiditätsgrad II bemisst das Verhältnis von liquiden Mitteln und kurzfristigen Forderungen gegenüber den kurzfristigen Schulden. Er sollte tendenziell über 100 % betragen.
Beschreibung der Entwicklung der Tomer AG	Die Liquidität 2. Grades ist im abgelaufenen Geschäftsjahr um 27 Prozentpunkte deutlich gestiegen.
Auswertung	Die Liquidität 2. Grades liegt deutlich über 100 %, sodass eine drohende Zahlungsunfähigkeit, wie sie sich aus der Liquidität 1. Grades andeutete, gebannt ist. Dennoch ist die Tomer AG zu sehr abhängig von den Zahlungen der Kunden. Fallen wesentliche Teile der kurzfristigen Forderungen aus, gerät das Unternehmen schnell in eine finanzielle Schieflage.

3) Liquidität 3. Grades

Allgemeine Aussage	Die Liquidität 3. Grades bemisst das Verhältnis zwischen Umlaufvermögen und kurzfristigen Schulden. Es sollte zwischen 150 und 200 % betragen.
Beschreibung der Entwicklung der Tomer AG	Die Liquidität 3. Grades beträgt im abgelaufenen Geschäftsjahr 366,9 % und liegt damit 19,4 Prozentpunkte über dem Vorjahreswert.
Auswertung	Diese Tendenz ist ebenfalls positiv einzustufen.

Lösungen: Analyse und Kritik des Jahresabschlusses

Bilanzkritik der Tomer AG	
Stärken	**Schwächen**
— Kapitalsituation ist gut, da die vertikale Finanzierungsregel nahezu eingehalten wird. Relativ hohe Eigenkapitalquote als Beweis für ein solides Unternehmen. — Längerfristige Liquiditätskennzahlen sind in Ordnung. — Vermögenssituation ist optimal, da das Anlagevermögen vollständig durch das Eigenkapital gedeckt ist.	— Kurzfristige Liquidität (1. Grades) ist zu gering. Das Ausfallrisiko ist erhöht (siehe Lagebericht). Hier muss der Vorstand handeln, damit er nicht unverschuldet in Zahlungsschwierigkeiten gerät.

5. Erfolgsanalyse

Ertrags- und Aufwandsstruktur

1) Anteil des Betriebsergebnisses am Unternehmensergebnis

Allgemeine Aussage	Dient zur Beurteilung, wie hoch der Anteil des Ergebnisses aus der reinen betrieblichen Tätigkeit am Gesamterfolg der Unternehmung, vor Steuern, ist. Die Höhe des Betriebsergebnisses ist planbar und durch ein Unternehmen beeinflussbar. Der Teil des Ergebnisses, der nicht durch die betriebliche Tätigkeit erwirtschaftet wird (z. B. Zinserträge, Zinsaufwendungen), ist abhängig von Faktoren, die ein Unternehmen nicht beeinflussen kann (z. B. Zinsen). Diese Zahl dient auch als Hilfsinstrument zur vorsichtigen Schätzung des Unternehmensergebnisses des kommenden Jahres.
Beschreibung der Entwicklung der Tomer AG	Der Anteil des Betriebsergebnisses am Unternehmensergebnis ist im abgelaufenen Geschäftsjahr um ca. 5 Prozentpunkte gestiegen.
Auswertung	Ein Teil des Ergebnisses, das durch die reine betriebliche Tätigkeit erwirtschaftet wurde (= Betriebsergebnis), diente zur Deckung von Zinsaufwendungen.

2) Personalintensität

Allgemeine Aussage	Bemisst den Anteil der Personalaufwendungen an den gesamten betrieblichen Aufwendungen. Dabei weisen lohnintensive Betriebe eine überproportional hohe Personalintensität auf.
Beschreibung der Entwicklung der Tomer AG	Die Personalintensität ist im abgelaufenen Geschäftsjahr nur geringfügig gestiegen.
Auswertung	Der geringe Anstieg der Personalintensität lässt darauf schließen, dass kaum Personaleinstellungen bzw. Personalfreisetzungen vorkamen. Gemessen an den betrieblichen Aufwendungen handelt es sich bei der Tomer AG um einen weniger lohnintensiven Betrieb. Diese Aussage wird durch die Kennzahl der Materialintensität gestützt.

3) Materialintensität

Allgemeine Aussage	Bemisst den Anteil der Materialaufwendungen an den betrieblichen Aufwendungen. Die betrieblichen Aufwendungen ergeben sich aus der Summe der Material- und Personalaufwendungen.
Beschreibung der Entwicklung der Tomer AG	Wie bei der Personalintensität ist auch bei der Materialintensität nur eine geringfügige Veränderung im abgelaufenen Geschäftsjahr zu verzeichnen.
Auswertung	Die geringfügige Veränderung der Materialintensität ist darauf zurückzuführen, dass es im abgelaufenen Geschäftsjahr zu keinen nennenswerten Veränderungen der Produktion gekommen ist.

Lösungen: Analyse und Kritik des Jahresabschlusses

Rentabilität

Prozentuales Verhältnis von Gewinn/Verlust zum eingesetzten Kapital.

1) Eigenkapitalrentabilität (Unternehmerrentabilität)

Allgemeine Aussage	Verhältnis von Jahresüberschuss zum eingesetzten Eigenkapital. Dabei geht man vom durchschnittlichen Eigenkapital aus.
Beschreibung der Entwicklung der Tomer AG	Die Eigenkapitalrentabilität ist im Vergleich zum Vorjahr um 4,5 Prozentpunkte zurückgegangen.
Auswertung	Der Rückgang der Eigenkapitalrentabilität ist auf den geringeren Jahresüberschuss des Berichtsjahres und auf die durchgeführte Kapitalerhöhung zurückzuführen. Speziell die Entwicklung des Jahresüberschusses muss man weiterhin beobachten. Betrachtet man die durchschnittliche Eigenkapitalrentabilität von Unternehmen in Deutschland, die bei derzeit 8 % liegt, kann man dennoch von einer überdurchschnittlichen Verzinsung des Eigenkapitals sprechen.

2) Gesamtkapitalrentabilität (Unternehmungsrentabilität)

Allgemeine Aussage	Misst den Reinertrag, den das gesamte Kapital einer Unternehmung erwirtschaftet hat. Sie sollte über dem landesüblichen Zinssatz liegen.
Beschreibung der Entwicklung der Tomer AG	Die Gesamtkapitalrentabilität hat sich im abgelaufenen Geschäftsjahr um 2 Prozentpunkte verschlechtert.
Auswertung	Trotz der Verschlechterung der Gesamtkapitalrentabilität liegt sie dennoch über dem landesüblichen Zinssatz. Es kann daher vom Vorstand darüber nachgedacht werden, ob zusätzliches Fremdkapital zur Verbesserung der Eigenkapitalrentabilität (Leverage-Effekt) aufgenommen werden sollte.

3) Umsatzrentabilität

Allgemeine Aussage	Prozentualer Anteil des Jahresüberschusses am Umsatzerlös. Sie drückt den Gewinnanteil je 100,00 EUR aus.
Beschreibung der Entwicklung der Tomer AG	Die Umsatzrentabilität hat sich im abgelaufenen Geschäftsjahr um 1 Prozentpunkt reduziert.
Auswertung	Die Reduktion ist auf den verschlechterten Jahresüberschuss zurückzuführen. Zur abschließenden Beurteilung der Situation bei der Tomer AG fehlen Branchenkennzahlen.

Finanzanalyse mithilfe des Cashflow

Allgemeine Aussage	Unter einem Cashflow (= Kassenfluss) versteht man den Überschuss, der über die Aufwandsdeckung hinausgeht. So verbleiben Aufwendungen zum Beispiel im Unternehmen und werden nicht ausgegeben, wie Abschreibungen oder die Erhöhung von Rückstellungen. Sie dienen dem Unternehmen dazu, Verbindlichkeiten zu tilgen oder Investitionsvorhaben zu tätigen. Diese Kennzahl zeigt damit den Spielraum für die Selbstfinanzierung eines Unternehmens auf.
Beschreibung der Entwicklung der Tomer AG	Der Cashflow hat sich im abgelaufenen Geschäftsjahr vermindert. Dies ist insbesondere auf die Verminderung des Jahresüberschusses zurückzuführen.
Auswertung	Die Selbstfinanzierungskraft des Unternehmens hat sich verschlechtert, aufgrund des geringeren Jahresüberschusses. Allerdings können die Abschreibungen und die Rücklagen für weitere Investitionsvorhaben bzw. zur Rückführung von Schulden genutzt werden.

Return on Investment (ROI)

Allgemeine Aussage	Da einzelne Kennzahlen nur einen begrenzten Aussagewert haben, versucht man Kennzahlen-Systeme (Kombination von Kennzahlen) zu entwickeln. Dadurch soll eine intensivere Betrachtung der Unternehmenssituation ermöglicht werden. Bei der ROI-Kennzahl betrachtet man den Rückfluss des investierten Kapitals mithilfe der Umsatzrentabilität und des Kapitalumschlags
Beschreibung der Entwicklung der Tomer AG	Der Return on Investment hat sich um 1,9 Prozentpunkte gegenüber dem Vorjahr verschlechtert.
Auswertung	Der Kapitalrückfluss war im Vorjahr schneller als im Berichtsjahr. Dies ist auf den geringeren Jahresüberschuss zurückzuführen. Hier muss der Vorstand im kommenden Geschäftsjahr durch Kostenreduzierung oder Gewinnsteigerungen gegensteuern.

EBIT/EBITDA

Allgemeine Aussage	EBIT (= earnings before interest and taxes) ist der Gewinn vor Zinsen und Steuern. Richtigerweise muss es heißen: Gewinn vor Steuern, Zinsen und außerordentlichem Ergebnis. Bei dieser Gewinnermittlung werden die Steuern und Zinsen nicht berücksichtigt. Das Herausrechnen dieser Größen hat zum Ziel, das Ergebnis zu ermitteln, welches aus der reinen betrieblichen Tätigkeit erzielt wurde. Es entspricht dem **Betriebsergebnis**. EBITDA (= earnings before interest and taxes, depreciation and amortisation): Dabei handelt es sich um das Betriebsergebnis vor Abschreibungen auf Sachanlagen und Vermögensgegenstände.
Beschreibung der Entwicklung der Tomer AG	Das EBIT und das EBITDA haben sich im vergangenen Geschäftsjahr verbessert.
Auswertung	Die Verbesserung der beiden Kennzahlen ist darauf zurückzuführen, dass ein wesentlich höherer Steueraufwand bestand als im Vorjahr (siehe auch Lagebericht). Der erhöhte Steueraufwand ist die Ursache für den geringeren Jahresüberschuss im vergangenen Jahr. Betrachtet man das um außerordentliche und betriebsfremde Sonderfaktoren bereinigte Betriebsergebnis, so kann ein Anstieg des Ergebnisses aus reiner betrieblicher Tätigkeit festgestellt werden.

5.2.3 Anforderungsbereich III

1. Lösungsskizze:
    a) Einleitung (Bezug zur Ausgangssituation)
        - Kreditbedarf der Tomer AG über 5 Mio. EUR zum Bau neuer Produktionshallen.
        - Evtl. kurze Vorstellung des Unternehmens gem. Ausgangssituation (nur ein Satz).

    b) Hauptteil (kurze Ausführung zur finanziellen Situation und evtl. der Markteinschätzung im Rahmen des Lageberichtes)
        Präsentation der wesentlichen Ergebnisse der Bilanz- und Erfolgsanalyse:
        - Vermögensstruktur ohne Auffälligkeiten
        - Kapitalstruktur sehr gut
        - Anlagendeckung optimal
        - Liquiditätssituation hinsichtlich Liquidität 1. Grades ein wenig riskant, die weiteren Kennzahlen waren jedoch sehr gut. Hier wäre der Vorstand zu informieren. Auf der anderen Seite: Es handelt sich um eine stichtagsbezogene Analyse, sodass sich die Liquidität 1. Grades bereits zum Zeitpunkt der Bilanzanalyse verbessert haben kann → Einfordern neuer Unterlagen und erneute Analyse dieser Kennzahl als Vorschlag.
        - Rentabilitätskennzahlen schwächer, dennoch über Marktzins. Fremdkapitalaufnahme zum Ausnutzen des Leverage-Effektes durchaus sinnvoll.
        - ROI hat sich verlangsamt.

Lösungen: Analyse und Kritik des Jahresabschlusses

- Rückläufige Entwicklung des Jahresüberschusses, dennoch gestiegenes EBIT bzw. EBITDA als bereinigter Gewinn aus unternehmerischer Tätigkeit.
- Auswertung des Lageberichtes: Das Tochterunternehmen Bustna entwickelt sich sehr gut und trägt auch in Zukunft zum Ergebnis des Unternehmens mit bei. Die italienische Tochter Taiga erholt sich und es wird auch hier mit einer Gewinnsteigerung gerechnet.

c) Schluss
Abschließendes Urteil: Einer Finanzierung kann entsprochen werden.

2. **Hinweis:** Im Folgenden werden verschiedene Möglichkeiten zur Verbesserung der Kreditwürdigkeit aufgezählt. Welche man in einer Klausur entsprechend ausführlich behandelt, hängt vom jeweiligen Wissensstand des Einzelnen ab.

Möglichkeiten zur Verbesserung der Kreditwürdigkeit:
- Abbau der Fremdfinanzierung durch erneute Kapitalerhöhung, sofern der Kapitalmarkt aufnahmebereit ist.
- Forderungen aus Lieferungen und Leistungen könnten reduziert werden, indem das Mahnwesen des Unternehmens ausgebaut wird.
- Durch das Factoring können Forderungen an Factoringfirmen verkauft werden. Das verbessert die Liquidität und führt zum Schuldenabbau. Außerdem übernehmen die Factoringfirmen das Mahnwesen und das Eintreiben der Schulden. Der Gewinn erhöht sich, da weniger Zinsaufwendungen entstehen.
- Da viele Caravans und Wohnmobile den Kunden auf Kredit verkauft werden, besteht die Möglichkeit, entweder ein eigenes Unternehmen zu gründen, das sich ausschließlich mit der Finanzierung und dem Angebot entsprechender Produkte für die Kunden beschäftigt, oder so etwas durch eine bereits bestehende Firma übernehmen zu lassen. So könnte eine Kooperation mit der Daimler Bank, die entsprechende Produkte zur Finanzierung von Pkw von Daimler besitzt, denkbar sein.
- Der eigene Fuhrpark der Tomer AG könnte geleast werden. Dies gilt auch für den Maschinen- und Immobilienpark, allerdings nur dann, wenn es auch sinnvoll ist. Durch das freiwerdende Kapital könnte ebenfalls der Fremdkapitalanteil des Unternehmens reduziert werden.
- Ein Teil des Jahresüberschusses wird zur Tilgung langfristiger Schulden verwendet.

3. Lösungsvorschlag:
   a) **Definition:**
   Unter Shareholder Value versteht man den Wert eines Unternehmens, der gemessen wird am Marktwert der ausgegebenen Aktien (Aktienanzahl · Börsenkurs).
   Das Shareholder Value als Unternehmensstrategie zielt darauf ab, nur diejenigen unternehmerischen Entscheidungen für ein Unternehmen zu treffen, die den Marktwert eines Unternehmens steigern. So ist es auch zu erklären, dass, wenn ein an der Börse notiertes Unternehmen die Entlassung von Mitarbeitern ankündigt, der Aktienkurs steigt. Weniger Beschäftigte bedeuten weniger Kosten und somit tendenziell mehr Gewinn. Nutznießer einer solchen Politik sind somit die Aktionärinnen und Aktionäre bzw. die Eigentümer, da sie das Eigenkapital zur Verfügung stellen.

   b) **Pro-/Kontra-Argumente**

Pro	Kontra
Eine verbesserte Kapitalrendite führt dazu, dass ein Unternehmen leichter Kapitalgeber findet, die bereit sind, in das Unternehmen zu investieren. Es ist somit nicht auf staatliche Hilfen angewiesen. Dieses Geld kann an anderer Stelle besser eingesetzt werden.	Bei der Shareholder-Value-Strategie handelt es sich nur um eine kurzfristige Unternehmenspolitik, da es gilt, innerhalb einer kurzen Zeitspanne den Unternehmenswert zu erhöhen.
Ein Unternehmen investiert nur noch dort, wo ein Ertrag erwirtschaftet wird. Das führt dazu, dass das jeweilige Unternehmen langfristig gesund ist.	Diese Form der Unternehmensführung hat nur die Aktionärinnen und Aktionäre im Blick. Andere am Unternehmen Beteiligte, insbesondere die Mitarbeiter, werden benachteiligt.

Lösungen: Analyse und Kritik des Jahresabschlusses

Pro	Kontra
Nur ein gesundes Unternehmen sichert langfristig Arbeitsplätze. Also bedeutet die Ausrichtung der Unternehmenspolitik auch langfristig Arbeitsplatzsicherheit.	Es werden nur Geschäftsfelder in einem Unternehmen erhalten, die ein bestimmtes, vorgegebenes Renditeziel erwirtschaften. Andere Felder jedoch, die zwar eine Rendite erzielen, vielleicht jedoch die Vorgaben nicht erreichen, werden abgestoßen.
Durch die Erwirtschaftung einer verbesserten Kapitalrendite sind die Unternehmen immer bestrebt, sich zu verbessern. Das führt zu neuen, innovativen Produkten, verstärkten Ausgaben in Forschung und Entwicklung und Vereinfachung von Produktionsabläufen.	Es wird nur noch Kapital in Branchen und Länder investiert, die eine maximale Rendite ermöglichen, d. h., wo die Kosten niedrig sind. Dies hat wiederum gravierende Auswirkungen auf den Heimatmarkt. Dort fehlen Arbeits- und Ausbildungsplätze sowie Steuereinnahmen, mit den entsprechenden Folgen für eine Volkswirtschaft.
Bietet neue Formen der Mitarbeitervergütung. So werden im höheren Management die Gehälter an die vorgegebenen, zu erwirtschaftenden Eigenkapitalrenditen gekoppelt.	

c) **Abschluss:** Eigene Meinung mit Begründung

6 Übungsklausuren 13.1

Übungsklausur I
Situation I

1. Da das EK geschont werden soll, handelt es sich um eine Fremdfinanzierung. Fremdfinanzierungen können kurz-, mittel- oder langfristig laufen (Kriterium Laufzeit) und man unterscheidet hinsichtlich ihrer Tilgungsmöglichkeiten (Kriterium Tilgung) zwischen Annuitäten-, Fest- und Abzahlungsdarlehen.

2. Darlehensarten können nach Art der Tilgungsvereinbarungen unterschieden werden. Bei einem Abzahlungsdarlehen erfolgt die Tilgung in jährlich gleich hohen Raten, bei Festdarlehen wird am Ende der Laufzeit der Kredit in einer Summe getilgt.

   Berechnung der Zinskosten für das Festdarlehen
   (25 000,00 € · 3,85 % · 5 Jahre)

   25 000,00 € · 3,85 % p. a. = 962,50 € Zinsen pro Jahr

   Zinsbelastung für 5 Jahre = Zinsen · 5 Jahre = 962,50 € · 5 Jahre = **4 812,50 €**

   Berechnung der Zinskosten für das Abzahlungsdarlehen

Jahre	Kreditbetrag in EUR	Sollzinsen in EUR	Tilgung in EUR
1	25 000,00	1 437,50	5 000,00
2	20 000,00	1 150,00	5 000,00
3	15 000,00	862,50	5 000,00
4	10 000,00	575,00	5 000,00
5	5 000,00	287,50	5 000,00
		4 312,50	

   Dem Vorstand ist ein **Abzahlungsdarlehen** zu empfehlen, da 500,00 € Zinskosten aufgrund der Tilgungen in den Vorjahren eingespart werden können.

3. Grundsätzlich kämen die Sicherheiten Grundschuld, Bürgschaft und Sicherungsübereignung in Betracht. Bei einem Kreditbetrag von 25 000,00 € kommt eine Grundschuld nicht infrage, da die Kosten und der Aufwand für einen so kleinen Betrag in keinem Verhältnis stehen.
   Für die Licht AG könnte eine Bürgschaft geeignet sein. Für eine Aktiengesellschaft wie die Licht AG käme als Bürge nur eine andere Aktiengesellschaft infrage (selbstschuldnerische Bürgschaft). Allerdings ist es fraglich, ob dies praktikabel ist, auch angesichts der Größe des Unternehmens und des kleinen Kreditbetrages.
   Die Sicherungsübereignung wäre die geeignetste Sicherheit. Hierbei wird ein Sicherungsgut vom Kreditnehmer erworben. Das Kreditinstitut wird durch einen Sicherungsübereignungsvertrag mit dem Kreditnehmer zum treuhänderischen Eigentümer des Sicherungsgutes. Der Kreditnehmer könnte aufgrund eines vereinbarten Besitzkonstitutes in Form eines Leihvertrages zum wirtschaftlichen Eigentümer werden, der das Sicherungsobjekt nutzen kann und bilanzieren muss.
   Der Kredit sollte durch eine Sicherungsübereignung gesichert werden.

4. Risiken bei einer Sicherungsübereignung können sein:
   - Gefahr der Doppelübereignung
   - Gefahr des vorzeitigen Verkaufs des Sicherungsgutes
   - Gefahr des vorzeitigen Untergangs des Sicherungsgutes
   - Gefahr, dass ein Eigentumsvorbehalt auf dem Sicherungsgut besteht

5. Beim Abzahlungsdarlehen ist die liquiditätsmäßige Belastung höher als der Aufwand. Als Aufwand wird lediglich die Zinszahlung verbucht. Als Liquiditätsbelastung gelten sowohl die Zinszahlung als auch die Tilgung.
   Insgesamt ist die Liquiditätsbelastung eines Abzahlungsdarlehens bis auf das letzte Laufzeitjahr höher als bei einem Festdarlehen, da bei einem Festdarlehen nur Zinsen gezahlt werden (Aufwand = Liquiditätsbelastung). Als Ausnahme ist das letzte Laufzeitjahr des Festdarlehens zu sehen, an dessen Ende das gesamte Darlehen in einer Summe getilgt wird.

Lösungen: Übungsklausuren 13.1

Situation II

Abgrenzung Grundschuld und Hypothek		
	Grundschuld	**Hypothek**
Definition	Ein Grundstück kann in der Weise belastet werden, dass an denjenigen, zu dessen Gunsten die Belastung erfolgt, **eine bestimmte Geldsumme** aus dem Grundstück zu zahlen ist (Grundschuld). (§ 1191 Abs. 1 BGB)	Ein Grundstück kann in der Weise belastet werden, dass an denjenigen, zu dessen Gunsten die Belastung erfolgt, **eine bestimmte Geldsumme zur Befriedigung wegen einer ihm zustehenden Forderung** aus dem Grundstück zu zahlen ist (Hypothek). (§ 1113 Abs. 1 BGB)
	abstrakte Sicherheit, die auch ohne eine bestimmte Forderung besteht	Sicherheit, die nur in Verbindung mit einer Forderung besteht
Haftung	nur das Grundstück mit dem darauf stehenden Gebäude (= dingliche Haftung)	Grundstück mit Gebäude (= dingliche Haftung) **und** persönliche Haftung des Schuldners mit seinem Privatvermögen
Höhe	kann ein beliebiger Betrag sein	hängt ab vom Umfang der Forderung
Entstehung	Sicherung besteht bereits mit Eintragung ins Grundbuch, d. h. auch, wenn noch kein Darlehen gewährt wurde.	Mit Auszahlung des Darlehens ist die Sicherheit gegeben.

Der **Darlehenszins** ist derjenige Zins, der zwischen Kreditnehmer und Kreditinstitut zur Überlassung eines Kredites ausgehandelt/vereinbart wird. Er stellt die Berechnungsgrundlage für die zu zahlenden Zinskosten dar.

Der **dingliche Zins** bezeichnet den Zinssatz für den in der Grundschuld genannten Betrag. (Dabei handelt es sich nicht um den Zinssatz, der im Kreditvertrag vereinbart wurde.) Hierdurch lassen sich höhere Kosten, die aus einer späteren Zinserhöhung aus dem Darlehen oder Kosten einer Zwangsvollstreckung sowie Überziehungszinsen entstehen können, abdecken.

Situation III

1. Als Finanzierungsformen kommen die Anleihefinanzierung und eine Kapitalerhöhung infrage.
Im Rahmen einer **Anleihefinanzierung** nimmt ein Unternehmen Gelder am Geld- und Kapitalmarkt gegen Ausgabe von Anleihen (auch: verzinsliche Wertpapiere) auf. Die Höhe der Kosten hängt davon ab, wie sicher die Geldgeber die Rückzahlung des Darlehens einschätzen (Bonität). Je unsicherer die Rückzahlungswahrscheinlichkeit, desto höher ist der Zinssatz. Bei dieser Form handelt es sich um eine Fremdfinanzierungsmöglichkeit.
Als Alternative hat das Unternehmen die Möglichkeit, den benötigten Betrag durch die Ausgabe von Aktien in Form einer Kapitalerhöhung zu beschaffen.

	Anleihefinanzierung	**Kapitalerhöhung**
Vorteile	– günstigere Kapitalbeschaffung als per Bankkredit – i. d. R. keine Sicherheiten notwendig – keine Reduktion der Einflussmöglichkeit für die Anteilseigner	– keine Rückzahlung – Höhe der Verzinsung abhängig vom Geschäftserfolg – Verbesserung der Finanzkennzahlen
Nachteile	– Rückzahlung am Ende der Laufzeit – Verpflichtung zur Zinszahlung – Finanzierungskosten abhängig von Bonität – Verschlechterung von Bilanzkennzahlen	– Aktionäre haben Mitspracherechte, was die Handlungsfreiheit einschränkt. – Kapitalerhöhung wird von Aktionären eher negativ bewertet.

Lösungen: Übungsklausuren 13.1

2. Eine **Stammaktie** verbrieft alle Aktionärsrechte, insbesondere das Stimmrecht auf der Hauptversammlung. Eine **Nennwertaktie** beschreibt den festgelegten Anteil, den eine Aktie am gezeichneten Kapital verbrieft, i.d.R. 1,00 €.

   Aktionärsrechte (Anm.: Nennung = Aufzählung):
   - Teilnahmerecht an der Hauptversammlung
   - Stimmrecht auf der Hauptversammlung
   - Beteiligung am Bilanzgewinn
   - Auskunftsrechte durch den Vorstand
   - Bezugsrecht auf junge Aktien
   - Anteil am Liquidationserlös

   Berechnung der benötigten Aktienanzahl:

   Gesamtkosten der Übernahme: 37 Mio. € (Kaufpreis) + 3 Mio. € (Kosten) = <u>40 Mio. €</u>

   Finanzierung durch Aktien im Wert von 20,00 € pro Stück = **2 Mio. Aktien**

3. **Vorberechnungen:**

   Bezugsverhältnis (vor der Kapitalerhöhung 12 Mio. Aktien)
   Anzahl der neuen Aktien: 2 Mio.

   Bezugsverhältnis 12 : 2 = **6 : 1**

   Wie viele Aktien kann Herr Schulz beziehen?

   6 alte Aktien berechtigen zum Bezug 1 jungen Aktie (= Bezugsverhältnis).

   360 alte Aktien berechtigen zum Bezug von **60 jungen Aktien**.

   Herr Schulz hat das Recht auf Bezug von 60 jungen Aktien.

   Mittelkurs: $\dfrac{6 \text{ alte Aktien} \cdot 26{,}00 \text{ €} + 1 \text{ junge Aktie} \cdot 20{,}00 \text{ €}}{7}$ = **25,14 €**

   Wert des Bezugsrechts = Kurs der alten Aktie − Mittelkurs
   = 26,00 €   − 25,14 €
   = **0,86 €**

   Antwort:
   Herr Schulz hat folgende Alternativen:

   Er verkauft alle ihm zustehenden Bezugsrechte und erhält 309,60 €.
   360 alte Aktien (= 360 Bezugsrechte) · 0,86 € = 309,60 € (Bezugsrechtserlöse)

   Er bezieht 60 junge Aktien und muss dafür 1 200,00 € zuzahlen.
   60 junge Aktien · 20,00 € = 1 200,00 €

4. Herr Schulz kauft junge Aktien, jedoch nur, solange der Betrag aus dem Verkauf aller Bezugsrechte reicht.

   Betrag aus dem Verkauf der Bezugsrechte = 309,60 €
   Preis einer neuen Aktie (unter Einbezug der erforderlichen Bezugsrechte) = 25,14 €

   Berechnung: 309,60 € : 25,14 € = 12,315035 à 12 junge Aktien ohne Zuzahlung

Übungsklausur II
Situation I

1. Voraussetzung: ¾-Mehrheit der HV

genehmigte Kapitalerhöhung	Eine von der Hauptversammlung im Voraus genehmigte Kapitalerhöhung: Der Vorstand kann den Termin für die Kapitalerhöhung innerhalb der folgenden fünf Jahre selbst entscheiden. Die genehmigte Kapitalerhöhung kann dann in Form einer Kapitalerhöhung gegen Ausgabe neuer, junger Aktien (gegen Einlagen) erfolgen.
ordentliche Kapitalerhöhung (auch: Kapitalerhöhung gegen Einlagen; gewöhnliche Kapitalerhöhung)	Durch die Ausgabe neuer, junger Aktien wird das Eigenkapital einer AG erhöht. Dabei haben die Aktionäre ein gesetzlich garantiertes Vorkaufsrecht (Bezugsrecht). Gegen Zuzahlung eines Vorzugspreises können Altaktionäre neue Aktien erwerben. Durch den Vorzugspreis sollen möglichst viele Altaktionäre zur Zeichnung junger Aktien bewogen werden.

2. 12 Mio. € altes Grundkapital = 2 400 000 Aktien · 35,75 € = 85 800 000,00 €
   2 Mio. € Kapitalerhöhung = 400 000 Aktien · 30,00 € = 12 000 000,00 €
   14 Mio. € neues Grundkapital = 2 800 000 Aktien = 97 800 000,00 €

   Mittelkurs = 34,93 €
   Wert des Bezugsrechts = 35,75 € − 34,93 € = 0,82 €
   Bezugsverhältnis = 6 : 1

   Herr M. hat 123 Aktien = 123 Bezugsrechte
   1. Möglichkeit: Herr M. erhält den Barwert-/Bargeldausgleich = 123 Bezugsrechte · 0,82 € = 100,86 €.
   2. Möglichkeit: Herr M. bezieht 20 neue Aktien zum Preis von 30,00 € (600,00 €) und verkauft die restlichen Anteile (3 Stück) = 2,46 €.

3. 1. Erhöhung des Grundkapitals um 2 Mio. €
   2. Erhöhung der Kapitalrücklage um 10 Mio. € − Emissionskosten 0,75 Mio. €
      Annahme: Emissionskosten verringern die Kapitalrücklage
   3. Geldkonten erhöhen sich um 12 Mio. € − Emissionskosten 0,75 Mio. € = 11,25 Mio.

Aktiva	Bilanz vor der Kapitalerhöhung		Passiva
Anlagevermögen	43,00	gezeichnetes Kapital	14,00
Umlaufvermögen		Kapitalrücklage	17,25
1. Forderungen	20,00	Gewinnrücklagen	
2. Geldkonten	16,25	1. gesetzl. Rücklagen	4,00
		2. andere Gewinnrücklagen	24,00
		übrige Passiva	20,00
	79,25		79,25

Situation II

Rechtsfolgen der Sicherungsübereignung	
Saltwater (Kreditnehmerin)	**Bank (Kreditgeberin)**
▪ Die Saltwater AG bleibt unmittelbare Besitzerin der Anlage und kann sie täglich nutzen. ▪ Sie muss den Anlagegegenstand in ihrer Bilanz aufnehmen.	Die SK wird treuhänderische Eigentümerin und mittelbare Besitzerin. Sie hat die rechtliche Herrschaft über die Anlage. Im Falle der Nichtzahlung kann sie die Anlage zwangsversteigern lassen.

Lösungen: Übungsklausuren 13.1

Sicherungsübereignung	
Vorteile	**Nachteil**
– Die Saltwater AG kann mit dem sicherungsübereigneten Gut sofort arbeiten. – Die Übereignung ist nach außen nicht erkennbar.	Bei Zahlungsverzug kann der Kreditgeber den übereigneten Gegenstand sofort verwerten.

Sicherungsalternativen	Beurteilung
Bürgschaft	Eine Bürgschaft ist nicht geeignet, da die Saltwater AG eine Kapitalgesellschaft ist. Wer sollte für sie bürgen?
Grundschuld	Grundschuld stellt durchaus eine Alternative dar. Aber sie ist durch die Bestellung der Grundschuld und die Eintragung im Grundbuch sehr zeitaufwendig und teuer.

Situation III

Vorberechnungen:
Rechnungsbetrag (brutto)   35 700,00 €
davon 2 % Skonto   714,00 €
Überweisung innerhalb von 10 Tagen nach Rechnungserhalt   34 986,00 €
(35 700,00 € – 714,00 €).

1. **Möglichkeit: Ausnutzen des Lieferantenkredites**

   Kosten des Lieferantenkredites in Höhe des Skontos = **714,00 €**

2. **Möglichkeit: Ausnutzen der Kreditlinie**

   Kosten einer Kreditlinienausnutzung:
   Kreditbetrag 34 986,00 €, Laufzeit 20 Tage, Zinssatz 15 %

   Zinsformel:

   $$\text{Zinsen} = \frac{\text{Kapital} \cdot \text{Laufzeit} \cdot \text{Zinssatz}}{360 \cdot 100}$$

   $$= \frac{34\,986\,€ \cdot 20\,\text{Tage} \cdot 15}{360 \cdot 100}$$

   $$= \underline{\mathbf{291{,}55\,€}}$$

Schlussfolgerung: Das Ausnutzen der Kreditlinie der Hausbank ist günstiger als das Ausnutzen des Lieferantenkredites. Die Saltwater Yachtbau AG sollte ihre Kreditlinie bei der Hausbank in Anspruch nehmen, um das Skonto des Lieferanten ausnutzen zu können. Die Saltwater Yachtbau AG hätte dadurch eine Ersparnis in Höhe von 422,45 € (714,00 € – 291,55 €).

Jahrgang 13.2

1 Ursachen und Phänomene des Wandels (Globalisierung, Konzentrationsprozesse, technologischer Fortschritt)

1.1 Ausgangssituation

1.2 Lösungen

1.2.1 Anforderungsbereich I

1. Zwei technologische Voraussetzungen ebneten den Weg für die Globalisierung:
   a) Die **Weiterentwicklung der Informations- und Kommunikationstechnologie**. Dadurch wurde die Logistik beschleunigt und vereinfacht, da per Computer immer größere Datenmengen schneller erfasst und per Internet weltweit verarbeitet werden konnten.
   Per Handy konnten die Beteiligten noch flexibler eingesetzt werden und noch schneller reagieren.
   b) Die **Entwicklung des Containers**. Dies ermöglichte eine wesentlich schnellere Be- und Entladung, einen flexibleren Transport auf dem See-, Straßen- und Schienenweg sowie eine problemlosere Lagerung. Verbunden mit der Entwicklung von Containerschiffen, die schneller sind und größere Kapazitäten aufweisen, wurde der Transport über längere Strecken wirtschaftlicher. Dies trifft prinzipiell auch für den Luftverkehr zu – jedoch wegen der Kostensituation nicht im gleichen Umfang.

2. Zu Beginn der 90er-Jahre des letzten Jahrhunderts kam es zum Zusammenbruch der planwirtschaftlichen Systeme Osteuropas. Im Zuge der anschließenden marktwirtschaftlichen Neuorientierung öffneten sich die Märkte dieser Länder, was vor allem im Bereich der Beschaffung vielen westeuropäischen Unternehmen kostengünstige Produktionsmöglichkeiten bot, aber auch im Absatzbereich von Bedeutung ist. Mit der Öffnung Chinas entstand ein weiterer gigantischer Markt, der sowohl als Absatzmarkt der Zukunft – zusammen mit Indien – sehr bedeutsam ist als auch als kostengünstiger Produktionsstandort.

3. - Günstigere Produktion in Ländern mit geringeren Arbeitskosten
   - Erschließung neuer Märkte
   - Größere Nähe zu Kunden auf den neuen Märkten
   - Mögliche Importbeschränkungen werden umgangen durch Produktion vor Ort.
   - Synergieeffekte durch Zusammenarbeit in Forschung, Entwicklung, Verwaltung u. a.
   - Geringere Fixkosten durch erhöhte Produktionszahlen
   - Risikominimierung durch Standbeine in verschiedenen Ländern mit unterschiedlicher wirtschaftlicher Lage

4. J. Pennekamp behauptet, dass der Prozess der Globalisierung sich verlangsamt und sich verändert. Dafür gibt es zahlreiche wirtschaftliche, politische und geostrategische Anzeichen:
   - geringeres Wachstum des Welthandels nicht nur durch geringeres Wachstum von großen Wirtschaftsnationen und Schwellenländern sondern auch, weil immer mehr Vorleistungen im eigenen Land hergestellt und nicht importiert werden;
   - Scheitern der Doha-Runde;
   - Scheitern der Verhandlungen über ein Transatlantisches Freihandelsabkommen zwischen Europa und den USA;
   - Zunahme nationalistischer Parteien und Strömungen; als Beispiel führt er Trump („America First") und den BREXIT an sowie Länder wie Polen und Ungarn;
   - zunehmende Zahl von Flüchtlingen, die nicht nur wegen Krieg und politischer Verfolgung flüchten sondern auch auf der Suche nach Arbeit und einer besseren Zukunft sind, was wiederum den Wunsch nach Abschottung verstärkt;
   - wachsende politische Unsicherheit aufgrund von Krisen, Kriegen, Terror und einer unübersichtlichen Weltordnung.

Lösungen: Ursachen und Phänomene des Wandels

Fazit: Die Globalisierung verändert sich in den nächsten Jahren noch weiter.
Der Ökonom Th. Straubhaar beschreibt es so: Es geht weg vom klassischen Güterverkehr und hin zu Daten und Dienstleistungen.

1.2.2 Anforderungsbereich II

1. Die Wertschöpfung ist der Wert, den ein Unternehmen im Produktionsprozess einer Vorleistung hinzufügt. Da bei der Herstellung eines Produktes mehrere Unternehmen beteiligt sind, entsteht eine Wertschöpfungskette: vom Rohstoff über mehrere Schritte bis hin zum fertigen Produkt. Diese Wertschöpfungskette wurde global, weil die beteiligten Unternehmen nicht in einem Land, sondern oft in mehreren Ländern und Erdteilen beheimatet waren. Dabei wurde die Arbeitsteilung immer feingliedriger, weil die einzelnen Produktionsschritte immer weiter unterteilt wurden.

2. Die Wohlstandsgewinne waren enorm, weil die einzelnen Produktionsschritte jeweils in den Ländern durchgeführt wurden, wo die Produktion am kostengünstigsten war. Dadurch wurde die Produktion immer billiger. Das führte dazu, dass einerseits die Gewinne der Unternehmen stiegen und andererseits Verbraucher in der westlichen Welt in der Lage waren, bestimmte Produkte sehr preisgünstig zu kaufen.

1.2.3 Anforderungsbereich III

positive Auswirkungen:
- geringere Abhängigkeit von anderen Ländern;
- erhöhte Versorgungssicherheit (Beispiele: In der Corona-Krise kam es zu einem Mangel an Schutzmasken und -anzügen, weil diese bis dahin fast ausschließlich im Ausland hergestellt wurden; viele Medikamente werden in China und Indien hergestellt sodass Produktionsausfälle oder Qualitätsprobleme in einer einzelnen Anlage schon ausreichen können, die Arzneimittelversorgung in Europa zu gefährden.);
- weniger Arbeitsplatzverluste durch Verlagerung von Produktionsstätten ins Ausland;
- weniger Umweltverschmutzung aufgrund geringerer weltweiter Transporte per Schiff und Flugzeug.

negative Auswirkungen:
- Produkte werden unter Umständen teurer;
- weniger Arbeitsplätze in Entwicklungs- und Schwellenländern.

Musterklausuren

1 Musterklausur I

Situation I

1. **Festdarlehen**

Jahr	Anfangsschuld	Tilgung	Zinsen	Annuität	Restschuld
01	35 000,00 €	0,00 €	3 150,00 €	3 150,00 €	35 000,00 €
02	35 000,00 €	0,00 €	3 150,00 €	3 150,00 €	35 000,00 €
03	35 000,00 €	0,00 €	3 150,00 €	3 150,00 €	35 000,00 €
04	35 000,00 €	0,00 €	3 150,00 €	3 150,00 €	35 000,00 €
05	35 000,00 €	35 000,00 €	3 150,00 €	38 150,00 €	0,00 €
		35 000,00 €	**15 750,00 €**	**50 750,00 €**	

Abzahlungsdarlehen

Jahr	Anfangsschuld	Tilgung	Zinsen	Annuität	Restschuld
01	35 000,00 €	7 000,00 €	3 150,00 €	10 150,00 €	28 000,00 €
02	28 000,00 €	7 000,00 €	2 520,00 €	9 520,00 €	21 000,00 €
03	21 000,00 €	7 000,00 €	1 890,00 €	8 890,00 €	14 000,00 €
04	14 000,00 €	7 000,00 €	1 260,00 €	8 260,00 €	7 000,00 €
05	7 000,00 €	7 000,00 €	630,00 €	7 630,00 €	0,00 €
		35 000,00 €	**9 450,00 €**	**44 450,00 €**	

Annuitätendarlehen

Jahr	Anfangsschuld	Tilgung	Zinsen	Annuität	Restschuld
01	35 000,00 €	5 848,24 €	3 150,00 €	8 998,24 €	29 151,76 €
02	29 151,76 €	6 374,58 €	2 623,66 €	8 998,24 €	22 777,18 €
03	22 777,18 €	6 948,29 €	2 049,95 €	8 998,24 €	15 828,88 €
04	15 828,88 €	7 573,64 €	1 424,60 €	8 998,24 €	8 255,24 €
05	8 255,24 €	8 255,24 €	742,97 €	8 998,22 €	0,00 €
		35 000,00 €	**9 991,18 €**	**44 991,18 €**	

2. *Hinweis: Der Operator „Diskutieren Sie" erfordert zunächst eine Sachdarstellung.*

Sachdarstellung:
Ein Festdarlehen wird erst zum Ende der Laufzeit in einer Summe zurückgezahlt, in den ersten Jahren erfolgt also keine Tilgung; es müssen lediglich Zinszahlungen geleistet werden.

Ein Abzahlungsdarlehen wird in gleich hoch bleibenden, identischen Tilgungsraten zurückgezahlt. Die jährliche Liquiditätsbelastung (Annuität) sinkt daher, weil die Zinsen von der (geringer werdenden) Restschuld berechnet werden.

Beim Annuitätendarlehen bleibt der jährliche Liquiditätsabfluss bleibt gleich hoch, d. h. die Tilgung steigt, die Zinsbelastung sinkt während der Laufzeit.

Pro-/Contra-Diskussion:
Für das Festdarlehen spricht der niedrige Liquiditätsabfluss in den ersten Jahren, die nicht abgeflossene Liquidität kann für andere Zwecke genutzt werden, die komplette Darlehenssumme steht

Lösungen: Musterklausur I

einem also für die gesamte Laufzeit zur Verfügung. Allerdings muss berücksichtigt werden, dass zum Ende der Laufzeit die Darlehenssumme dann vollständig getilgt werden muss.
Gegen das Festdarlehen sprechen vor allem die Kosten, diese sind eindeutig am höchsten (15 750,00 € insgesamt), da das Darlehen erst am Ende der Laufzeit getilgt wird.

Für das Abzahlungsdarlehen spricht, dass die Kosten bei dieser Darlehensart am niedrigsten sind (insgesamt 9 450,00 €). Gegen das Abzahlungsdarlehen spricht der hohe Liquiditätsabfluss zu Beginn der Laufzeit. Dieser reduziert sich allerdings mit zunehmender Tilgung.

Für das Annuitätendarlehen spricht der gleichbleibende Liquiditätsabfluss sowie der zu Beginn geringere Liquiditätsabfluss als beim Abzahlungsdarlehen. Die Kosten sind allerdings etwas höher als beim Abzahlungsdarlehen (9 981,18 €).

Entscheidung:
Die Zweirad AG sollte sich für das Annuitätendarlehen oder das Abzahlungsdarlehen entscheiden.

3. Eine Grundschuld wird üblicherweise nur bei Finanzierung von Immobilien, also Grundstücken und Gebäuden eingesetzt. Es handelt sich dabei um ein Grundpfandrecht an unbeweglichen Sachen. Zahlt der Schuldner seinen Kredit nicht zurück, ist der Inhaber des Pfandrechts berechtigt, seine Forderungen aus dem Verkauf der Immobilie zu befriedigen.

4. Bei einem solchen Kreditgeschäft ist eine Sicherungsübereignung üblich. Der Kreditgeber (hier die Sparkasse Bonn) wird Eigentümer des PKW, der Kreditnehmer (hier die Zweirad AG) wird unmittelbarer Besitzer. Der Fahrzeugbrief wird dann der Sparkasse Bonn übergeben, sodass sie das Fahrzeug verwerten kann, wenn der Kreditnehmer mit den Zahlungen in Rückstand gerät.

Situation II

1.

	Alternative 1	Alternative 2
Afa (linear)	2 000 000,00 €	3 000 000,00 €
Sonstige fixe Kosten	425 000,00 €	635 000,00 €
Gesamte fixe Kosten	2 425 000,00 €	3 635 000,00 €
Variable Kosten	2 660 000,00 €	3 610 000,00 €
a) Gesamtkosten jährlich	5 085 000,00 €	7 245 000,00 €
--		
Gesamterlöse jährlich	5 225 000,00 €	7 505 000,00 €
b) Gesamtgewinn jährlich	140 000,00 €	260 000,00 €
c) Rentabilität	$\frac{140\,000,00\,€}{6\,000\,000,00\,€}$ = 2,33 %	$\frac{260\,000,00\,€}{9\,000\,000,00\,€}$ = 2,89 %
d) Amortisation	$\frac{12\,000\,000,00\,€}{2\,140\,000,00\,€}$ = 5,61 Jahre	$\frac{18\,000\,000,00\,€}{3\,260\,000,00\,€}$ = 5,52 Jahre

2.
- Alternative 1 ist zwar kostengünstiger, weist aber schlechtere Werte beim Gewinnvergleich, der Rentabilität und der Amortisationszeit auf.
  → auf Grundlage der Investitionsrechnungen Entscheidung für Alternative 2
- Bezogen auf die Kapazitäten ist allerdings festzustellen, dass Alternative 2 nur zu rund 2/3 ausgelastet ist und etwas überdimensioniert erscheint, bei weiterem Marktwachstum wäre dies jedoch positiv zu sehen.
- Die Liquiditätsbelastung ist bei Alternative 2 wegen der um 50 % höheren Anschaffungskosten deutlich höher.
- Der Break-even-Point ist bei Alternative 2 wiederum geringer als bei Alternative 1 (887 Stück < 898 Stück)
- Grundsätzlich sind aber **beide Alternativen kritisch** zu sehen. Begründung:
  1. Die Rentabilität beider Alternativen ist eher gering (2,33 % bzw. 2,83 %). Erläuterung: Auch wenn der Bankzinssatz für langfristige Kapitaleinlagen als Vergleichsmaßstab aktuell noch niedriger ist, stellt sich die Frage, ob eine Rentabilität von knapp über 2 % einen ausreichenden Risikozuschlag beinhaltet.
  2. Die Amortisationszeit beider Alternativen liegt nur knapp unter der betriebsüblichen Nutzungsdauer.
  → Es sollte nach weiteren Investitionsalternativen Ausschau gehalten werden. Wenn diese nicht zur Verfügung stehen, sollte entweder ganz auf die Investition verzichtet werden oder die Alternative 2 vorgezogen werden. Hier wäre es aber wichtig, dass in den Folgejahren mit steigenden Absatzzahlen (vgl. Maximalkapazität) zu rechnen ist.
  → Problem der hier angewendeten statischen Investitionsrechenverfahren: Sie beziehen sich nur auf ein Jahr. Es müssten aber die Kosten- und Erlösentwicklungen sämtlicher Nutzungsjahre zur Entscheidungsfindung herangezogen werden (→ dynamische Investitionsrechenverfahren).
3. Eine qualitative Bewertung erfolgt dann, wenn man die Daten einer Investitionsentscheidung, die nicht messbar sind, berücksichtigen möchte. In einem solchen Fall ist es üblich, eine Nutzwertanalyse durchzuführen. Dabei werden zunächst Bewertungskriterien festgelegt und entsprechend ihrer Wichtigkeit für die Entscheidung gewichtet (Gesamtwert: 100 %). Im Anschluss werden die Alternativen „benotet" und mit gewichteten Punkten versehen. Die Alternative mit der höchsten gewichteten Gesamtpunktzahl ist als am besten geeignet anzusehen.

Auch beim hier vorliegenden qualitativen Vergleich schneidet Alternative 2 besser ab als Alternative 1. Die Nutzwertanalyse kann also als Bestätigung des Ergebnisses der Investitionsrechnungen gesehen werden.

Lösungen: Musterklausur I

Situation III

1.

	Vorjahr	**Berichtsjahr**

Liquidität

Liquidität 1. Grades: $\dfrac{586 \cdot 100}{19\,708} = 2{,}97\,\%$ $\dfrac{848 \cdot 100}{26\,994} = 3{,}14\,\%$

Liquidität 2. Grades: $\dfrac{12\,488 \cdot 100}{19\,708} = 63{,}37\,\%$ $\dfrac{18\,536 \cdot 100}{26\,994} = 68{,}67\,\%$

Liquidität 3. Grades: $\dfrac{33\,187 \cdot 100}{19\,708} = 168{,}4\,\%$ $\dfrac{41\,416 \cdot 100}{26\,994} = 153{,}43\,\%$

Die Liquiditätslage der Zweirad AG ist als sehr angespannt zu beurteilen. Auch wenn diese Zahlen mit Vorsicht zu beurteilen sind (siehe Aufgabe 3), so fällt dennoch auf, dass die Liquidität 1. Grades nach wie vor unzureichend ist. Die Liquidität 2. Grades, die bei knapp 69 % liegt, drückt aus, dass selbst bei rechtzeitiger Begleichung der Forderungen keine 100 %ige Zahlungsfähigkeit gegeben ist. Die Liquidität 3. Grades, die rückläufig ist und sich damit weiter verschlechtert hat, bedingt, dass alle Werkstoffe Verwendung finden, die Erzeugnisvorräte fertiggestellt und verkauft werden und die Forderungen einwandfrei sind.

Rentabilität (bei durchschnittlich eingesetztem Kapital)

Eigenkapitalrentabilität: $\dfrac{-3\,189 \cdot 100}{11\,286{,}5} = -28{,}3\,\%$ $\dfrac{2\,329 \cdot 100}{10\,857{,}5} = 21{,}45\,\%$

Gesamtkapitalrentabilität: $\dfrac{-1\,672{,}5 \cdot 100}{49\,616} = -3{,}37\,\%$ $\dfrac{4\,089{,}5 \cdot 100}{52\,454} = 7{,}8\,\%$

Umsatzrentabilität: $\dfrac{-1\,672{,}5 \cdot 100}{67\,116{,}4} = -2{,}49\,\%$ $\dfrac{4\,089{,}5 \cdot 100}{85\,073{,}4} = 4{,}81\,\%$

Die angedeutete positive Entwicklung der Ertragslage wird durch die Rentabilitätskennziffern noch einmal bestätigt. Die Eigenkapitalrentabilität, die im Vorjahr noch negativ war, hat sich deutlich auf über 21 % verbessert. Die Verbesserung der Gesamtkapitalrentabilität fällt wesentlich geringer aus, was darauf zurückzuführen ist, dass die Fremdkapitalzinsen im Verhältnis zum eingesetzten Fremdkapital relativ niedrig sind.

Cashflow

		Vorjahr	Berichtsjahr
	Jahresüberschuss	− 3 189,0	2 329,0
+	Abschreibungen	+ 2 876,3	+ 2 291,9
+	Erhöhung lgfr. Rückstellungen	+ 410,0	+ 705,0
=	**Cashflow**	**97,3**	**5 325,9**

Cashflow-Umsatzrate: $\dfrac{97{,}3 \cdot 100}{67\,116{,}4} = 0{,}15\,\%$ $\dfrac{5\,325{,}9 \cdot 100}{85\,073{,}4} = 6{,}26\,\%$

Die dynamische Liquiditätsanalyse geht über die bisherige zeitpunktbezogene Analyse hinaus und erlaubt auch Aussagen über die erwirtschafteten Finanzmittel und ihre Verwendung.

Die auffallende Verbesserung des Cashflows bestätigt die verbesserte Ertragslage der Zweirad AG und die damit verbundene erhöhte Selbstfinanzierungskraft. Diesen Eindruck bestätigt auch die Cashflow-Umsatzrate.

Lösungen: Musterklausur I

Weitere (zusätzliche) Auswertung:

Es fällt auf, dass die Umsatzerlöse der Zweirad AG im Berichtsjahr um 26,76 % auf über 85 000 000,00 € angestiegen sind. Die sonstigen betrieblichen Erträge sind ebenfalls stark gestiegen (67,8 %), sind jedoch in ihrer Gesamthöhe von untergeordneter Bedeutung. Es ist ein starker Anstieg der Bestandsmehrungen zu verzeichnen.

Im Bereich der betrieblichen Aufwendungen fällt auf, dass das Unternehmen sehr materialintensiv wirtschaftet. Die Materialaufwandsintensität betrug im Vorjahr 57,28 % und ist im Berichtsjahr auf 59,8 % gestiegen. Dagegen ist die Personalaufwandsintensität von 31,36 % auf 29,54 % gesunken. Die Abschreibungsintensität ist ebenfalls gesunken von 4 % auf 2,65 %.

Insgesamt hat sich das Betriebsergebnis nach einem Minus im Vorjahr von 1 632 200,00 € stark verbessert und ist mit über 4 000 000,00 € wieder im positiven Bereich. Dies liegt vor allem am starken Anstieg der Umsatzerlöse (26,76 %), während die betrieblichen Aufwendungen im selben Zeitraum nur um 20,5 % gestiegen sind.

Das Finanzergebnis ist wegen der Höhe der Zinsen und ähnlicher Aufwendungen weiterhin negativ und beeinträchtigt damit das Ergebnis nach Steuern und den Jahresüberschuss, der bei 2 329 000,00 € liegt, nach einem Fehlbetrag im Vorjahr von 3 189 000,00 €.

Es wird deutlich, dass die positive Entwicklung auf Verbesserungen im Betriebsergebnis zurückzuführen ist, insbesondere auf die hohe Umsatzsteigerung (26,76 %) und den relativ geringen Anstieg der Aufwendungen (20,51 %). Die Ursachen können in einer günstigeren Marktposition, einer besseren Marktstrategie und/oder besseren Einkaufsbedingungen liegen. Eine weitere Ursache ist auch die Rationalisierung im Personalbereich. Die rückläufige Abschreibungsintensität ist zunächst nicht erklärbar und hat bilanzpolitische Gründe.

	Vorjahr	**Berichtsjahr**
Vermögensaufbau		
Anlageintensität	$\dfrac{16\,314 \cdot 100}{48\,501} = 31{,}58\,\%$	$\dfrac{14\,991 \cdot 100}{56\,407} = 26{,}58\,\%$
Umlaufintensität	$\dfrac{33\,187 \cdot 100}{48\,501} = 68{,}42\,\%$	$\dfrac{41\,416 \cdot 100}{56\,407} = 73{,}42\,\%$

Die Abnahme der Anlageintensität beträgt 5 Prozentpunkte und sie liegt nunmehr bei knapp 27 %. Dies bedeutet tendenziell eine Verbesserung, da ein zu hohes Anlagevermögen, sofern es nicht branchentypisch ist, mit dem Risiko einer langfristigen Kapitalbindung und einer daraus entstehenden hohen Fixkostenbelastung verbunden ist sowie zu einer mangelnden Flexibilität führt. Die erhöhte Umlaufintensität unterstützt diesen ersten positiven Eindruck, da sie vor allem auf die gestiegenen Bestände an unfertigen Erzeugnissen und die starke Zunahme der Forderungen (Forderungsquote stieg von 24,5 % auf 31,4 %) zurückzuführen ist, was wiederum auf einen Anstieg des Umsatzes hindeutet.

Insgesamt liegt ein Abbau des Fixkostenblocks vor und die Investitionen sind ausschließlich im Umlaufvermögen, dem eigentlichen Gewinnträger, vorgenommen worden.

Finanzierung

Eigenkapitalquote	$\dfrac{9\,693 \cdot 100}{48\,501} = 20\,\%$	$\dfrac{12\,022 \cdot 100}{56\,407} = 21{,}3\,\%$
Fremdkapitalquote	$\dfrac{38\,808 \cdot 100}{48\,501} = 80\,\%$	$\dfrac{44\,385 \cdot 100}{56\,407} = 78{,}69\,\%$
Verschuldungskoeffizient	$\dfrac{38\,808 \cdot 100}{9\,693} = 400{,}4\,\%$	$\dfrac{44\,385 \cdot 100}{12\,043} = 368{,}55\,\%$

Lösungen: Musterklausur I

Laut IWD Nr. 36/2001, S. 4f., liegt die Eigenkapitalquote der westdeutschen Unternehmen von der Größenordnung der Zweirad AG bei rund 30 %. Die Eigenkapitalquote der Zweirad AG ist daher trotz der leichten Steigerung um 1,3 Prozentpunkte vergleichsweise schlecht, was besonders auf die schlechte Ertragslage im Vorjahr (u. U. in den Vorjahren) zurückzuführen ist. Der Verschuldungskoeffizient ist – trotz leichter Verbesserung – immer noch sehr hoch. Diese Situation führt zu Problemen hinsichtlich Kreditwürdigkeit, Abhängigkeit von Kapitalgebern und Liquiditätsbelastungen durch konstante Zins- und Tilgungszahlungen. Die Tatsache, dass keine Dividende ausgeschüttet wurde, zeigt, dass das Unternehmen eine Konsolidierung anstrebt.

Anlagendeckung

Anlagendeckung I $\quad \dfrac{9693 \cdot 100}{15314} = 63{,}3\,\% \qquad \dfrac{12022 \cdot 100}{14991} = 80{,}2\,\%$

Anlagendeckung II $\quad \dfrac{26133 \cdot 100}{15314} = 170{,}65\,\% \qquad \dfrac{27423 \cdot 100}{14991} = 182{,}93\,\%$

Die Situation im Bereich der Anlagendeckung hat sich grundsätzlich gebessert. Die Anlagendeckung II liegt mit rund 183 % und einer Steigerung um über 12 Prozentpunkte über dem Durchschnitt der deutschen Industriebetriebe; dabei sollte man jedoch berücksichtigen, dass ein erheblicher Teil des langfristigen Fremdkapitals zweckgebunden ist in Form der Pensionsrückstellungen, die aber z. T. Eigenkapitalcharakter besitzen. Aussagen hierüber bedingen jedoch einen näheren Einblick in diese Bilanzposition.

2. Die bisher beschriebene, überwiegend positive Entwicklung bestätigen auch die folgenden Kennzahlen:

EBIT/EBITDA

Betriebsergebnis	– 1 632,2 €	4 013,4 €
+ Erträge aus Finanzanlagen	+ 870,4 €	+ 1 145,1 €
oder		
Ergebnis nach Steuern	– 3 148,0 €	2 371,9 €
+ Steuern vom Einkommen und Ertrag	+ 869,7 €	+ 1 026,1 €
+ Zinsaufwand	+ 1 516,5 €	+ 1 760,5 €
= EBIT	– 761,8 €	5 158,5 €
+ Abschreibungen	+ 2 876,3 €	+ 2 291,9 €
= EBITDA	2 114,5 €	7 450,4 €

ROI

ROI (mit durchschnittlichem Eigenkapital)	– 14,82 %	37,66 %
	(– 2,49 % · 5,95 €)	(4,81 % · 7,83 €)
ROI (mit durchschnittlichem Gesamtkapital)	– 3,36 %	7,79 %
	(– 2,49 % · 1,35 €)	(4,81 % · 1,62 €)

3. Für eine umfassende Beurteilung sind z. B. folgende Informationen wichtig:
   - Die Entwicklung des Marktanteils einzelner Produkte ist nicht ersichtlich.
   - Die aktuelle Auftragslage ist nicht erkennbar.
   - Es sind nicht alle Zahlungsverpflichtungen (z. B. aufgrund unterschriftsreifer bzw. unterschriebener Verträge) zu erkennen, sondern nur diejenigen, die bereits Buchungen ausgelöst haben.
   - Stille Reserven durch Unterbewertung von Aktiva bzw. Überbewertung von Passiva sind nicht ohne Weiteres zu erkennen.
   - Es ist nicht genau zu erkennen, wann einzelne Forderungen und Verbindlichkeiten fällig sind und ob die Verlängerung eines Zahlungszieles im Einzelnen möglich ist.
   - Die Eigentumsverhältnisse im Bereich des Anlage- und Umlaufvermögens sind nicht bekannt (z. B. unter Eigentumsvorbehalt gelieferte Rohstoffe).
   - Die genaue Struktur der Pensionsrückstellungen ist nicht bekannt.
   - Die Preissteigerungsrate ist nicht bekannt (Preisbereinigung der Umsatzerlöse).

Lösungen: Musterklausur I

4. Aufgrund der hohen Verschuldung der Zweirad AG ist die Kreditwürdigkeit des Unternehmens infrage gestellt. Zudem ist die Liquiditätslage sehr angespannt. Allerdings zeichnet sich im Berichtsjahr eine deutliche Verbesserung der Marktsituation ab, was bei anhaltender Tendenz zu einer Verbesserung der Liquiditätslage führen wird.
Im Einzelnen kann die derzeit angespannte Liquiditätslage verbessert werden, z. B. durch:
- Finanzierung von Sachmitteln über Leasing, nachdem Investitionen in diesem Bereich offensichtlich aufgeschoben wurden
- Abbau des hohen Forderungsbestandes, z. B. durch Factoring
- Abbau des hohen Werkstoffvorratsbestandes, z. B. durch „just in time"
- Abbau der hohen Bestände an fertigen und unfertigen Erzeugnissen durch bessere Abstimmung der Produktionsabläufe bzw. eine bessere Abstimmung zwischen Produktion und Absatz
- Reduzierung der kurzfristigen Schulden, z. B. durch Verwendung von Überschüssen in den folgenden Jahren
- Erhöhung des Eigenkapitals durch Ausgabe neuer Aktien angesichts der verbesserten Ertragslage
- Es sollte versucht werden, den Materialaufwand weiter zu reduzieren, durch
  - günstigere Lieferanten,
  - kostengünstigere alternative Materialien,
  - geringere Lagerhaltung,
  - u. a.

2 Musterklausur II

Situation I

Marketinginstrument	Maßnahme
Produkt- und Programmpolitik	– neues Material: früher Aluminium, heute Kunststoff (Polycarbonat: fast unzerstörbar, extrem leicht, aber teuer) – hochwertige Qualität, modernes Design – Sondereditionen (s. u.) – Kofferserie farblich passend zu Porsche Panamera – kostenlose Mini-Rimowas mit Toilettenartikeln für First-Class-Passagiere von Lufthansa und Thai Airways – Sonderanfertigung für die deutsche Fußballnationalmannschaft
Preispolitik	Hochpreispolitik (klassische Koffergröße bis zu 400,00 €)
Distributionspolitik	– erhältlich in über 50 Ländern – Deutschland: Fachgeschäfte – Asien: 36 eigene Rimowa-Läden (Stand 2011) – 2009 Eröffnung eines Flagshipstores am Rodeo Drive in Beverly Hills
Kommunikationspolitik	– viel Werbung – Product-Placement in „Wall Street 2", „Iron Man", „Das A-Team" – Sondereditionen z. B. für BAP, David Garrett – Flagshipstore Beverly Hills (s. o.) – Kofferserie Panamera (s. o.) – Mini-Rimowas (s. o.)

Situation II

1. 3 000 000,00 : 47 = 63 829,79 Stück
   Der Break-even-Point liegt bei 63 829,79 Stück. Ab 63 830 Stück gelangt die Goeke AG in die Gewinnzone. (Unterstellt wird eine lineare Kostenfunktion.)

2. E   6 080 000,00 €
   – Kv 2 320 000,00 €
   DB   3 760 000,00 €
   – Kf 3 000 000,00 €
          760 000,00 €
   Das Betriebsergebnis beträgt 760 000,00 €.

3. Langfristige Preisuntergrenze: (3 000 000,00 + 2 320 000,00) : 80 000 = 66,50 €
   Kurzfristige Preisuntergrenze: 29,00 €
   Bei 66,50 € sind sowohl die variablen als auch die fixen Kosten gedeckt. Dieser Preis kann nur kurzfristig bis 29,00 € unterschritten werden, da dadurch auf eine Deckung der fixen Kosten ganz bzw. teilweise verzichtet wird. Dabei ist auf den kurzfristigen Liquiditätsbedarf zu achten (z. B. Gehälter, Mieten usw.). Das heißt, Goeke muss darauf achten, zu welchem Zeitpunkt bestimmte fixe Kosten ausgabewirksam werden. Der negative Deckungsbeitrag kann dann durch die positiven Deckungsbeiträge anderer Produkte ausgeglichen werden.

4. Zusatzauftrag Kaufhaus: 76,00 – 30 % = 53,20 €
                                       53,20 – 29,00 = 24,20 · 15 000,00 = 363 000,00 €

      Zusatzauftrag USA: 29,00 + 8 % = 31,32 €
                                       49,00 – 31,32 = 17,68 · 17 500 = 309 400,00 €

Folgende Gründe sprechen für die Annahme des Zusatzauftrages	
Kaufhaus	**USA**
■ Höherer Deckungsbeitrag ■ Kein Wechselkursrisiko ■ Marktdurchdringung	■ Erschließung neuer Märkte ■ Bessere Kapazitätsauslastung ■ Keine Probleme mit anderen inländischen Kunden wegen des 30 %igen Rabattes

Situation III

1. Bei einem Verkaufspreis von 73,00 € entsteht ein fehlender Deckungsbeitrag von:
   6 · 28 000,00 = 168 000,00 € bei Nimbus
   1 · 50 000,00 = 50 000,00 € bei Blue
   Summe: 218 000,00 €

   Dies lässt sich auffangen durch
   – eine Preiserhöhung bei Sun von: 218 000,00 : 18 000 = 12,11 € oder
   – einen erhöhten Absatz von Nimbus und/oder Blue.

   Nimbus: der bisherige Deckungsbeitrag beträgt 1 428 000,00
   also: $73x - 28x = 1 428 000$ $\quad$ $x = 31 733,33$
   Der bisherige Deckungsbeitrag bei Nimbus wird erreicht, wenn der Absatz auf 31 733,33 Stück steigt. Sollen die gesamten 218 000,00 € über Nimbus aufgefangen werden, müsste der Absatz um 4 844,44 (218 000 : 45) auf 32 844,44 Stück steigen.

   Blue: der bisherige Deckungsbeitrag beträgt 2 500 000,00
   also: $73x - 24x = 2 500 000,00$ $\quad$ $x = 51 020,41$
   Der bisherige Deckungsbeitrag bei Blue wird erreicht, wenn der Absatz auf 51 020,41 Stück steigt. Sollen die gesamten 218 000,00 € über Blue aufgefangen werden, müsste der Absatz um 4 448,98 (218 000 : 49) auf 54 448,98 Stück steigen.

2. Relative Deckungsbeiträge (je Maschinenstunde):
   Sun: $\quad$ 65,00 · 30 = 1 950,00
   Nimbus: 51,00 · 20 = 1 020,00
   Blue: $\quad$ 50,00 · 25 = 1 250,00
   Optimales Produktionsprogramm: 1. Sun, 2. Blue, 3. Nimbus
   Kapazität: 3 400 Stunden = 204 000 Minuten
   Also kann bei Sun (36 000 Minuten) und Blue (120 000 Minuten) jeweils die gesamte Menge hergestellt werden. Von Nimbus können nur 16 000 Stück (= 48 000 Minuten/3 Minuten je Stück) hergestellt werden. Für 12 000 weitere Stück von Nimbus reicht die Kapazität nicht aus.

Lösungen: Musterklausur III

3 Musterklausur III
Situation I

1., 2., 3.

Modell	Absoluter db	Relativer db je Stunde	Rangfolge
Alpha	450,00 €	360,00 €	5
Beta	630,00 €	378,00 €	3
Gamma	400,00 €	480,00 €	2
Delta	750,00 €	375,00 €	4
Epsilon	550,00 €	500,00 €	1

4., 5.

Modell/ Auftrag	Fertigungsmenge	Fertigungszeit	Restkapazität	db
Epsilon/Eilers	30 Stück	1 980 Minuten	10 020 Minuten	16 500,00 €
Gamma/Caspers	61 Stück	3 050 Minuten	6 970 Minuten	24 400,00 €
Beta/Berger	25 Stück	2 500 Minuten	4 470 Minuten	15 750,00 €
Delta	37 Stück	4 440 Minuten	30 Minuten	27 750,00 €
Alpha	–	–	–	–
Summe db				84 400,00 €
Fixkosten				49 500,00 €
Betriebsergebnis				34 900,00 €

6.
- Die Nieberg AG erzielt ein positives Betriebsergebnis in Höhe von 34 900,00 €.
- Die Aufträge der Kunden Berger, Caspers und Eilers können komplett gefertigt werden.
- 1. Problem: Der Auftrag des Kunden Dohm kann nur zum Teil (37 von 50 Stück) gefertigt werden.
- 2. Problem: Der Auftrag des Kunden Adams kann gar nicht gefertigt werden.
- Diese Kunden werden verärgert sein; sie müssen auf einen späteren Zeitpunkt „vertröstet" werden; möglicherweise fallen Konventionalstrafen an, wenn die vertraglichen Verpflichtungen in Bezug auf den Liefertermin nicht eingehalten werden können.
- Ein Verlust des Kunden Adams kann möglichicherweise verkraftet werden, da es sich um einen relativ neuen Kunden handelt, das bisherige Auftragsvolumen eher gering ist und die Zahlungsmoral als „schwach" eingestuft wird.
- Problematisch ist die Situation beim Kunden Dohm. Zu diesem besteht eine langjährige Geschäftsbeziehung. Außerdem ist er der mit Abstand wichtigste Kunde (höchstes Auftragsvolumen) mit einer „sehr guten" Zahlungsmoral.

7.
- Da die relativen Deckungsbeiträge von Beta und Delta nahezu identisch sind (378,00 € vs. 375,00 €), sollte unter absatzstrategischen Gesichtspunkten das Modell Delta (Kunde: Dohm) zulasten von Beta (Kunde: Berger) komplett gefertigt werden.
- Der Zeitbedarf für die Fertigung des kompletten Auftrages Dohm beträgt 6 000 Minuten (50 Stück zu 120 Minuten). Die Restkapazität würde dann 970 Minuten betragen. Es könnten also noch 9 Stück von Beta für den Kunden Berger gefertigt werden. Dem wichtigsten Kunde Dohm würde somit Priorität gegenüber dem weniger wichtigen Kunden Berger (niedriges Auftragsvolumen, lediglich „zufriedenstellende" Zahlungsmoral) eingeräumt werden.
- Das Betriebsergebnis würde dann 34 570,00 € betragen und läge nur 330,00 € (= 0,95 %) unter dem optimalen Betriebsergebnis.
- Zwar würden auch in diesem Fall ein Auftrag (Berger) nur zum Teil und ein Auftrag (Adams) gar nicht gefertigt werden können. Dieses würde aber die beiden Kunden betreffen, die für die Nieberg AG am wenigsten wichtig sind. Da ein Engpass vorliegt, ist es leider nicht möglich, alle Kunden zufriedenzustellen.

Situation II

Lösung Situation II

1. a) 10 000 · 2,92 = 29 200,00 € oder 10 000 · 3,87 = 38 700,00 €
   Begründung: Es handelt sich um eine vorübergehende Wertminderung, hier gibt es für Kapitalgesellschaften ein **Wahlrecht** bei Finanzanlagen des Anlagevermögens.
   b) 10 000 · 3,87 = 38 700,00 €
   Begründung: Die Anschaffungskosten bilden die Wertobergrenze. Darüber hinaus besteht ein Wertaufholungsgebot (allerdings nur bis zu den Anschaffungskosten), wenn der Grund für die Wertminderung entfällt. Nach dem Vorsichtsprinzip/Imparitätsprinzip dürfen nicht realisierte Gewinne nicht ausgewiesen werden.

2. a)

Kaufpreis	525 000,00 €
Grunderwerbsteuer (6,5 %)	34 125,00 €
Maklergebühren (netto)	7 750,00 €
Auflassung (0,75 %)	3 937,50 €
	570 812,50 €

   Begründung: Alle Kosten, die notwendig sind, um das Grundstück zu beschaffen; die Umsatzsteuer und die Finanzierungskosten dürfen nicht berücksichtigt werden. Unbebaute Grundstücke werden nicht planmäßig abgeschrieben.
   b) Wertansatz 2022: 570.812,50 €
   Begründung: Die Anschaffungskosten bilden die Wertobergrenze, somit darf die Wertsteigerung nicht berücksichtigt werden (Imparitätsprinzip/Vorsichtsprinzip), auch weil es sich um einen noch nicht realisierten Gewinn handelt.
   c) Wertansatz 2023: 250 000,00 €
   Da es sich um eine dauerhafte Wertminderung handelt, muss eine Sonderabschreibung auf den niedrigeren Betrag gebildet werden (Imparitätsprinzip: Verluste müssen ausgewiesen werden, sobald sie sich abzeichnen).

3.

			Wertuntergrenze		Wertobergrenze
MEK	95,00		95,00		95,00
MGK (15 %)	14,25	[· 0,8]	11,40		11,40
MK	109,25				
FEK	24,50		24,50		24,50
FGK (80 %)	19,60	[· 0,9]	17,64		17,64
SEKF	11,90		11,90		11,90
FK	56,00				
HK	165,25		**160,44 €**		
VwGK (8 %)	13,22			[· 0,7]	9,25
VtGK (7 %)	9,88				
SK	188,35				**169,69 €**
200 Stück · 160,44 € =			32 088,00 €		
200 Stück · 169,69 € =					33 938,00 €

Lösungen: Musterklausur III

4. Die Fremdwährungsverbindlichkeiten in Höhe von 125 000,00 USD sind mit dem Devisenkassamittelkurs am Bilanzstichtag (1,2785) zu bewerten, da die Restlaufzeit < 1 Jahr ist: **125 000,00 USD : 1,2785 = 97 770,83 €**.

5. a) Vorläufige Anschaffungskosten: 12 050,00 €; die Umsatzsteuer darf als „durchlaufender Posten" nicht berücksichtigt werden.
   b) 12 050,00 · 0,98 = 11 809,00 €
   c) 11 809,00 € : 6 Jahre = 1 968,17 € Abschreibung pro Jahr
   Zeitanteilige Abschreibung im Jahr des Kaufs (5 Monate, da der Monat August voll abgeschrieben wird): 1 968,17 € : 12 Monate · 5 Monate = 820,07 €
   11 809,00 € − 820,07 € = 10 988,93 €

Lösungen: Musterklausur III

Situation III

1. Der Vorstand der Nieberg AG überlegt, Teile der Produktion ins fernöstliche Ausland zu verlegen, da die Lage auf dem Markt für Flurförderfahrzeuge gekennzeichnet ist durch
   - steigenden Konkurrenzdruck,
   - effizientere Produktionsmethoden,
   - einen in naher Zukunft erwarteten Preisverfall von 20 %,
   - stark steigende Produktionszahlen der Konkurrenz,
   - eine zunehmende Anzahl an Konkurrenten, vor allem aus dem asiatischen Raum.

   Die Verlagerung der Produktion nach Fernost hätte vor allem zwei Vorteile:
   - eine kostengünstigere Produktion, da die Arbeitskosten in zahlreichen fernöstlichen Ländern wesentlich geringer sind als in Westdeutschland
   - ein Standort in der Nähe der Wachstumsmärkte der Zukunft: Indien und China

   Durch die Verlagerung könnte der erwartete Preisverfall aufgefangen werden und die Investition sollte neben der Verlagerung auch die Inbetriebnahme neuester Produktionstechnik umfassen. Allerdings sind mit der Verlagerung auch Probleme verbunden:
   - Am Standort Siegburg könnten Arbeitsplätze gefährdet sein.
   - Am neuen Standort ist mit Anlaufschwierigkeiten zu rechnen.

   Die Errichtung eines neuen Standorts bedarf umfangreicher Investitionen, was mit einem finanziellen Risiko verbunden ist. Handelt es sich um eine Investition zur Kapazitätserweiterung, sind zunächst keine Arbeitsplätze direkt gefährdet. Wenn es jedoch um die Verlagerung bestehender Kapazitäten geht, sind sehr wohl Arbeitsplätze gefährdet.

   Das Unternehmen muss versuchen, einen möglichen Abbau sozialverträglich zu gestalten, z. B. durch Vorruhestandsregelungen oder durch Nichtbesetzung von Stellen, die durch Pensionierung entfallen. Grundsätzlich aber wird das Unternehmen dem erwarteten Preisverfall und der Konkurrenz, die z. B. in Korea und Taiwan produziert, nicht standhalten können, wenn es nicht nach einem kostengünstigeren Standort sucht. Darüber hinaus liegen die Wachstumsmärkte der Zukunft in Indien und China.
   Auf die Anforderungen dieser Märkte kann die Nieberg AG wesentlich besser reagieren, wenn sie vor Ort vertreten ist.

2. Bei der Beteiligung an bzw. der Übernahme eines No-Name-Anbieters handelt es sich um einen horizontalen Konzentrationsprozess, da es zwei Unternehmen sind, die auf demselben Markt agieren.

   Dieser Zusammenschluss bringt zahlreiche Vorteile für die Nieberg AG:
   - Die Zahl der Konkurrenten wird verringert.
   - Die Nieberg AG hätte einen größeren Marktanteil, könnte neue Märkte erschließen und ihre Marktposition stärken.
   - Es könnten Synergieeffekte genutzt werden, da man z. B. das bestehende Vertriebssystem des Konkurrenten nutzen kann.
   - Es könnte das technische Know-how des Konkurrenten genutzt werden.
   - Eine Verlagerung der Produktion wäre u. U. nicht nötig, da Kapazitäten des anderen Unternehmens, das wahrscheinlich im asiatischen Raum beheimatet ist, genutzt werden können.

   Würde sich die Nieberg AG dagegen mit einem Zulieferer, z. B. einem Motorenhersteller, zusammenschließen, ginge es um einen vertikalen Konzentrationsprozess, da sich beide auf unterschiedlichen Produktionsstufen befinden. Dadurch hätte die Nieberg AG vor allem die Vorteile, dass sie Bauteile kostengünstiger beziehen und ihre Abhängigkeit von fremden Zulieferunternehmen verringern könnte.

Sachwortverzeichnis

A
Abgrenzungsrechnung 20
Absatzwege 54
Absatzwerbung 57
Abschreibungen 18
After-Sales-Management 62
Aktivierungsverbot 107
Amortisationsvergleichsrechnung 71
Anderskosten 17
Anschaffungskosten 104
Außenfinanzierung 81
außerordentlicher Aufwand 19
außerplanmäßige Abschreibung 105

B
Beteiligungsfinanzierung 96
Betriebsergebnis 23
betriebsfremder Aufwand 19
betriebsnotwendiges Kapital 19
betriebsnotwendiges Vermögen 19
Bewertung der Herstellungskosten 112
Bewertung der Verbindlichkeiten 111
Bewertung des Eigenkapitals 111
Bewertung des Finanzanlagevermögens 106
Bewertung des Sachanlagevermögens 104
Bewertung des Umlaufvermögens 107
Bewertungsgrundsätze 104
Bezugsrecht 98
Bezugsverhältnis 98
Bilanzidentität 104
Break-even-Analyse 26
Bürgschaft 92

D
Deckungsbeitragsrechnung 25
Devisenkassamittelkurs 112
direkte Kosten 25
Durchschnittspreis 109

E
E-Commerce 55
Eigenfinanzierung 81
Einzelbewertungsprinzip 104
Einzelkosten 20, 21

F
Finanzbuchführung 15
Finanzbuchhaltung 16
Franchising 55
Fremdfinanzierung 81

G
Gemeinkosten 20, 21
Gemeinkostenzuschlagssätze 24
geringwertige Wirtschaftsgüter 106
Gewinn- und Verlustrechnung 15
Gewinnvergleichsrechnung 69
Going-Concern-Prinzip 104
Grundkosten 17
Grundsatz der Bewertungsstetigkeit 104
Grundsatz der Periodenabgrenzung 104

H
Herstellkosten 24
Hochpreispolitik 46
Höchstwertprinzip 112

I
Imparitätsprinzip 104
Innenfinanzierung 81
interne Zinsfußmethode 72
Investitionsrechenverfahren 66
Investitionsziele 65
Ist-Kosten 23

K
kalkulatorische Kosten 17
kalkulatorische Zinsen 19
Kapitalerhöhung 97
Kapitalwertmethode 72
Kommunikationspolitik 57
Kostenabweichungen 23
Kostenartenrechnung 17
Kostenträgerrechnung 22
Kostenträgerstückrechnung 22
Kostenträgerzeitrechnung 22
Kostenüberdeckung 23
Kosten- und Leistungsrechnung 15
Kostenunterdeckung 23
Kostenvergleichsrechnung 67
Kreditarten 82
Kreditsicherheiten 87

L
Leistungen 16

M
Marketinginstrumente 40
Marktabschöpfungspolitik 46
Marktdurchdringungspolitik 46
Mischkalkulation 46
Mittelkurs 98
monopolistischer Preisspielraum 45

N
neutrale Erträge 17
neutraler Aufwand 17, 19
Niedrigpreispolitik 46
Normalkosten 23

O
Opération blanche 100

P
polypolistische Märkte 44
Poolabschreibung 106
Portfolioanalyse 51
Preisdifferenzierung 44, 46
Preispolitik 43
Preisstrategien 46
Preisuntergrenze 43
Produktdifferenzierung 51
Produktdiversifikation 51
Produktlebenszyklus 51
Produktpolitik 51
psychologische Preisfestsetzung 46

R
Realisationsprinzip 104
Realkredite 82
Rentabilitätsvergleichsrechnung 70
Return on Investment 126
Rückstellungen 112

S
Selbstkosten 24
Shareholder-Value 128
Sicherungsübereignung 90
Solartechnik 146
Sondereinzelkosten 20, 21
Stakeholder-Value 129
stille Reserven 114
strenges Niederstwertprinzip 108

Sachwortverzeichnis

T
Teilkostenrechnung 26, 27

U
Umsatzergebnis 23
UWG 60

V
Vollkostenrechnung 26
Vorsichtsprinzip 104

W
Werbeerfolg 63
Werbegrundsätze 58
Werbemittel 58

Werbeplan 59

Z
Zusatzkosten 17
Zuschlagskalkulation 24
Zuschreibung 105
Zweckaufwand 19

Bildquellenverzeichnis

Erb, Andreas, Köln: 7.1.

fotolia.com, New York: Marubai 37.1; Mira 76.1; Sanders, Gina Titel; schaltwerk 74.1.

iStockphoto.com, Calgary: macroworld 74.2.

Oxford Designers and Illustrators, Oxford: 131.1.

Picture-Alliance GmbH, Frankfurt a.M.: dpa-infografik 141.1, 143.1.

punktgenau gmbh, Bühl: 49.1.

stock.adobe.com, Dublin: Alexandr Bognat 52.1; Atlantis 35.3; Frank Boston 52.4; hansenn 93.1; lovemask 38.1; Piotr Adamowicz 52.2; Pumba 35.1; semion 52.3; Sharma, Akhilesh 35.2; wip-studio 149.1.